상식의
재구성

상식의 재구성

초판 1쇄 발행 2021년 7월 1일
초판 5쇄 발행 2024년 5월 15일

지은이 조선희

펴낸이 조기흠
총괄 이수동 / **책임편집** 유소영 / **기획편집** 박의성, 최진, 유지윤, 이지은, 김혜성, 박소현, 전세정
마케팅 박태규, 홍태형, 임은희, 김예인, 김선영 / **제작** 박성우, 김정우
디자인 필요한 디자인

펴낸곳 한빛비즈(주) / **주소** 서울시 서대문구 연희로2길 62 4층
전화 02-325-5506 / **팩스** 02-326-1566
등록 2008년 1월 14일 제25100-2017-000062호

ISBN 979-11-5784-518-7 03300

이 책에 대한 의견이나 오탈자 및 잘못된 내용은 출판사 홈페이지나 아래 이메일로 알려주십시오.
파본은 구매처에서 교환하실 수 있습니다.
책값은 뒤표지에 표시되어 있습니다.

⌂ hanbitbiz.com ✉ hanbitbiz@hanbit.co.kr 🅵 facebook.com/hanbitbiz
🅽 post.naver.com/hanbit_biz ▶ youtube.com/한빛비즈 🅾 instagram.com/hanbitbiz

지금 하지 않으면 할 수 없는 일이 있습니다.
책으로 펴내고 싶은 아이디어나 원고를 메일(hanbitbiz@hanbit.co.kr)로 보내주세요.
한빛비즈는 여러분의 소중한 경험과 지식을 기다리고 있습니다.

상식의
재구성

한국인이라는,
이 신나고 괴로운
신분

조선희 지음

HB 한빛비즈
Hanbit Biz, Inc.

차례

이 책을 읽는 독자를 위한 독법 가이드 … 8

프롤로그 2020 전 세계 코로나 일제고사 … 10

1장 **불평등 퍼즐**   … 21

1. 영화 〈기생충〉 … 23
2. 고도성장 사회, 빈곤층 트랙과 중산층 트랙 … 25
3. 《아파트게임―그들이 중산층이 될 수 있었던 이유》 … 30
4. 아파트의 황금광 시대, 한 건설 노동자 가족의 이야기 … 36
5. 내가 참여한 아파트게임 … 47
6. 토마 피케티의 《21세기 자본》 … 52
7. IMF체제, 신자유주의 … 56
8. 신자유주의 시대의 기린아, CJ의 흥망성쇠 … 66
9. 국민소득 3만 불 사회, 그 비밀과 거짓말 … 73
10. 《강남좌파2―왜 정치는 불평등을 악화시킬까?》 … 79
11. 다시 〈기생충〉 … 81

2장 미디어 유토피아 디스토피아 ··· 83

1. 네 식구의 아침 식탁 ··· 85
2. 미디어 초과밀 한국 사회, 2019~2020 ··· 88
3. 진실의 쇠퇴 ··· 96
4. 미디어 유토피아 ··· 99
5. 미디어 디스토피아 ··· 106
6. 디지털 디톡스, 디지털 다이어트 ··· 116
7. 한국의 미디어, 수축과 폭발의 100년 ··· 120
8. SINCE 1920, 최초의 신문쟁이 이상협 ··· 124
9. 영화 〈택시운전사〉, 전설의 1980년대 언론 ··· 129
10. 프랑스혁명 그리고 드레퓌스 ··· 135
11. 12인의 성난 사람들 ··· 140

3장 민주주의 멀미 ··· 143

1. 갈등 폭발, 민주주의 축제 ··· 145
2. 권력에 대한 애증, 한국인의 정치감정 ··· 149
3. 압축 민주화, 그 성공적인 절차 ··· 158
4. 구체제의 역습, 민주주의 룰에 대한 반칙 ··· 162
5. 정치 양극화가 가져오는 나쁜 것들 ··· 169
6. 위기의 민주주의, 브라질의 경우 ··· 181
7. 지난 시대를 어떻게 졸업할 것인가, 박정희라는 이슈 ··· 185
8. 고대 그리스와 로마―민주주의에 대한 최초의 상상력 ··· 197
9. 무질서를 참기보다 부정의를 택하겠다? ··· 209
10. 상식을 공유하는 중간지대 ··· 213
11. 남아프리카공화국 이야기―갈등 해소의 모델, 몽플레 시나리오 워크숍 ··· 221

4장 독일의 경우 ··· 229

1. 독일이라는 나라의 코로나 팬데믹 ··· 231
2. 느린, 혹은 느긋한 언론 ··· 239
3. 좌우 대연정의 독일 정치 ··· 245
4. 1976년 보이텔스바허협약 ··· 252
5. 나치 독일로부터의 역사 엑소더스 ··· 257
6. 탈나치의 마지막 관문, 통일
   ─"한 걸음도 나아가지 않는 것보다는 작은 걸음이라도 떼는 게 낫다" ··· 264
7. 앙겔라 메르켈 ··· 268
8. 진격의 페미니즘과 페미니즘 역풍 ··· 275
9. 마스크 알레르기, 누드의 전통 ··· 284
10. 코로나의 베를린, 두 가지 표정 ··· 288
11. 뜻밖의 독일 ··· 292

5장 이념 트라우마 ··· 303

1. 이념의 시대 20세기, 7개의 사건 ··· 305
2. 전후 좌우 용어해설, 지식의 백과사전 ··· 314
3. 퓨전 자본주의, 퓨전 사회주의─그곳에 이념이 있는가 ··· 328
4. 21세기의 이념, 진보와 보수의 진로 ··· 334
5. 과장된 좌우갈등, 과장하는 자는 누구인가 1 ··· 342
6. 과장된 좌우갈등, 과장하는 자는 누구인가 2 ··· 347
7. 한국에서 극우의 혈통─기독교 교회의 경우 ··· 355
8. 당대의 어리석음, 집단광기의 위험─분단은 누구의 책임인가 ··· 360
9. 새는 좌우의 날개로 난다 ··· 372

6장 일본 딜레마   … 377

1. 일본론-《국화와 칼》 … 379
2. 일본론-《축소지향의 일본인》 … 382
3. 일본론-《헤이세이(平成), 일본의 잃어버린 30년》 … 386
4. 일본론-《피크 재팬: 마지막 정점을 찍은 일본》 … 391
5. 또 하나의 일본, 종말 컬처 … 398
6. 불편한 이웃 일본, 역사교과서가 뭐길래? … 402
7. 매판의 시대 … 413
8. 차미리사와 송금선의 경우 … 421
9. 슬픈 조선, 친일의 내력-최남선 이광수 홍명희 … 426
10. 뤼순감옥, 안중근 신채호 이회영 … 443
11. 그래서 지금 이곳, 김앤장이라는 로펌 … 451

7장 한국인은 누구인가   … 459

1. OECD 기준이라는 것 … 461
2. 한국인의 입지전, 자살공화국에 대한 해명 … 468
3. 지구가 100명의 마을이라면 … 478
4. 베이비붐세대 … 480
5. 밀레니얼세대 … 495
6. 《한국인만 모르는 다른 대한민국》 … 510
7. 한국인, 어떤 탁월함 … 514
8. 한국인의 '국뽕'은 무죄 … 522
9. 사회의 품격, 사회적 웰빙에 관하여 … 528
10. 2020, 미래는 어디서 오는가 … 542
11. P.S. 핀란드 이야기 … 549

책을 마치며 … 554

이 책을 읽는 독자를 위한 독법 가이드

1. 이 책은 1장부터 7장까지 일곱 개의 주제를 다루고 있다. 순서대로 읽는 게 좋지만 관심 가는 주제부터 먼저 읽으셔도 된다. 다만 순서대로 읽으면 논리적 연결의 장점이 있다. 가령, 한국의 미디어와 정치를 살핀 다음 독일의 경우를 읽으면 우리 미디어와 정치가 어디로 가야 할지가 보인다.

2. 일곱 개 장은 한국 사회를 사는 우리의 상식에 해당하는 주제들이다. 독자들은 각각의 주제들에서 자신의 상식을 재점검하고 재구성할 수 있다. 우리는 대개는 막연히 알고 있고 때로는 거꾸로 알고 있기도 한다. 어느 대상에 대해 신뢰하기도 하고 혐오하기도 한다. 하지만 흥분하거나 분노하기 전에 '팩트 체크'가 먼저다. 쟁점

도 많고 갈등도 많은 민주주의 사회를 건강한 시민으로 살아가기 위해 당연히 알고 있어야 하는 '팩트'들을 체크하면서 독자들은 각 주제들에 대해 정보와 지식을 모자이크하는 재미를 즐길 수 있다.

3. 이 책은 갈등에 관한 책이라 할 수 있다. 갈등을 일으키는 요인을 정확히 알고 갈등 해결의 내공, 갈등력을 키워보자는 책이다. 4장과 7장을 빼면 다섯 개의 주제가 모두 지금 한국 사회를 괴롭히는 갈등의 코드들이다. 이해를 돕기 위해 두 가지 접근법을 썼다. 하나는 우리와 다른 나라의 경험을 비교하며 생각의 중심을 잡아보는 것인데, 집중 탐구 대상으로 독일을 택했고 일본, 브라질, 남아공, 핀란드, 혁명기의 프랑스나 고대 그리스 로마 등을 참조 대상으로 골랐다. 또한 몽플레 시나리오 워크숍이나 보이텔스바허협약처럼 구체적인 갈등 해소의 모델들을 소개했다. 두 번째는 갈등의 뿌리를 캐들어가는 역사 탐색이다. 모든 현상은 과거 내력을 보아야 이해가 쉬워진다. 일본은 외국이면서 동시에 우리 역사다.

4. 이 책은 지금의 쟁점과 이슈들을 직접적으로 다루지 않는다. 독자들이 생각의 힘을 발동해 스스로 정보들을 재구성하고 종합하면서 판단할 수 있도록 돕고자 했다. 쟁점과 이슈에 대한 판단은 독자들 몫이다. 또한 정치 현안들 때문에 머리에 뜨끈뜨끈 열이 나 있는 사람이라면 좀 넓게 둘러보고 깊이 들여다보면서 머리를 식혀볼 수도 있다.

2020 전 세계 코로나 일제고사

코로나 바이러스는 인류 문명에 대한 자신감으로 가득 찬 21세기라는 시대를 패닉에 빠뜨렸다. 인류에게 재앙이라면 전쟁이나 핵, 지진이나 기후 변화 같은 것이고 질병은 거의 제압돼가는 줄 알았는데, 불치병 가짓수를 줄여온 현대의학이 전염병의 속도 앞에서 쩔쩔맸다. 또한, 1970년대에는 석유 에너지가, 1990년대와 2000년대는 금융위기가 세계경제를 마이너스 성장으로 밀어 넣었지만 전염병이 세계경제를 벼랑 아래로 떠밀게 될 줄은 몰랐다.

코로나는 20세기에 유행했던 전염병인 스페인 독감과 자주 비교되었다. 1918~1919년에 세계 인구의 1/3인 5억이 스페인 독감에 감염되어 1천만~5천만 명이 사망했다 한다. 그로부터 100년 후에 찾아온 코로나는, 방역능력이 감염자를 줄이고 의학기술이 사망자를 줄였으니 역시 문명의 힘이 바이러스를 방어한 셈이다. 하지만 지구가 일일 이동거리에 들어온 시대, 매일의 전 세계적인 인구대이동이 중지됐을 때의 충격은 100년 전에는 없던 일이었다. 팬데믹은 같은 팬데믹인데 그때나 지금이나 똑같은 것은 마스크뿐, 팬데믹이 가져온 사회현상은 디지털 문명 이전과 이후가 크게 달랐다.

코로나 팬데믹은 똑같은 과제가 주어졌을 때 한 국가 사회가 그 문제를 어떻게 푸느냐를 동시다발로 경험하는 드문 기회였다. 지구상의 220개 나라들의 성적이 매겨지고 실시간 순위 변화가 이루어지는 것은 올림픽 시즌 때나 있을 법한 일, 그것은 순위가 내려가면 즐거워하는 이상한 레이스였다.

코로나가 할퀴고 지나가면서 나라마다 그 사회의 단면이 노출됐다. 정치와 행정과 의료 시스템이 어느 수준인지 체크되고 정치인들은 자기가 가진 달란트를 드러내 보였다. 포퓰리스트 정치인들은 국가적 위기 상황을 마치 카드놀이 하듯 블러핑하면서 판돈을 키우는 데 사용했다.

미국은 시카고에서 첫 확진자가 나온 1월 20일이 한국과 같은 날이라는 것 때문에 자주 비교됐다. 하지만 미국은 역사상 가장 강력한 팬데믹을 대수롭지 않게 취급하다가 세계 최악의 재난지역이 됐다. 코로나를 만만히 취급하는 태도는 미국을 불편하게 하는 중동이나 외부의 적들을 간단히 다뤄왔던 습관, 천하무적이라는 자신감의 연장선 위에 있다. 마침 트럼프라는 포퓰리스트 정치인이 대통령이었다는 것도 불행이었는데, 그는 코로나 바이러스를 국내로 잠입한 몇 명의 테러범 취급하듯 했다.

트럼프의 좌충우돌은 자주 독일 언론의 가십거리가 됐는데, 〈슈피겔〉은 그의 어록을 정리해 보도했다. 1월 22일: "우리는 상황을 완전히 컨트롤하고 있다. 중국에서 온 녀석인데 잘 컨트롤하고 있다." 2월 10일: "바이러스는 4월이 되면 따뜻한 날씨와 함께 죽는다. 그날을 기쁘게 기다릴 수 있다." 3월 9일: "페이크뉴스미디어와 그들의 파트너인 민주당은 그들이 가진 어줍잖은 파워로 가능한 모든 것을 동원하고 있다. 코로나 바이러스를 실제 팩트보다 더 심하게 부풀리면서." 3월 29일: "우리가 바이러스를 막을 수 있다면, 그래서 사망자가 10만 명 20만 명 정도 된다면 우리 모두는 아주 일을 잘 한 거다." 4월 7일: "WHO가 정말 다 망쳤다."

미국 언론은 코로나 사망자가 10만이 넘자 한국전과 베트남전 전사자를 합친 것보다 많다고 하다가, 29만이 되자 2차대전 전사자를 추월했다고 했지만, 50만이 됐을 때는 비교 대상 찾기를 포기했다.

미국은 역대 노벨의학상 수상자를 가장 많이 보유한 나라다. 1901년부터 2020년까지 노벨의학생리학상 수상자 225명 가운데 미국인이 105명이다. 그다음으로 영국 34명, 독일 24명, 프랑스 13명, 아시아에서는 일본이 5명, 중국 2명, 인도 2명이다.

노벨의학상 수상자 두 번째 보유국인 영국도 다소 놀라웠다.

2020년 3월 영국 왕실이 찰스 왕세자가 코로나 확진판정을 받았다고 발표하자 언론과 국민들은 71세의 왕세자를 걱정하기보다 일제히 비난의 화살을 쏘아댔다. 의료진도 검진받지 못하고 있는데, 입원할 정도로 증세가 심해야 검사받을 수 있는데, 왕세자 부부는 무슨 권리로 진단받았냐며 특혜 시비가 일었다.

영국에서 중증호흡기질환자만 코로나 검사를 받을 수 있다는 뉴스는 충격적이었다. 영국의 대표적 복지제도로 알려진 공공의료 시스템이 결정적인 위기에 제대로 작동하지 않는 것이다. 영국의 의료 서비스는 '공짜'로 유명하지만 더디고 비효율적인 것으로도 악명 높아 웬만한 병은 예약날짜 기다리다 나아버린다거나 한국에 들어가서 치료받고 오는 게 빠르다는 우스갯소리도 있다. 의사 부족, 병상 부족, 예산 부족의 문제가 심각하다는 것이다. 영국은 유럽 최대의 코로나 피해국이 됐다.

보리스 존슨 총리와 맷 행콕 보건장관, 그리고 보건차관까지 마스크를 쓰지 않고 "악수하는 거 아무 상관없다"고 하다가 코로나 확진판정을 받았다. 존슨은 트럼프와 쌍벽을 이루는 포퓰리스트 정치인인데, 상태가 나빠진 그가 중환자실로 옮겨졌을 때 영국인들은 집단패닉에 빠진 것 같았다. 총리의 위중한 상태 자체보다도 그를 따라 브렉시트(EU 탈퇴)로 몰려간 자신들의 앞날이 걱정스러웠을 것이다. 그는 일주일 병원신세를 졌고 퇴원해서는 지방관저로 요양을 떠났다.

영국, 프랑스, 이탈리아, 스페인, 독일 등 서유럽 선진국들이 코로나에 속수무책으로 무너졌다. TV 화면에 비친 북부 이탈리아의 한 의사는 60대 이상 환자를 포기해야 하는 상황이라면서 "젊은 사람들을 먼저 치료할 수밖에 없다. 그들은 아직 한창 더 살아야 하니까"라고 했다. 그것이 과거 찬란했던 제국의 오늘 모습이다.

아시아나 아프리카의 저개발국들은 더 말할 것도 없다. 우리는 TV뉴스에서 자주 황당한 동영상들을 목격했다. 코로나가 아프리카 대륙에 퍼지기 시작한 다음 나라마다 이동금지령이 발령된 상황에서 케냐와 콩고와 우간다와 남아프리카공화국에서는 거리에 나온 사람들에게 경찰이 총을 쏘았다. 봉쇄령이 떨어진 인도에서 거리로 나온 사람을 경찰이 몽둥이로 두들겨 패고 차도에 무릎 꿇려놓은 동영상이 유튜브에 올라왔다.

그러나 이런 나라들조차 전시 상황인 나라들에 비하면 평화로운 편이다. 경찰이 방역한다고 거리를 통제할 수나 있는 것이다. 분쟁국들은 의료 시스템이 붕괴되고 병원은 전쟁부상자들로 넘치고 방역은 엄두도 못 낸다. 가령 아프가니스탄의 경우, 2020년 8월 공식집계는 감염자 3만 7천 명으로 3800만 인구의 0.1%였지만 실제 조사에선 수도 카불 시민 500만 중 절반이 감염된 것으로 추정됐다. 사람이 죽어도 총 맞아 죽었는지 무너진 건물에 깔려 죽었는지 암으로 죽었는지 코로나로 죽었는지 확인할 수도 없고 기록되지도 않는다. 복수혈전의 정치와 외세의 개입으로 지옥이 된 나라, 과거 40년 동안 내전을 해왔고 미국-탈레반의 평화협정 이후에도 교전과 테러가 계속되는 이 나라에서 코로나는 재난 축에도 못끼는 것이다.

　코로나 바이러스의 진앙인 중국은 권위주의 체제의 작동방식이 무엇인지 알파에서 오메가까지 시전해 보였다. 그것은 전염병 방역부터 국민여론의 통제, 대외적인 체제선전까지 관통했는데, 바이러스 발생 사실을 처음 알린 의사의 처벌과 죽음, 우한 봉쇄 해제 기념으로 방문한 시진핑을 맞으러 운동장에 모인 우한병원 의사 간호사들의 카드섹션, 이 두 가지는 권위주의 사회의 시그니처 장면이 되었다. 중국 정부는 2020년 3월 이래 확진자를 하루 100명 이하로 낮추면서 일찍이 코로나 종식을 선언했는데, 투명하지도 민주적이지도 않은 시스템의 오명 때문에 중국 정부가 통제에 성공했다는 대상이 바이러스인지 정보인지 국제 사회의 의심을 샀다.

　바이러스가 유럽에 급속히 확산되던 2020년 3월과 4월 독일 언론에는 거의 매일 'Süd Korea'가 등장했다. 한국과 같은 드라이브 스루 검진 시스템을 도입해야 한다거나, 한국과 같은 휴대폰 위치정보 서비스가 필요하다거나, 중국과는 달리 권위주의적인 통제나 봉쇄령 없이 방역에 성공한 한국의 사례에서 유럽이 배워야 한다는 식이었다. 〈슈피겔〉은 각국의 확진자 추이를 비교한 도표를 소개하며 'The Korean Miracle'이라는 제목을 달았다. 독일 공영방송 ARD의 토론 프로그램에 나온 한 패널은 "우리가 동선 체크 앱, 질 좋은 마스크, 대량검진, 이 세 가지를 할 수 있으면 독일이 유럽의 한국이 될 수 있다"고 말했다. 독일이 유럽의 한국이 되고자 한다니, 'Made in Germany' 제품에 대한 물신숭배의 시대를 살았던 세대로선 코페르니쿠스적인 가치전도의 신선한 충격이었다.

한국은 전염병 방역의 모델이 됐지만, 팬데믹이라는 재난 상황에 사회 시스템을 최적화시키는 탄력성에서도 압도적이었다. 재택근무와 온라인 수업, 비대면 회의, 비대면 회식, 주문배달의 온라인 모바일 네트워크가 팬데믹의 타격을 줄여주었다. 2019년 6월 OECD는 '온라인 교육에 얼마나 잘 준비돼 있나'라는 제목으로 광케이블 보급률을 공개했고 한국이 80%를 넘는 유일한 나라였다. 실제로 다음 해 코로나가 닥쳤을 때 한국은 학교교육의 온라인 전환이 가장 신속하고 유연하게 이루어진 나라였다.

K-방역이라는 것은 우연히 얻어걸린 것도, 하루아침에 된 것도 아니다. 정보통신기술과 공공 서비스 행정, 의료 인프라가 만나 전염병 방역에서 시너지를 낸 것이고, 민간과 정부의 역량이 모두 일정한 수준에 도달했기 때문에 가능했다.

코로나 확산 초기, 한국이 중국 다음의 감염국가가 됐을 때 한국사회는 히스테리컬해졌다. 바이러스의 기습에 스트레스를 받은 사람들의 아드레날린이 출구를 찾고 있을 때 미디어들이 혐오와 증오의 헤드라인으로 치고 나갔고 그 대상이 중국이 되기도 하고 정부가 되기도 하고 신천지가 되기도 했다. '일본은 크루즈선의 입항을 못 하게 했는데 일본처럼 해라' 거나 '미국은 중국인 입국을 제한했는데 왜 미국처럼 못 하냐'고도 했다. 하지만 코로나 확산세의 진정과 K-방역에 대한 외국의 칭송이 히스테리를 잠재웠다.

코로나 팬데믹은 전반부가 방역의 단계였다면 후반부는 백신의 단계였다. 2020년 12월 영국과 미국, EU(유럽연합)가 백신 접종에 들어갔고 한국은 21년 2월에 접종을 시작했다. 미국과 유럽이 먼저 백신 개발에 성공하고 자국 우선주의 아래 자국민에게 필요한 물량을 묶어놓으면서 한국은 접종시기가 늦춰졌다. 코로나 초기엔 마스크가, 나중엔 백신이 국가별 전략물자가 되었다. 미국과 유럽은 신속한 백신 접종으로 '집단면역' 단계를 앞당겼지만 이미 막대한 사망자를 낸 다음이었다.

21년 4월 현재 코로나 백신은, 미국 독일 합자회사인 화이자 등 미국의 4개사, 영국 스웨덴 합자회사인 아스트라제네카, 칸시노 등 중국 4개사, 인도, 러시아 업체 등 모두 11개사가 개발에 성공했다. 한국도 SK바이오사이언스, 제넥신 등이 백신 개발에 뛰어들었지만 성과는 더디었다.

세계 의약산업의 꼭대기는 대체로 미국과 유럽 회사들이 차지한다. 50위 안에 한국 업체는 없고 유한양행과 녹십자, 대웅, 한미가 100위권에 들어있다. 의약산업에서 한국은 선진국의 문턱을 향해 접근하려 애쓰는 중이다. 백신 개발은 속도전이고 코로나 백신 성공의 관건은 단기간에 막대한 자금력을 동원할 수 있느냐와 메르스나 에볼라 등 과거 감염병 때 백신 개발 플랫폼을 구축했느냐다. 속도에서 밀린 2순위 의약업체들은 해외에서 개발된 백신이

들어오면 일단 시장을 잃을 뿐 아니라 임상실험 대상자 모집도 어려워지기 때문에 개발을 포기하면서 기술축적에도 실패하게 된다.

그것은 역시 미국과 유럽, 노벨의학상 챔피언들의 저력이다. 방역의 단계에서 그들은 행정 시스템이나 의료 서비스의 나른함과 노후함을 드러냈지만 백신의 단계로 넘어오자 여러 세기에 걸쳐 질병과 싸우면서 축적해온 의학기술과 연구역량을 과시했다. 상대적으로 한국은 기초과학과 원천기술에서 토대가 취약함을 인정해야 했다. 현재가 과거에 걸려 넘어진 것이다.

2020년 겨울 한국도 팬데믹의 2차 폭발을 맞았지만 바이러스 감염 자체보다 인포데믹(infodemic, 정보감염증)의 2차 폭발이 심각했다. 미국과 유럽에 비해 백신 접종이 늦어지자 미디어들이 다시 히스테리컬해졌다. 코로나 백신이 유전자를 변형시킨다거나 불임 또는 치매를 가져온다는 '글로벌' 백신 괴담에다 한국형 인포데믹이 시너지를 일으켰다. 정부가 확보한 백신 물량이 모자란다거나 아스트라제네카의 부작용에 관한 가짜뉴스가 번지고 이것이 독감 백신에 대한 공포로 옮겨 붙으면서 독감 예방주사의 접종이 중단되기도 했다.

전염성 강한 바이러스가 들어왔을 때 한국 사회는 인구밀도의 물리적 조밀함보다도 미디어 포화상태의 심리적 조밀함이 더 문제가 되었다. 또한 자부심과 열등감 사이에서 널뛰는 우리 자신의 정체성은 지난 100년 사회발전의 속도만큼 변화무쌍하고, 바깥의 힘에 휘둘린 역사만큼 남들의 평가에 예민했다. 한국인의 정체성은 작은 충격에도 금이 가기 쉬운 '취급주의(fragile)' 물품과 같다.

코로나는 우리가 가지고 있던 선진국에 대한 고정관념을 흔들어놓았다. 한국은 선진국을 무조건 배우고 따라잡으며 여기까지 왔지만 이제 배울 것과 그렇지 않은 것을 구분해야 할 때가 온 것이다. 또한 우리를 따라 배우는 나라들에게 기준을 제공하는 역할이 주어지기도 하는 때가 온 것이다.

동시에 이 팬데믹은 위기를 맞는 한국 사회의 작동방식을 집약적으로 드러낸 테스트베드였다. 강점과 약점, 꽉 찬 곳과 모자란 곳, 건강한 곳과 아픈 곳이 체크되었다. 정치, 행정, 미디어가 각기 그 수준을 드러냈다.

기초과학과 원천기술의 토대는 시간을 두고 쌓여갈 것이다. 코로나는 과거 전염병들에 비해 훨씬 광범위하고 지속적이기 때문에 국산 백신 개발의 끝을 보는 사례가 될 수도 있고 이 과정을 완주한다면 경험치가 훅 뛰어오를 것이다.

한편 정치와 미디어의 이다음은 무엇인가. 또 다른 종류의 국가적 위기가 닥쳤을 때 대중의 불안과 혼란을 가중시키는 쪽보다는 좀 더 책임 있는 역할을 해주는 정치와 미디어, 그 행복한 미래로 가는 길은 어느 쪽일까.

1장

불평등 퍼즐

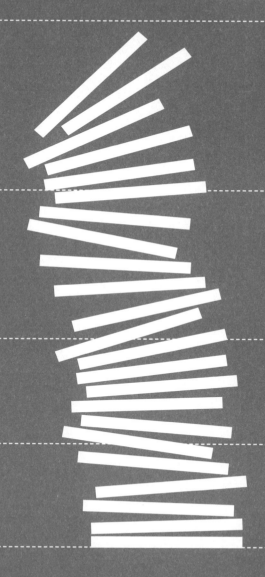

1. 영화 〈기생충〉

영화의 마지막 씬에서 기우가 말한다.

"나중에 돈 벌어 그 집을 사는 거예요. 아버지는 그냥 계단만 올라오시면 돼요."

하지만 기우가 그 집을 살 수 없으리란 걸 모두가 안다. 이 엉망진창 블랙코미디를 보고 영화관을 나서는 사람들의 마음을 산뜻하게 갈무리해주겠다고 해피엔딩의 배려를 했겠지만, 기우가 이 저택을 살 수 없다는 건 감독도 알고 관객도 안다.

이미 네 번 떨어졌지만 만에 하나 원하던 대학에 들어간다 해도 남들 다 하는 배낭여행이나 어학연수는 꿈도 못 꾸고 학자금 융자 받으면서 취직공부에 전력해야 할 것이다. 하지만 졸업한다고 취업이 보장되는 것도 아니다. 몇 해 전 그 대학 졸업식장에 이런 플래카드가 나붙었었다. "연대 나오면 뭐 하냐, 백순데."

게다가 이미 우리는 기우 아버지 기택의 실패와 좌절을 알고 있다. 기택은 치킨집과 대만카스테라로 망한 다음 대리기사를 했다. 치킨집과 대만카스테라는 아직 약간의 자본이 받쳐주던 시절 얘기였을 것이다. 그마저 날리고 나면 이제 맨몸으로 돈 벌 수 있는 직업을 택해야 한다. 고도성장이 끝난 시대, 아들의 인생이 아버지보다 나을 거란 보장은 없다.

또 하나, 2020년엔 새로운 세대가 저축으로 집을 살 가능성은 희박하다. 한국 사회에서 한동안 자본축적의 수단이었던 아파트 건설경기가 종료되면서 돈을 챙긴 사람과 그렇지 않은 사람 사이의 격차가 벌어진 채 계급배치가 고정돼가는 중이다.

2. 고도성장 사회,
빈곤층 트랙과 중산층 트랙

"1961년에, 한국이 40년 후에는 세계 최대의 휴대폰 수출국이 될 거라는 말을 들었다면 당신은 과연 어떤 반응을 보였겠는가? (…) 한국전쟁이 끝난 지 8년 만인 1961년 한국의 연간 1인당 소득은 82달러로, 당시 가나의 1인당 소득인 179달러의 절반에도 미치지 못했다. 당시 한국의 주요 수출품목은 텅스텐, 어류를 비롯한 1차 상품이었다. (…) 1950년부터 1953년까지 단 3년 사이에 400만 명이 목숨을 잃을 만큼 인류역사상 손꼽히는 잔인한 전쟁으로 제조업 시설의 절반과 철도의 75% 이상이 파괴되는 손실을 겪어야 했다. (…) 1950년대 당시 미국 정부의 대외원조기관인 국제개발처(USAID)의 내부 보고서에서는 한국을 '밑 빠진 독'이라고 부를 정도였다. (…) 나는 1963년 이렇듯 세계에서 손꼽힐 정도로 가난한 나라였던 한국에서 태어났다. 현재의 나는 세계에서 손꼽히는 부유한 국가의 국민이다. 내가 태어난 해부터 지금까지 한국의 1인당 소득은 구매력 관점에서 볼 때 약 14배 증가했는데, 이와 똑같은 결과를 달성하는 데 영국은(18세기 후반부터 현재까지) 2세기, 미국은(1860년대부터 현재까지) 1.5세기가 걸렸다." - 장하준, 《나쁜 사마리아인들》, 2007

근대화 또는 개발독재라는 이름의 압축적 경제성장이 있었고 한국의 1인당 GDP는 1963년 100달러에서 1977년 1천 달러, 1996년 1만 달러, 2006년 2만 달러, 2018년 3만 달러로 수직상승했다. 그사이에 한국 사회에도 세계적 기업들이 생겨나고 세계적인 부자들도 생겨났다.

거대도시들이 생겨나고 농촌에서 도시로 인구이동이 일어나고 1차 산업에서 2차 산업으로 다시 3차, 4차 산업으로 산업구조가 바뀌면서 고도성장과 함께 한국 사회가 '리셋'되는 동안 계층이동도 활발했다. 인구의 상당수가 빈곤을 벗어나는 가운데 어떤 부자는 더욱 부자가 되는 한편 가난한 사람들의 그늘은 더 짙어졌다. 1955년 인구센서스에선 90%가 자기 집에서 살고 있었는데, 지금 수도권에서 자기 집을 갖는 일은 월급쟁이에겐 평생의 숙원사업이 되었다.

과거 40년, 한국 사회를 가로질러온 두 개의 계급 트랙, 가난을 대물림하는 빈곤층 트랙과 부를 확대재생산하는 중산층 트랙이 있다. 중산층 트랙으로 올라타느냐, 낙오되느냐의 중요 변수는 아파트였다. "따는 사람만 있고 잃는 사람은 없는 이상한 도박장은 경제원리상 지상에 존재할 수 없음에도 이 나라엔 부동산투기라는 형태로 존재해왔다."- 조건영, 〈한겨레신문〉 1989년 5월 16일

이 게임의 특징은, 게임에 참여한 사람들이 위너와 루저로 나뉘는 게 아니라 게임에 가담한 사람은 위너이고 게임판 바깥에 머물렀던 사람이 루저라는 것.

아파트가 한국경제와 계급이동과 사회문화에서 핵심 키워드가 된 데는 몇 가지 이유가 있다.

1. 도시화의 과도함과 수도권 밀집도: 수도권의 땅값, 아파트 가격이 전체 부동산경기를 이끈다. 시골에는 빈집이 늘어나는데 수도권은 집이 모자란다. 국토부가 발표하는 주택 보급률은 100%인데 자기 집에서 사는 사람은 61%인 기현상의 원인이다.

2. 가족구조의 급격한 변화: 해방과 전쟁 이후 70년 동안 대가족에서 핵가족으로, 1인 가구로 가족제도가 급속히 변화해왔다. 지난 40년, 정부가 신시가지 신도시를 만들어 집을 많이 짓고 보급하는데도 가족분화의 속도를 따라잡기 힘들다.

3. 아파트의 진화: 단독주택에서 집 관리와 쓰레기처리에 들이는 시간과 수고를 아파트에선 돈이 해결해준다. 바쁜 현대인, 맞벌이 부부에겐 선택의 여지가 없다. 더구나 아파트의 수명은 30~40년, 단독주택에 비해 부수고 짓는 사이클이 짧아 기술과 패션의 발전 속도에서 월등하다. 1970~80년대에 지어진 1세대 아파트와

2000년대의 아파트는 석기 시대와 기계 문명, 흑백과 컬러만큼 주거문화의 격차를 벌리고 있다.

부동산경기가 과열되고 아파트가 투기 대상이 된 데는 정책의 책임이 크다는 지적도 나온다. 정부가 경기부양책으로, 중산층 부양책으로 부동산 부양 정책을 써왔다는 것이다. 《경제, 알아야 바꾼다》(2020)에서 경제전문가 주진형은 몇 가지 정책적 원인을 지적했다. "경기조절을 조세나 재정으로 하지 않고 부동산경기로 해왔"다는 것, 1977년에 도입된 분양가 상한제가 시세보다 낮은 분양가 때문에 여전히 아파트를 투기 대상으로 만들고 있다는 것, 우리나라는 부동산 보유세가 시가 대비 연간 0.15%인데 너무 낮은 수준이라는 것이다. "부동산 자산이 2012년에 약 8천조였어요. 2016년 말 9천조 가까이 되었다면 GDP 대비 거의 6배입니다. 전 세계적으로 우리나라처럼 GDP 대비 부동산 자산 가격이 높은 나라는 없습니다."

집을 사기보다 '렌트'하는 게 통념이 돼 있는 독일은 주거 문제가 가장 안정된 나라다. 주로 부동산회사나 사회적 기업이나 협동조합이 아파트를 지어서 장기임대한다. 한국은 전체 주택 중 5% 정도밖에 안 되는 공공임대주택을 늘려야 한다는 것이 주진형의 주장이다.

부동산 시세를 폭락시킨 두 번의 금융위기가 오히려 '부동산 불패신화'의 발판이 됐다는 지적도 있다. 금융전문가 정대영은 《한국

경제의 미필적 고의-잘 사는 나라에서 당신은 왜 가난한가》(2011)에서 IMF 이후 정부가 경기활성화의 지렛대로 과감한 부동산경기 부양책을 취하면서 부동산 가격이 빠르게 회복했는데 이것이 국민에게 두 가지를 학습효과를 가져왔다고 했다. "하나는 IMF와 같은 큰 위기가 와도 부동산 가격은 조금 지나면 다시 상승한다는 것이고, 다른 하나는 외부 충격에 따른 부동산 가격 폭락 시기가 부동산을 싼값에 살 수 있는 절호의 기회라는 것이다."

3. 《아파트게임
– 그들이 중산층이 될 수 있었던 이유》

박해천, 2013

1970년대부터 시작된 아파트경기는 몇 차례 버블을 거치면서 폭발적인 상승세를 탔고 1998년, 2008년의 두 차례 외환위기 때 잠시 주춤했지만 '부동산 불패신화'는 계속됐다. "1970년대 이후 중산층을 꿈꾸던 사회구성원 중 상당수는 이 버블을 몇 차례 경험했느냐에 따라, 그리고 어떻게 대응했느냐에 따라 그들의 '집'과 '계층'이 결정되었다." 아파트는 고도성장을 통해 축적된 사회적 부를 시세차익이라는 형태로 아파트 소유자들에게 배분하는 사회 시스템이었다.

서울에 처음 아파트가 등장한 것은 1962년의 642세대짜리 마포아파트였다. 하지만 '아파트 붐'은 1970년에 분양된 동부이촌동 한강맨션, 여의도 시범아파트부터였다. 그리고 강남 시대가 열렸다. 반포 주공 1 2 3단지, 반포 경남, 반포 한신, 압구정 현대, 압구정 한양, 서초 우성, 역삼 개나리, 도곡 진달래, 개포 주공아파트가 분양된 1973년부터 1980년대 중반까지 강남 개발시대가 아파트 대제전(大祭典)의 전반부, 부동산 버블의 첫 시기였다. 분양권만 따면 대박이 터지는 '돈 잔치.' 78년 압구정 현대아파트 48평형 분양가는 3천만 원이었는데 10년 뒤인 1989년에는 3억 3천만 원으로 10배가 되었다.

전 세계적인 저유가 저금리의 1980년대, 10%대 성장률의 마지막 시대에 부동산시장과 주식시장은 동시에 부풀어 올랐다. 전두환 정권은 '주택 500만 호 건설'을 내걸고 과천, 목동, 상계동에 신시가지 아파트 단지를 조성했다. 목동 아파트 35평형은 1984년 분양가가 4800만 원이었는데 1997년 3억 1천만 원이 되었다.

1980년대 신시가지 붐은 1990년대 신도시 열풍으로 이어졌다. 노태우 정권은 '주택 200만 호 건설' 정책에 따라 분당, 평촌, 일산, 산본, 중동 등 수도권에 다섯 군데 신도시를 건설했다. 1990년 분당과 일산의 신도시 아파트는 평당 분양가 200만 원이었지만 2007년 외환위기 직전 각기 평당 1900만 원과 1330만 원으로 뛰었다.

강남 시대는 한 세대를 돌아 새로운 수요를 창출함으로써 불패의 신화를 이었다. 1999년 타워팰리스식의 초고층 초고가 주상복합 아파트의 출현, 그리고 잠실 주공과 반포 주공 단지의 재건축이었다. 부동산경기는 1998년 IMF로 버블이 꺼지는 듯 했지만 2년 만에 원기회복했고 2008년 외환위기로 좀 더 긴 침체기를 거쳐 역시 회복됐다.

신축하고 1, 2년 지나면 2배 뛰고 10년 지나면 10배 뛰는 이 아파트시장에서 재테크 선수들 사이에 유행한 것은 전세 끼고 아파트를 사는 이른바 '갭투자'였고 그것은 손쉽게 아파트를 여러 채로 늘려가는 수법이 됐다. 특히 학군 좋고 학원 많은 지역이 매매가에 육박하는 전세가 때문에 갭투자의 엘도라도가 됐다.

아파트게임의 40년 동안 중산층 전업주부에게는 자산증식, 재테크의 역할이 추가됐다. 2006년 용인의 84평형 아파트에 퇴역군인 남편과 둘이 살고 있는 1944년생 조모 씨가 바로 '복부인'이라는 이름의 전업주부였다. "아파트 역사의 산증인이나 다름없는 그녀는 70년대 초반 사당동의 집 장사 집을 첫 내 집으로 마련했고 70년대 후반 반포의 22평 주공아파트를, 90년대 초반 분당 아파트를 샀고, 2000년대 초반에는 한 해에 네 채의 아파트를 사들였다. 세 번의 버블을 능수능란하게 통과한 덕분에 그녀의 손에는 자녀 명의의 아파트를 포함해 모두 여섯 채의 아파트가 쥐어졌다." 그녀의 무용담: "어떻게 내가 운이 맞아가지고 아파트만 사면 집값이 자꾸 오르더라고. 우리 애 아빠는 나보고 당신은 한번 움직이면 1억씩 한대…. 84평, 이건 주웠어. 5억 4천에 샀나?"

고급정보를 선점했던 개발시대 고위층의 경우, 마음만 먹으면 자산증식은 손바닥 뒤집기보다 쉬웠다. 1993년, 김영삼 정권이 처음으로 고위공직자 재산공개를 했을 때, 과거 군사정권 30년에 정치권력과 자산증식의 두 마리 토끼를 모두 잡으면서 알찬 시간을 보낸 인사들의 과거사가 일제히 공개됐다.

국회의장 박준규(1925년생)의 경우가 가장 화제였다. 5.16 이후 1963년부터 1979년까지 공화당 국회의원으로 유신정권의 주역 중 한 사람이었던 그는 1966년 정부의 강남개발계획이 확정되기 직전 잠실 땅 4천 평을 사들인 것을 포함, 본인과 부인, 자녀들 명의로 20여 차례 21만 평의 땅을 매입했다. 30대의 아들은 130억짜리 15층 빌딩과 연립주택 11개 동 75가구를 소유해 임대사업을 벌였다. 그는 민자당에서 의원직 사퇴압력을 받았지만 의장직만 사퇴하고 탈당했으며 5년 뒤 DJ정부 시절 자민련 의원으로 다시 국회의장이 된다. 그는 전무후무한 국회의장 세 차례의 신기록, 그리고 김영삼, 김종필과 9선 의원의 타이기록을 수립했다.

참여정부에서 2004년~2006년 국정홍보처 차장과 청와대 홍보수석을 했던 이백만의 케이스는 조금 다르다. 그는 경제 전문기자 출신. 2002년 일산에서 강남구 일원동 30평대 아파트로 이사했고 2006년 9월에는 그 아파트를 팔고 역삼동 50평대 재건축 아파트를 분양받아 이사했다. 역삼동 아파트는 2004년 약 10억 8천만 원에 분양받았지만 입주 직후 20억 원이 넘었다. 그가 4년 동안 약 8억 원의 은행대출을 활용해 두 차례 아파트 거래로 15억 원 안팎의 시세차익을 챙겼다는 사실 자체보다 참여정부의 홍보맨으로서 그가 한 발언들이 보수 언론에서 화제가 됐다. 국정홍보처 차장 시절인 2005년 7월, 타워팰리스 68평형을 팔아 7억 원 상당의 시세차익을 올리고도 세금을 적게 낸 사례를 들어 "투기에 의한 불로소득은 환수돼야 한다"고 했다. 2006년 11월 초 청와대 홈페이지에 "언론보도를 보면 불안한 마음이 들겠지만 정부 정책을 믿어달라"며 "지금 집을 샀다가는 낭패를 면할 수 없을 것"이라 했을 때는 역삼동 재건축 아파트로 이사한 직후였다. 투기논란으로 사퇴한 그는 가톨릭교리신학원을 졸업하고 2018년 문재인 정부에서 교황청 한국대사로 나갔다.

아파트게임 참여자들의 경험에는 세대별 편차가 있다. 4.19혁명을 겪은 다음 1970년대에 30대가 되어 결혼과 함께 주택시장에 진출한 1940년대생들은 "근로소득을 능가하는 자본이득의 중요성에 눈을 떴고", 5월 광주를 겪은 다음 1980년대에 결혼과 함께 주택시장에 진출한 1950년대생, 1987년 6월항쟁을 거쳐 1990년대에 주택시장에 진입한 1960년대생들은 "전세제도를 지렛대 삼아 아파트 한 채를 더 보유하는 방법을 터득했으며", 20대에 IMF를 목격하고 밀레니엄과 함께 30대를 맞은 1970년대생들은 "수도권 일대의 지도를 들여다보면서 자신들에게는 앞 세대와 같은 자산증식의 기회가 주어지지 않을지도 모른다는 조바심에 시달렸다."

그다음 세대, IMF 때 태어나고 밀레니엄과 함께 자라난 이른바 '88만원세대'에게 아파트는 돈 벌어 제 능력으로 살 수 있는 게 아니라는 '좌절감의 넘사벽'이 되었다. 평균임금으로 따라잡을 수 없을 만큼 뛰어버린 초현실적인 주택 가격은 이 세대의 출산율을 끌어내리고 있다. 결혼을 하고 자식을 낳고 집을 사는 세 가지 미션을 다 해결하기는 버거운 것이다. 여기서 부모에게 물려받을 게 있는 사람과 물려받을 것이 없는 사람, 금수저와 흙수저의 계급격차가 사회에서 새출발하는 이들 세대의 생존조건을 결정짓는다.

4. 아파트의 황금광 시대,
한 건설 노동자 가족의 이야기

《사당동 더하기 25》(조은, 2009)
다큐멘터리 〈사당동 더하기 22〉(조은, 2012)
다큐멘터리 〈사당동 더하기 33〉(조은, 2020)

1986년, 동국대 사회학과 조은 교수는 UNICEF(국제연합아동기구)의 지원금으로 '재개발사업이 지역주민에 미친 영향'에 대한 조사연구에 들어갔다. 서울에서 가장 큰 달동네의 하나였던 사당동, 재개발을 앞둔 무허가 판자촌에서 22개 빈민가정을 조사했다. 프로젝트는 2년 만에 마쳤지만 그는 그중 한 가정에 관심을 갖고 이후 33년 동안 추적했다. 그 결과가 한 권의 책과 두 편의 다큐멘터리로 나왔다. 이 작업은 흔히 멕시코시티의 한 빈민가정을 4년간 관찰한 인류학의 고전 《산체스네 아이들》에 비견되지만, 《산체스네 아이들》은 물론 어떤 인류학 보고서도 이만큼 긴 호흡을 가지기는 어렵다.

1949년 함경북도 청진에서 월남한 할머니와 일용직 건설노동자인 아들과 손주 셋, 그 손주의 자식들이 자라는 4대에 걸친 기록. 사당동 일대가 산꼭대기서부터 철거되는 몇 년 동안 할머니와 아들과 손주들까지 다섯 식구는 살던 집이 헐리면 산동네 좀 더 아래쪽의 빈집이나 셋집을 찾아 옮겨 다니다가 1991년 상계동 임대아파트로 이사한다. 1989년 노태우 정부가 발표한 '주택 200만 호 건설계획'에는 영구임대아파트 25만 가구도 포함돼 있었다. 서울시는 성산동, 중계동, 면목동, 대치동에 전용면적 9~12평의 임대아파트 8000가구를 지어 1991년부터 분양을 시작했다. 임대아파트 입주 자격이 까다로워서 할머니는 아들은 빼고 손주 셋과 사는 조손가정으로 분양신청서를 써서 '하늘의 별 따기'라는 임대아파트를 분양받았다. 실평수 7.5평에 방 하나, 거실 하나. 사당동 재개발현장 연구사례 22가구 가운데 유일하게 영구임대아파트를 따낸 운 좋은 가족이었다.

2007년 할머니는 세상을 떠나고 상계동 임대아파트에는 아들 수일 씨(1948년생)가 살고 있다. 수일 씨에겐 세 자녀가 있다. 아들 영주(1973년생), 덕주(1979년생), 딸 은주(1976년생). 상계동에는 다섯 식구가 이사 왔고 수일 씨의 연변 부인이 있을 때는 여섯 식구가 7.5평 아파트에서 살았다. 지금은 세 남매 모두 결혼해서 영주와 은주는 각기 영구임대아파트에서 살고 덕주는 월셋집에 산다.

아파트 건설현장, 몰려드는 사람들과 쫓겨나는 사람들 ————————

수일 씨 가족이 사당동 산동네에서 집이 헐릴 때마다 다섯 식구가 짐 싸들고 아직 헐리지 않은 집을 찾아 전전하며 혼을 빼고 있을 때 그곳은 재개발 아파트를 둘러싼 부동산 거래의 아주 '핫'한 현장이었고 투기꾼들의 놀이터였다. 아파트 딱지값이 하루 다르게 치솟았다.

"10평 무허가 주택의 가격은 87년 2월 2천만 원에서 89년 말 1억 2천만 원으로 6배가량 올랐으며 아파트 입주권이라 불리는 '가옥주 딱지'는 87년 3월부터 88년 10월 사이에 2천만 원에서 4500만 원으로 올랐다. 세입자 분양권은 87년 11월 160만 원에 거래됐는데 88년 10월 초엔 최고 650만 원까지 거래됐다. 모두 우리 연구 기간 동안 눈앞에서 일어난 일이었다. 빈곤에 대한 연구비를 받기 위해 여기저기에 구색 맞춰 프로젝트 제안서를 쓰는 것보다 차라리 철거 재개발 딱지 몇 장만 사면 독립적으로 빈곤 연구를 할 수 있는 연구소도 차릴 수 있겠구나 생각이 들 정도였다." 조은 씨는 책에서 연구조교들이 프로젝트 기간 중 부동산 거래에 개입하지 않는다는 원칙을 지켜준 데 감사했다.

건설노동자 2대, '노가다'의 대물림 ————————

수일 씨는 열아홉에 건설공사현장에서 노동일을 시작해 평생 '노가다'로 살아왔다. 중학 2학년 때 공부하기 싫어 학교를 그만뒀고 중국집 배달부 하다 건설노동자가 됐다. 공사현장 일을 시작한 것이 1966년인데 막 건설의 시대가 시작되고 있었고 아파트 신축 붐이라 일거리 잡기 쉬웠다. 그는 주로 '철근 아시바' 묶는 일을 하지만 '공구리'도 하고 다른 잡일도 한다. 그는 "지금 예순다섯 나이에도 불러주기만 하면 노동 일을 나간다"고 했다. 3월부터 11월까지는 아침 인력시장에서 일을 얻어 건설현장으로 가고 공사가 없는 겨울에는 취로사업이나 고물수거 일을 한다. 그는 "집에 여자가 있어야 돈이 모이는데" 하고 한탄한다. 그는 두 번 결혼했는데 스물세 살에 결혼한 부인은 10년 만에 어린 세 남매를 두고 집을 나갔고 마흔 넘어 연변에서 부인을 데려왔는데 1년도 안 되어 도망갔다. 중국 나들이 두 번에 결혼예물 마련하느라 들어간 2천만 원 중 1천만 원이 빚으로 남았다.

두 아들은 자라면서 아버지 같은 공사판 '노가다'는 되지 않겠다고 마음먹지만 실직하고 당장 돈이 없으면 건설현장 일을 나간다. 아버지와 두 아들이 나란히 아침 인력시장에 나간 적도 있다. 큰아들은 각종 직업을 전전하다 결국은 건설노동자로 나이 들어가고 있다. 그는 건설현장에서 전기 일을 한다. 한 달 평균 19일 현장에 나가는데 일당은 대략 10만 원이다.

그들은 아파트를 짓지만 거기서 살지는 못한다. 하지만 '노가다'의 대를 잇는 아버지와 아들은 영구임대아파트에 살고 있으니 운이 아주 나쁜 편은 아니다.

외화를 만져본 적 없는 사람들의 외환위기 ──────────

1998년의 IMF는 부동산 버블을 건드려 아파트게이머들을 당황하게 했지만 하루 벌어 하루 먹는 사람들의 경우 끼니를 위협했다. IMF 때 수일 씨는 미아리 아파트 공사장에 나가고 있었고 맏아들 영주도 아파트 건설현장 일을 하고 있었다. IMF 이후 건설경기가 죽으면서 큰 공사가 없어지는 바람에 수일 씨는 노는 날이 많아졌고 영주는 세차장 일을 시작했다. 덕주는 술집 웨이터로 월급 없이 팁만 받고 있었는데 IMF로 손님이 많이 줄었다.

10개의 직업, 100개의 직장 ──────────

할머니와 아버지가 돈 벌라 해서 초등학교 졸업하고 완구공장에 취직한 것이 큰아들 영주의 첫 직장이다. 완구공장 사장이 야간중학교에 보내줬고 야간공업고등학교도 다녔다. 그는 초등학교 때 신문배달을 했고 영화관 앞에서 암표 장사도 해봤다. 공고 졸업하고는 학교에서 배운 자동차정비공 일을 했다. 제대 후에는 자동차 정비공, 단무지공장, 텐트가게, 인쇄소, 플라스틱공장, 체육관 사범, 세차장, 상패 제작, 도장 파기, 전기요공장, 오토바이 배달, 보일러 수리, 공기청정기 외판원을 했다. 미용사 자격증을 따서 2년간 미용사 일도 했다. 가장 오래 다녔던 직장이 을지로의 상패 만드는 가게로 4년 일했는데 청계천 복원공사로 문을 닫았다. 도장 파던 시절 잘될 때는 하루 오륙백 개 새길 정도로 실력 있었고 돌과 나무, 옥 등 다양한 재질을 다룰 수 있어서 평생직업으로 여겼는데 '사인'이 대세가 되면서 도장은 사양산업이 돼버렸다. 태권도 사범도 1년 했지만 아이들을 픽업해줘야 하는데 운전면허가 없어 그만뒀다. 공기청정기 외판 일은 "6주 실습 끝나면 팀장 되는" 진급도 있는 직장이라 좋아했지만 실적을 못 올려 3주 만에 접었다. 막노동으로 등록금을 모아 전도사가 되겠다고 종로 뒷골목 건물 5층의 무허가 야간신학교도 다녔지만 졸업장은 쓸모가 없었고 사각모 쓴 졸업식 사진을 벽에 걸어놓는 것으로 만족해야 했다.

일용직 건설노동자는 고되지만 당장 일이 없고 돈이 궁할 때는 고마운 일이다. 직장을 잃을 때마다 아침 인력시장에 나가 노가다를 뛰었고 결국 그것이 천직이 되었다.

세 남매의 막내 덕주는 중학교 2학년 때 커닝하다가 걸린 김에 학교를 관두고 가방공장 다닌 것이 첫 직장이다. 중학 중퇴의 장점은 군대 안 간다는 것, 그 시간에 돈 좀 벌어보려 했는데 학력 때문인지 취직이 쉽지 않았다. 그의 경력; 가방공장. 중국집 배달. 술집 웨이터. 술집 삐끼. 조직폭력. PC방 알바. 컴퓨터 수리. 전기장판공장. 건설노동.

탤런트가 되고 싶어 연기학원을 다녔는데 KBS에 1차 사진 합격하고 2차에서 떨어졌다. 그는 '가방끈이 너무 짧아서'가 아닐까 했다. 권투도장에 나가 2년 동안 권투를 했고 20전 16승 4패로 승률도 좋았는데 시력이 0.4 아래로 떨어지면서 권투를 그만두었다. 폭력조직에도 잠깐 몸담았다. 6개월 고생하면 다방 차려준다 해서

들어갔다. 처음에 휴대폰, 정장 세 벌, 구두 몇 켤레를 받는데 휴대폰이 비쌀 때라 거기에 '훅 갔다.' 빚 받아주는 진상처리반부터 시작했는데 처음은 어떤 사장실 쳐들어가서 다 부시고 돈 받아오고 그다음은 채무자 딸 결혼식에 쳐들어가서 부조금 뺏어왔다. 아무래도 성격이 안 맞아서 휴대폰이랑 다 반납하고 나왔다.

덕주는 "꿈이 있어야 하는데 꿈이 없다"고 말한다. 뭘 배우긴 배워야 하는데 배우는 동안은 돈을 못 버니까 배우기도 쉽지 않다. 권투 경력으로 헬스장 트레이너가 됐지만 사장이 도망가고 헬스장 문 닫으면서 실직했다. 그는 전세방의 보증금 1천만 원을 빼서 조그만 동네 헬스장을 인수해 10년 가까이 운영하고 있다. 그는 월세방에서 아내와 아들과 사는데 한 달에 300만 원을 벌어야 유지가 된다고 한다. 덕주는 자신이 삼 남매 중에서 제일 형편이 낫다고 여긴다. 형은 LH공사의 다문화합동결혼식, 누나는 교회의 영세민합동결혼식이었는데 자신은 예식장 빌려서 단독으로 결혼식을 올렸다는 것이다.

맨몸뿐인 여자의 직업

빈민계층에 전업주부는 없다. 여자들은 가내부업을 하거나 노점이나 식당이나 파출부 일을 한다. 수일 씨의 딸 은주는 세 남매 중 가장 번듯한 학력을 가졌다. 고졸. 깔끔한 외모에 늘씬한 몸매의 은주가 여고 시절 고적대에서 드럼을 칠 때 좋다는 남자들이 많았다

한다. 고등학교 졸업하고 동네 백화점 점원 일도 하고 봉제공장도 다니다가 스무 살쯤 동네 다방에서 한 남자를 만나 그날 바로 집 나와서 동거를 시작했다. 남편은 나염공장에 다니는 염색공.

은주는 세 아이를 낳아 기르면서 맞벌이를 했다. 길거리에서 토스트 장사, 계란빵 장사, 옷 장사도 했다. 장사는 밑천이 필요하지만 돈 없는 은주는 기계를 빌려 시작했고 돈을 꿔서 옷을 떼왔다. '비가 오나 눈이 오나 해볼라고 고생을 했'지만 매번 손해를 봤다.

은주는 여자들이 흔히 하는 파출부나 식당 일은 할 수 없다. 어렸을 때 앓았던 감기가 중이염이 되어 청각장애를 갖게 된 그는 어느 식당에서 주문을 잘못 알아들어 김치찌개 대신 된장찌개 갖다주고 생선구이 대신 동태찌개 갖다주고 했다가 하루 만에 쫓겨났다.

가내부업은 상대적으로 쉽다. 사당동 때는 집집마다 들여다보면 여자들이 북어 찢고 쥐포 두드리고 있었는데, 어른이 된 은주는 봉투 붙이고 밤이나 은행 까는 일을 했다. 이런 일에 비해 재봉일은 보수가 나은 편이다. 은주는 봉제공장 다니기도 하고 재봉틀을 빌려 집에서 일하기도 한다. 옷소매도 붙이고 밀짚모자도 박는데 일이 없을 때도 있지만 일단 일을 맡으면 납품일자 때문에 이삼일에 한 번 밤을 샌다.

월세 23만 원짜리 지하 셋방에 살다가 할머니가 백방으로 뛰어다녀 얻어준 장애인임대아파트로 이사하고 교회가 주선해준 합동결혼식에서 뒤늦게 면사포도 썼지만 가정폭력과 부부 싸움이 심해지던 끝에 이혼했다. 이혼한 다음 은주가 새로 시작한 직업은 노래방 도우미다. "손님들이 홀복에 돈을 막 끼워준다. 팁을 많이 받으려면 이뻐져야 한다. 두 달 동안 이백 갖다 바쳤다. 입술 도톰하게 하고 눈 밑에 애교살도 넣고 이마에 보톡스 맞고…. 이젠 봉제공장 노가다는 못 하겠다."

하지만 얼마 후 그는 노래방을 그만두고 재봉틀을 다시 빌렸다. 월 10만 원의 재봉틀 임대료도 있고 하니 돈이 잘 모이질 않는다. 재봉틀 한 대 값은 150만 원. 은주는 "재봉틀만 내 것이면 얼마나 좋을까" 했다.

빈곤 범죄

덕주와 은주는 각기 대포차, 대포폰, 대포통장에 명의를 빌려준 일로 사기죄 전과를 갖고 있다. 가난 때문에 전과도 늘어난다. 스물두 살의 덕주는 카드빚이 많아 더 이상 '카드깡'을 할 수 없게 됐을 때 "주민등록증 빌려주면 300만 원 준다"는 친구의 말을 듣고 대포차 사기에 얽혀들었다. 그는 150만 원을 받았는데, 누군가 그의 명의로 자동차를 할부구입한 다음 바로 중고시장에 팔았고 1년 후 할부금 체납고지서가 날아오더니 덕주는 사기죄로 수배자가 됐다. 그는 7년 공소시효를 몇 달 앞두고 불심검문에 걸려 구속됐고 곗돈 부은 것과 빌린 돈을 합해 벌금 400만 원을 물었다.

그는 스무 살에 이미 몇 개의 전과가 쌓였다. 한 달 사회봉사 명령을 이행하지 않아 수배당한 적이 있는데 낮에 살짝 집에 들어와

서 자고 술집이나 PC방에서 야간 알바하면서 필사적으로 숨어 다
닌 끝에 공소시효를 '성공적으로' 넘겼었다. "사회봉사 한 달 하면
그동안 뭐 먹고 살아요?"

은주는 대포통장 사기로 구속됐는데, 주민등록증 빌려주면 현
금을 주겠다는 것도 아니고 "1천만 원을 월 이자 10만 원에 빌려
준다"는 데 넘어간 것이었다. 제1금융권으로부터 신용대출도 담보
대출도 얻을 수 없는 처지라 '러시앤캐시'에서 300만 원을 월 이자
9만 원(그러니까 연리 35%)으로 빌렸는데 빚이 눈덩이처럼 불어날
때 대포통장 얘기에 솔깃해진 것이다.

빈곤 대물림이 끝나는 시점

다큐멘터리 〈사당동 더하기 33〉은 은주가 5만 원 꿔달라고 하자
영주의 필리핀 아내 지지가 화를 내는 장면으로 시작한다. "이 집
식구들은 만나면 잘 지내나 이런 건 안 묻고 맨날 돈 얘기만 해. 돈
돈 돈!" 가진 돈 없는 이 가족은 만나면 쉴 새 없이 돈 얘기를 한다.
온 식구가 나서서 돈을 벌지만 풍족했던 적이 없다. 그러다 한 번
씩 아프거나 몸을 다치면 약간의 저축과 함께 꿈도 날아가고 빚을
지게 된다. 돈은 이들에게 매일매일의 이슈이고 생을 마치는 날까
지 그럴지 모른다. 남매들의 할머니는 여든여섯 나이에 돌아가시
기 직전까지 일당 3만 원의 공공근로를 나갔다. 남매들이 그토록
자주 실직하지만 지치지 않고 새 직업에 도전하는 것은 시부모와

남편, 아들딸 거느리고 38선 넘어 월남해 노점과 행상과 포주도 해가면서 서울살이에 정착했던 할머니로부터 물려받은 생활력과 강인함 덕인지 모른다.

남매들은 자식들이 자신처럼 살지 않았으면 좋겠다고 말하지만 지금 청소년기를 보내는 그 2세들이 빈곤으로부터 탈출할 수 있을지는 알 수 없다. 가난한 부모들이 자식들에게 다른 삶을 살게 하려면 생활력과 강인함만으로는 모자랄지 모른다. 빈곤탈출의 기회는 '교육 자산'에 있을 수도 있다.

건설노동자인 영주의 필리핀 아내 지지는 반찬가게에 나가 하루 4시간씩 일하고 월 50만 원을 번다. 시집온 지 10년, 한국말도 잘하는 지지는 집안에서 가장 논리적으로 말을 한다. 지지는 자녀교육에 철저하고 집안일에 빈틈없는 살림꾼이다. 지지가 키운 아이가 어쩌면 부모세대가 꿈꾸었으나 이루지 못한 어떤 것을 이룰지도 모른다. 지지에 대해 영주는 불평인지 자랑인지 애매한 말을 한다. "아내가 아이를 스파르타식으로 키운다. 내가 뭐라 하면 당신은 가만있으라 한다."

5. 내가 참여한 아파트게임

1960년생인 나는 아직 미혼이었던 스물아홉에 아파트 소유자가 됐다. 88년, 분양 2년차 성산 시영아파트 22평형을 샀다. 3천만 원 쯤에 샀던 것 같은데 집안에서 받은 돈 500만 원이 있었고 1982년 직장생활을 시작했으니 '재형저축'이 제법 쌓였고 융자도 좀 받지 않았나 싶다.

91년 결혼해 딸 둘이 생겼을 때는 〈한겨레신문〉 기자 시절이었다. 성산 아파트 단지 안에 어린이집이 있긴 했지만 부부가 모두 신문기자라 퇴근시간이 일정치 않고 자정 넘어 귀가하는 날이 많아 어린이집에 보낼 수도 없었다. 94년에 태어난 둘째는 대구의 시어머니에게 보냈지만, 〈씨네21〉 창간하고 주간지 일을 시작하자 일주일에 최소 이틀을 오늘 출근해서 내일 퇴근하다 보니 큰아이를 이웃집에 맡기기도 어려워졌다. 95년 아이를 전적으로 돌봐줄 수 있는 언니가 사는 신대방동 우성아파트로 이사를 했다.

성산 아파트는 98년에 팔았는데 8천만 원쯤이었던 듯하다. 신대방 우성아파트에서 95년부터 지금까지 살고 있고 단지 안에서 29평에서 47평으로 한 번 이사했다. 처음엔 29평형에 전세로 들어가 1998년 1억 2천만 원에 사서 2008년 3억 5천만 원에 팔았고 47평을 6억 6천만 원에 샀다. 국제 금융위기 직전이었으니 아파트 가격은 사자마자 곧 하락했고 몇 년 지나 6억 선을 회복하더니 2021년 아파트 광풍을 타고 10억을 훌쩍 넘었다.

우리는 이곳에 25년 살면서 두 딸 모두 집 반경 500m 이내의 공립 초등 중등 고등학교에 보냈다. 둘 다 대방중학교-수도여고 코스다. 우리 아파트는 시내에서 그리 멀지도 않고 보라매공원 덕분에 숨 쉴 만도 하고 주변 환경이 썩 나쁜 것 같지도 않은데 '학군이 좋지 않아서' 아파트값이 안 오른다는 얘기가 들린다. 이 동네에서 아이를 명문대 보내겠다고 작정한 엄마들은 여의도나 서초구, 목동, 또는 외고에 보냈다.

신대방동은 서울의 계급지도에서 명백히 중간지대다. 중산층과 빈곤층이 뒤섞여 있고 아파트 200m 남쪽의 대림시장까지 조선족 이민자 문화권이 들어왔다.

부동산 버블에서 획기적으로 자산증식을 꾀할 수 있는 몇 번의 기회가 있었다. 1984년 강남구 일원동에 기자아파트를 짓는다고 내가 다니던 〈연합통신〉 외신부 기자들도 상당수 주택조합에 들어갔다. 일원동은 1970~80년대 강남 아파트 특급열차의 마지막 티켓이었는데, 대출도 편의를 봐준다고 하니 다들 대출받아 분양신청을 했다. 성산 아파트를 구입할 적엔 목동 아파트에 미분양 세대도 많았는데 그때나 지금이나 은행대출을 부담스럽게 여겼던 것 같다. 성산 아파트는 팔자마자 2002월드컵을 앞두고 다락같이 뛰었다.

그처럼 버블지대를 요리조리 피해 다닌 건 재테크 감각이 부족하고 운이 없기도 했지만 인생의 우선순위도 있었다. 돈이 붙는 쪽이 아니라 아이 맡길 곳을 찾는 것이 절박했고, 직장 다니고 살림 사는 것만으로 '가랑이 찢어지는' 워킹맘이었다. 아파트 시세 체크하고 모델하우스 보러 다닐 형편도 체질도 아니었다. '워킹맘' 정도가 아니라 '일 중독 직장인'이라 그로기상태로 맞는 주말에 집전화로 걸려오는 "사모님 용인에…" 하는 전화는 짜증날 따름이었다. 누군가 서울이라는 거대한 투전판의 매뉴얼을 손에 쥐어주었다 해도 감당할 수도 없었다.

하지만 내 아파트게임을 복기해보면 나도 루저만은 아니다.

30년 동안 10년 단위로 세 채의 아파트를 사고팔았는데, 성산동 아파트는 10년에 2.5~3배 올랐고 신대방동의 첫 아파트도 10년에 3배 가까이 올랐고 신대방동의 두 번째 아파트는 2008년 이후 2배쯤 올랐다. 화폐가치 하락과 물가상승폭을 감안하면 매번 미미하게나마 이익을 본 셈이다. 1980년대 일찌감치 아파트 한 채를 보유했던 만큼 아파트를 매개로 자산을 불리지는 못했다 해도 전/

월세 살면서 점점 낙차를 벌리며 솟아오르는 아파트값을 속수무책으로 올려다보아야 하는 입장은 아니었던 것이다.

적어도 1980년대는 월급 모으고 융자받아 아파트를 살 수 있는 시절이었다. 각기 지방도시에서 태어나 대학생이 되어 서울에 온 남편과 나는 산업화와 도시화 과정에 적극 참여하면서 아파트경기의 지분을 나눠가진 세대였다. 게다가 1970년대 말 대학진학을 위해 상경한 경우라면 최소한 학력 자본은 보장된 신분인 것이다. 가난한 농촌을 떠나 돈 벌러 서울 와서 공장노동자나 가정부가 된 기본계급의 10대 여자들, 더구나 2000년대 이후 국민소득 2~3만 달러의 나라에 입성하기 위해 처음 보는 남자에게 시집온 필리핀 신부와는 달랐다.

기욤 뮈소의 《당신 거기 있어줄래요?》는 사랑과 운명에 관한 소설이다. 선택과 후회에 관한 소설이기도 하다. 과거로 돌아갈 수 있는 묘약을 얻었을 때 주인공은 30년 전으로 돌아가 사고로 죽은 연인을 되살려낸다. 내 친구 하나는 독서모임에서 이 책을 읽고 토론했는데 영혼이 촉촉해지는 이 소설에 대해 "나도 30년 전으로 돌아간다면 그때 마포 아파트를 전세 들어갈 것이 아니라 샀어야 한다"는 독후감을 피력해서 좌중을 뜨악하게 했다 한다.

아파트경제라는 롤러코스터 30년 코스에서 막 내려온 사람들은 어지럼증을 앓는다. 아파트 여러 채를 공깃돌놀이 하듯 만져 상당한 재산을 축적한 사람이나, 열심히 적금 부어 간신히 마련한 아파트 한 채를 깔고 앉아 있는 사람이나, 한 번도 자기 소유의 아파트를 가져본 적 없는 사람이나 모두 놓쳐버린 기회에 대한 애달픈 기억을 지니고 있다. 짜릿짜릿한 베팅의 행운을 몇 차례 경험한 사람조차 어떤 대박의 기회를 멍청하게 지나쳤다고 자책하고 있을지도 모른다.

6. 토마 피케티의
《21세기 자본》

경제불평등구조에 대한 새로운 분석을 내놓은 《21세기 자본》
(2013)은 근래 세계적으로 가장 화제가 된, 논란을 불러일으킨 경
제학 책이다. 피케티는 300년 동안 미국과 유럽의 자본 추이를 분
석해 '자산의 수익률이 경제성장률보다 커지면서 소득불평등이
점점 심화된다'는 결론을 냈다. 그리하여, 일해서 번 돈보다 상속
받은 자산으로 버는 돈이 더 커진다는 '세습자본주의'라는 용어를
유행시켰다.

　유명해진 피케티 자본주의 제1공식은 국민소득에서 자본이 차
지하는 몫(a)에 관한 것. a=r(자본수익률)×β(자본/소득).

　그다음, 자본주의 제2공식은 성장률 대비 저축률이다. β=s(저축
률)/g(성장률).

'자본수익률'은 자본으로 얻어지는 수익률, 즉 기업이윤, 부동산 임대료, 예금과 채권이자, 주식배당금 같은 수익의 투자 자본에 대한 비율이다. 세계사에서 18세기까지는 경제에 성장의 개념 자체가 없다시피 했고 19세기에 1.5%, 20세기에 비약적으로 성장을 했다. 특히 2차세계대전 이후 30년간은 선진국들이 4%의 고속성장을 한 '자본주의 황금기'였다. 이제 21세기는 인구증가와 기술진보가 한계에 이르면서 다시 저성장의 시대로 들어가고 있다.

저성장 시대에는 자본수익률(r)이 성장률(g)을 크게 웃돌면서 상속재산이 생산이나 소득보다 빠르게 늘어난다. 이것은 과거가 미래를 잡아먹는 것과 같다. 그러니까 상속재산이 평생 노동으로 쌓은 부를 압도하면서 자본의 쏠림은 극단적으로 심해진다.

미국에서 '상위 10%가 국민소득에서 차지하는 몫'을 보면 1980년대 레이건 시대부터 신자유주의가 본격화하면서 소득불평등이 심해져 1930년대 대공황 때 수준으로 돌아갔다. 복지국가의 기반을 만든 루스벨트 뉴딜주의와 함께 전후 고성장 시대 30년이 막을 내리고 세금 인하, 규제 완화, 민영화의 신자유주의 정책들이 추진되면서 정부의 역할이 축소되자 경제 양극화가 심각한 사회문제로 대두했다. 한때 2~3포인트까지 낮아졌던 자본/소득 비율(β)이 다시 5~6으로 높아지고 a 역시 커지고 있다.

피케티는 세습자본주의에 대한 견제를 위해 누진세제도와 부유세 도입을 주장한다. 그리고 지금 30%대까지 떨어진 최고소득세율을 과거 자본주의 황금기 때와 같은 80%까지 올리라고 주장한다. 경제학자 이정우는 《21세기 자본》 한글판 해제 '피케티현상 어떻게 볼 것인가'에서 실제로 소득세 감세가 미국 최고위 경영자들의 연봉을 천정부지로 끌어올리고 있다면서 과거 말단 직원 급여의 20배였던 것이 400배가 되었는데 과연 그들의 생산성도 400배가 됐단 말인가, 라고 묻는다.

피케티의 공식을 한국에 적용한다면? 이 책의 한국판이 나온 2014년, 경제학자 정태인이 국민대차대조표 자료(한국은행과 통계청 발표)를 분석한 다음 "한국의 β값은 7을 넘는다. 이 값은 선진국에서 대개 5~6 정도다. 피케티 연구에서 β값이 가장 높은 일본, 이탈리아보다 한국이 더 높게 나온 것은 한국에서 부의 불평등이 상당히 심각할 것이라는 암시를 준다. 이것은 100년 전 프랑스의 소위 벨에포크 시대에나 있었던 높은 값이다. 추측건대 세계에서 가장 높은 한국의 땅값이 자본에 포함되기 때문에 이런 결과가 나온 게 아닐까 한다"고 했다.

"자본이 상속되는 세습자본주의 시대에 사는 후세대는 자본을 물려받아야만 경쟁을 할 수 있다. 결국 능력과 노력을 통해 시장의 승자를 가린다는 자본주의의 약속은 형편없이 깨지고 만다." - 이원재, 《이따위 불평등》, 2015

그런가 하면 한국의 자유주의시장경제학자들의 피케티 비판론들이 '피케티의 21세기 자본 바로 읽기'라는 제목으로 피케티의 한국판과 비슷한 시기에 나왔다. "이론적 토대가 결여된 방대한 귀납적 실증분석"이며 "지지자가 많다고 과학적 진리가 되는 건 아니"라는 비판도 있고, 피케티식 평등주의를 "배아픔 정서를 부추기"고 "가난으로 인도"한다고 조롱하기도 한다. "경제적 불평등은 경제번영의 필요조건"이라며 "경제평등 열풍"을 비판하기도 한다. 무엇보다 자본에 대한 중과세 주장, 또 해외도피를 막기 위한 국제 과세 네트워크 제안이 강한 반발을 산다.

7. IMF 체제,
신자유주의

"수천억 달러의 핫머니가 하나의 시장 혹은 국가쯤은 하루아침에 황폐화시킬 수도 있다. 화폐의 평가절하를 두고 도박하는 투기꾼들의 집단적인 압력을 견뎌낼 정도로 중앙은행들이 충분한 보유고를 가지고 있지 않다. (…) 아시아 호랑이들이 겪는 혼란은 새로운 양식의 규제가 필요함을 훨씬 더 분명하게 하였다. 결국 아시아 국가들은 거의 하룻밤 사이에 산업적 성공 모델로부터 고군분투하는 경제로 전락하게 되었다. 이런 사건이 일어나기 전에는 자본의 이동이 그렇게 쉽게 위기를 만들어낼 수 있으리라고는 생각지도 못했다. 1996년, 930억 달러가 인도네시아, 한국, 말레이시아, 태국 그리고 필리핀으로 유입되었다 1997년 갑자기 흐름이 역전되어 120억 달러가 이 국가들로부터 유출되었다."–앤서니 기든스,《제

1997년 12월, '국가부도'의 위기에서 정부는 국제통화기금(IMF)에 구제금융을 요청했다. 외환보유액 잔고가 40억 달러로 거의 바닥나고 외채도 갚기 어려운 상황이었다. 해외 투기자본에 취약한 동아시아 금융시장이 연쇄적으로 위기를 맞는 상황에서 김영삼 정부가 외환 관리에 실패한 것이다.

하지만 무엇보다도, 빚내서 사업하는, 은행대출이 사업 성공을 좌우했던, 기업이윤이 금리를 웃돌던 고도성장 시기의 '방자한' 비즈니스 관행이 끝장까지 간 결과였다. 1997년 1월 재계 서열 14위인 한보그룹 부도는 IMF사태의 시그널이었는데, 한보그룹은 부채비율이 무려 2086%였다. 당시 30대 그룹의 평균부채비율 355%. 한보 회장 정태수가 5조 7천억 원을 대출하는 과정의 비리를 둘러싸고 정치인 33명이 소환됐고 김영삼 대통령 아들 김현철이 구속됐다.

외환위기 속에서 1997년 말 은행금리는 41%까지 뛰었고 원화 환율은 1965원까지 상승했다. 재벌그룹 계열사들의 부도가 줄 이었고 30대 그룹 중 대우, 쌍용, 동아, 동양, 해태, 진로 등 11개 그룹이 해체됐다. 재계 서열 2위 대우그룹의 도산은 충격적인 사건이었다. 1998년 GDP 성장률은 -6.7%였다. 그해 자살률은 전년 대비 1.5배였다.

2001년 8월 정부는 IMF 지원자금 195억 달러를 조기상환함으로써 IMF 관리 체제를 벗어났다. 한국은 신속히 IMF 체제를 졸업

한 모범 사례가 되었다. 2021년 3월 현재 우리나라의 외환보유고
는 4476억 달러다.

IMF 구제금융은 한국경제가 신자유주의 시대로 본격 진입하는
계기가 됐다. 당시 한국이 대출조건으로 IMF와 맺은 이행각서의
주요 내용은 ▲강력한 통화/재정 긴축을 통한 고금리/고환율 정
책, ▲과감한 금융기관 및 기업 구조조정, ▲무역/외환 자유화와
금융시장 개방을 통한 외자유치였다.

기업 활동에 대한 규제 철폐와 공공부문의 민영화, 무역과 투자
에 대한 개방을 핵심으로 하는 신자유주의는 1980년대 이후 레이
건의 미국과 대처의 영국 주도로 전 세계의 지배적인 경제 체제가
되었다. 시장에서의 무한경쟁이 개인의 능력을 최대한 발휘하게
만든다는 전통적인 시장주의의 믿음이 나라 사이의 경계를 허물
면서 전 지구로 확장된 것이다.

경제학자 장하준의 책 제목 '나쁜 사마리아인들'이 바로 전 세
계에 신자유주의 행동방침을 강요하는 국제경제기구들을 지칭하
는데, 그 '사악한 삼총사'가 바로 IMF(국제통화기금)와 세계은행,
WTO(세계무역기구)다. 어려움에 빠진 이웃을 도와주는 이들이 알
고 보면 '나쁜 사마리아인들'인 이유는, 이 기구들을 통제하는 미
국과 영국, 일본 등이 오랜 세월 관세와 보조금 등 보호무역 정책,
심지어 식민지 수탈로 부유해진 다음 다른 나라들에 자유무역과
시장 개방을 요구하고 있는데 이것은 기초체력이 부실한 개발도

상국들에는 치명적이기 때문이다.

"IMF와 세계은행은 1944년 전후 국제경제 관리 체제를 구상 중이던 연합국 회담을 통해 설립됐다. 이들을 브레턴우즈기구라 부르는 것은 이 회담지가 바로 미국 뉴햄프셔주의 브레턴우즈였기 때문이다. 원래 IMF는 국제수지가 위기 상황에 처한 나라들이 디플레이션 정책을 사용하지 않고도 국제수지 적자를 줄일 수 있도록 차관을 제공하기 위해 설립되었다. 또 공식명칭이 '재건과 발전을 위한 국제은행'인 세계은행은 전쟁으로 파괴된 유럽 국가들의 재건 및 식민지배에서 벗어나 독립한 지 얼마 되지 않은 사회들의 경제발전을 돕기 위해 설립되었다. (…) 하지만 제3세계 외채위기가 있었던 1982년 이후 IMF와 세계은행의 역할은 크게 달라졌다. 이들은 이른바 구조조정 프로그램이라는 합동작전을 통해 개발도상국의 정책에 막강한 영향력을 발휘하기 시작했다. 이 프로그램들은 브레턴우즈기구의 본래 임무에서 벗어나 정부 예산, 산업 규제, 농산물 가격, 노동시장 규제, 민영화 등 개발도상국들의 거의 모든 경제 정책을 포괄하는 것으로 확장되었다. (…) 1997년 한국이 IMF와 맺은 협정의 서너 가지 조항들은 일본과 미국이 오랫동안 한국에 채택을 유도해왔던 정책의 복사판이다. (…) 한국이 곤경에 처하자 예전에 거부했던 무역 및 투자 정책을 받아들이도록 강요한 것이다."– 장하준, 《나쁜 사마리아인들》, 2007

한국은행 출신의 금융전문가 정대영은 《한국경제의 미필적 고의: 잘 사는 나라에서 당신은 왜 가난한가》(2011)에서 IMF사태의 긍정, 부정적 효과를 함께 다룬다.

"금융위기가 한국경제를 긍정적인 방향으로 변화시킨 측면도 있다. (…) 인수합병, 인력감축 등의 구조조정이 진행되면서 대기업을 중심으로 재무구조가 크게 개선되었다. 한국 상장기업의 평균 부채비율은 2000년 100% 이하로 떨어지고 2007년에는 70%를 기록하여 미국 127%, 일본 128%(제조업 평균)보다 낮아졌다. 또한 삼성전자, 현대자동차, LG전자, 포스코 등 대기업은 개선된 재무구조와 자율화, 개방화 등을 바탕으로 세계적인 기업으로 도약했다."

반면 부정적 영향은 네 가지로 설명했다. 한국 사회의 양극화, 금융부문의 과도한 개방, 부동산 불패신화, 경제의식의 보수화.

우선 양극화. "대기업, 수출기업, 제조업 등은 빠르게 성장하고 수익성이 좋아진 반면, 중소기업이나 내수기업, 경공업, 서비스업 등은 상대적으로 위축되었다. 개인도 정규직과 비정규직, 고소득자와 저소득자, 부동산 보유자와 미보유자 간의 소득격차가 더욱 커졌다. 수도권과 지방, 도시와 농촌 간의 성장과 소득격차도 커졌다." 임금소득자와 소규모 자영업자로 구성된 가계부문 소득은 2000~2010년 경제성장률 4.6%보다 낮은 3.6% 증가에 그쳤다. 기업체 구조조정으로 실업이 늘고 소비가 위축되면서 자영업이 힘들어진 탓이다.

둘째, 금융시장 개방. "금융시장의 과도한 개방이 한국경제를 외부 충격에 취약한 구조로 만들었다. 1997년 위기 이후 1~2년에 걸쳐 채권시장, 주식시장, 단기금융상품시장이 모두 개방되고, 외국인의 한국 금융기관의 소유도 내국인 이상으로 우대받았다. 외국인이 한국 주식시장에서 차지하는 비중은 2006년 1월 41%까지 상승했고 (…) 삼성전자, 포스코, 현대자동차 등 한국을 대표하는 우량기업은 외국인 주주 비중이 50%에 이르고 KB금융지주, 신한금융지주, 하나금융지주 같은 한국의 대표 금융기관은 외국인 주주 비중이 60% 수준에 달한다. 또한 한국시티은행, SC제일은행, 외환은행은 외국인이 주식 대부분을 소유하고 직접 경영까지 하는 명실상부한 외국계 은행이 되었다. (…) 국제금융 환경이 급격히 악화되면 우리의 노력과는 상관없이 또다시 위기에 빠질 수도 있게 된 것이다."

셋째, 앞에서 언급한 부동산 투기 붐. 정부가 경기활성화의 지렛대로 분양가 자율화, 양도소득세 완화 등 과감한 부동산경기 부양책을 취한 것이 "부동산 불패신화가 뿌리내리는 계기가 되었고 2004년 이후 부동산 가격 폭등의 한 원인으로 작용했다."

넷째, 경제의식의 보수화. "1998년 이후 금융/기업 구조조정 과정에서 금융기관 직원 40%가 직장을 잃었고, 기업부문에서도 그 이상의 일자리가 사라졌다. (…) 이런 상황은 직업 선택의 우선순위를 변화시켰다. 공무원, 교수, 의사, 약사, 변호사, 교사 등 비교적 안정성이 높은 직업을 선호하게 되었고 직업 선호의 변화는 대학 선택의 변화로 이어졌다. 과거 한국에서 가장 공부 잘하는 사람들이 지원하던 서울대학교 물리학과나 전자공학과는 전국에 있는 모든 의대와 치대, 한의대를 다 채워야 학생을 받을 수 있을 정도로 순위가 뒤로 밀렸다. 모험적인 기업가 정신과 과학기술 발전이 자본주의 경제 발전의 밑바탕이라고 볼 때 이는 한국경제의 뿌리를 흔드는 일이다. 한국은 뛰어난 학생이 이공계를 지원하고 꿈이 있는 젊은이가 벤처기업을 창업해 성공할 수 있는 경제, 즉 역동성 있는 자본주의경제에서 점점 멀어지고 있다."

믿었던 대기업이 망하고 안정된 직업이라는 은행원이 실직하고 경제 시스템이 붕괴하는 경험은 사람들을 패닉에 빠뜨렸다. 1990년대까지 성장률이 받쳐주던 낙관주의 역시 붕괴했다. 공공부문에의 과도한 쏠림, 성장잠재력 있는 기업이 양질의 노동력을 얻지 못하는 현실.

그 대책으로 언급된 "민간부문의 직업 안정성을 보완하는 방안"은 주목할 만하다. 민간부문에는 다채로운 적성과 취향의 스펙트럼이 있고 풍부한 기회가 잠재해 있음에도 경영의 불확실성 때문에 실직할 수 있다는 것이 기피요인이다. "한국에서 실업급여는 그 혜택이 너무 작아 제 기능을 하지 못하는 것이 현실이다. 10~20년 직장생활을 하고 나서 실직한 근로자가 바로 음식점이나 편의점을 창업하기보다는 직업훈련 등을 통해 새 직장을 찾는 여유를 가질 수 있도록 실업급여의 지급 기간을 늘리고 수혜금액을 인상해야 한다." 2020년 현재 우리의 실업급여는 퇴직 전 평균임금의 60%로 책정돼 있다. 2019년의 50%에서 인상됐고 수급 기간도 90일부터 최대 270일까지로 늘어났다. 하지만 여전히 OECD국가 중 가장 낮은 수준이다.

IMF 이후 강력한 사회갈등의 이슈로 떠오른 것이 공공부문 민영화다. 전기, 수도, 철도는 국민의 일상생활에 필요한 '공공재'로 이전까지 국가가 관리해왔다. 1998년 7월 정부가 공기업 민영화 방침을 발표한 이래 이 '공공재'의 거취는 정부와 국회, 시민단체 사이에 끊임없는 '밀당'의 대상이 돼왔다. 민영화를 추진하는 쪽은 주로 적자 해소와 서비스 향상을 이야기하고, 반대하는 쪽은 요금 인상의 부담뿐 아니라 공공 서비스가 기업이윤의 대상이 됐을 때의 위험을 이야기한다.

전기의 경우, 2001년 한국전력공사의 발전부문을 5개 자회사로 분할해 민영화하는 방안이 추진되다 무산됐다. 정부 지분 51%인 한전 외에 민간사업자를 허용해 경쟁 체제를 도입하는 방안도 검토됐다. 당시 한전의 부채는 30조 원, 어떤 식으로든 구조개편이 불가피하다는 게 정부 입장이었다. 하지만 자본 규모로 볼 때 외국 자본이나 국내 재벌에 넘어갈 가능성이 많다는 것, 전기료가 오르면 일반적인 서민 가정도 생계비 부담이 있지만 농업용 전기를 싸게 쓰던 농가가 직격탄을 맞는 것도 문제로 지적됐다.

수돗물의 경우, 2008년 환경부가 상하수도 경쟁력 강화를 위한 법률을 입법예고했다가 시민단체들이 반대성명을 내고 여당에서도 유권자를 의식해 반대당론을 정하면서 무산됐다. 10조 원 이상의 물산업으로 세계 10위권에 드는 기업을 두 개 이상 키울 수 있다는 게 정부 입장이었고, 대기업들이 앞다퉈 상수도사업에 대한 투자를 시작했다. 정부의 '물산업 육성계획'과 '수도산업 구조개편'은 여전히 잠복 중이고 2001년 수도법 개정 이후 지역 단위로 상수도 운영을 민간위탁하는 지자체들이 늘고 있다.

철도 역시 뜨거운 감자. 2013년 한국철도공사(코레일)가 수서-평택 고속철도 운영을 맡을 자회사로 SRT(수서고속철도주식회사)를 설립하자 이것이 철도 민영화의 전초전 아니냐는 논란이 일었고 철도노조가 파업에 들어갔다. 해외 여러 나라들이 만성적자 문제로 철도사업을 민영화했지만 성공적인 사례는 드물다. 정부도 철도 민영화에 대해선 조심스런 입장이고, 구간별 운영권을 민간에 위탁하는 방식으로 적자 문제에 대응하는 중이다. 가령 서울에선 지하철 9호선, 신분당선을 민간이 운영하며, 코레일은 2015년 인천공항철도 운영권을 민간에 매각했다.

한국 사회의 '민영화 공포증'을 의식해서 정부는 부드럽고 우회적인 표현들을 개발했다. 물산업 육성, 전력시장 자유화, 철도사업 구조개편 등.

IMF 쇼크와 함께 외부 압력으로 준비 없이 급추진된 금융기관 개방 정책을 통해 한국인들은 신자유주의 정책의 나쁜 선례를 경험한 바 있다. 또한 신자유주의 대표선수 미국의 사례들이 '민영화 공포증'의 또 다른 원인이 되고 있다. 2021년 2월 텍사스를 덮친 한파에 많은 가정들이 1천만 원 넘는 전기요금 폭탄을 맞으면서 미국의 전력 민영화 정책이 한국 언론에서도 화제가 됐다.

공공재의 상품화에 대한 불안은 당연하다. 한국인들은 전 국민 의료보험과 편리한 대중교통, 저렴한 전기, 값싼 수돗물의 혜택을 누리며 살고 있다. 나날이 벌어지는 소득격차에도 불구하고 그런 공공의 인프라가 모든 시민의 일상생활에 최소한의 안전망이 되어주고 있는 것이다.

2차대전 후 함께 스타트라인에 섰던 식민지 독립국 중에서 한국은 가장 빨리 OECD 골라인을 통과했다. 하지만 OECD 가입 바로 다음 해, 골라인을 통과하자마자 마치 실격판정처럼 IMF 외환위기를 맞았다. 이후 본격화된 신자유주의는 경쟁 시스템의 기어를 한 칸 더 올렸다. 기업체의 도산과 구조조정과 대량실직의 대혼란을 겪은 다음 취업과 직장생활은 한층 스릴 넘치는 서바이벌게임이 됐다.

2002년, 일본영화 〈러브레터〉의 '오겐끼데스까'를 패러디한 탤런트 김정은의 BC카드 광고 "여러분 부자 되세요!"가 히트 쳤다. 카드 많이 쓰면 국가는 IMF의 후유증을 털어내고 개인은 부자가 될 거 같은 광고였는데 곧 신용불량자 300만의 카드대란이 뒤따랐다. 어쨌든 한국인들은 아직 돈 문제를 내놓고 말하기 쑥스러워하는 사람들이었는데, 이 CF는 뭔가 노골적인, 약간 뻔뻔한 시대의 문을 열어젖히고 있었다. 많은 사람들에게 그 카피는 신자유주의 시대의 구호처럼 들렸다.

8. 신자유주의 시대의 기린아,
CJ의 흥망성쇠

2015년 12월, 페이스북에 이런 포스팅을 올린 적 있다. "크리스마스날 두 딸과 함께 여의도 CGV에 가서 〈스타워즈〉를 보고 제일제면소에서 저녁 먹고 올리브마켓에서 장을 보고 집에 들어와 tvN의 〈응답하라 1988〉을 보았다. CJ 파라다이스. 쾌적했지만 왠지 이상했다. 이 쾌적함과 찝찝함의 사회경제학적 의미를 누가 분석 좀 해줬으면 좋겠다."

〈기생충〉이 아카데미 작품상을 받고 제작투자자인 CJ의 이미경 부회장이 무대인사를 할 때 우리는 CJ 파라다이스의 글로벌 확장판을 체험하고 있었다. 아시아영화가 처음 아카데미의 주요 부문상을 휩쓸었을 때 그것이 〈기생충〉이라는 영화, 제품의 승부일 수만은 없다. 1995년 드림웍스 창업에 공동출자하면서 할리우드에 지분을 갖게 된 CJ와 이미경의 '그늘'이기도 하다.

2019년 터키 이스탄불에 갔을 때 CJ 소유의 멀티플렉스 극장 '씨네막시뭄'에서 영화 〈스타워즈〉를 관람했다. 씨네막시뭄은 이스탄불에만 20곳 있는데 내가 간 곳은 구도심인 에미뇌뉘에 있는 히스토리아쇼핑몰이었다. 쇼핑몰 5층 전체를 차지하는 씨네막시뭄에서 익숙한 CGV로고들을 만났을 때, 영화 상영 전에 CJ가 제작한 터키영화 예고편들이 잇따라 뜰 때 나는 25년 전의 일을 떠올렸다.

CJ가, 그때는 회사 이름이 제일제당이었는데, 드림웍스에 투자한다고 발표한 것이 1995년 4월이었다. 〈씨네21〉 창간과 같은 달이었다. 제일제당이 〈모래시계〉의 송지나 작가, 김종학 PD와 함께 영화제작사 '제이콤'을 차린 것도 4월이었고 그것이 CJ 영화사업의 시작이었다.

당시의 〈씨네21〉에는 편집장이던 내가 제일제당 멀티미디어사업 담당 이사 이미경 씨를 인터뷰한 기사가 실려 있다. 놀라운 것은, 허황돼 보였던 그의 말이 나중에 상당 부분 현실이 되었다는 것이다. 당시 충무로 사람들은 제일제당의 드림웍스 투자를 좀 황당한 뉴스로 받아들였다. 제일제당이 내놓은 보도자료에는 할리우드의 전설인 스필버그와 디즈니의 간판 프로듀서였던 카첸버그, 음반산업의 파워맨 게펜과 이미경이 함께 포즈를 취한 사진 여러 컷이 들어 있었다. 37세의 이미경은 미국에서 공부하던 이병철의 손녀일 뿐, 영화계에도 일반에도 낯선 인물이었다. 세상 물정 모르는 재벌 3세가, 삼성전자 미주법인 이사라는 이름을 걸어놓고 유학중이던 삼성가의 딸이, 미국 엔터테인먼트산업의 세 거물에 손목이 잡혀 무모한 일을 벌였다는 인상이었다. 제일제당은 드림웍스 자본금 9억 달러 가운데 3억 달러(약 3천억 원)를 댄다는데, 당시 삼성그룹에서 갓 독립한 제일제당의 연간 매출 규모가 1조 6천억 원이었다. 설탕, 밀가루, 조미료를 만드는 회사가 할리우드 신생 스튜디오에 느닷없이 거액을 투척한 것은 십중팔구 회사를 '말아먹는' 무리수처럼 보였다.

드림웍스 투자와 제이콤 창업 몇 달 뒤 〈씨네21〉 인터뷰에서 이미경은 "지금 세계시장에선 드림웍스, 아시아에서는 홍콩의 골든하베스트와 손잡고 있는데 양쪽 모두에게서 배울 게 많다고 본다. 나는 드림웍스의 기술적 노하우가 우리 영상산업의 발전에 많이 기여하리라 본다. 사실 한국서 영화사업하면서는 골든하베스트가 훨씬 도움이 된다. 홍콩은 작은 돈으로 중국어권을 포함해 아시아 시장에서 공감대를 구하는 그런 영화를 만드는 노하우가 있다. 골든하베스트에서 아시아 배급의 노하우를 배우려 한다. 골든하베스트는 중국에도 네트워크가 있고 우리는 함께 베트남과 캄보디아 같은 미개척지도 들어갈 계획이다"라고 말했다.

배급망, 극장은 안 하냐는 질문에: "국내 배급망은 검토 단계라고 하는 게 옳겠다. 영화제작은 물론 배급과 함께 가야 한다고 생각한다. 시간이 걸리겠지만…."

장차 영상사업이 제일제당에서 어느 정도 비중을 차지할까, 설탕, 식료품과 쌍벽을 이루는 주력업종이 되나, 라고 묻자: "우리 회사의 역사를 보면 늘 그 시대 소비자가 필요한 것을 제공해왔다. 생활이 나아지니 먹고 마셔보자, 이제 먹는 문제가 해결되니 좀 가꿔보자고 해서 화장품을 만들었고, 이제는 그런 문제가 해결되니 우리 눈하고 마음을 즐겁게 해보자는 것이다. 그게 영화다."

하지만 드림웍스도 화려한 탄생에 비해 실적이 부진했고 제이콤과는 첫 영화 〈인샬라〉 흥행 실패 이후 결별 수순을 밟았다. 설상가상 IMF 위기가 닥쳐오고 드림웍스 투자분의 절반을 포기했을 때 제일제당은 무모하게 신사업에 뛰어들었다가 시행착오를 겪고 철수하는 기업체들 중 하나가 될 걸로 보였다. 하지만 삼성, 대우, SK가 모두 영화사업을 접고 철수하던 IMF 쇼크 속에서 1998년 제일제당은 구의동에 스크린 11개짜리 'CGV강변'을 개관, 한국영화의 멀티플렉스 시대를 열었다. 국내 배급망은 시간이 걸릴 거라 했지만 그리 오랜 시간은 아니었다.

IMF 이후에도 남은 대기업들, CJ(CJ E&M/CGV), 롯데(롯데엔터테인먼트/롯데시네마), 오리온(쇼박스/메가박스)이 20년 뒤 한국영화 투자배급의 3대 메이저가 되었다. 그리고 코로나가 닥치기 전, 2019년 한 해, 영화관객 점유율은 CGV가 49.5%, 배급 점유율은 CJ가 44.6%, 관객 동원 1000만을 넘긴 한국영화 두 편 〈극한직업〉과 〈기생충〉이 모두 CJ E&M이었다.

CJ는 한국 말고 미국, 중국, 일본, 베트남, 인도네시아, 태국, 터키 7개국에서 영화를 제작하며 극장을 운영한다. 2006년 중국을 시작으로 2016년 터키까지 해외법인들을 세우면서 공세적으로 세계시장을 개척했고, 그것은 이미경 씨가 드림웍스와 골든하베스트로부터 배운 걸 어떻게 써먹었는지 말해준다. 1994년 인터뷰에서 글로벌시장 운운할 때 먼 나라 이웃나라 얘기처럼 들렸지만 그는 이미 신자유주의 시대의 원리를 파악하고 있었다. 하지만 지구적 규모의 비즈니스라는 신자유주의 모델의 모범생으로 출발한 CJ는 각국의 정치적 변동과 해외시장의 예측불능이라는 신자유주의의 함정에 걸려들었다. CGV는 2016년 터키에서 8천억 원을 들여 현지 최대 극장사업체 마르스엔터테인먼트그룹을 인수해 현지 제작사와 멀티플렉스체인 씨네막시뭄을 세웠는데 3년 사이 터키 리라화 가치가 반 토막 나면서 막대한 손실을 안게 됐고 CJ 영화사업부문을 존폐 위기에 빠뜨렸다. CJ는 CJ헬스케어, 투썸플레이스 등을 매각했고 CGV 매각설이 돌기 시작했다. 2020년에는 코로나로 영화산업이 직격탄을 맞으면서 CGV 극장 열두 군데가 문을 닫았고 CJ가 대출을 받아 CGV에 2천억 원의 긴급자금을 수혈했다.

국내 영화판에는 CJ-CGV에 대한 양가감정이 있다. 2017년 CJ E&M이 투자배급한 제작비 220억의 블록버스터 〈군함도〉가 2000개 이상 스크린에서 동시 개봉했을 때는 스크린 독과점에 대한 영화인들의 반발이 터져 나오면서 흥행 참패를 겪었고 스크린독점방지법 제정으로 이어졌다. 투자-제작-배급-상영까지 영화산업의 전 과정을 독과점하는 메이저의 존재는 바람직하지만은 않다. CJ가 깔아놓은 영화관은 블록버스터의 서바이벌게임장이라 한국영화의 외형이 커진 데 비해 영화 생태계가 조화롭지는 못하다. 거대예산을 투입하고 스크린을 몰아줘 승부를 짓는 배급 전쟁에서 '웰메이드'를 지향하는 다양한 중간 규모 영화들은 설 자리가 없어지는 것이다.

하지만, '국산영화'가 멸종동물이 돼가는 세계적 트렌드 속에서 한국은 자국영화 시장점유율이 할리우드영화를 앞서는 몇 안 되는 나라 가운데 하나다. 1988년 할리우드 직배가 시작됐을 때 한국영화는 생존가능성이 희박해 보였다. 1990년대 후반 충무로 제작 시스템이 바뀌고 한국영화가 뜨기 시작했지만 사람들은 곧 거품이 빠질 거라 했다. 하지만 일시적인 거품, 한 번의 웨이브처럼 보였던 그것은 한국영화의 전혀 새로운 스테이지, 20년 호황의 입구였다. 그걸 가능하게 한 건 물론 '최악의 위기를 최고의 기회로' 바꾼 우리 영화인들, 한국인의 잠재력이다. 하지만 CJ가 없었다면 많이 달랐을 것이다.

도시의 큰 쇼핑몰에는 영화관이 있고 그것이 우리 일상생활의 중심에 놓여 있는데 거기서 자막 달린 외화만 틀고 있다면, 실제로 지금 많은 나라들에서 일어나고 있는 일인데, 그 객석에 앉아 영화 키드들은 이민을 생각하게 될까.

사람들의 욕망과 필요를 통찰하는 상상력과 창의력, 그것이 가장 선한 의미의 기업가 정신일 것이다. CJ는 영화만 만든 것이 아니라 관객을 만들고 문화를 만들었다. 한국 사회가 3만 달러 사회의 스펙을 갖추는 데 CJ가 중요한 역할을 담당했다는 것만은 분명하다.

이와 관련해서 한 가지 어이없는 일.

"누나, 문화가 우리의 미래야…" CJ 이재현 회장이 털어놓은 1995년 '그날'

〈한국경제〉 2019년 5월 31일자의 기사 제목이다. 이 기사뿐 아니다. CJ의 엔터테인먼트사업 진출에 관한 거의 모든 기사가 이 멘트를 관행적으로 인용한다. 1995년 4월 드림웍스 출자에 대한 협의차 미국으로 가는 비행기 안에서 이재현 회장은 누나 이미경 부회장에게 "이제는 문화야. 그게 우리의 미래야"라고 말했다는 것이다. 역사는 그렇게 정리되고 있지만 실제로는 거꾸로 아니었을까. 드림웍스 투자를 설득할 때 이미경이 이재현에게 한 말 아니었을까. 이미경이 1994년 12월 한 변호사의 소개로 드림웍스 3인방을 만났고 처음에는 삼성전자에 다리를 놓았는데 협상이 틀어지면서 제일제당으로 끌고 들어온 것은 잘 알려진 사실이다.

빤한 거짓말이지만 그것이 재벌기업 내부의 질서인 것이다. 재벌기업은 총수의 왕국이고 왕 중에 여자는 없다. 공공부문과는 달리 가족경영, 가족세습이라 장자상속과 가부장제의 관행이 살아 있고 성차별의 유리천장이 어디보다도 단단하다. 글로벌 비즈니스에 있어 대중의 감각보다 훨씬 앞선, 그러나 현대 사회를 사는 상식의 기준으로는 일반보다 훨씬 뒤쳐진, 그 현대와 전근대의 양면성이 한국 재벌의 아이러니다.

9. 국민소득 3만 불 사회, 그 비밀과 거짓말

3만 불 사회는 우리 주변의 라이프스타일에서 실감하게 된다. 가령 여행작가의 존재. 여행작가가 먹고살 수 있다는 건, 여행 자체에 대한 수요뿐 아니라 여행에 대한 인문학적 수요가 받쳐준다는 얘기이고, 대중이 돈과 시간뿐 아니라 사색의 여유도 갖게 됐다는 얘기다. 그것은 국민소득의 상승과 관련 있다. 문화기획자나 영화제 프로그래머도 예전엔 보기 힘들던 직종이다. 문화 공간과 문화 이벤트, 영화제는 대표적인 '풍요시대'의 표지들이다. 요리사가 주목받는 직업이 되고 수제맥주시장이 존재한다는 것도 마찬가지다. 백인백색의 요리와 술, 다른 걸 마시고 다른 걸 먹겠다는 것, 자신의 개성과 취향을 스스로 존중하고 존중받겠다는 것, '미식' 취향은 전형적인 중산층의 특징이다. 채식과 비건의 트렌드도 빈곤탈출로부터 한참 뒤에, 빈곤의 기억이 사라진 뒤에 찾아온다. '영양'에 대한 절박함, 끼니에 대한 불안이 덜한 것이다.

젊은 세대의 생활태도에도 양극화현상이 있어서, 중년의 안정된 생활과 노후의 연금까지 생각하며 공기업에 목을 매고 월급으로 적금 붓는 젊은이들이 있는가 하면 취직 거부, 조직 거부하고 자기 하고 싶은 거 하고 살겠다는 청년들이 있다. 그들은 최소한의 노동을 팔고 돈이 모이면 여행을 떠난다. 중산층 가정엔 한 집 건너 한 집씩 영화를 하고 밴드를 하겠다는 아들딸들이 있다. 요즘 세상에 굶어 죽지는 않아, 하는 배짱이 있는 것이다.

국민소득 1만 불로 올라서던 1990년대와는 확실히 달라진 3만 불 사회의 현상들이다. 하지만 3만 불 사회의 내부구조는 조금 복잡한 설명이 필요하다.

3만 불이라는 통계의 디테일을 KBS 경제부 기자 김원장의 2019년 3월 26일자 페이스북에서 발췌해본다. 포스팅의 제목은 '누가 소득이 늘고 있다고 말하는가.'

"소득 3만 달러 시대다. 진짜 그런가 보다. 지난해 상반기, 10억 원이 넘는 정기예금 계좌는 4만 1천개로 늘었다. 1년 만에 또 3000개(7.9%)나 늘었다. 부자고객을 위한 은행들의 자산관리(WM)시장이 자꾸 커진다. 보통예금이 30억 이상 고객들이다. 지난해 시중 4대 은행이 WM시장에서 번 수수료는 1조 원이 넘는다. (⋯) 지난해 10억 원을 초과하는 저축성예금의 잔액은 마침내 600조 원을 넘어섰다(한국은행 경제통계 시스템). 5년 전에는 320조 정도였다. 이 뭉칫돈 예금 안에는 물론 가계뿐 아니라 기업의 돈도 들어 있다. 중요한 것은 우리 시장에서 누군가는 진짜 돈을 많이 번다는 것이다. 그 '치우친 부'가 1인당 GDP를 끌어올린다. 그 '흐뭇한' 통계는 우리 사회 벌어지는 격차를 가린다. 그게 핵심이다."

"사실 1인당 국민소득 3만 달러 시대는 도통 체감이 안 된다. 1인당 소득이 3만 달러면, 3300만 원이 넘는다. 4인 가구라면 1년 소득이 평균 1억 3천만 원 정도 된다는 뜻이다. 외벌이 가정에서 남편 연봉이 1억 3천만 원이라도 해도 평균밖에 안 된다. 말이 안 된다. 전혀 체감이 안 된다. 이유는 국민소득을 계산할 때 ①가계뿐 아니라 ②기업소득과 ③정부소득(세수)을 함께 계산한다. 그러니 가계소득이 오르지 않아도, 기업이나 정부의 소득(세수)만 커져도 GDP는 올라간다(물론 이론적으로는 정부 세수가 늘어나려면 국민의 소득이 높아져야 하지만). GDP는 국민의 실제 주머니 상황을 잘 반영하지 못한다. 게다가 우리는 GDP에서 기업이나 정부 비중이 높고, 유독 가계 비중이 낮은 나라다."

"게다가 지난 2014년 여름부터 우리는 열심히 돈을 빌려 아파트를 샀다. 덕분에 가계부채는 1000조 → 1500조가 됐다. 정부가 열심히 빚내 집을 사라고 권했다. 심지어 2017년에는 그해 GDP 성장률의 40%를 '건설투자'가 차지한 적도 있었다. 덕분에 정부는 '3% 성장'을 이뤄냈고, 가계는 빚이 크게 늘었다. 그렇게 지금은 가구당 평균 7500만 원의 빚을 지고 있다. (…) 하위 20%의 소득이 17%나 줄었는데 상위 20%의 소득이 10%나 올랐다'는 지난 분기 소득지표는 충격적이다."

"왜 이렇게 됐을까? 사실은 우리 모두 잘 알고 있다. 과거에는 노동이 돈을 벌고 그 수익은 분배됐다. 하지만 지금은 자본과 첨단기술이 돈을 번다. 과거 명동의 오징어볶음집 사장님은 열심히 일을 해서 건강한 부를 축적하며 그랜저를 샀다. 명동에는 이제 스타벅스와 유니클로가 들어섰다. 거대자본이 투자하고 첨단 시스템이 작동한다. (숙련)노동은 그만큼 설 땅이 줄어든다. 그러니 우리가 소비를 해도 그 이익의 상당 부분이 바다 건너 어느 주주의 손으로 들어간다."

"배당소득 상위 1%가 전체 배당소득의 69%(19조 5천억 원)을 가져간다. 예금자 1%가 예금이자의 45%(6조 3천억 원)를 가져간다(2018 국세통계연보). (…) 그런데 여러분의 소득은 진짜 오르고 있는가? 혹시 일부가 올라서, 오르지 않는 다수의 형편을 가리고 있는 것은 아닌가?"

이런 통계도 있다. 서울대 행정대학원 '시장과정부연구센터'에 따르면, GDP에서 30대 재벌 자산이 차지하는 비중은 2019년에 91.3%였다. 2018년의 87.3%, 2017년 86.45%에서 가파르게 늘고 있다. 이 중 삼성, 현대차, SK, LG, 롯데 5대 재벌이 차지하는 비중이 GDP 대비 59.7%다.

재벌기업으로의 쏠림은 동네 슈퍼마켓에 일어난 일들에서 확연하다. 1995년 우리 동네로 이사 온 이후 1km쯤 거리에 이마트가 생겼고 200m쯤 거리에 홈플러스가 생기고 단지 안과 옆에 하나로마트, 롯데마트가 생겼다. 그사이 옆 단지 명선유통이 사라졌고 우리 아파트의 우성슈퍼는 고사 직전까지 왔다. 손님이 줄고 상품 가짓수가 줄고 특히 야채들의 상태가 안 좋아졌는데, 종업원에게 물어보면 "우리 사장님이 처음에 분양받은 거라 임대료가 안 나가기 때문에 버틴대요"라고 한다. 장 보드리야르의 《소비의 사회》(1970)가 누구나 값싼 생필품들을 구할 수 있는 '슈퍼마켓에서의 평등'을 이야기했다면 이것은 '슈퍼마켓 사이의 불평등'이라 할 수 있다.

낙수효과(落水效果, trickle-down effect)란, 컵을 피라미드처럼 쌓아놓고 맨 위의 컵에 물을 부으면 아래쪽까지 차례로 물이 찬다는 이치로, 대기업과 고소득층에 부가 쌓이면 후발, 낙후부문으로 내려간다는 것, 경제성장의 혜택이 아래 계층까지 퍼진다는 것을 뜻한다.

하지만 낙수효과가 IMF 위기 이후엔 작동하지 않는다는 분석들이 나오는데, 경제학자 이정전의 《주적은 불평등이다》(2017)는 "2002년부터 2014년까지 소득 최하위 10%의 실질근로소득은 늘기는커녕 오히려 1.2% 감소"했으며 "2008년 이후 5년 동안 우리 경제는 17% 성장했지만 노동자들의 임금은 고작 2.5% 증가에 그쳐서 경제성장의 성과로부터 노동자들이 갈수록 배제되는 구조가 고착되고 있다. 선진국에서도 2008년 세계경제위기 이후 낙수효과가 사라지기 시작했음을 증명하는 연구결과들이 나오고 있다"고 했다. 이른바 '엠비(MB)노믹스' 기획자 가운데 한 명이었던 곽승준 교수는 이명박 대통령 임기 말 〈한겨레신문〉과 인터뷰에서 "트리클다운효과가 작동할 수 있는 시스템을 지난 정부나 현 정부가 만들지 못했다. 그래서 성장의 과실이 일부 대기업에 집중됐다"고 털어놓았다.

1989년 갤럽 조사에서 국민의 75%가 자신을 중산층이라 대답했는데 2019년 SM C&C 조사에서 중산층이라는 대답은 48.7%였다. 우리 사회 상위 30%에 해당하는 핵심 중산층의 3분의 1만이 자신을 중산층이라 느낀다고 한다. 국민소득이 증가했는데 만족도가 따라 오르지 않는 것은 기대치도 그만큼 높아졌기 때문이다. 하지만 중간계층이 얇아지는 양극화의 한 현상이기도 하다. IMF 트라우마, 언제든 실직할 수 있다는 불안이 중산층의 안정감을 흔들고, 맨 꼭대기로 쏠리는 소득의 불평등과 불공정 스트레스가 중산층의 만족감을 빼앗아간다.

한국은 사회적 발언들이 정치 쟁점에 쏠려 있다. 불평등이나 양극화 문제는 국회나 언론에서 의제 설정의 우선순위에 있지 않다. 노년층이 압도적인 태극기부대가 노령기 삶에 절대적인 국민연금을 위험에 빠뜨린 박근혜 대통령이나 삼성에 대해서는 별 관심을 보이지 않는 것도 이상한 일이다. 계급구조는 잘 보이지 않고 경제민주주의는 까다로운 문제라 사람들은 계급과 불공정 문제를 평소에 잊고 살다가 '땅콩 회항 갑질'이나 '물컵 갑질' 같은 가십성 뉴스에서 폭발하고 '자원봉사 표창장'을 국가적 이슈로 띄워 올리기도 한다.

국민소득 3만 불이라 해도 공사장에서 떨어져 죽는 일이 흔하다면 선진국이라 할 수 없다. 또한 부모에게 맞아 죽는 아이가 있는 한 복지국가가 아니다. 분명한 것은, 생활고로 자살하는 일가족이 있는 한 1인당 국민소득 3만 불은 위선이라는 점이다.

10. 《강남좌파2
－왜 정치는 불평등을 악화시킬까?》

강준만, 2019

답은 한마디로 정책결정을 하는 사람들이 부자들이라는 사실이다.

"2018년, 청와대 비서관급 이상과 행정부의 차관급 이상 공직자 206명 가운데 65명(32%), 국회의원 287명 중 74명(36%), 기획재정부(11명), 산업통상자원부(54명), 공정거래위원회(6명)의 고위공직자 71명 중 33명(46%)이 강남 3구에 집을 갖고 있다."

불평등 문제에 관한 한 보수 정치인들에게는 크게 기대할 바 없다. 하지만 진보 정치인들조차 '평등투쟁'에 무기력하거나 무관심하다. "한국 국회의원의 재산은 평균 37억 2800만 원으로 일반 가구 평균의 12.6배에 달한다. 여야, 진보-보수의 차이는 별로 없다. 민주화투쟁을 하던 시절과는 달리 오늘날엔 주로 먹고사는 문제가 완전히 해결된 사람들이 정계진출을 시도하기 때문이다."

불평등 문제는 처음부터 보수의 관심사는 아니지만, 진보 정치인들조차 문제해결에 그리 성공적이지 못한 이유들이 있다. 강준만에 따르면, 부유한 진보 정치인, 이른바 '강남좌파'들이 빠지는 함정은 두 가지다. 비슷한 계급 사람들끼리 놀다 보면 서민들의 절박한 삶의 문제와는 멀어진다는 '가용성 편향', 또한 대의명분의 편에 서 있고 개인적 희생을 감수했다는 우월감 때문에 오히려 도덕불감증을 갖게 되는 '도덕적 면허효과.'

진보진영의 386세대 정치인들은 개혁 정책을 민생보다는 민주화운동의 연장선에서만 생각하는 것은 아닌가. 386세대가 청와대와 국회에 본격 진출했던 "노무현 대통령 시기 4대 개혁입법이었던 국가보안법, 사립학교법, 과거사진상규명법, 언론관계법이 중요하다는 데엔 이론의 여지가 없지만, 중요한 건 이 입법이 민생과는 아무런 관련이 없다는 점이었다."

"문재인 정부가 심혈을 기울여 추진한 최저임금제, 주52시간제, 비정규직의 정규직화, 시간강사법 등 일련의 정책은 사회적 약자를 배려하는 아름답고 훌륭한 정책이었다. 하지만 정책이 시행될 때 일어날 수 있는 의도하지 않은 결과나 부작용에 대한 대처방안이 미리 제대로 검토되지 않은 것"은 "진보가 선호하는 추상적 당위의 함정" 아닌가.

진보 내부의 진보 비판으로 강준만의 강남좌파론은 신랄하나 설득력 있다. "정책결정을 하는 집단에 가장 필요한 건 계급적 다양성이다."

11. 다시 〈기생충〉

아파트게임에서 재산을 뻥튀기하던 무용담을 전설처럼 듣고 자란 금수저 청년들은 자본과 직업과 계급의 세습 트랙으로 진입하고, 그 맞은편에서 취업의 높은 문턱 앞에 서 있는 또 다른 청년들은 월급 절반을 잘라 넣어도 10년 저축으로 아파트 한 채 사기 어려운 악전고투의 서바이벌게임을 시작한다.

봉준호 영화 〈기생충〉은 IMF 20년 후의 한국 사회 양극화에 관한 하나의 우화다.

IMF는 영세 자영업자의 무덤이 되고 1998년의 자살률이 2배로 뛰었다는데 이 집의 가장은 치킨집 따위로 약간의 자금마저 날리고 반지하 단칸방에서 아내의 발길에 툭툭 걷어 채이지만 극단적인 선택을 하지는 않았다. 더 이상 어떤 새로운 계획도 세우지 않는 인생관을 견지할 뿐이다. "아들아, 역시 너는 계획이 다 있구나."
글로벌 IT회사 사장이라는 또 다른 남자는 컴퓨터공학과나 경영
학과를 나와서 2000년 이후 IT 버블의 수혜자이자 IMF 이후 글로
벌 영업의 기린아가 된 능력 있고 운 좋은 사내다. 결코 만날 수 없
는 양극, 그 평행선 위에 놓인 두 가정은 기상천외한 방식이 아니
고는 접선할 수 없다.

　5월 칸영화제에서 그랑프리를 받고 다음 해 봄 아카데미에서 작
품상을 받는 일은 세계영화사에 처음이다. 같은 기간 전 세계의 극
장들은 주로 지구나 우주를 구하는 마블의 영웅들(〈어벤저스: 엔드
게임〉〈캡틴 마블〉)과 아이와 어른 모두를 위한 디즈니의 착한 동화
들(〈라이온 킹〉〈겨울왕국2〉〈토이스토리4〉〈알라딘〉)이 절반씩 나뉘가
졌지만 배급업자들과는 달리 세계의 영화인들과 영화비평가들은
압도적으로 〈기생충〉에 열광했다. 〈기생충〉이라는 한국영화에 세
계가 환호한다는 것, 그런데 그 작품이 한국 사회 계급갈등의 깊고
어두운 골을 비춘다는 것, 통쾌하면서도 떨떠름한 이 기분은 한국
인이라는 이 신나고도 괴로운 신분이 제공하는 아이러니다.

2장

미디어 유토피아 디스토피아

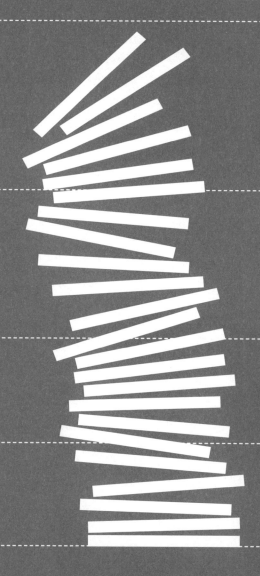

1. 네 식구의 아침 식탁

엄마와 두 딸이 시리얼과 우유로 식사를 하고 있다. 큰딸은 그릇 옆에 스마트폰을 두고, 작은딸은 오른손에 숟가락, 왼손에 스마트 폰을 들고, 각기 시리얼 한 번 뜨고 스마트폰 한 번 들여다본다. 아 빠가 식탁에 자리 잡으면서 탄성을 지른다.

아빠: 엄청나네. 우리 태양계가 은하계 중심에서 2만 7천 광년 떨 어져 있고 (스마트폰을 보며) 6200만 년에 한 번씩 공전해. 근데 태양계가 은하계 공전궤도에서 별들이 밀집된 지역 을 지날 때 충돌이 일어나서 지구에 대위기가 온다는 거야. 6200만 년 만에 한 번씩 주기적으로! 공룡도 그래서 멸종했 대. 공전 주기하고 멸종 주기가 딱 맞아떨어진다는 거야. 정 확히 6200만 년!

아무도 대꾸가 없다.

엄마: (딸1,2를 보며) 뭐 보는 거야?

딸1: 응, 인스타그램.

딸2: 웹툰.

엄마: 요새 넷플릭스에 뭐 볼 거 없어?

아빠: 글쎄? 근데 얘들아, 식사할 때는 스마트폰 좀 안 하는 게 좋을 거 같다. 엄마가 지금 물었잖아.

딸2: 아, 못 들었어. 뭐라 했는데?

엄마: 뭐 별거 아니고, 요새 넷플릭스에 재미난 거 없냐고.

딸1: 〈게임체인저〉하고 〈왓더헬스〉 봐. 채식주의 다큐인데. 특히 〈왓더헬스〉 강추. 엄마아빠 꼭 봐.

아빠, 수저 내려놓고 안경도 벗고 스마트폰을 얼굴에 바짝 들이대고 있다.

딸2: 근데 아빠도 밥 먹으면서 스마트폰 많이 보잖아.

아빠: 나 지금 검색하고 있어. 넷플릭스 추천 프로.

딸1: 육식이 인류의 재앙이야. 식습관 바꾸지 않으면 지구온난화도 해결 안 돼.

엄마: 근데 나는 소 돼지 닭은 잘 안 먹고 채식 좋아하지만 주의까지 하긴 그래. 가끔은 고기가 땡길 때가 있거든. 그리고 사람들하고 같이 식사할 때 나 때문에 신경 쓰게 하는 것도 좀 그래.

딸1: 신경 쓰게 해야 돼. 그래야 그들도 바뀌지.

아빠: 지구 생각하는 것만큼 주위 사람들 생각 좀 하면 좋을 텐데.

딸1, 아빠를 한번 쳐다보고는 스마트폰을 들여다본다.

엄마: 어제 퇴근하는데 길고양이 하나가 아파트 앞 차도로 뛰어나
　　　온 거야.

딸 둘이 동시에 소리친다. "그래서?" "어떻게 됐어?"

엄마: 마침 신호등이 빨간불이 돼서 차들이 섰어. 얘가 인도로 지나
　　　고 있었거든.

다들 동시에 "휴" "다행이다" 하고 소리친다. "인도로 다녀야 되는
건 알았는데 신호등을 미처 못 봤구나." "어떤 애였어?" "삼색이."
갑자기 화기애애해진 가족의 대화는 길고양이 얘기에서 고양이
입양하는 주제로 넘어가며 열기를 띤다.

딸2: 근데 어디서 자꾸 진동이 울리는데. 엄마 휴대폰 아냐?

엄마, 휴대폰 가지러 방으로 간다. 두 딸은 식사를 마치고 자리를
뜬다. 엄마는 "아, 죄송합니다. 자동차보험은 벌써 들었어요"라고
말하며 식탁으로 돌아온다.

엄마: 세상에! 안 읽은 카톡이 153개가 쌓여 있네. 난리야. 아침부터.

수저 내려놓은 채 카톡을 들여다보던 아내가 문득 고개를 들고 남
편을 본다.

아내: 근데 몇 년이라 했지?

남편: 뭐가?

아내: 공전 주긴가, 멸종 주기든가.

남편: 6200만 년.

2. 미디어 초과밀 한국 사회,
2019~2020

1945년 8월 15일 정오에 일본이 항복을 선언했다. 하지만 천황의 항복 방송을 들을 수 있었던 사람은 많지 않았다. 당시 인구는 2천만 명, 라디오 보급 대수는 22만 6천대, 그러니까 대략 100명에 하나 꼴이었다. 정오에 중대방송이 있다 했으니 라디오가 있는 집에 동네 사람들이 모이고 길 가던 사람들이 전파상 앞에 서서 라디오 소리에 귀를 기울이다가 일제히 만세를 불렀을 것이다. 〈동아일보〉나 〈조선일보〉 같은 신문들도 다 총독부에 의해 강제폐간당한 다음이었으니, 일제가 패망하고 조선이 해방됐다는 뉴스를 전 국민이 다 알게 되는 데는 꽤 시간이 걸렸을 것이다. 김주영의 소설 《천둥소리》에서 월전리라는 경상도 농촌마을 사람들은 해방되고도 여러 날 지난 다음 읍내 장에 다녀온 양반집 머슴 점개가 읍내 사람들이 '쑤근거리는' 소리를 들었다고 전하면서 해방 뉴스를 접하게 된다. 3.1만세라 해도 1919년 3월 1일 한날한시에 일어난 게 아니었다. 서울 종로통에서 시작해 여러 달에 걸쳐 릴레이식으로 전국으로 퍼져나갔다.

2000년대의 한국이라면 아무리 '민족독립'의 대사건이라 해도 8월 15일 저녁쯤엔 이미 낡은 뉴스가 되어 있을 것이다. 정오의 방송 직후부터 속보의 속보의 속보의 세대교체가 광속으로 이루어지는 가운데 미국 소련 군대의 남북분할 점령 문제가 이슈로 떠오르면서 한쪽에선 '일본 식민지에서 독립해 미국 소련 식민지가 된다고?' 하며 분개하고 다른 쪽에선 '아직 자치능력 없는 한국인에게 군정 실시는 당연하다'는가 하면 '미국과 소련이 한반도에서 50년 동안 군정을 실시하기로 밀약했다'는 가짜뉴스까지 퍼지면서 한 손에 태극기, 다른 손엔 휴대폰을 든 채 길거리로 몰려나왔던 사람들은 만세를 부르다 성토를 하다가 기뻐하다 화내다 종잡을 수 없는 표정들일 것이다.

'IT강국'은 행일까 불행일까. 한국인 95%가 스마트폰을, 나머지 5%는 일반 휴대폰을 가지고 있다. 전 세계에서 휴대전화 보급률 100%인 유일한 나라다. 한국 사회는 모바일 시대를 세계 어느 나라보다 환대했다. 2018년 미국의 여론조사기관 '퓨리서치(Pew Research)'에 따르면 조사 대상 27개국 가운데 스마트폰 보급률은 한국이 1위, 이스라엘이 2위(88%), 미국이 6위(81%), 독일이

8위(78%), 일본이 13위(66%)였다. SNS 이용률은 이스라엘(77%)과 한국(76%)이 선두를 다투고 그다음은 스웨덴(73%), 네덜란드(72%), 미국과 호주(70%) 순이고 멀찌감치 떨어져 독일(44%)과 일본(43%)이 있다.

거의 전 국민이 손에 쥐고 있는 스마트폰의 내부는 미디어의 과포화상태다. 정기간행물 등록 관리 시스템에 따르면 2021년 3월 신문, 잡지 등 정기간행물은 2만 2887개, 그 절반 가까이가 온라인에만 있는 '인터넷신문'이고 또 그 절반은 간판뿐인 것으로 알려졌다. 2016년 기자 다섯 명 이상을 고용해야 인터넷신문을 허가하는 법률이 언론자유를 침해한다고 위헌판결이 난 이후 지금은 편집인과 발행인, 그러니까 두 사람에 주소지만 있으면 언론사 신청이 가능하고 서류를 넣으면 20일 안에 등록이 나온다. 미등록 미디어는 그보다 더 많다. 땅에 비해 인구가 많은 과밀사회 한국은 부대끼고 복작대는 미디어 트래픽 때문에 심리적으로 초고도과밀 사회가 된다.

언론사 등록에 진입장벽이 없고 미디어가 2만 개 넘으면 사실보도를 하는지 명예훼손을 하는지 출구 관리는 원천적으로 불가능하다. 표현의 자유 150% 보장, 자기 의견을 말할 수 있을 뿐 아니라 가짜정보를 퍼뜨리기도 하고, 정보의 양은 많아지는 동시에 정보의 질은 떨어지고, 클릭 가로채기 전쟁에서 선정적인 헤드라인이 정론의 보도윤리를 이기면서 미디어 세계의 악화가 양화를 구축한다. 그렇게 해서, 누구나 미디어를 가질 수 있는 유토피아는 불량 미디어가 창궐하는 디스토피아가 된다. 무한의 정보를 가지고 노는 놀이동산은 언제든, 가짜와 누명의 진흙탕에서 질척이는 게토가 될 수 있다.

미디어 초과밀 사회의 디스토피아는 2019~2020년의 한국인들이 이미 집단체험했다. 2019년의 전반부는 대법원의 징용노동자 배상판결로 일본과 외교갈등이 빚어지고 국내 여론이 양쪽으로 갈라져 대립했다. 후반부는 법무부장관 지명자에 대한 검찰총장의 대대적인 수사작전으로 시작해 재판으로 이어지고 이미 양분된 여론은 법무부와 검찰 간 갈등의 매 순간 격돌했다.

언론 미디어에서, 페이스북과 트위터에서, 카톡방에서 크고 작은 싸움들이 벌어졌다. 정치 이슈에 과몰입한 사람들은 투사가 되고 선동가가 되어 공격본능을 발산했다. 정치란 4년이나 5년에 한 번씩 투표장에 나가면 된다고 여기거나 그나마도 포기했던 '과묵한' 사람들조차 전장에 호출당했고 의견을 밝히라고 강요당했다. 이런 시즌엔, 잠이 부족한 것으로 보이는 친구에게서 새벽에 히스테리컬한 메시지가 도착해 있거나 자식처럼 살가웠던 조카로부터 느닷없이 인신공격을 받는 일도 생긴다. 마치 팬데믹처럼 한국 사회 전체가 어떤 정치적 노이로제에 감염된 것이다. 더러 불면증과 두통과 소화불량을 호소하는 사람들도 있었는데, 심리적 요인이 '신체화 증상'으로 발전했으니 사회적 스트레스가 임계치에 달했다는 신호였다. '국(國)론 분열'에서 '사(社)론 분열', '가(家)론 분열'

같은 신조어들이 파생돼 유행했다. 한국 사회가 증오지수의 정점을 찍었다.

2017년 해외 특파원으로 나갔다가 20년 말에 돌아온 한 기자는 편집국에서 예전처럼 편하게 얘기하다가 뜻밖의 격한 반응에 당황했다면서 앞으로 동료들 사이에서 무슨 말을 꺼내기 전에 상대가 어떤 입장을 가지고 있는지 체크해야겠다고 했다.

2019~2020년은 객관적으로 보면 평화로운 시기다. 전쟁도 없고 굶주림도 없고 민주주의 사회이고 국민소득 3만 달러를 넘는 선진국이다. 코로나가 닥쳐왔지만 다른 나라들에 비해 최소한의 피해로 방어할 수 있을 만큼 사회적 인프라와 국민의 양식이 일정한 수준을 갖췄다.

한국은 갈등요인이 그렇게 큰 사회가 아니다. 인종이나 종교처럼 폭발성 강한 갈등의 뇌관을 끼고 사는 나라들도 있다. 우리는 남북분단이라는 치명적 장애를 안고 있고, 수도권 집값 상승이 계급격차를 벌리고 있으며, 대개의 선진국들과 같은 일자리 감소와 청년실업의 문제가 있다. 하지만 2019~2020년의 신문 헤드라인을 지배한 것은 그런 주제들이 아니다. 몇몇 정치인과 검찰총장의 이름이 압도했다. '아젠다의 왜곡'이 일어난 것이다. 정치 집단과 언론이 채택한 쟁점이 한국 사회의 근본 문제를 해결하고 국민의 삶의 질을 높이는 일과는 무관했다. 국민 대중이 쓸데없는 갈등에 에너지를 낭비한 것이다. 가을운동회의 보물찾기게임에서 보물들이 숨겨진 동쪽이 아닌 북쪽에서 헤매다 지쳐 돌아온 꼴이다.

한 사회를 뒤흔들어놓은 정치 스캔들이나 대대적인 부정부패 사건을 흔히 '게이트'라 부른다. 1997년 '한보게이트'의 경우, 한보그룹 총수 정태수가 정재계 로비를 통해 은행돈 5조 7천억 원, 자기자본의 18배를 대출받아 쓰다가 부도를 내면서 크고 작은 기업들이 연쇄도산하고 IMF 외환위기를 불러왔다. 또한 대통령부터 여야 정치인들이 뇌물수수로 고구마줄기처럼 딸려 나오고 국회의원, 은행장 등 10여 명이 징역 20~25년씩 선고받았다. 1~2년에 걸쳐 사회를 뒤흔들어놓는 것은 똑같은데 2019~2020년식 게이트는 함량미달이다. 떠들썩한 데 비해 알맹이가 별로 없다. 과거엔 며칠 뉴스에 나오다 말았을 '의혹 사건'을 '게이트'로 키워 1~2년 동안 미디어를 뒤덮은 건 검찰이다. 검찰이 정치행위를 한 것이다. '검찰이 왜 그랬을까'는 해석이 분분하지만, 명백한 것은 그런 '함량미달의 게이트'들로 국민 대중을 과도하게 흥분시킨 것은 미디어들이라는 사실이다.

거대한 군집(群集)을 이루며 초과밀상태에서 경쟁하는 매체들은, 옆에 나는 새를 따라 난다는 가창오리 떼처럼 대세를 따르거나, 선두의 꽁무니를 따라 대형을 펼치는 기러기 떼처럼 나름의 전략으로 치고 나가는 메이저 매체를 추종한다. 이때 SNS에서는 흥분한 대중이 각기 타깃을 달리하며 여론재판을 벌이는데, 이들의 충돌은 1985년 벨기에 유러피언컵 결승전에서 영국과 이탈리아 축구팬들이 펜스를 무너뜨리면서 패싸움을 벌여 39명이 죽고

450명이 부상한 '훌리건 소동'과 흡사하다. 미디어 초과밀 사회의 대중은 뉴스에 과민해 있고 쉽게 흥분한다.

팩트거나 가짜거나 모든 정보를 삽시간에 전 사회에 배달하는 미디어 전달 체계는 갈등을 증폭시킨다. 정보의 물량공세는 대중의 일상을 쓰나미로 휩쓸고 간다. 뉴스가 디테일이 빈약해서 드라마적 구성이 어려웠던 것은 과거의 일, 지금은 2만 개의 미디어가 정치뉴스의 주인공들을 둘러싸고 공적 사적 영역을 넘나들며 TV 일일드라마 이상의 흥미진진한 디테일을 보강해준다.

한국인의 미디어생활은 스마트폰 '비포&애프터'로 갈린다. 모바일 이전 시대, 1997년에는 한국경제 전체에 치명타를 가했던 한보그룹사태라는 것도 아침 조간신문과 저녁 9시 TV뉴스 때 하루 두 번 놀라면 되는 일이었다. 개인의 정치생활은 그만큼 심플했다. 1987년 전두환 군사정권은 대통령 간선제 헌법을 고집해 국민과 대립하며 개헌과 호헌 사이를 엎치락뒤치락했는데, 군부 통치를 졸업하고 민주주의로 가느냐 마느냐의 갈림길에 섰던 그때에 비하면 2019~20년의 검찰개혁 이슈는 정치사회적 무게가 10분의 1이나 될까. 하지만 대중이 체감하는 갈등과 혼란의 강도는 그에 못지않았다. 미디어 과포화의 모바일 세상에선 온종일의 일상이 고단하다. 우리의 내면은 서로 적대적인 뉴스들의 전쟁터가 되고, 우리의 뇌가 저도 모르는 사이에 불량 미디어의 숙주가 되기도 한다.

미국에서 과격 시위가 벌어졌다 하면 총기가 등장하고 약탈 방

화는 보통이지만 1990년대 민주화 이후 한국의 거리 시위는 구호
는 과격해도 대체로 평화적으로 질서 있게 이루어진다. 한국은 총
기 마약이 없고 테러 사건도 드물고 자살률은 높지만 살인율은 낮
은 사회다. 노동운동이 쎄다 해도 유럽처럼 열차 파업이나 비행기
파업까지 나가는 일은 흔치 않다.

갈등 자체는 강도가 높지 않지만 체감하는 갈등의 강도는 높다
는 것. 실제 사회불안요인에 비해 불안심리가 훨씬 과장돼 있다는
것. 그것이 미디어 과밀 사회의 심리적 환경이다.

3. 진실의 쇠퇴

"확증편향 때문에 진실이 설 자리를 잃고 정책결정과 민주주의가 위협받는 상황"을 '진실의 쇠퇴(Truth Decay)'라 한다. "케이블뉴스 방송과 인터넷 매체, 소셜미디어 같은 뉴미디어의 확산이 정치·사회·경제적 양극화와 맞물리면서 현재 미국은 역사상 가장 심각한 진실의 쇠퇴를 겪고 있다. 24시간 온라인 속보 체제에 내몰려 심층보도에 시간과 돈을 투입할 여유가 없어진 언론은 너도나도 '전문가 저널리즘'에 매달리고 있다. 전문가 모자를 씌운 사람들을 화면이나 지면에 등장시켜 떠들게 하는 것이 숙련된 기자를 현장에 투입하는 것보다 훨씬 값싸게 뉴스를 생산할 수 있기 때문이다." 2018년 미국에서 출간된 책《Truth Decay》(진실의 쇠퇴)의 저자 제니퍼 카바나와 마이클 리치의 주장이다. ─ 배명복, 〈중앙일보〉 2019년

이 책이 나온 트럼프 집권기는 어느 때보다 '진실의 쇠퇴'가 확연했던 시기였다. 트럼프 대통령이 정치를 피아(彼我)간 전쟁처럼 풀어나가는 포퓰리즘 리더의 전형이다 보니 미국 언론은 아주 대놓고 민주/공화 양 진영의 전장이 됐다. CNN과 〈뉴욕타임스〉는 매일 트럼프를 공격하고 폭스TV는 방어하면서 서로 대립했다.

위의 책《Truth Decay》에 따르면 미국 역사에서 "미디어 환경의 급격한 변화가 정치·경제·사회적 위기에 맞물릴 때마다 진실이 쇠퇴하는 현상이 나타났고" 지금이 그 네 번째 시기다. "1880~90년대의 정치적 포퓰리즘이 신문의 판매부수 경쟁으로 등장한 '황색 저널리즘'과 맞물리면서 첫 번째 진실의 쇠퇴현상이 나타났고, 1920~30년대 출현한 타블로이드 신문과 라디오방송의 '재즈 저널리즘'이 대공황과 맞물리면서 두 번째 진실의 쇠퇴를 맞게 됐다. TV가 등장한 60~70년대 탄생한 '뉴저널리즘'이 베트남 전쟁과 워터게이트 사건과 맞물리면 진실은 또 한 번 심각하게 쇠퇴했다."

"케이블뉴스방송과 인터넷 매체, 소셜미디어 같은 뉴미디어의 확산이 정치·사회·경제적 양극화와 맞물리면서 현재 미국은 역사상 가장 심각한 진실의 쇠퇴를 겪고 있다." 이 문장에서 '미국'을 '한국'으로 갈아 끼우고 '민주화'를 추가하면 그대로 지금 우리 사회 '진실 쇠퇴' 현상에 대한 정의가 된다. 대략 이런 문장. "뉴미디어의 확산이 민주화와 정치·사회·경제적 양극화와 맞물리면서 현재 한국은 역사상 가장 심각한 진실의 쇠퇴를 겪고 있다." 휴대폰 보급과 SNS 이용의 세계 챔피언인 만큼 한국에서 진실 쇠퇴의 양상은 좀 더 심각해진다.

정치 양극화에 저널리즘도 어느 한쪽 편에 서면서 심판 기능을 상실하고 서로 대립하는 두 개의 진영 사이에서 상식의 중간지대가 쪼그라드는 것은 미국과 한국이 같이 겪는 문제다. 미국은 그로 인해 200년 민주주의 역사가 위협받는다고 하지만, 한국은 민주화와 인터넷 모바일 시대가 동시에 도래했으니 새출발한 민주주의가 정치 양극화와 언론 양극화의 틈새에서 시험에 든 것이다.

4. 미디어 유토피아

스마트폰. 과학기술 문명이 인류의 생활을 바꿔온 이래 이것만큼 논쟁적인 발명품이 있을까? 스마트폰의 아버지인 컴퓨터도 제조업의 생산성을 높이고 3D 노동을 줄여주는 대신 작업장에서 인간을 쫓아내고 실업을 유발했다. 기술 문명은 늘 주는 것과 뺏는 것이 있다. 논쟁의 여지없이 도움만 되는 사랑스러운 발명품은 세탁기, 청소기, 냉장고 같은 생활가전들 아닐까?

현대인을 가장 현대인답게 만든 것은 통신과 교통수단이다. 그것은 현대인을 고대인보다는 신에 가까운 전지전능한 존재로 만들어주었다. 또한 시공을 초월해 사랑하는 사람들과 연결되게 해준다. 하지만 자동차와 열차와 비행기는 교통사고 위험이라는 속도의 딜레마가 있고 배기가스와 대기오염이라는 부작용이 있다.

광속의 통신기술이 가져온 인터넷 모바일 세상 역시 순기능과 역기능이 있고 얻은 것과 잃은 것이 있다. 유토피아만 누리고 디스토피아를 탈출하는 법?- 은 없을 것이다.

유토피아1 = 검색의 마법 ────────────────

그것은 지시한 것을 즉각 눈앞에 불러내준다. '금 나와라, 뚝딱!'의 도깨비방망이 같은 것이다. 검색창 뒤에는 몇 채의 거대한 도서관들과 수만 권의 백과사전들과 지구상의 모든 신문들과 여러 나라 통계청들이 대기하고 있다. 더구나 한국은 검색엔진이 발달해 있는 IT강국. 자국의 검색 포털사이트가 구글을 앞지르는 나라는 중국과 한국 두 나라 정도다. "머리는 빌릴 수 있어도 건강은 못 빌린다"는 명언을 남긴, 열심히 조깅하면서 건강 관리를 하던 대통령이 있었는데, 정치 지도자로서 유식한 참모들을 쓰면 된다는 얘기였지만, 그 경구야말로 2000년 이후의 현실에 딱 들어맞는다. 정보 소스는 무한대이고 지식은 '아웃소싱' 대상, 굳이 무겁게 머리에다 넣고 다닐 필요는 없다. 머리를 빌려주는 참모를 우리는 손안에 들고 다닌다. 정보를 가져다 쓰는 효율성과 편리함으로 치면 모두가 각기 비서 한 사람과 사서 한 사람을 고용한 것과 마찬가지다. 지구상의 다른 언어로 된 자료를 우리말로 서비스하는, 완벽에 도달해가는 자동번역 기능으로 말하자면, 우리는 각기 통역도 한 사람씩 고용한 셈이다. 무보수로!

대량생산의 산업 사회는 칫솔이나 샴푸, 슬리퍼, 플라스틱통 같은 생필품들을 누구나 쉽게 가질 수 있게 해주었다. 적어도 생필품을 파는 슈퍼마켓에서라면 부자와 서민이 크게 차별되지 않는다고 해서 프랑스 사회학자 장 보드리야르의《소비의 사회》는 '슈퍼마 켓에서의 평등'이라 했다. 과거 어느 때는 유리상자가 귀족만 가졌 던 귀중품이었고 또 어느 때는 칫솔을 쓰는 것도 특권이었다.

정보 역시 계급적이다. 지금 시대에도 '고급정보'는 특권의 상징 이지만 일반적인 정보들도 소수의 특권이었던 시절이 있었다. 지 금 개념의 일간지가 등장한 것은 1920년이었는데 신문을 읽는 사 람은 1926년 당시 2000만 인구의 1%쯤이었다. 〈동아일보〉〈조 선일보〉〈매일신보〉 3개 일간지의 발행부수가 다 합쳐서 약 7만 7000부였다. 당시는 문맹률 80~90%로 일단 글을 알아야 신문구 독자가 될 수 있었다.

지금 32면짜리 신문의 하루치 정보량은 100년 전 세상을 떠난 농민이 평생 들은 뉴스보다 더 많을 것이고 고종 임금이 한 달 동안 정보보고받은 내용보다 많을 것이다. 한 사람이 접하는 정보의 양 이 그 사람의 계급을 말해주었던 것이 오랜 역사였는데, 인터넷과 스마트폰이 정보의 계급질서를 타파하고 정보의 민주 사회를 열 었다.

통치자를 직접 선출하고 표현의 자유를 쟁취했다 해도 정보를 소수가 독점한다면 알맹이 없는 민주주의일 것이다. 정보공유는 민주주의의 필수다. 정보의 대량소비 사회에서는 2018년의 북미 대화를 틀어지게 만든 백악관의 '그 방에서 있었던 일'까지 알 수 있다. 누구나!

유토피아3＝사회적 지능

미디어는 한 사회의 지능지수를 높인다. 풍부한 정보는 인식을 확장시키고 빠른 정보는 두뇌를 자극한다. 더구나 정보 수용자에서 정보 공급자가 되는 것은 대단한 '지적 도전'이다. 수동적인 태도를 능동적인 태도로 바꿀 때 잠재력이 깨어난다. 종이 일간지와 공중파 방송의 미디어 독과점 체제에서 온라인으로 넘어가면서 1인 미디어 시대가 열리고 과거 엘리트의 전유물이었던 저널리즘 기능을 다중(多衆)이 갖게 되었다. 유튜버들은 물론 트위터나 페이스북 유저들도 정보를 생산하고 편집하고 기획한다. 또한 다른 사람을 팔로잉하면서 타인의 견해를 듣고 종합적인 판단을 하고 생각을 성숙시킬 수 있다.

문맹 제로, 대학진학률 90％ 이상 고학력 사회는 디지털 세상, SNS에 최적화돼 있다. 그런 국민 대중은 사회적 이슈들에 대해 논평하고 논쟁하는 고급취미가 있다. 논리를 따지고 논쟁을 즐기는 태도는 민주주의 규범과 상식을 만들어가는 데 도움이 된다.

SNS에도 '인플루언서'의 위계가 존재하지만 기본은 수평적인 정보 네트워크다. 이곳에서 이른바 '집단지성'이 발동하기도 하고

'풀뿌리 민주주의'가 태동하기도 한다. 미성년 섹스비디오를 유포시킨 'N번방' 사건을 추적해 범인을 법정에 세운 SNS상의 '불꽃추적단'은 2명의 대학생이었다. 2016년 박근혜 탄핵 절차의 오프닝이었던 이화여대 학생들의 시위도 총학생회가 조직한 것이 아니라 SNS의 개인들이 결집한 것이었다. 2002년 미군 장갑차에 압사당한 두 여중생 효순 미선 사건에서 미군들이 무죄판결을 받자 분노한 네티즌들에 의해 반미시위가 벌어졌고 이것이 10년 뒤 미군 범죄자를 한국 당국이 조사할 수 있도록 한 주한미군지위협정(SOFA) 개정으로 이어졌는데, 그 일은 이제 막 시작된 인터넷 모바일 시대의 '뉴노멀'을 보여준 최초의 사건이었다.

2019년 겨울 베를린에서 개성만발의 플래카드로 장식한 트렉터들의 행진을 보게 되었는데, 여러 도시에서 동시다발로 벌어진 이 대규모 농민시위는 농민단체 같은 주최측이 따로 있는 건 아니었다. 물론 농민단체 활동가들이 역할을 했겠지만, 페이스북에서 제안이 나와서 사람들이 거리로 나온 것이다. 공지된 준비물인 냄비를 각기 손에 들고!

유토피아4=친구관계의 뉴노멀

만난 적 없는 친구. SNS에서 이따금 존중할만한 낯선 이들을 만날 때 그것은 '친구의 탄생'이다. 흔히 학교나 직장을 기반으로 한 친구의 범위와 개념은 SNS 공간에서 확장되고 재구성된다. 평소에 알고 지내는 친구와도 그가 어떻게 살고 무슨 생각을 하는지 SNS에서 새삼스럽게 알게 된다. 현실보다 온라인에서 만남의 질이 더 높을 수 있다. 현실의 공간에서는 속 깊은 대화, 1 대 1 관계, 웃거나 화내면서 감정의 피드백과 함께 이루어지는 소통, 이른바 '스킨십'의 장점이 있지만, 글과 사진으로 자신을 드러내고 공유와 댓글로 의사표현할 때 말보다 글이 더 정교하고 안정된 소통수단이 되기도 한다. 공감의 방식은 다양하다.

SNS 공간에선 취향과 성향의 공동체가 생겨나고 그것이 현대 도시에서 사라진 마을공동체를 대체하기도 한다. 취향공동체는 새로운 개념의 동네이고, 관심사를 공유한 관계망 속에서 이웃이 재구성된다. 가령 고양이 애호가들의 SNS에서 위험에 빠진 길고양이에 대한 SOS가 발신되고 돕겠다는 사람들이 나설 때 그것은 전통 사회에서 이웃들이 하던 방식이다. SNS에서 사회문화적 기획들이 공급과 수요를 맞추고 각종 캠페인들이 동지를 모은다. 또한 다품종소량생산의 영역에서 일하는 소규모 생산자들, 또는 예술가들에게는 취향저격의 마켓이 되기도 한다.

SNS 공간에선 도청하는 비밀경찰의 '귀때기'가 아니라도 합법적으로 수많은 '타인의 삶'을 엿보고 엿들을 수 있다. "행복해지기만 원하면, 쉽게 이룰 수 있다. 그러나 우리는 다른 사람보다 더 행복하기를 원하며 이는 대부분 어렵다. 우리는 다른 사람들이 실제보다 더 행복하다고 믿기 때문이다"라는 말이 있다. 사람들은 드러내고 싶은 것만 드러내게 마련이며 따라서 남들과 자신을 비교하며 박탈감을 느끼기도 쉽다. 하지만 '그 사람이 사는 법'을 보면서 경험의 확장이 일어날 때, 배울 것이 많은 인생의 선생님들을 만날 때, 거기에 '미디어 유토피아'가 있다.

5. 미디어 디스토피아

더 편리하고 더 빠른 세상을 원하는 욕망의 끝은 어디일까. 손만
대면 모든 것이 황금으로 변해 음식을 먹을 수도 없고 사랑하는 딸
도 잃게 된 탐욕스런 왕 미다스, 또는 먹어도 먹어도 배고픈 나머
지 딸도 팔아 음식을 사고 결국 자기 몸도 먹어치우고 이빨만 남
은 채 죽는 역시 탐욕스런 왕 에리직톤. 그리스로마신화는 인간의
끝없는 욕망이 만들어내는 역설을 주제로 한 여러 개의 삽화를 제
공한다. 인터넷 20년, 스마트폰 15년, 그 아찔한 변화의 속도가 데
려다줄 미래의 세상은 어떤 모습일까. 정보를 쉽게 많이 빨리 쓰는
대가는 만만치 않다.

디스토피아1＝인포데믹스

2020년 초 코로나 바이러스가 급속히 퍼지기 시작했을 때 코로나 가짜정보들도 같은 속도로 퍼졌다. '바이러스가 눈에서 눈으로 전염된다'거나 '메타놀을 마시면 코로나에 안 걸린다'거나 코로나의 발생 원인을 둘러싼 각종 음모론들, 심지어 WHO를 사칭한 가짜뉴스도 유포됐다. 세계보건기구는 '인포데믹스'가 전염병 자체보다 더 위험한 질병이라고 선언했다.

인포데믹스는 Information과 Epidemics의 합성어로 2007년 다보스포럼 CEO세션의 주제가 되었다. 잘못된 정보나 루머들은 정치나 경제, 안보 등에 치명적인 결과를 초래하기도 한다. 특히 사회적 혼란 때 인포데믹스 현상이 심각해진다. 가짜뉴스에는 고의적인 허위정보와 실수로 인한 오보가 뒤섞여 있지만, 대중의 위기감과 불안감을 어떤 목적에 악용하려는 '허위정보'들이 주로 파괴력을 가진다. 지난 시대에도 '유언비어(流言蜚語)'라는 것이 있었지만 직장에서 술자리에서 수군수군하는 수준이었는데, 온라인 시대에 유언비어는 광속으로 전파된다. 사회심리학에서 말하는 유언비어의 세 가지 특징, 스토리가 점점 단순해지는 '평면화', 곁가지가 과장되면서 중심을 차지하는 '예각화', 옮기는 사람들에 의해 편집되고 재구성되는 '동질화'는 루머의 전파 속도가 빨라지면서 증세가 더 심해진다.

여기서 '정보건강'이라는 용어가 등장한다. 언론사나 시민단체들이 팩트 체크 시스템을 가동하기도 하지만 가짜뉴스의 전파를 원천봉쇄할 방법은 없다. 오염된 정보로부터 정신건강을 지키는 일은 개인의 몫이고 그래서 필요한 것이 '팩트 체크의 내공'이다. 미디어가 제공하는 정보를 취사선택하고 비판적으로 소화하는 능력, 즉 '미디어 리터러시'는 스스로 훈련이 필요하다.

"세상에 존재하는 어떤 음식도 '항암작용'이라는 단어와 함께 검색하면 암을 치료한다는 주장을 찾을 수 있고, 지구가 평평하다고 믿는 사람도 그 근거를 인터넷에서 찾을 수 있다. 이런 정보가 단지 내 가족, 친한 친구의 입을 타고 내게 전달됐다고 해서 신뢰할만한 정보가 되는 것은 아니다. (…) 정보의 출처가 신뢰할만한 곳인지 확인하는 습관이 인포데믹을 이길 수 있는 유일한 백신이다."- 박상현, 〈서울신문〉, 2020년 2월

다만, 정치 양극화와 언론 양극화의 시대에는 '보증된 매체'가 제공하는 '보증된 진실'은 없다는 점. 정치뉴스나 논평에 관한 한 매체들의 편향을 이기는 방법은 여러 소스를 비교하며 읽는 것이다. 거의 모든 가정이 한 가지 이상의 신문을 구독하던 시절엔 '최소한 두 개의 신문을 보라'는 '병독(並讀)의 윤리'라는 것이 있었는데, 인터넷 모바일 시대에 필요한 것 역시 '크로스 체크'의 습관이다.

디스토피아2 = 확증편향 ─────────────

확증편향은 심리학 용어이지만 2020년의 한국에선 일상어가 되었다. 방어기재, 피해의식, 공격본능 같은 용어들처럼. 사회심리

학 교재 《사람일까 상황일까》(리처드 니스벳, 리 로스, 2019)에는 1982년 레바논 난민캠프 대학살을 다룬 30분짜리 TV뉴스에 대한 시청자 반응을 조사한 결과가 소개되는데, "친아랍과 친이스라엘 시청자는 각기 언론이 부당하게 상대방을 편들었고 자기편을 불공정하게 다뤘으며 이런 편향보도는 프로그램 관계자의 이해관계 때문이라고 확신했다"고 한다. 2017년 영화 〈재심〉은 약촌오거리 택시강도 사건을 다룬다. 경찰은 우연히 현장을 지나던 10대 소년을 장발에 오토바이를 타고 몸에 문신이 있고 학교를 중퇴하고 다방에서 일한다는 이유로 범인으로 단정한 다음엔 모든 반대 증거들을 무시하고 심지어 진범이 잡혔는데도 묵살하고 소년을 10년간 감옥살이하게 만드는데, 역시 일종의 확증편향이다.

'사람은 보고 싶은 것만 보려 한다'는 것이 확증편향이다. 자신과 입장이 같은 사람만 골라서 팔로우하고 자신의 믿음에 도움이 되는 정보만을 택하면서 점점 자기확신과 편향성을 강화해간다.

"편견을 갖게 되면 일치하는 정보는 쉽게 받아들이고 잘 기억하며, 상반되는 정보는 무시하거나 왜곡하고 잊어버리며, 애매모호한 정보는 자신의 편견과 일치하는 것으로 해석한다."– 이동원, 박옥희, 《사회심리학》, 2000

우리가 익숙한 맛, 익숙한 요리를 선호하는 것처럼 정보 소비자들도 사실을 바로잡아주는 정보보다 입맛에 맞는 정보를 편식하는 것이다. 온라인과 SNS에서는 남의 말을 끝까지 들을 필요가 없고 비판을 수용할 필요도 없는데 그 '일방성'이 확증편향을 키운다. SNS가 닫힌 방 안에서 같은 소리들이 울리는 '에코챔버'가 될 수도 있다.

강렬하고 자극적인 목소리가 인기를 얻는 SNS 세상은 프로파간다가 서식하기 좋은 환경이다. 프로파간다는 설득이 목표라서 사실의 일부분을 강조하고 다른 부분은 누락시키면서 논리를 단순화하는데, 단순한 주장이 더 쉽게 먹힌다. 그리하여 프로파간다와 확증편향의 행복한 만남이 이루어진다. 확증편향은 증오 팬데믹을 퍼뜨리는 바이러스다. 증오는 확신에서 나오고 증오나 혐오, 불안 같은 부정적인 감정은 긍정적인 감정보다 전염되기 쉽다.

페이스북에는 분노와 악의를 배설해서 사이버 공간을 오물투성이 게토로 만드는 사람들도 있지만 이곳을 지성과 지식의 경연장으로 만드는 데 자신의 타임라인을 헌정하는 냉철한 현자들도 있다. 격앙하는 군중 숲에서 중심 잡으려는 사람들이 있다. 가령, 조국 자택 압수수색 영장에 분노한 사람들 사이에 "압수수색 영장을 내준 사람이 김을동의 며느리"라는 뉴스가 퍼졌다가 "아니랍니다. 가짜뉴스랍니다" 하며 바로잡는 사람들이 나온다.

"2018년 네이버에서 댓글을 작성한 회원은 전체 회원의 0.8%에 불과했다. 6개월간 네이버 뉴스에 한 건이라도 댓글을 단 사용자는 175만여 명이었지만 1000개 이상의 댓글을 단 아이디는 3500여 개였다. 전체 인터넷 사용 인구 대비 1.008%에 해당하는 사람이 전체 댓글 여론에 영향을 미친 셈인데 이게 바로 댓글 조작 사건이 벌어지는 배경이다."– 강준만, 《강남좌파2》, 2019

자유롭고 평등해 보이는 SNS 지형이 어떤 이해관계를 가진 사람들의 직업적 개입, 또는 정치 이슈에 과몰입한 개인들의 독과점으로 오염되고 있다는 얘기다. 실제로 이명박, 박근혜 정부에서 국정원과 군, 경찰이 조직적으로 온라인 댓글 조작을 했었다.

여기서 '정보주권'의 문제를 생각하게 된다. 정보를 취사선택하면서 어떻게 자신의 지성을 구성하느냐, 정확한 정보와 틀린 정보, 호의적인 정보와 악의적인 정보 사이에서 어떻게 중심을 잡느냐, 진영논리와 프로파간다와 혐오와 증오가 비틀어놓은 커뮤니케이션 난장판에서 어떻게 상식의 기준을 세우느냐. '생각의 주권'을 회복하려면 프로파간다가 고의로 누락시킨 부분을 찾아내고 팩트체크의 내공을 연마할 필요가 있다. 정보 쓰나미를 일단 정지시키고 생각을 쉬는 '미디어 단식'도 필요하다.

디스토피아3＝사적인 공공장소 ─────────

1990년대 후반, 개인들이 조심스럽게 SNS 공간에 자신을 드러내기 시작했다. 인터넷 세상이 열리기 전에 하이텔, 천리안 같이 전화회선으로 연결되는 PC통신이 있었고 그 시절에 처음 사이버 공간에 나온 사람들은 소개팅 나온 남녀처럼 수줍어했다. 2004년부터 싸이월드 미니홈피나 포털사이트 블로그가 등장하면서 개인들이 인터넷에 플랫폼을 가지게 되었을 때 개인의 생각이나 생활 같은 사적인 영역을 어디까지 공개하는 게 적당한지 조심스러워했다. 인터넷 커뮤니티 공간에서 거친 표현을 맞닥뜨리면 깜짝 놀랐고 '표현의 자유' 논쟁이 붙었지만 그래서 도입된 '인터넷 실명제'는 2002년 헌법재판소에서 표현의 자유를 침해한다는 위헌판결을 받았다. 익명의 ID에 법적인 인격이 허락된 것이다.

2007년 아이폰 출시로 스마트폰 세상이 열리자 '얼리 어답터'들의 놀이터였던 SNS는 삽시간에 일반 대중에게 개방됐다. 휴대폰에 인터넷과 SNS가 들어오자 공적인 공간과 사적인 영역이 뒤섞여버렸고, 사석과 공석의 구분이 모호해졌다. 집 안에서 술자리에서 아무 말 대잔치를 벌여도 바깥에서 모르는 사람들 앞에서는 체면 차린다는, '때와 장소를 가리는' 에티켓은 급속히 구시대 규범이 되었다.

오히려 공과 사의 에티켓이 반전됐다. 소파에서 침대에 누워서 휴대폰으로 접속하는 바깥세상, 파자마 차림으로 외출하는 다운타운, 다분히 사적이면서 다분히 공적인 SNS 공간이 안방처럼 편해지자 사람들은 점점 거침없고 용감해졌다. 현실에서 스트레스를 떠안길 상대를 찾지 못한 사람들은 사이버 공간을 감정의 배설구로 활용했다. 사이버 세상에서 위계의 끄트머리, 가장 만만한 상대는 거꾸로 정치인이나 연예인처럼 지위와 명성을 독과점하는 '셀럽'들이다. 악플 달기의 오락을 즐기는 이들에게 상대가 유명인일 때 카타르시스효과가 커지는데, 가혹한 악플들은 때로 상대의 목숨을 앗아가기도 한다.

과거에 말싸움은 주로 사적인 공간의 일이었지만 이제 SNS의 일상이 되었다. 이웃집 싸움을 팔짱 끼고 구경하던 사람들은 SNS 싸움에선 한쪽을 편들거나 당사자들보다 더 심한 막말로 개입하기도 한다. 집단 속의 익명성이 비상한 용기를 불러일으키는 군중 심리는 SNS에서도 비슷하게 나타난다. SNS 공간에 수줍게 데뷔한 지 10년 만에 사람들은 몹시 뻔뻔해졌다.

1990년대 이래 30년의 한국 사회가 보여주는 언어문화의 아이러니, 그 쌍곡선은 연구해볼 만하다. 정치민주화는 직업이나 신분의 위계를 적어도 언어문화에서만은 수평으로 조정해왔고, 호칭들이 바뀌어 운전사가 운전기사가 되고 간호부가 간호사가 되고 수위가 경비원이 되었다. 또한 극존대의 어법이 권장되었다. '이렇게 하시고 저렇게 하시고' 하며 조심 또 조심, 안전 또 안전의 매너가 보급되었으니, 치열한 경쟁 사회에서 보신주의, 생존의 예법이다. 그것은 존칭 인플레를 불러와 모든 아줌마는 사모님이, 아저씨는 사장님이 되었고 과거에 존칭이었던 '씨'가 비칭으로 떨어졌다.

현실에서는 존칭이 에스컬레이트되는 반면 SNS에서는 막말의 신기록이 갱신된다. 한남, 된장녀, 홍어, 난닝구, 달창, 놈현, 쥐박이, 나베, 지잡대, 틀딱 등은 모두 어떤 이들을 가리키는 '비칭'들로, SNS에서 보급돼 일상으로 전파됐다. 언어문화의 '지킬 박사와 하이드'다. 인격의 끝판왕으로 알려진 이퇴계 선생도 '낮 퇴계'와 '밤 퇴계'가 있다 했던가. 비칭과 막말이 난무하는 SNS 세계는 '위선의 시절'에 대한 향수를 느끼게 한다. 공공의 공간에서, 모르는 사람 앞에서 착한 척하는 것도 대단한 성의다.

산만하고 부산스런 ADHD(주의력결핍장애)는 아동기, 특히 소년들에게 많이 나타난다. 하지만 디지털 시대는 스마트폰에 중독된 ADHD 성인을 양산하고 있다. 스마트폰이 궁금해서 식사할 때도 대화할 때도 일할 때도 집중하지 못하는 것이다. 몇 분에 한 번씩 스마트폰의 알림을 체크하고, 메시지가 왔는지 지인들이 게시물을 올렸는지 들여다본다. 스마트폰이 없으면 불안한 '노모포비아(Nomophobia; no+mobile+phobia)'라는 말도 생겨났다.

현대인의 중독증으로 그 빈도와 심각성에 있어 이제 스마트폰 중독이 알코올이나 니코틴 중독을 앞지르고 있다. 정부기관들이 내놓는 실태조사에서 대체로 청소년 3명 중 1명이 스마트폰 중독으로 분류되고 이 비율도 해마다 늘어나고 있다. 지금의 10대는 스마트폰과 함께 자란 세대다. 2000년 이후에 태어난 '내추럴 본 모바일세대'의 중독성은, 성인이 되어 스마트폰을 손에 쥔 '후천적 모바일세대'에 비할 바가 아니다.

요즘 세대의 '난독증'이라는 것도 알고 보면 스마트폰 중독증이다. 책에 집중하는 긴 호흡이 힘든 것이다. 전화와 채팅, 카메라, 시계, 정보 검색, 음악 감상, 라디오, TV, 게임, 건강, 달력, 메모장, 알람 등 액정 화면을 빽빽이 채운 앱의 숫자만큼 다양한 기능은 스마트폰 주인을 어느 만큼은 유능한 멀티태스커로, 어느 만큼은 정신 산만한 ADHD 환자로 만든다. 한 권의 책을 차분히 처음부터 끝까지 읽는 일은 이 'ADHD 멀티태스커'에겐 쉽지 않다. 방해전파

속에서 정신을 가다듬기는 쉽지 않다. 순발력은 넘치고 인내심은 부족해진다.

성인의 절반이 1년에 책을 한 권도 안 읽는다는 '책맹', '대졸 문맹'의 사회는 문맹률 1% 이하, 가방끈이 가장 긴 나라, 스마트폰 보급률 1등을 자랑하는 IT강국의 수척한 맨 얼굴이다.

《공부란 무엇인가》에서 서울대 정치학과 교수 김영민은 수업시간에 전화 받으러 나가는 학생에 대해 썼다. "강의 도중 어떤 학생의 전화벨 소리가 울리고, 그 학생은 전화를 받기 위해 천연덕스럽게 강의실을 나갔다 오더군요. 오랫동안 자아수양을 해왔기에, 다행히 그 학생에게 날아 차기를 하거나 그러지는 않았습니다. 수업 도중에 강의실을 나가는 행동은 다른 학생들과 수업 진행에 지장을 줍니다. 영화관에 들어가면 휴대폰을 끄는 것이 예의이듯이, 수업시간에는 전화를 꺼놓는 것이 예의입니다."

그 '영화관 예의'에 대한 영화평론가 정성일의 특별한 언급도 있다. "망연자실한 리서치 결과 10대들이 영화를 극장에서 보지 않는 가장 큰 이유 중에 하나로 2시간 동안 휴대폰을 꺼놔야 하기 때문이라는 대답이 1위를 차지했다. 나는 영화의 적이 휴대폰이 될 거라고는 상상하지 못했다."–@cafenoir_me. 트위터

컴컴한 영화관에서 대형 스크린에 몰입할 때 영화의 가치는 온전히 전달될 수 있건만 몰입을 거부당한 영화라니! 구세대 씨네키드가 절망할 만한 일이다.

6. 디지털 디톡스, 디지털 다이어트

'디지털 다이어트'는 구글의 임원이었던 대니얼 시버그가 낸 책 제목. 자신이 스마트폰 중독이라고 느낀 그는 아내와의 관계를 회복하기 위해 프랑스 시골마을로 여행을 떠났다. 하지만 이틀 만에 그는 와이파이가 터지는 수영장에서 노트북과 아이폰을 끌어안고 있었고 휴가는 참담하게 끝났다. 몇 개월 뒤 그는 SNS 계정들을 비활성화하면서 디지털기기에 대한 통제를 시작했고 그 경험을 토대로 '디지털 다이어트의 4주 코스'를 제안했다. 그가 말하는 디지털 다이어트의 목표는 '기술을 버리는 것이 아니라 적절히 사용하는 것'이며 '온라인과 오프라인을 넘나들며 시간을 더 잘 관리하는 것'이다. 다음 중 한 가지라도 해당된다면 '스마트폰 과의존'을 의심해봐야 한다.

- 가족이 그날 있었던 일을 이야기하는 동안 문자나 카카오톡 같은 SNS를 할 때가 종종 있다. 그래서 나중에 무슨 얘기를 들었는지 기억나지 않는다.
- 페이스북이나 트위터 같은 SNS에 오늘 있었던 일을 올리지 않으면 허전하다.
- 스마트폰을 들여다보며 길을 걷다가 아찔한 상황에 처한 적 있다.
- 게임에 집중해 가족과 시간을 보내지 못하는 일이 흔하다.
- 인터넷이나 스마트폰에 연결돼 있지 않으면 불안하다.
- 운전 중에 문자를 주고받으면 안 된다는 걸 알면서도 종종 그렇게 한다.

나치를 피해 미국으로 망명한 독일 출신 유대계 물리학자 아인 슈타인은 루스벨트 미국 대통령에게 핵폭탄 제조를 설득했지만 히로시마 핵 투하를 본 다음 핵무기 반대운동에 나섰다. 맺은 사 람이 풀어야 한다는 결자해지(結者解之), 그것일까. 디지털 디톡 스, 디지털 중독증에 대한 해독제는 디지털미디어 제조사들에 의 해 개발되고 있다. 구글은 시간을 정해두고 알림을 몰아서 확인하 는 '포스트 박스' 앱 등을 내놓았다. 애플은 아이폰의 앱 사용시간 을 제한하는 '스크린 타임'을 서비스한다. 페이스북도 주간 사용시 간을 알려주는 '대시보드' 프로그램을 제공한다.

스마트폰 중독을 끊는 방법에 관해서는 많은 언론 칼럼, 그리고 책들이 나와 있다. 그중 공통된 몇 가지를 뽑아본다.

1. 스마트폰 거리두기. 하루 또는 일주일 중에 스마트폰을 사용하지 않는 시간을 정해둔다. 산책 나갈 때나 가까운 쇼핑에는 폰을 집에 두고 나간다. 또는 책상이나 식탁 등 폰을 쓰지 않는 장소를 정하는 방법도 있다. 스마트폰을 만지는 절대시간을 줄일 필요도 있지만, 중요한 것은 스마트폰을 자신의 통제와 관리 아래 두는 일이다.

2. 최소한의 알림 기능만 쓴다. 특히 소셜미디어의 알림은 그냥 꺼도 된다. 스마트폰의 알림에 귀를 쫑긋 세우다 보면 종소리에 침 흘리는 파블로프의 개가 된다.

3. 멀티태스킹 경보. 자신이 친구를 만나면서 업무 메신저를 쓰고 SNS 댓글도 달 수 있는 멀티태스커라고 자부하지 말 것. 친구와의 대화는 부실해지고 업무는 데면데면 굴러간다. 만남이 소중하다면 스마트폰을 가방 안에 넣어두라. 일할 때는 스마트폰을 안 보이는 곳에 두라. 뇌의 한정된 용량과 배터리를 여러 용도로 분산시키지 않으면 업무를 더 '고퀄'로 더 빨리 끝낼 수 있다.

4. 침대 주변에 스마트폰을 두지 말 것. 잠들기 전에 보는 유튜브나 SNS는 뇌를 강제로 깨어 있게 만들고 수면을 유도하는 멜라토닌을 억제해 숙면을 방해한다. 아침 알람을 위해 머리맡에 스마트폰이 필요하다면 알람시계를 사라.

5. 특별한 목적의식 없이 스마트폰을 만지작거리고 있다면 폰을 내려놓고 맨손체조를 하거나 산책을 나가라. 새로운 취미를 가꾸고 책을 읽는 건 어떨까.

SNS 중독 때문에 가족과 눈 맞추는 시간이 줄어드는 건 아닌지. 전 세계의 보이지 않는 사람들과 연결돼 있기 위해 가족과 친구들을 소외시키는 건 아닌지. 아니, 바깥 세계에 온통 신경이 쏠려 있어 정작 자기 자신에 충실하지 못하는 건 아닌지.《스마트폰과 이별하는 법》의 저자 캐서린 프라이스는 "출퇴근길에 스마트폰 대신 창밖을 보라"고 한다.

7. 한국의 미디어,
수축과 폭발의 100년

〈동아일보〉와 〈조선일보〉 창간을 기점으로 100년 한국 언론의 역사에서 표현의 자유를 누린 기간은 불과 30년이다. 해방 이후 3년과 4.19 이후 1년은 언론 매체가 범람했고 통제도 없었으나 언론산업의 인프라가 받쳐주지 않았고 대중의 문해율도 따라주지 않았으니 언론자유라 해도 공허했다. 한국 사회가 명실공히 언론자유를 누리게 된 것은 1987년 군사정권이 끝나고 대통령 직선제와 함께 민주주의가 시작된 이후다.

기복이 심했던 민주화의 역사처럼 언론도 주기적으로 강권 통치에 억눌렸다가 폭발하면서 수축과 팽창의 과정을 반복했다. 정치적 자유가 회복되고 매체 등록이 자유로워지면 매체 포화상태가 되었다가 다시 '언론정화'라는 이름으로 매체들이 통폐합당하고 등록제에서 허가제로 돌아가는 식이었다. 두 번의 언론통폐합은 1961년과 1980년 두 번의 군사 쿠데타와 함께 왔고, 두 번의 기자 대량해고 역시 1975년과 1980년 두 번의 군사정권 아래 일어났다.

세 번의 미디어 대폭발 시기는 다음과 같다.

첫 번째, 해방공간 3년(1945~1948)

'자유언론'이라기보다 '찌라시'의 시대였다. 민간 신문과 방송을 전멸시켰던 식민지 체제에서 벗어나자 너도나도 신문을 찍었고 언론자유가 폭발했으나 정론의 저널리즘이 미처 성장하지 못했고 기자들은 주장과 보도를 구분하지 못했으며 독자들은 저널리즘 매체와 정치단체의 전단지를 구분하지 못했다. 자기 정파를 이롭게 하려는 악의적인 가짜뉴스, 취재능력과 보도윤리 부족으로 인한 오보들 숲에서 사실을 골라내기는 쉽지 않았다. 문맹률 80%의 사회가 이념대립에 빠지자 포퓰리즘 정치가들이 득세하고 적색테러와 백색테러가 난무했다. 결과, 건국의 옵션 중에서 최악인 분단과 전쟁으로 달려갈 때 언론 매체들은 숫자는 많았지만 무기력했다.

두 번째, 4.19 이후 1년(1960~1961)

4.19혁명 이후 정치참여의 열정과 민주주의에 대한 기대가 폭발하자 신생 민주당 정권은 뜨거운 양철지붕 위의 고양이가 되었다. "신문들의 장면 정부 비판은 '때려야 잘 팔린다'는 '시장논리'에 따른 것이었고 수십 년간 권력에 일방적으로 당하고만 살아온 민중에게 신문의 1차적 사명은 권력을 때리는 것이라는 정서가 강하게

배어 있었고, 신문들은 새롭게 얻은 무제한의 자유를 그런 민심에 영합하는 데 바쳤다."- 강준만, 《한국 언론사》, 2019

　진보 언론조차 새 정부에 대한 무차별 공세에 가담했다. 4.19혁명이 탄생시킨 내각책임제와 민주당 정권은 5.16쿠데타 이전에 이미 언론에 의해 불구가 됐다. 피플파워가 만든 혁신 정부를 피플파워가 파괴하는 아이러니. 민주당 정권의 실패는 군사정권 30년을 불렀다.

세 번째, 6.10 이후 30년(1987~)

민주화와 함께 매체의 허가제가 등록제로 바뀌었고 언론사에 노동조합이 생겨나 기자를 함부로 해고할 수 없게 되었다. 인터넷과 모바일 시대가 열리면서 언론의 자유, 표현의 자유는 집권세력의 성향을 떠나 미디어산업의 속성이 되었다. 과거 미디어 대폭발의 시기엔 신문이나 방송의 독과점이 풀리면서 숫자가 늘어나는 정도였지만, 이제 미디어의 생성은 온라인상에서 무한대로 확장되었고, 인터넷 포털사이트에 신문들이 백화점식으로 입점했다. 매체에 대한 최소한의 등록요건, 그 문턱이 사라지자 매체산업은 과포화상태가 되었다. 30년간 팽창일로에 있는 미디어산업의 지형은 과거 언론통폐합 같은 정부의 개입이 아니라 오직 시장의 질서와 기술혁신의 영향 아래 놓이게 되었다. 한편 정치 프로파간다, 정치 뒷설거지를 했던 어용의 시대가 끝나자 언론은 정론의 자세를 배우기 전에 정치 양극화의 진영에 섰고 프레임 전쟁에 빠져들었다.

　한국 언론사의 냉탕과 열탕에서 각기 진실은 쇠퇴했다. 표현의

자유가 몰수됐던 시기에는 언론이 진실을 다룰 수 없었고, 표현의
자유가 분출한 시기에는 진실을 다루는 데 관심이 없었다.

8. SINCE 1920,
최초의 신문쟁이 이상협

언론 역사의 맨 처음에 기자는 계몽운동가였다. 거기서 저널리즘
의 건강한 엘리트의식이 출발했다. 새로운 사상을 소개한 것도 기
자들이었고 농촌에 들어가 문맹타파운동을 벌인 것도 그들이었다.

1920년에 〈동아일보〉가 창간됐을 때 식민 통치하의 민족이지만
우리도 우리의 언어를 갖게 됐다. 〈동아일보〉는 식민지 지식인들
이 모여 '민족신문' 창간운동을 벌인 성과였다. 순한 양 같던 조선
사회로부터 느닷없이 3.1만세의 뒤통수를 맞은 총독부는 대중의
동향을 파악할 필요도 있고 해서 신문을 허가했을 것이다. 하지만
'대항마'로 친일기업인단체인 대정실업친목회에 〈조선일보〉를 만
들게 했다. 〈동아〉는 창간 이래 사주 김성수의 가계에 의해 지금까
지 왔고, 〈조선〉은 1924년 독립운동가 신석우가 매입하면서 진보

적 민족신문으로 재창간됐다가 1933년 금광 부자 방응모에 인수된 이래 방씨 가계에 의해 운영돼왔다.

최초의 신문쟁이 이상협(1893~1957)이 기자가 되려 했을 때 선택의 여지는 없었다. 1912년 당시 신문은 총독부 기관지인 〈매일신보〉 하나뿐이었다. 일본 게이오대학을 중퇴하고 돌아온 이상협은 스무 살에 〈매일신보〉 기자가 되었다. 그는 이미 신소설 《재봉춘》을 발표한 작가이기도 했다. 아직 농경 사회였고 산업 내지 기업체랄 것이 없었고 일본 유학을 했거나 고등교육을 받은 지식인이 택할 수 있는 직업이란 교사, 기자, 소설가 정도였다. 이상협뿐 아니라 우리가 아는 식민시대 소설가들은 거의 모두가 신문기자이기도 했다. 심훈, 이광수, 염상섭, 현진건, 채만식, 최서해, 김동인, 김팔봉, 이태준, 주요한 등이 모두 1920년대~1930년대의 〈동아일보〉나 〈조선일보〉, 〈시대일보〉, 〈중외일보〉, 〈조선중앙일보〉에서 잠깐 또는 길게 일했다. 이들은 소설가가 본업이되 신문사에 몸을 의탁했는데 이상협이 달랐던 건 신문기자가 본업이었다는 점이다.

한국에서 신문의 스타일은 거의 그가 만든 것이다.

〈매일신보〉에서 그는 신인 작가 등단제도인 신춘문예를 만들었고 장편소설 연재도 시작했다. 그의 현실은 식민지 땅의 총독부 기관지였지만, 그의 이상은 혁명 이후 19세기 프랑스의 일간지였다. 오노레 드 발자크나 알렉상드르 뒤마 같은 스타 작가를 탄생시키며 연재소설로 대중을 끌어들였던 프랑스 신문들처럼 해보고 싶었겠지만, 필자는 고답적인 신소설 작가 이인직 정도였고 대중적이고 모던한 소설을 써줄 작가는 없었으니, 그는 연재물을 직접 썼다. 《아라비안나이트》 일본판을 번역한 《만고기담》,《몬테크리스토 백작》의 일어판 《암굴왕》을 다시 번안한 《해왕성》(무대가 동아시아로 이동하고 해왕백작 장준봉이 주인공이 된다)을 모두 그가 썼는데 연재물로도 단행본으로도 인기를 끌었다. 그러나 1917년, 그야말로 '혜성과 같이 나타난' 신예 작가 이광수가 최초의 순한글 장편소설, 트렌디하면서 계몽적인 최초의 현대소설 《무정》을 연재하기 시작했을 때 그의 과도기적 '투잡(two job) 사역'도 끝이 났다. 마침내 연재소설을 '프로'에게 맡긴 다음 그는 소설가 일을 접었다.

이상협은 〈매일신보〉에서 기자로 시작해 편집국장 겸 발행인이 되었지만 3.1만세를 겪고는 이 총독부 기관지를 그만뒀다. 〈매일신보〉는 3.1만세운동을 며칠 지난 3월 7일자에 3면의 2단 기사로 보도했다. '각지 소요 사건'이라는 제목이었는데 그와 총독부 사이의 실랑이를 미루어 짐작할 수 있다.

그는 〈매일신보〉의 경험으로 민간의 신문창간운동에 뛰어들었다. 그는 1920년 창간된 〈동아일보〉의 첫 편집국장을 맡았다. 지금도 〈동아일보〉에 남아 있는 시사단평 '횡설수설'과 동정란 '휴지통'은 그가 만든 코너다. 그는 편집국장이었지만 3.1만세 재판을 참관하고 재판기를 직접 썼다. 1923년 도쿄에서 '관동대지진'으로 10만 명 가까이 죽고 조선인 학살이 벌어졌을 때 혼자 현장취재를 갔다. "동경 천지가 불속에 들었으니 거기 있는 백의동포의 생사는 엇지 되었을고, 전조선 각지로부터 들어간 수만의 유학생들은 엇지 되고 부모처자를 내버리고 노동으로 들어간 고단한 노동자의 운명은 엇지 되었는고?" 그는 철로가 끊기고 피란민들이 빠져나오는 도쿄에 배를 타고 들어가 지진의 현장과 조선인들의 참상을 취재하는 한편 본사의 모금으로 옷과 음식을 사서 수용소에 갇힌 조선인들에게 전달했다. 미국과 중국, 이탈리아 등의 군함과 기선들이 일본 내 자국민들을 피신시키고, 도쿄의 한 경찰서에서는 보호검속됐던 중국인들을 중국 영사가 와서 데려가고 영사관조차 없는 식민지 조선 사람들만 남았을 때 이상협이라는 특파원이 와서 자신들을 석방시켜주더라는 증언이 남아 있다.

1924년 독립운동가 신석우가 친일단체로부터 〈조선일보〉를 인수하자 이상협은 그리로 옮겼다. 일간지 '네 칸 만화'는 그가 시작한 〈조선일보〉 '멍텅구리'가 처음이었다.

1929년 6월호 잡지 〈삼천리〉 특집에서 당대 인사들에게 '돈 10만 환이 있다면?' 하고 물었을 때 이상협은 문맹타파운동에 쓰겠다고 했다. "2천만 인구의 2할인 4백만이 문맹인데 이 사람들을 엇더케든지 교육하여 놋는 것이 가장 급히 하여야 할 일인 줄 압니다. 나는 십 만원의 돈이 내 손에 드러온다 하면 온전히 이 문맹타파운동의 자금으로 쓰고저 합니다. 약 백만 부의 「讀本」을 인쇄하여 널니 배포하는 동시에 농촌의 지식계급적 청년들을 모다 동원식혀서 우리글을 가르치게 하도록 하겟슴니다."

1926년 그가 창간했던 〈중외일보〉가 거듭된 필화로 무기정간도

당하고 재판도 받다가 경영난으로 폐간된 다음 그는 1936년 〈매일신보〉로 돌아간다. 중일전쟁이 임박한 전시총동원 체제에서 총독부 기관지의 역할은 뻔한 것. 하지만 매체를 잃고 실직을 겪은 다음 이상협 역시 집단우울에 빠졌던 1930년대 조선의 지식인들처럼 그 탈출구로 친일 트랙에 올라탔을 것이다. 그는 국민정신총동원조선연맹, 조선임전보국단 등 친일단체에 가담했고 뒷날 친일반민족행위진상규명위원회가 발표한 친일반민족행위자 705인 명단에 올랐다.

과거 100년에서 자유언론은 잠깐이고 정치권력에 린치당하는 언론탄압의 시기가 더 길었다. 이상협의 생애가 그 '영욕의 역사'의 축소판이다.

개화기 이래 우리 역사에서 기자들은 처음엔 '몽매한 민중을 계몽하는 지식인'이었다. 그리고 사회의 지능은 언론과 함께 진화해왔다. 정치가 그렇듯 언론도 그 사회의 수준과 같이 간다. 기자의 질이 떨어지면 사회의 질도 떨어진다. '기레기'라는 멸칭이 유행하는 시대는 기자들뿐 아니라 한 사회로서도 좋지 않다. 기자가 '기레기'라는 말을 들어도 되는 사회라면 그 사회가 거대한 쓰레기장이라는 얘기다. 오랫동안 신문기자들은 정치권력에 순응하든 저항하든 월급이 많든 적든 엘리트 집단이었는데 좋은 의미의 엘리트 의식이 사라지는 건 슬픈 일이다.

9. 영화 〈택시운전사〉,
전설의 1980년대 언론

──────────────

1979년 10월 26일 박정희 대통령이 김재규 중앙정보부장에게 저격당한 다음 전두환 보안사령관은 12월 12일 육군참모총장을 체포하는 쿠데타로 군을 장악하고 비상계엄을 선언했다. 1980년 5월 전두환 신군부에 저항하는 학생시위는 서울과 광주에서 동시에 벌어졌다. 5월 18일 계엄령이 전국으로 확대되면서 국회 정지, 학교 휴교, 보도검열의 계엄군 통치 체제로 들어가고 이날 오후 광주에 공수부대가 투입됐다. 전남대 학생들의 시위가 무장군인에 의해 유혈진압됐고, 시위대와 행인들이 총과 칼, 곤봉을 이용한 공수부대의 무차별 공격을 받았고, 나중에 시민들 일부도 총으로 무장했고, 계엄군은 탱크와 무장헬기와 중화기로 시민들을 공격했다.

그 열흘간 광주는 봉쇄됐다. 사람들이 드나들 수 없었고, 외부와 전화도 끊기고, 현장의 뉴스가 바깥으로 나갈 수도 없었고, 언론은 계엄사의 발표문을 받아서 보도했는데 "폭도들의 소요"라거나 "불순분자들의 난동"이라는 식이었다. 한국기자협회 소속 젊은 기자들은 5월 20일부터 26일까지 제작 거부에 들어갔고, 간부들이 계엄사 발표와 통신사 기사를 받아서 신문을 제작했다.

열흘 동안 봉쇄된 광주에서의 참혹한 장면들은 다만 한 외신기자의 카메라에 담겨 해외에 보도됐다. 위르겐 힌츠페터, 독일 제1공영방송의 도쿄 주재 사진기자였던 그는 계엄령 직전의 광주로 들어가 현장을 찍었다. 2017년 영화 〈택시운전사〉는 그에 관한 이야기다. 지금 남아 있는 5월 광주 영상기록물은 상당 부분 그의 것이다.

당시 광주를 사실 그대로 보도할 수 있는 국내 언론은 단 하나도 없었다. 나아가 계엄군 편에 서서 그들의 찬미자가 됐다. "광주사태를 진정시킨 군의 어려웠던 사정을 우리는 알고 있다. 비상계엄군으로서의 군이 자제에 자제를 거듭했던 사실을 우리는 알고 있다. (…) 계엄군은 일반이 상상했던 것보다 훨씬 극소화한 희생만으로 사태를 진정시키는 데 성공했다."- 〈조선일보〉 5월 28일자 사설

5월 31일 계엄사령부는 "광주사태로 민간인 144명, 군인 22명, 경찰 4명 등 모두 170명이 사망했다"고 발표했다. 같은 날 행정부와 국회 기능을 겸한 초헌법적 기구 '국가보위비상대책위원회'가 전두환을 상임위원장으로 출범했다. 광주항쟁 종료로부터 불과 나

흘 뒤. 광주학생시위를 '내전' 수준으로 키워서 '국가보위를 위한 비상조치'의 빌미로 활용하겠다는 관제기획이 이쯤에서 분명해졌다. 신군부는 '북괴남침설'을 흘리면서 '국가보위'의 명분을 깔았다. '내전' 테마에 '외적' 테마까지 합성하고 싶은 욕심이 광주 시위대 뒤에 '북한에서 내려온 간첩, 또는 특수부대원들이 있다'는 주장의 배경이었다. 서울도 광주도 데모했는데 학살의 현장으로 광주를 택한 신군부의 선택은 야비했다.

광주항쟁에 관한 본격적인 첫 리포트는 사건으로부터 5년 뒤였다. 1985년 5월, 《죽음을 넘어 시대의 어둠을 넘어》라는 책이었다. 소설가 황석영이 엮은 이 책은 시민 200여 명의 증언으로 광주항쟁의 전 과정을 기록했고 책의 마지막에 민간인 사망자 234명(신원을 확인할 수 없는 시신 42명 포함), 부상자 722명, 구속자 421명의 명단을 실었다. 책은 나오자마자 2만 부 전량 압수됐고 작가 황석영과 출판사 대표 나병식은 '유언비어 유포'죄로 구속됐다.

1980년 5월의 광주는 한국전쟁 이후 평화 시대에 해당하는 70년 사이에 일어난 유일한 민간인 집단살육 사건이었다. 1953년 이후, 한 지역에서, 단기간에, 국가권력에 의해, 수백 명이 살해된 사건은 없었다. 군부는 광주사태로부터 국가보위비상대책위원회 출범, 언론통폐합에 이르는 집권 절차를 두 달 만에 쾌속으로 진행했다. 방송은 민영 TBC를 없애고 KBS, MBC 두 개의 국영/공영만 남겼고, 통신사는 민영통신 두 개를 통합해 정부 관리 아래 두고, 신문사는 중앙에 여섯 개 일간지만 살려두었다. 전두환 정권은 남

은 언론사와 기자들에게 여러 특혜를 제공해 신문사들이 비대해
졌고 기자 월급도 대폭 올랐다. 기자는 춥고 배고픈 직업이었는데
월급이 대기업 수준이거나 더 나아졌다. 하지만 전두환 정권 시기
는 언론자유의 기준에서 최악의 암흑기였다.

아이러니지만, 1920년대 일제 통치하의 신문들은 1970~80년
대 군사정권 시기보다 훨씬 신문다웠다. 1970~80년대엔 반정부
활동이 거의 보도될 수 없었지만, 1920년대 신문들은 제각기 사상
과 이념을 개진했고 1929년 11월 광주학생사건 때는 호외를 만들
어 뿌렸다.

1980년대 신문사 편집국에서 —————————————

나는 1982년에 기자가 되었고 기자생활 19년 가운데 첫 5년 반을
〈연합통신〉 기자로 보냈다. 전두환 정권이 두산의 〈합동통신〉과
쌍용의 〈동양통신〉을 통합해 민간과 정부 지분 반반으로 유일통신
사를 만든 것이 〈연합통신〉이었다.

통폐합에서 살아남은 모든 언론사의 신입 기자들은 한 달간 언
론연수원 교육을 받았고 포항제철, 현대자동차에 산업시찰도 했
다. 한국방송광고공사 남한강연수원에서 언론사마다 임직원 대상
연수 프로그램을 했는데 호국과 언론의 자세 같은 교육을 받았고
구보와 달리기, 야간행군 같은 정신력 강화 훈련도 했다.

나는 외신부에서 시작해 사회부, 문화부로 이동했다. 1984년 봄

부터 대학가에서 학도호국단에 반대하고 총학생회를 부활시키려는 학원자율화시위들이 벌어졌는데, 성북경찰서, 청량리경찰서 담당이었던 나는 고려대학교, 외국어대학교로 시위 취재를 다녔지만 기사는 모두 사회부장 책상의 고무판 밑으로 들어갔다. 안기부 기관원이 늘 편집국에 와 있었고 아침 부장회의가 끝나면 편집국장실에서 국장을 만났다. 국장실은 유리벽이라 다 들여다보였는데 국장이 안기부 직원에게 아침 회의 내용을 브리핑해주고 안기부의 정보나 지침을 받는 자리였을 것이다.

1985년 12월 미국에 망명 중이던 야당 지도자 김대중 씨가 귀국했는데, 외신부에는 김대중 귀국에 관한 외신보도들 가운데 긍정적인 내용은 빼고 부정적인 내용만 보도하라는 '보도지침'이 내려왔다. 문공부의 홍보조정실이나 안기부에서 온 것일 텐데, 보도지침은 애매모호하지 않고 단도직입이었다. 부장 책상 위에는 메모를 꽂을 수 있는 송곳철이 놓여 있었고 거기에 보도지침이 적힌 쪽지들이 꽂혀 있었다. 국내의 외신보도는 〈연합통신〉에 많이 의존했고 언론에는 김대중 씨의 귀국으로 한국에 정치 혼란이 올 것으로 우려된다는 논평들이 주로 실렸다.

앵글을 조작하는 것도 가짜뉴스의 일종이고, 정부가 가짜뉴스의 원조였던 셈이다. 1986년 9월호 〈말〉지에 〈한국일보〉 김주언 기자가 보도지침을 폭로했을 때, 나는 우리 데스크 책상 송곳에 철해져 있던 종이 쪼가리들이 다른 회사들에도 다 있었구나 했다. 언론은 한 사회의 산소호흡기이다. 그것 때문에 영혼이 숨을 쉰다. 하지만 그것을 통해 산소 대신 질소가 공급될 때도 있다.

1987년 6월항쟁은 박종철 고문치사 사건 등 여러 계기들이 있었지만 언론 쪽에서는 보도지침 사건과 KBS 시청료 거부운동이 도화선이 됐다.

1988년 두 차례 군사정권 아래서 해직됐던 기자들이 정치권력과 자본으로부터 독립된 언론을 표방하며 〈한겨레신문〉을 창간할 때 나는 그곳으로 옮겼다. 오직 정부 편을 드는 보수 매체만 있던 유니컬러(unicolor) 언론 지형에서 '민족, 민중, 민주'를 내세우는 〈한겨레〉는 전혀 새로운 색깔이었다. 특정한 자본이 아니라 국민주(國民株)로 창간자금을 마련했고 창간 첫해에 방북취재를 추진했다가 논설위원이었던 이영희 선생이 투옥됐다. 하지만 이영희 선생이 감옥에 있는 동안 국민주 모금이 폭발적으로 늘어났다. 편집국은 모든 것이 투표와 토론으로 운영되는 소비에트 시스템이어서 편집국장 대신 편집위원장이 있었고 기자들이 투표로 뽑았다. 창간 초기의 편집국에서는 '5공화국 우민화 정책 3S(스포츠, 스크린, 섹스)의 하나인 프로야구'를 다룰 것인지 말 것인지, 또는 '서민층에게 계급적 위화감을 안겨주는 주식시세표'를 실을 것인지 말 것인지 한도 끝도 없이 토론했다.

10. 프랑스혁명
그리고 드레퓌스

1894년부터 10여 년간 프랑스 사회를 내전에 가까운 분열로 몰아넣은 것이 드레퓌스 사건이다. 드레퓌스는 프랑스 육군 대위의 이름.

　'보불전쟁'으로 파리가 프러시아(나중의 독일) 군대에 함락되고 나폴레옹 3세 황제는 포로가 되고 알자스로렌 지방을 빼앗기고 막대한 전쟁배상금을 국민 모금으로 갚은 다음 프랑스가 슬럼프에 빠졌던 시기에 때마침 독일에 군사기밀을 빼돌린 간첩행위의 비밀문서가 적발된다. 패전의 책임을 씌울 희생양, 대중의 분노를 흡수할 타깃이 필요했던 군부는 유대인 장교 드레퓌스를 스파이로 지목한다. 근거는 비밀문서의 암호명 'D'가 그의 이니셜과 같다는 사실 하나. 드레퓌스는 군법회의에 넘겨지고 유일한 증거인 비밀문서의 필적이 그의 것과 달랐지만 종신형을 선고받는다. 언론에서 드레퓌스는 반역자의 이름이 되고 사관학교 연병장에서 분노한 군중에 둘러싸여 불명예 전역을 당한 그는 프랑스령 기아나의 악마섬으로 유배된다. 그리고 드레퓌스라는 이름은 곧 잊힌다.

2년 뒤 다른 사건 조사 과정에서 우연히 진범이 밝혀진다. 그러나 진범을 밝힌 국방부 정보국 방첩책임자 조르쥬 피카르 중령은 군사기밀 누설죄로 체포되고 실제 간첩이었던 페르디낭 에스테라지 소령은 풀려난다. 그렇게 덮어졌던 이 사건은 한 신문이 사실을 보도하고 소설가 에밀 졸라가 '나는 고발한다!'라는 글을 기고하면서 '드레퓌스 재심운동'으로 폭발한다.

에밀 졸라는 대통령에게 보내는 기다란 공개서한에서 드레퓌스 사건의 전말을 상세히 적고 난 다음, 사건을 조작한 중령을, 음모에 가담한 장군을, 사실을 은폐한 장군을, 군법회의 검사 2명을, 필적전문가 3명을, 국방성을, 여론을 호도하는 저열한 캠페인을 주도한 〈에코드빠리〉와 〈레끌레르〉 등 신문들을, 무고한 사람을 유죄판결한 첫 번째 군사법정을, 진짜 간첩을 무죄 방면한 두 번째 군사법정을 '고발한다!'고 썼다.

다음 날부터 파리는 두 개의 적대적인 시위대의 전장이 되었다. 군부를 지지하는 보수파들이 에밀 졸라의 집을 공격하고 졸라의 기사를 불태웠고 프랑스 주요 도시들에서 유대인에 대한 테러와 유대인 상점에 대한 약탈이 벌어졌다. 에밀 졸라를 지지하는 지식인들과 몇몇 신문의 독자들도 재심을 요구하며 거리로 나서고 유혈충돌이 벌어졌다.

흔히 프랑스대혁명은 1789년 한 해의 일로 알고 있지만 실제로 절대왕정이 민주 체제로 바뀌는 과정은 혁명과 반혁명으로 뒤집히고 또 뒤집히며 19세기 100년 동안 진행됐다. 대혁명기의 프랑스는 정치적으로 대단히 복잡했다. 자유 평등 박애라는 대혁명 정신을 주창하는 공화파와 왕정 회귀를 꿈꾸는 복고파가 대립하고, 가톨릭은 귀족과 성직자들의 앙시앙레짐(구체제)으로 돌아가자는 쪽이었고 개신교가 상인, 사업가, 노동자, 농민 등 민주주의세력 쪽에 섰다. 끊이지 않는 전쟁의 시대라 군인을 우상시하고 군국주의가 기본으로 깔려 있는 데다, 유럽을 평정했던 나폴레옹에 대한 향수와 함께 국력을 키워 독일에 설욕하자는 민족주의자들이 있었고, 1871년 파리꼬뮌의 3개월 천하를 그리워하는 공산주의자들까지 있었다. 이 사회가 드레퓌스의 '재심요구파'와 '재심반대파'로 쫙 갈라졌다.

음모를 꾸미고 사건을 기획한 건 정부와 군부였지만 전쟁을 진두지휘한 건 언론이었다. 일간지 〈르피가로〉〈에코드빠리〉〈레끌레르〉〈라쁘레스〉 등 주요 신문들이 모두 재심 반대쪽이었고 그중 가톨릭계 〈라크루와〉〈르펠렝이〉 반유대주의 선동에 앞장섰다. "유대인은 프랑스의 적이다.""유대인은 스파이.""유대인은 신을 십자가에 매단 민족.""대역죄인 드레퓌스 죽여라." 재심반대파 언론들은 드레퓌스가 간첩이고 반역자라는 확신을 가졌고 만에 하나 그가 무죄라 해도 유대인 한 사람의 인권 때문에 군의 위신이 실추돼선 안 된다는 입장이었다. 법원도 그들 편이었다. 에밀 졸라는 '군법회의를 중상모략했다'는 혐의로 징역 1년, '나는 고발한다'를 실었던 신문 〈로로르〉의 발행인 클레망소는 징역 4개월이 선고됐다. 일순간 법원이 재심요구파를 꺾고 군부가 승리한 것처럼 보였지만 그들의 과도함은 대중을 등 돌리게 만들었다.

프랑스 사람들은 아침에 눈만 뜨면 신문을 보고 정치논평을 시작했다. 드레퓌스 일로 가족 간에 싸움이 벌어졌고 친구 사이에 우정이 깨졌다.

"전국이 난폭한 흥분에 사로잡혔다. 일상생활의 일을 돌아볼 시간이나 생각, 열정이 남아 있지 않았다. 신문을 보고 논쟁으로 무장하고 말과 주먹으로 싸우는 데 몰입했다. 사람들은 책을 읽는 것도 극장에 가는 것도 그만두었다. 프랑스가 바로 드라마의 무대였으며 시민들은 배우였고 바깥의 문명 세계가 관중이었다. 이 열병은 수년간 나라를 뒤흔들었다. 평범한 사람들조차 역사를 따져 들고 대의명분을 들먹이고 자신의 정견을 내놓았다. 여느 때 같으면 사소한 개인적 관심사로 낭비했을 시답잖은 시간들이 마치 축제의 날처럼 하늘 위로 붕붕 떠서 흘러갔다."- N. 할라즈, 《드레퓌스: 진실과 허위 그 대결의 역사》, 1978

결국 재심이 받아들여져 드레퓌스는 1906년 무죄판결을 받는다. '나는 고발한다'를 게재했던 〈로로르〉의 발행인이자 정치인 조르주 클레망소는 같은 해 프랑스 대통령이 된다. 하지만 에밀 졸라가 끊임없는 살해 위협에 시달리다 1902년 의문의 죽음을 맞은 다음의 일이다.

100년 전 프랑스는 어수선하지만 그나마 기본은 갖췄던 민주주의 사회였다. 대역죄인과 마녀들이 종교재판에서 또는 재판도 없이 화형당하거나 참수되던 시대는 적어도 지난 것이다.

드레퓌스 사건은 수세에 몰린 정부가 희생양을 만들어내고 언론이 마녀사냥으로 공작 정치를 완성하는 하나의 전형적인 스토리다. '유대인 간첩'이라는 딱지는 프랑스 대중의 슬럼프 밑바닥에 웅크린 반유대주의와 반독일주의의 연료탱크에 점화장치로 쓰기 딱이었다. 하지만 운 좋게도 이 일은 진실이 구출당하고 양심이 승리한 사례가 되었다. 때로는 양심적 지식인 한 사람이 하나의 신문 이상의 역할을 하기도 한다.

정치권력과 미디어의 협공 사이에 진실이 놓였을 때 양심의 힘이 진실을 구출할 만큼 늘 강하지는 않다. 역사는 해피엔딩으로 끝나는 드라마가 아니다. 진실이 수면 위로 떠오른 경우보다 그대로 수장된 경우가 더 많을 수도 있다. 역사는 진실을 밝히는 백서들의 도서관이기보다는 희생양들의 공동묘지에 가깝다.

11. 12인의 성난사람들

진실은 어떤 때는 화창한 날의 풀밭처럼 누구 눈에나 보이는 그런 것이다. 그러나 최악의 경우엔 컴컴한 무덤에서 불우한 희생양과 함께 영원히 썩고 있을 수도 있다.

아버지를 칼로 찔러 죽인 16세 소년이 재판정에 섰다. 배심원 열두 명은 대체로 검사의 기소의견에 수긍하고 재판은 쉽게 끝날 분위기다. 무더운 여름날, 배심원들은 빤한 살인 사건 대신 야구 경기, 주식시세, 재판정의 고장 난 선풍기에 관심이 더 많다. 아버지를 죽이지 않았다고 주장하는 소년은 거짓말쟁이라고 다들 입을 모은다. 엄마는 일찍 죽고 아버지가 사기죄로 감옥 간 동안 고아원에 맡겨졌던 소년이 범죄를 짓고 거짓말을 하는 것은 하나도 이상하지 않다고 생각한다. 사형에 해당하는 1급 살인 사건인데 배심원 열한 명이 유죄에 손을 든다. 단 한 명, 8번 배심원이 무죄에 손을 든다. 그는 고개를 갸우뚱하며 "유죄인지 무죄인지 잘 모르겠다"고 한다. 그는 모두가 믿고 있는 살인의 증거들에 '혹시' '어쩌면' 하고 하나씩 정반대의 가정을 던지기 시작한다. "살인을 목격했다던 그 여인의 말이 믿을만한 걸까요? 그도 소년처럼 거짓말한 건 아닐까요?" 이것이 8번 배심원이 다른 열한 명의 배심원들에게 던진 첫 질문이었다. 일당만 받아서 돌아가려던 배심원들이 한 사람씩 고개를 갸우뚱거리며 의견을 보태고, 지리한 시간 끝에 마침내 열한 명이 8번 배심원의 의구심을 진실로 추인하기에 이른다. 그 한 명이 아니었다면 소년은 '난 아닌데' 하고 중얼거리며 전기의자에 앉혀지고 진실과 함께 무덤으로 들어갔을 것이다. 희생양의 무덤에 진실이 순장된 다음에도 세상은 아무렇지도 않게 굴러간다.

- 진실을 구출하는 1인의 이야기는 미국에서 여러 차례 영화와 연극으로 만들어진 〈12인의 성난 사람들〉과 한국영화 〈배심원들〉의 주제다.

3장

민주주의 멀미

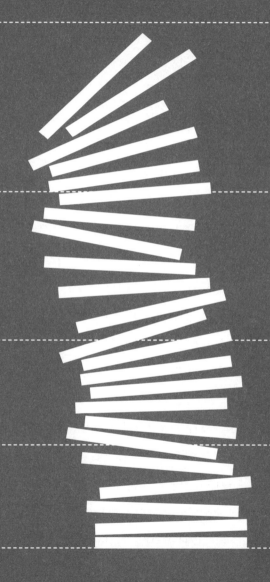

1. 갈등 폭발,
민주주의 축제

사람들이 저마다의 생각을 갖고 자기 의견을 말하고 이해관계가 부딪치고 갈등이 터져 나오는 것은 사회의 온도가 사람 살기에 적당하다는 뜻이다. 갈등은 민주주의의 물증이다. 얼어붙은 수면 아래서 욕망과 갈등이 부글부글 끓는 것을 우리는 전체주의 사회라 부른다. 얼음이 깨지고 욕망이 수면 위로 올라오고 갈등이 표면화하는 것이 민주주의 사회다. 갈등이 폭죽처럼 터지는 것이 민주주의의 일상이다.

청계천에서 노동자 한 사람이 자기 몸에 불을 질러서야 사람들이 깜짝 놀라 노동자들도 불편을 느끼고 있다는 걸 알게 됐던 시기가 있었다. 그런 일이 있기 전까지는 그들이 잠자는 시간 빼고 하루 16시간 일하는 걸 당연하다고 생각했었다. 이제 세상에 당연한 것은 없다. 당연한 희생도, 당연한 지위도, 당연한 권위도 없다. 사람들은 각기 공정과 불공정, 정당과 부당에 대한 나름의 기준을 가진다.

1987년 우리는 냉동 사회에서 갈등 사회로 넘어왔다. '6월항쟁'이 1987년 체제를 출범시켰다. 세계가 냉전 체제의 종식을 맞을 때 한국이 군사정권을 끝냈다는 건 우연은 아닐 것이다. 하지만 불꽃놀이가 종일 즐거울 수는 없듯이 민주주의 축제의 나날이 30년을 넘길 즈음 사람들에게 멀미가 찾아왔다. 민주적인 너무나 민주적인 삶, 정치적인 너무나 정치적인 삶에 멀미를 느끼게 된 것이다.

더구나 한국의 민주주의는, 일찍이 경험해보지 못한 미디어산업의 격변과 함께 찾아와서 우리를 시험에 빠뜨렸다. 인터넷 모바일 시대의 민주주의란 우리가 교과서에서 배운 적 없는 내용이었다. 온라인 사회에 적응하기도 전에 모바일 사회로 넘어가고, 노멀이 만들어지기도 전에 뉴노멀이 밀려온다. 의사표시를 할 수 없던 시대의 불행보다는 낫지만 의사표현의 자유가 무한대 보장되는 시대의 어지러움과 메스꺼움도 만만치 않다.

과거엔 밀실에서 벌어지던 권력투쟁이나 정치갈등이 실시간 중계되는 시대에 어쩌다 우리는 육식동물들의 사파리 같은 정치 세계의 잔혹한 다큐멘터리를 관람하기도 한다. 정치판이 콜로세움이 될 때 우리는 원하든 원치 않든 로마 시민이 되어 사자와 싸우는 검투사들의 혈투를 관람해야 한다.

민주주의가 보드라운 양탄자는 아니라는 것, 사회갈등에 코피

터지고 무릎 깨진다는 것. 하지만 사실 이것이 우리가 간절히 원했던 사회다. 우리가 많은 희생을 치르고서 쟁취한 사회다. 모든 갈등을 공권력으로 잠재우고 국민을 가련한 눈치꾸러기로 만드는 사회가 아니라 욕망에 솔직하고 갈등에 노골적인 사회를 우리는 원했다. 다만, 갈등 사회가 되었는데, 민주화는 되었는데, 어떻게 민주화의 다음 단계로 넘어가느냐, 갈등해결의 내공을 가진 사회로 진화하느냐가 문제다.

민주주의란 운영하기 까다로운 제도다. 민주적인 질서 외에 다른 절대권위란 없다 보니 사회가 한없이 출렁거린다. 미국, 프랑스, 영국 같은 200~300년 경력의 민주주의 선진국들도 헤매고 있다.

극우 포퓰리스트를 대통령으로 뽑았던 트럼프의 미국은 최소한의 공동체적 가치마저 처참하게 무너뜨리며 양극화 정치의 막장으로 달려감으로써 한때 전 세계 민주주의의 성전처럼 미국을 우러러보았던 다른 나라들을 어이없게 만들었다.

프랑스는 사회당 정부에 실망하고 극우 정당의 약진에 불안을 느낀 국민들이 2017년 대통령선거에서 '앙 마르슈(전진)!'라는, 이름에 느낌표가 들어간 기상천외한 신생 정당의 마흔 살짜리 후보 에마뉘엘 마크롱을 대통령으로 선택하는 모험을 했다.

영국은 2016년 국민투표로 브렉시트(EU 탈퇴)를 결정하고 나서 3년 반 동안 총선을 두 번 치르고 제임스 캐머런에서 테레사 메이, 보리스 존슨으로 총리를 두 번 갈아치우고 EU와의 합의가 의회에서 세 번 부결되면서 뭉개고 뭉개다 2020년 1월 말 마침내 EU를 탈퇴했다. 국민이 EU 탈퇴를 택했다 해도 찬반이 50대50으로 팽팽했으니 브렉시트가 영국을 유럽의 뒷방에 유폐시킬지, 강한 영국을 재건해줄지 불안과 기대 사이에서 극단적인 국론 분열이 지속되고 있다. 트럼프와 막상막하의 포퓰리즘 정치인 보리스 존슨 총리에게 정권을 맡겨놓고 브렉시트 이후의 사회적 혼돈을 벗어나려 안간힘을 쓰는 것이 의원내각제 민주주의의 원조인 영국의 지금이다.

2. 권력에 대한 애증, 한국인의 정치감정

1. 순교자에 대한 숭배 ─────────────

고대 그리스 작가 소포클레스의 비극 〈안티고네〉에서 주인공 안티고네는 권력갈등에 희생되는 순결한 영혼의 상징이다. 안티고네는 테베의 왕 오이디푸스의 딸이다. 오이디푸스가 근친상간의 과거를 깨닫고서 자신의 눈을 찌르고 왕위를 버리자 그의 어린 쌍둥이 아들 대신 외숙이자 처남인 크레온이 섭정을 맡는다. 성장한 두 아들은 1년씩 왕위를 교대하자는 약속을 깨고 전쟁을 벌인다. 에테오클레스가 폴리네이케스를 추방하자 폴리네이케스가 이웃나라 군대를 이끌고 쳐들어와서 쌍둥이 형제는 서로의 칼에 죽는다. 크레온은 에테오클레스의 장례를 성대히 치뤄주고 모국을 침공한 폴리네이케스는 테베의 법대로 길거리에 버려 시신을 묻어주는 사람은 사형에 처하겠다 한다. 장님이 된 아버지 오이디푸스를 돌보며 유랑하다 돌아온 안티고네는 짐승의 먹이가 돼 있는 오빠의 시신을 묻어주었다가 투옥된다. 동굴에 갇힌 안티고네는 목을 매 자살하고 안티고네의 약혼자이자 크레온의 막내아들인 하이몬은 아버지를 죽이려다 실패한 다음 스스로 목숨을 끊는다. 이미 두 아들을 전쟁으로 잃고 막내의 자살 소식을 들은 크레온의 아내 에우리디케도 자살한다.

영문학자 유종호는 문학평론서 《그 이름 안티고네》(2019)에서 "미국판 〈안티고네〉의 번역자가 서문에 미국 학생들 사이에 크레온의 옹호자가 많아서 놀랐다고 적고 있는데 우리 쪽과는 정반대의 현상"이라 했다. 그는 한국 학생들 절대다수는 안티고네를 숭상하며 소수파의 관점은 거의 보이지 않는다고 지적했다. 기성세대 학자로서, 때로 악역이 될 필요도 있는 통치의 양면성을 학생들이 이해하지 못함을 탄식한 것이다.

양심의 명령에 따라 행동하고 비극적 운명을 받아들이는 순교자 안티고네. 순교자는 절대권력 시대의 아이콘이고 순교자에 대한 대중의 죄의식이 숭배로 나타난다. 안티고네 숭배는 한국뿐 아니라 유럽에서도 마찬가지다. 크레온에 대한 미국 학생들의 태도가 예외적인 것이다. 정치권력에 대한 신뢰가 있다는 말인데, 200여 년 민주주의 역사에서 오는 신뢰감일 것이다. 또한 세계권력으로서 미국의 지위에 대한 자부심과 오만함이기도 하다. 베트남전, 중동전을 비롯해 미국 바깥에서의 군사행동과 정치개입에 대해 미국인 일반은 대체로 무심하고 무지하면서도 막연히 긍정적으로 느끼는 것이다. 한편, 권력의 악역에 호감을 갖기에 한국인들은 과거의 상처가 너무 크다. 식민지에서 군사정권에 이르는 현대사의 경험은 정치권력에 대한 트라우마, 권위주의 알러지를 남겨놓았다.

다만 안티고네의 경우, 문학 텍스트와 주인공 캐릭터에 대한 시대를 초월한 감상과는 별개로 현실적인 정치감각으로서 순교에 대한 열광이라면, 그것은 유종호 선생이 대학 교단에 섰던 1980~90년대까지의 일이다. 대학생들이 정치구호를 외치며 분신자살도 했던 시절이었다. 이제, 순교자를 만들어내던 광포한 절대권력은 사라졌다. 과거 절대권력의 광포함은 민주화 이후 때때로 미디어의 속성으로 나타난다. 난폭한 미디어에 희생되는 사람은 순교에 버금가는 고난을 치를 뿐, 순교자의 명예는 누리지 못한다.

2. 보상심리로서의 혐오

정치권력이 부드러운 얼굴을 갖게 되고 절대권력에 대한 공포가 사라졌을 때 공포는 애정이 아니라 혐오와 무시로 바뀐다. 일종의 보복 내지 보상심리다.

자신을 지배하는 상대에 대한 피지배자의 두려움, 자신의 권한을 위임한 상대에게 '피 같은 세금'을 꿔준 채권자 마인드. 정치권력에 대한 감정이 그 두 가지라면, 민주화는 국민 대중의 정체성을 피지배자에서 채권자로 변경시켰다. 민주화가 되면 파시즘 통치하에 엎드려 있던 사람들이 빚 받으러 온다. 가장 많은 권한을 가진 사람이 가장 큰 빚을 진 사람이다. 90년 노태우 대통령이 "나를 풍자의 대상으로 삼아도 좋다"고 한 이후 대통령들은 언어폭력의 제1의 피해자가 되었다. 국가원수모독죄 시절에 억압됐던 공격성이 폭발한 것이다. 지난 시대에 군림했던 절대자의 동상을 끌어내릴 때 대중이 경험하는 카타르시스와 같다.

유럽 절대왕정 시대에 식민지 개척과 불평등 무역으로 막대한 부를 축적한 왕실과 귀족계급의 사치가 극에 달했던 18~19세기에는 화려하고 섬세하고 여성적인 '로코코' 스타일이 건축양식과 실내장식을 지배하고 절대적인 미의 기준으로 군림했었다. 하지만 절대왕정이 무너지고 부르주아계급이 자본주의 사회의 신흥 강자로 떠오르게 됐을 때 로코코의 흔적들은 구시대의 잔재 정도가 아니라 촌스럽고 흉물스런 어떤 것으로 경멸의 대상이 되어버렸다.

– 에두아르트 푹스, 《풍속의 역사》, 1909

3. 비폭력 사회의 뉴노멀

과거 군사정권 시대에 한국 사회에서 서열이란 패고 맞는 질서를 의미했다. 교사가 학생을 패고 선배가 후배를 패고 상급자가 하급자를 패고 고참이 신참을 패고 공장장이 노동자를 패고 경찰이 민간인을 패고 부모가 자식을 패고 형이 동생을 팬다. 계급도 서열이지만 나이도 서열이었다. 남녀 간 서열도 분명해 그 모든 신체적

폭행처럼 성적인 폭력도 일상이었다. 또한, 다른 생각이나 의견은 모두 '국가보안법'으로 조용히 잠재웠고 노동자들이 자신들의 권리나 이익을 주장하면 구사대나 용역깡패로 박살냈고 대학생들의 시위는 백골단이 처리했다.

1987년 이후 30년에 걸쳐 한국 사회는 폭력 사회에서 비폭력 사회로 이동했다. 군대에서 구타, 학교에서 체벌이 금지되고 2020년 자녀에 대한 친권자의 징계권에 관한 민법 915조가 폐지되면서 가정이라는 마지막 성역도 사라졌다.

민주주의는 폭력을 금지시키는 한편 표현의 자유를 허용했다. 그렇게 해서 신체적인 폭력에 대해서는 엄격하고 언어폭력에 대해서는 너그러운 사회가 되었다. '공손한 폭력 사회'를 벗어나 '무례한 비폭력 사회'로 넘어온 것이다. 개인에게 잠재한 공격성은 근육에서 입으로 전이됐다. 정치논평이 국민오락이 되었다.

4. 결정후장애

권력의 속성은 폭력이라 애증의 대상이 되게 마련이다. 또한 자신의 선택에 대한 변덕에 흔들리는 게 사람이라 골라놓고 후회하고, 올려놓고 흔들고, 쥐놓고 미워한다. 결정할 때 갈등하는 것을 '결정장애'라 하지만, 결정한 다음 후회와 변덕에 시달리는 '결정후장애'도 만만치 않다.

미국의 사회심리학자들이 정치 또는 정책에 대한 감정을 연구한 결과가 있다. 남아공의 아파르트헤이트(인종분리 정책)가 있던 시절에 스탠퍼드대학은 남아공의 인종차별 관련 회사 주식을 처분키로 했다. 처음, 즉각 매각할 것인지, 조건부 매각할 것인지 학생들의 의견을 물었을 때 찬반이 엇비슷했다. 하지만 학교 측이 조건부 매각을 검토하고 있다고 발표했을 때 반대가 늘어났고 학교가 조건부 매각을 결정했다고 발표했을 때는 심한 비판이 쏟아졌다. ─ 리처드 니스벳, 리 로스, 《사람일까 상황일까》, 2019

확정에 대한 불안, 던져버린 기회에 대한 미련 같은 것이다.

투표라는 정치적 선택행위도 마찬가지다. 대통령을 뽑는 것도 배우자를 선택하는 것처럼 신혼의 달콤함은 잠깐이고 곧 권태기가 온다. 게다가 압축 근대화의 DNA를 가진 한국인은 대단히 조급해서 뭔가 확 달라지길 바라고 빨리 결과를 보아야 한다. 책임을 맡겨놓은 다음 기다리고 지켜봐주는 일은 쉽지가 않다. 보궐선거는 항상 여당이 패배한다는 얘기가 있다. 유권자들은 기대에 가득 차 새 대통령을 뽑지만 곧 불만을 갖게 되고 중간평가 성적이 좋을 수 없다. 그래서 대통령에 대한 지지율은 번번이 상종가에서 출발해 하한가에서 마감하는 주식시세와 같다.

5. 정치 무관심

정치에 대한 관심이 금지된 시대에 개인의 선택은 순응하거나 순교하거나다. 냉동 처리된 정치의식이거나 또는 얼음을 뚫고 올라오는 비수 같은 저항의식. 얼음이 녹고 금기의 빗장이 풀리면 정치에 대한 호기심과 기대가 폭발한다. 거기엔, 유보됐던 만큼의 특수(特需)와 버블이 섞여 있다. 특수기간이 끝나고 버블이 꺼지면 이제 정치적 관심과 정치참여가 개인의 생활 속에서 적절한 비중으로 적절한 장소에 자리 잡는 때가 온다. 정치적 관심 대폭발의 시기에 피로감을 느낀 대중은 정치적 무관심으로 선회하기도 한다.

민주화는 많은 좋은 것들을 가져다주지만 정치 집단들 사이의 권력투쟁이 전면화한다는 부작용이 있다. 더구나 뉴스 과잉의 시대, 정치 그라운드의 움직임이 너무 잘 보이고 너무 많이 보인다. 이것은 미디어의 미필적 고의인데, 미디어가 정책 이슈보다 정치 투쟁을 즐겨 팔로우업하는 것은 대중과 정치인 사이를 '이간질'한다. 정당 정파들이 서로에게 오물을 튀기는 뉴스 세례 속에서 대중은 지지 정당을 잃고 정치에 정을 뗀다. 또한 팬데믹이든 국제관계든 국가적 위기를 당리당략의 셈법으로 가지고 노는, 이해타산이 대의명분을 이기는 정치는 당장의 승패를 떠나 정치에 대한 환멸을 가져오고 대중을 정치 무관심의 안드로메다로 보내버린다.

'니들끼리 다 해먹고 날 건들지만 마라. 세금은 좀 작작 걷어가라'는 것이 안드로메다의 정서다. 불법연행하고 고문하고 감옥 보내는 종류의 인권유린이 없는 시대에 개인의 영역을 침범하는 것은 조세제도뿐이니 세금에 민감해질 수밖에 없다. 세금을 걷어서 사회를 운영하고 소득을 재분배하는 정치와 행정을 신뢰하지 않는 것이다. 그들은 정치인이 현실 사회의 위계에서 꼭대기를 차지하고 있을지라도 도덕성이나 인간성에서 평균 이하라 여긴다. 그들이 선의의 정치를 구경하지 못했다면, 그것이 정치인 책임이든 미디어 탓이든, 그들의 무관심을 비난할 수는 없다. 투표장에 나오지 않는 것 역시 비난할 수만은 없다. 그것이 단순한 정치적 무관심이 아니라 의지할만한 정당이 없다는, 애정하는 정치인이 없다는 적극적 의사표시일 수도 있는 것이다.

한국은 아직 정치 무관심 사회는 아니다. 대선 투표율이 89%(1987년)에서 77%(2017년)로, 총선 투표율은 85%(1985년)에서 66%(2020년)로 하락했지만, 총선 투표율이 10년째 50%선을 오르내리는 일본 정도는 아니다.

1955년 이래 자민당 독주 체제에서 변화에의 희망도, 투표에의 열의도 없는 일본에서 전후 두 번째 민주당 정권을 탄생시켰던 투표율 69%의 2009년 총선은 대중이 정치적 변화에 기대를 걸어본 마지막이었다. 하지만 민주당 정권이 자민당의 수족 같은 정부관료들과 합을 못 맞춘 데다 동일본대지진과 센가쿠열도 분쟁을 치르면서 실권한 다음에는 극우의 득세와 아베의 독주가 이어졌다. 2019년 7월 투표율 49%의 일본 참의원선거에 대해 〈아사히신문〉은 "정당이 기권에 졌다"고 논평했다. 크게 보면, 일본의 진보정치가 보수 카르텔의 콘크리트를 뚫고 뿌리내리는 데 실패한 것이다. 한국 역시 진보정치를 튕겨내고 협공하는 보수 카르텔, 미디어와 공권력의 관성은 공고하다.

투표율이 떨어지면 진보 후보에게 불리한 결과가 나오는 건 일본뿐 아니라 한국도 마찬가지다. 투표율 최저점의 선거, 2007년 대선(63%)과 2008년 총선(46%)이 그렇고 2021년 4월의 서울과 부산 재보선(58%)이 그랬다. 진보에 대한 기대를 가진 사람들이 투표를 포기하는 경우다.

한국인의 정치감정도 정치의식의 평상심과 정치참여의 적정선으로 수렴되느냐, 정치혐오와 무관심의 지대로 가라앉느냐의 경계선에 있다. 명백한 것은, 정치와 사회의 진보에 대한 기대를 놓아버리면, 극우가 판치고 정치는 막장으로 간다는 사실이다.

3. 압축 민주화,
그 성공적인 절차

25년의 군사정권, 그 초헌법적인 독재 체제로부터 민주화하는 과정은 성공적이었다. 노태우 → 김영삼 → 김대중. 이 순서는 전지전능한 누군가의 기획과도 같았다. 시나리오를 쓴다 해도 그처럼 완벽할 수 있을까.

베를린장벽과 함께 동서냉전 체제가 무너지고 공산권이 해체되던 1989~1990년에 대한민국의 대통령이 노태우였다는 건 천만다행이었다. 동서 화해의 트렌드는 냉전 체제의 표본실이었던 한반도, 40년 반공 정책의 철옹성인 한국 사회로서는 당황스러운 사건이었다. 하지만 노태우 정부는 시의적절히 조응했고 북방 정책은 스피디하게 진행됐다. 남북한고위급회담(90년 7월), 한소수교(91년 4월), 남북한 유엔 동시 가입(91년 7월), 남북한기본합의서 채택(91년 12월), 대만과 국교단절 및 한중수교(92년 8월).

91년의 남북한기본합의서는 남북 화해, 남북 불가침, 남북 교류 협력, 남북한 비핵화에 관해 그 원칙과 방법을 정해놓았고 이후 남북대화의 기본틀이 되었다. 일극 체제 슈퍼파워 30년에 미국이 곧 법이 된 지금과는 달리 아직 겸손했던 시절이었고 북한이 핵 개발로 국제적인 제재를 받기 전이라 남과 북에 서로 간 협상의 공간이 있던 때였다. 공산권 붕괴에 따른 극심한 위기의식이 북한 지도부를 남쪽으로 떠밀었지만, 남쪽도 마침 과거 군사정권과는 선명히 다른 색깔 옷으로 갈아입고 싶었던 최적의 파트너가 북쪽에 손을 내밀었다.

광주사태를 비롯해 시시때때로 북한을 이용하고 아웅산 참사를 겪은 전두환이었다면 달랐을 것이고, 김영삼이나 김대중이었다면 남북한기본합의서에 이르는 길이 순탄치 않았을 것이다. '반공을 국시'로 해온 철통 반북 정책으로부터 과격한 유턴을 감행하는 일은 장군 출신, 보수 우익 대통령이었기 때문에 가능했다. 노태우 북방 정책에 군부와 보수가 반발했지만, 만일 중국·소련과 수교한 정부 수반이 김영삼이나 김대중이었다면 그것이 그저 반발에 그치지 않았을지 모른다.

2000년에 김대중 대통령이 남북정상회담을 할 수 있었던 건 노태우 정권의 워밍업이 있어서 가능했다. 아니었다면 그가 판문점에서 군사분계선을 넘어 북으로 들어갔을 때 대통령이 북한의 첩자였다거나 김정일의 심부름꾼이라거나 하며 대통령 탄핵한다고 난리 났을 것이다.

1987년 12월 대통령선거 결과에 한국 사회의 다수는 크게 실망했다. 투표율 89%는 약 20년 만에 돌아온 대통령선거에 국민들이 얼마나 매달렸는지를 말해준다. 득표율로 볼 때, 김영삼(28%)과 김대중(27%)의 야권이 후보를 단일화했다면 노태우(36.6%)가 대통령이 되는 일은 없었을 것이다. 구로구청에서 투표함을 끌어안고 있던 청년들이 줄줄이 허리에 밧줄이 묶여 체포되는 TV뉴스 화면에는 비통했던 당시 대중정서가 묻어났다. 1988년 초 〈한겨레신문〉 창간 모금운동의 카피는 '민주화는 한판 승부가 아닙니다'였고, 창간 편집국에 모인 이들 사이에 김영삼의 후보 단일화 쪽 사람들과 김대중 지지 쪽에 섰던 사람들이 은근히 서로를 원망하고 있었다.

1993년 취임한 김영삼 대통령은 '탈-군부'를 의미하는 '문민(文民) 정부'답게 정치군인 집단인 하나회를 해체했고 1980년 12.12쿠데타를 주도한 두 전직 대통령 전두환, 노태우를 법정에 세웠고 감옥에 보냈다. 군대의 정치세력화 가능성을 차단한 것이다. 1997년 대법원이 "12.12 신군부의 국헌문란행위에 항의하는 광주 시민들은 주권자인 국민으로서 헌법수호를 위하여 결집을 이룬 것"이라는 판결문으로 5.18 광주를 복권시켰는데, 이것은 호남 출신 김대중이 아니라 경남 거제도 출신 대통령 재임기라 더 당당했다. 뿐만 아니라 김대중이 대통령 당선자로서 두 전직 대통령의 사면을 요청하고 김영삼 대통령이 수용한 것까지가 마치 그림

같았다.

김영삼 정부는 또한 금융실명제나 고위공직자 재산공개조치로 수십 년에 걸쳐 정권과 기업, 금융 사이에 은밀하고 수상쩍은 거래가 오갔던 은행계좌들을 오픈시켰다. 그는 보수당과 손잡고 대통령이 됐지만 그래서 군사정권 우산 아래 복락을 누려온 기득권 집단에 메스를 들이댈 수 있었다.

김영삼 정부는 민주화 의제에서는 A학점이었으나 IMF구제금융 사태를 불러들인 경제 정책의 무능으로 평균점수를 다 깎아 먹어 버렸다. 하지만 그가 군부를 정면으로 상대해 민주화 의제를 청산한 대신 경제위기 탈출이라는 미션을 남겨놓은 것은 후임자인 김대중 대통령에게는 다행이었다. 군사정권 내내 내란음모나 간첩, 반체제 등 빨간 딱지가 붙여지고 최악의 비토 대상으로 취급됐던 김대중 대통령에게는 외채를 갚고 IMF 체제를 벗어나는 경제 이슈가 훨씬 수월한 과제였다.

반군반민(半軍半民)의 첫 직선제 대통령 노태우 → 보수진영 후보로 '우회상장'해 대통령이 된 30년 야당 지도자 김영삼 → 야당 후보로 첫 대통령이 된 김대중. 그 단계적 점진적 민주화의 역사를 돌아보면 이런 걸 두고 '연착륙'이라 부르는구나 싶다. 민주화의 지체로 보였던 것이 적절한 속도 조절이었던 것이다. 어떤 일이 좋은 일이고 나쁜 일이었는지는 시간이 지나봐야 안다.

4. 구체제의 역습,
민주주의 룰에 대한 반칙

여기까진 잘 왔다. 민주주의 시스템을 깔았고 사상 처음 선거로 정권교체가 이루어졌다. 그다음은 민주주의의 상식이 자리 잡는 단계, 수평적인 정권이동을 정치인도 대중도 자연스럽게 받아들이면 되는 순서다.

대통령 직선제가 부활한 이래 30년, 보수 10년(노태우, 김영삼) → 진보/중도 10년(김대중, 노무현) → 보수 10년(이명박, 박근혜) → 진보/중도(문재인)로 넘어가는 리듬은 4년 내지 8년 단위로 공화당과 민주당 사이를 왕복운동하는 미국 대통령제와 유사하다. 얼핏, 200년 넘게 숙성한 미국 민주주의의 진도를 따라잡은 듯 보였다. 경제처럼 정치에서도 압축 성장을 한 것이다.

하지만 제도와 문화의 갭이 명백히 존재했다. 특히 권력이동에 대한 부적응 증세는 보수진영에서 심각했다. 공화당, 민정당, 민자당, 한나라당 중 어느 대목에서 정치에 입문했건 늘 권력이 자기들 편이었던 보수 정치인들은 야당의 신분에 적응하기 힘들었다. 행정부가 저들 소유가 아니라는 것, 공권력이 자기 손에 들어 있지 않다는 데서 오는 금단증상은 심각했다. 공권력은 보수 정치인들에게는 언제나 손안에 들어오는 사인펜이나 구둣주걱 같은 것. 필요할 때 꺼내 쓰는 요긴한 물건이었다. 정보기관, 검찰, 군부 역시 과거 사찰과 감시의 대상이었던, 언제든 국가보안법으로 엮어 넣을 수 있었던 헐렁하고 만만했던 상대가 권력의 상부가 되었을 때 어떤 가이드라인에 따라 행동해야 될지 혼란스러웠다. 진보 정권은 공식적으로 김대중, 노무현 10년이었지만 김영삼 정권도 그들 편에서는 보수당 간판을 날치기당한 기분이었으니 길게 보면 상실의 15년이었다.

2008년 이명박 대통령이 집권했을 때, 탈환한 권력을 최대한 누리겠다는, 기득권을 한꺼번에 복구하겠다는, 권력을 도로 내주지 않겠다는 욕망이 민주주의 룰에 대한 일련의 반칙을 가져왔다. 내각을 새로 구성하는 데서 나아가 정부 산하 기관장들을 임기 무시하고 교체한 것이 첫 번째 반칙이었다. 공공기관장은 원래 퇴역 장군과 여당 정치인들 몫이었는데 김대중 정부는 '공공기관 운영에 관한 법률'을 만들어 기관장들을 공채로 뽑고 임기를 보장하도록 했다. 대통령 임기는 5년, 기관장 임기는 대개 3년이라 서로 겹치면서 엇갈리게 돼 있고, 대통령이 바뀌어도 기관장의 남은 임기를 기다려주는 것이 게임의 룰이다. 문화체육관광부에는 30여 개의 산하 기관이 있었는데 2009년이 됐을 때 기관장 중에 '그닥 존재감 없는' 한국영상자료원장, 장애인체육회장 둘만 남았다. 자진사퇴를 거부했던 한국문화예술위원회 위원장과 국립현대미술관 관장은 문화부 감사와 배임혐의 고발로 해임됐다. 정치 성향이 다른 기관장과 같이 일하고 싶지 않다는 것, 선거를 도왔던 사람들에게 빨리 선물을 나눠주고 싶다는 것인데, 명백히 민주주의질서에 대한 반칙이었다.

당시는 '잃어버린 10년'이 보수진영의 주제가였다. 실제로 필자가 일하던 한국영상자료원에 와서 실력행사를 하면서 자신을 제대로 대접하라고 요구하는 원로 영화인들이 자주 입에 올리던 말이 '잃어버린 10년'이었다.

두 번째 반칙은 공권력을 본래 기능 외의 정치적 용도로 이용한 것이다. 이명박 정부에서 국가정보원은 4년 동안 민간인 댓글부대 30개 팀, 3500명을 고용해 한 달에 2억~3억 원을 인건비로 지급하며 인터넷 사이트에서 댓글 알바를 시켰다. 국정원 '심리전단'이 '사이버외곽팀'이라는 이름으로 관리했던 이 댓글부대 활동은 2012년 12월 대통령선거 무렵 피크를 이뤘다. 처음에는 '국정원 대선 개입' 또는 '국정원 댓글 조작' 사건으로 알려졌지만, 댓글부대는 이명박 정권에서 박근혜 정권에 걸쳐 국정원뿐 아니라 군 기무사와 경찰청에서도 광범위하게 운영되고 있었다. 이 같은 정치 개입을 지시한 원세훈 국정원장, 배득식 기무사령관, 조현오 경찰청장에 대한 재판은 2021년까지 계속됐고 모두 실형을 선고받았다.

이명박 정부에서 공권력 기구들이 군사정권 시대의 통치 파트너 활동을 재개했다. 30~40년 한국 사회를 쥐락펴락했던 공안통치의 근육이 김대중-노무현 집권기 10년을 쉬었다가 보수 정권과 함께 회귀한 것이다. 민주적인 정권교체, 진보세력의 재집권을 막기 위해 주요 권력기관들이 총동원됐다. 탈북민 출신 서울시 공무원 유우성 간첩 조작 사건이나 서울시장 후보 한명숙 전 총리를 뇌물수수 수사로 낙선시킨 것 등 전형적인 공안통치기법들이 다시 등장했다.

박근혜 정권은 최순실 게이트로 무너졌지만, '화이트리스트'와 '블랙리스트'라는, 민주주의의 기본을 파괴하는 탈헌법적인 정치공작만으로 이미 탄핵 사유는 충분하고도 남았다. 청와대가 전경련(전국경제인연합회)을 압박해 3년 동안 월드피스자유연합의 야당 정치인 낙선운동과 어버이연합의 거리시위 등 극우단체들의 활동에 69억 원을 후원하게 한 것이 이른바 '화이트리스트' 사건인데, 대통령이 나서서 극우세력을 양성한다는 것은 상식을 초월하는 일이다. 또한 정치색깔로 문화예술인들을 구분해 저들과 생각이 다른 문화예술인들은 정부지원금을 받지 못하게 하는 '블랙리스트' 작성을 경찰이나 국정원도 아닌 청와대가 직접 주도했다는 것 역시 상식을 넘는 일이다. 이 두 가지는 모두 김기춘 비서실장의 기획이었다.

박근혜 대통령이 유신시대 중앙정보부 대공수사국장이었던 공안검사 출신 김기춘을 비서실장으로 들인 것은 취임 6개월 만이었다. 처음 대통령이 되어 내각을 발표했을 때는 훌륭한 대통령이 되고 싶은 꿈이 있었던 게 분명해 보였다. 하지만 국정원과 군과 경찰이 그의 당선을 도왔다는 '태생의 원죄'가 그 꿈을 비틀어버렸다. 국정원과 기무사의 대선 개입에 대한 항의시위가 벌어지고 대통령직을 반납하라는 압력을 받게 되자 그는 대통령 비서실장을 공무원 출신의 3선 의원 허태열(1945년생)에서 유신시대 공작정치의 상징적 인물인 김기춘(1939년생)으로 교체함으로써 2013년의 현실로부터 타임슬립, 아버지 시대의 통치술에 투항했다. 아버지의 정치매너를 보고 배운 그로서는 수모를 견디고 반발을 안고 가는 대통령직에 적응하기 힘들었고 결국 지금 시대의 정치질서로부터 도피하는 쪽을 택했다. 성장기 18년을 보낸 청와대로 돌아갔을 때부터 어쩔 수 없이 아버지의 시대에 유폐될 운명이었는지 모른다.

대화와 타협이 아니라 독단과 배제의 시대착오적 통치철학, 밀레니엄 시대의 성격을 완전히 잘못 파악한 그 리더십은 민주화 부적응 세대가 찾아낸 도피처였다. 그런 맥락에서라면 대통령이 기업인들을 만나 수백억의 돈을 자기 지인에게 후원하게 만드는 행위도 이해할 수 있다. 정치권력이 무소불위의 개인 권한이었던 시대의 사고방식에서는 가능한 발상이었다.

당시 내각에 들어갔던 한 장관은 김기춘이 들어오면서 청와대의 기조가 확 바뀌었다고 했다. 하지만 유신의 통치술을 무덤에서 불러낸 것이 정권을 무덤으로 끌고 들어간 결과가 되었다. 무대 위의 배우는 바뀌었으나 무대 뒤의 스태프들은 그대로였다고 할까. 군사정권 시절 뼈가 굵은 공권력기관들은 이명박, 박근혜 정권 아래 과거의 관성으로 회귀했는데 이 드라마에서 최악의 '빌런' 캐릭터는 단연 김기춘이었다.

일련의 대범한 반칙들이 경기를 거칠게 만들었고, 이성보다 감정이 앞서면서 정치문화가 퇴행했다. 이 과정에서 전체 사회가 서로 적대하는 두 개의 진영으로 재빠르게 재편성되었다.

정치 양극화와 진영 전쟁은 2004년 노무현 대통령 탄핵으로 시작됐다고 할 수 있다. 탄핵으로 갈 만큼 국정수행의 치명적인 과오라기보다 다분히 언행과 스타일의 문제였고, 헌법재판소가 탄핵을 기각함으로써 두 달간의 정치파동으로 끝났지만, 3년 뒤 퇴임한 그가 검찰 수사 중에 목숨을 끊음으로써 그 모든 것이 지지자들에게 트라우마가 되었다. 한편 이명박, 박근혜 대통령이 퇴임 또는 탄핵 후 투옥된 것은 그들 지지자들에게 상처를 안겼다. 양쪽 지지자들이 각기 복수혈전의 전의를 불태우게 되었다.

한국 사회는 정권이 자연스럽게 좌우이동하는 민주주의의 다음 단계로 이행할 수 있을 것인가. 사무엘 헌팅턴은 2차대전 후 독립한 나라가 두 번의 평화적 정권교체를 이루면 민주화의 단계로 올라선다고 했다. 그러나 정권교체가 거듭되면서 권력이동에 익숙해질 수도 있지만 진로방해가 습관이 될 수도 있다. 우리는 성숙한 민주주의의 모델로 유럽과 미국을 바라보지만 남미처럼 비생산적 포퓰리즘의 악순환에 떨어질 수도 있다.

반칙을 주도한 사람들은 자신들이 순조롭게 전진하던 열차가 탈선하도록 철로를 틀어놓은 역사의 테러리스트였다는 사실을 알고 있을까. 민주화된 제도를 따라오지 못하도록 정치문화에 태클을 건 쪽은 정치인이고 공권력이었다.

집권을 영구화하겠다는 결심은, 그게 보수가 됐든 진보가 됐든 간에, 어리석고 부질없다. 권력을 주고 나면 도로 뺏고 싶은, 한쪽으로 쏠렸다 싶으면 반대쪽으로 밀어주고 싶은 것이 대중심리이기 때문이다. 그것은 쉽게 싫증내는 정치적 변덕이면서 동시에 중심을 잡고자 하는 본능적 균형감각이다. 2000년 이후, 국회가 두 번 탄핵을 시도했는데. 노무현 탄핵을 부당하다고 판단한 국민 대중이 열린우리당에 과반의석을 몰아주었고 그것이 탄핵을 기각한 헌법재판소의 결정에 영향을 미쳤던 건 분명하다. 그들은 박근혜 정권이 명백히 탈선했다고 판단했을 때 촛불을 들었고 역시 헌재가 탄핵을 가결시키는 데 영향을 미쳤다. 매번 중심을 잡은 건 국민이다.

5. 정치 양극화가 가져오는
나쁜 것들

미디어 양극화

미디어는 정치와 데칼코마니, 대칭구도다. 미디어는 정치를 '미러링'한다. 정치가 점잖으면 언론도 점잖아진다. 교과서대로라면 정치가 싸움판일 때 견제하고 중심을 잡는 게 '정론(正論)'의 저널리즘이겠지만 현실에선 그렇지 않다. 정치가 전쟁일 때 언론이 그 주무대가 된다. 특히 과포화의 뉴미디어 시대에 과당경쟁하는 매체들이 시장에서 지분을 확보하려 할 때 정치권의 지지기반을 공유하는 것이 손쉬운 방법이다. 미디어와 정치의 협업은 양쪽 모두에게 생존전략이다.

이런 협업은 정치와 미디어 사이에 포퓰리즘의 시너지를 불러일으킨다. 정치인은 미디어의 관심을 끄는 쟁점과 어법을 개발하고, 미디어는 그들의 자극적인 언어를 골라 쓰며 클릭 경쟁을 한다. 국회 상임위에서는 카메라들이 서 있다가 어떤 의원이 강성 발언을 하면 일제히 플래시가 터진다. 조용해서는 얻을 게 없고 일단 지르고 본다. 그래서 멀쩡하고 상식적이었던 사람들이 여의도에 들어가면 강성 투사가 된다고들 한다. 의원들 다수가 정책 쟁점보다 정치 쟁점을 선호하는 것으로 보이는 건 미디어의 왜곡된 앵글 탓이 크지만, 실제로 그들이 국회를 국가 사회의 중대한 현안을 푸는 장소로 여기는지 유권자 대중에게 개인기를 과시하는 퍼포먼스의 무대로 여기는지는 알 수 없다.

갈등 사회가 민주화운동으로 쟁취한 것이듯, 언론 양극화 역시 과거엔 꿈같은 일이었다. 1990년 이전의 한국에는 오직 보수 언론, 여권 매체만 존재했었다. 2000년 이후 언론지형이 보수 쪽으로 기울어져 있는 것은 전두환 정권 아래 거대 기업체가 된 조선, 중앙, 동아가 여전히 메이저로 군림하고 있기 때문이다. 거기다 김대중 정권 때 언론사 세무조사로 사주들이 구속됐던 일과 언론에 대한 노무현 대통령의 적대적 태도가 이들을 강경 보수의 카르텔로 뭉치게 했다. 각종 규제의 사각지대에서 세제혜택을 누리며 비대해진 언론사들에 대한 세무조사, 미디어산업의 변화와 함께 폭증한 언론 매체들의 취재 난맥상에 대한 거친 대응은 나름 이유는 있었지만 보수 매체들과 진보 정권 사이의 악연을 추가했다. 이명박 정부 아래서 3대 메이저 조선, 중앙, 동아가 종합편성 TV채널을 갖게 됨으로써 진보 정권에게 미디어 환경은 한층 열악해졌다.

2000년 이후 유럽에서 극우세력이 급신장해 사회 문제가 된 건 주로 이민/난민 때문이다. 중동, 아프리카에서 올라오는 이민과 난민들은 테러를 끌어들이고 복지혜택에 무임승차하며 실업난을 악화시킨다고 해서 정치 쟁점이 됐다. 노년 세대는 그들이 자신의 연금을 도둑질한다고, 젊은 세대는 자신들의 일자리를 빼앗는다고 싫어한다.

한국 역시 이민 문제가 없지는 않다. 이주노동자를 혐오하는 사람들이 대체로 보수 쪽이고 다문화와 이주노동자에 반대하는 극우 사이트들도 있다. 하지만 한국에서 극우를 결집시키는 것은 이주민 혐오 같은 민족 문제가 아니라 반공, 반북, 친미 같은 이념 문제다. 놀라운 점은, 극우를 정부가 국가 예산을 들여 키웠다는 것이다. 이명박, 박근혜 정권의 국정원과 군 사이버사령부는 일베(일간베스트저장소)나 오유(오늘의유머) 같은 사이트들에서 댓글공작을 벌였다. "국가기관이 전라도 지역민에 대한 혐오 발언, 김대중, 노무현 전 대통령 등 민주화세력의 상징적 인물에 대한 모욕 등을 확대재생산해왔다는 것이다."–박권일, 《지금, 여기의 극우주의》, 2014

박근혜의 청와대 비서실은 전경련을 압박해 극우단체들의 활동비를 조달했다. 그러니까 보수 정권이 진보세력과 싸워주는 '용병' 집단으로 극우를 양성했다. '돈 받는 극우'가 탄생한 것이다.

극우는 그 존재기반이 증오와 혐오에 있는 만큼 선동의 화력을 높이는 데 집중하고 '팩트' 자체는 중요치 않다 보니 가짜뉴스 배포에 거리낌이 없다. 우리 사회에서 혐오와 증오 바이러스가 난치성인 것은 분단이라는 '기저질환' 때문인데, 극우가 자신들의 목소리를 키우는 데 무차별 활용하는 것도 분단 현실이다.

정치 양극화는 극우의 설 자리를 만들어준다. 보수 정치인들에게, 특히 선거철에는, 극우가 하나의 유혹이다. 거기에 '콘크리트 보수'의 표밭이 있다고 여기는 것이다. 2020년 4월 총선에서 새누리당 황교안 당대표와 나경원 원내대표는 광화문 태극기부대 집회에 나가고 전광훈 목사의 거리시위 무대에 서서 그들 어법으로 선거유세를 했다. 하지만 두 사람 모두 낙선했다. 스트리트 극우의 또 다른 가닥인 이른바 '친박'의 우리공화당과 조원진 의원도 선거에 떨어져 국회에서 퇴출당했다. 그들의 극우 마케팅이 상식적 보수, 온건한 보수층을 등 돌리게 하는 역효과를 가져온 것이다. 극우가 대중의 현실인식과 따로 가고 있는 것만은 틀림없다. 한국 사회의 대중이 그러한 시대착오를 용납하지 않는 것이다.

정치 편집증 ——————————————

정치와의 거리는 어느 정도가 적당할까. 중국 고대의 '요순시대'는 임금이 누군지 몰랐다는 전설의 태평성대이다. 하지만 그건 생산과 분배가 단순했던 시절 이야기일 것이다. 정치는 투표 제대로 할 만큼만 알면 된다고 해도, 투표 제대로 하기도 쉽지 않다. 슈퍼마켓에서 간장을 살 때, 유기농 또는 저농약의 국산콩을 사용하고 방

부제, 화학첨가물을 덜 쓰면서 노동조합을 두고 노사가 협상하는 건실한 식품 전문 중견기업의 제품을 고르는 것만큼이나 어렵다.

온라인 모바일 시대에 정치참여는 투표로 끝나는 게 아니다. 또한 직접민주주의는 청와대 국민청원 사이트에만 있는 것도 아니어서 사람들은 SNS에서 출렁거리는 여론에 늘 한쪽 발을 담그고 산다. 온라인 속보들이 일상 공간에 실시간 배달되고 정치와의 거리가 부쩍 가까워지면서 정치 과몰입에 빠지기 쉬워지고 그것이 편집증이 되면 불면증과 소화불량을 가져오기도 한다. 울트라 선동에 동원되는 열혈시민이 되지 않기 위해서는 때때로 정치에 대한 간헐적 단식이 필요하다.

문제는 우리를 흥분시키는 그것이 정치가 아니고 정쟁이라는 사실이다. 정치의 결핍과 정쟁의 과다, 다시 말해 정치가 빠진 정쟁에서 에너지를 소모하고 있는 것이다. 영국 시사주간지 〈이코노미스트〉가 해마다 발표하는 민주주의지수에서 한국은 '결함 있는 민주국가'와 '완전한 민주국가'의 경계선을 오르내리는데 ▲선거와 다원주의 ▲정부기능 ▲정치참여 ▲정치문화 ▲국민자유 등 5개 평가 영역에서 늘 '정치참여' 점수가 가장 낮다. 온 국민이 정치참여를 하고 있다고 느끼는 건 착각일 수 있다.

비토크라시의 사회적 비용

비토크라시(vetocracy)는 거부를 뜻하는 비토(veto)와 민주주의를 뜻하는 데모크라시(democracy)의 합성어다. 사사건건 반대해서 일이 안 되게 하는 '거부민주주의', 특히 정부와 여당의 정책과 입법을 가로막는 정당 정치를 가리킨다.

커다란 차이가 타협을 통해 수렴되는 것이 이상적인 민주 사회라면, 사소한 차이가 정쟁으로 더 벌어지는 것이 정치 양극화 사회다. 극단적인 파당 정치에선 그야말로 되는 일이 없고 그 피해자는 사회이고 국민이다. 좋은 정치를 할 수가 없고 좋은 정책이 실현되기 어렵다. 어떤 정파에서 역점을 두고 추진하는 국책사업이라면 더더욱 필사적인 비토를 맞닥뜨리게 된다. 그 같은 비생산성의 악순환은 모든 대통령을 실패하게 만드는 원인이기도 하다.

국회의원이 당선되면 맨 먼저 하는 일이 다음 선거 준비라는 말이 있는데, 대통령선거가 끝나면 야당은 다음 선거에서 이기는 준비작업에 착수한다. 그것은 대개 두 가지인데 하나는 대통령이 정치 안정에 성공했다는 평가를 못 받도록 국민 대중이 피부로 느낄 만큼 흔들어대는 것, 또 하나는 중요한 업적을 못 내게 막는 '비토' 전략이다. 경제를 살리는 일도 상대편일 경우는 필사적으로 막는다. 여당 때 추진하던 걸 야당이 되면 반대하는 일도 흔하다. 국가대표 축구선수들이 제각기 팀이 이기기보다 자기가 이기는 '이기적인 축구'를 하고 있는 것이다.

정부의 장기적인 플랜이 중도폐기될 때의 폐해는 상당하다. 대표적인 예가 행정수도 이전 문제다. 행정수도가 이사하다 말아서 행정부처들은 세종시에 있고 국회의사당과 청와대는 서울에 있다.

당시 국민여론은 찬성이 50~60%대였고 '신행정수도의건설을위한특별조치법'이 국회를 통과했지만 이 계획을 좌절시킨 건 헌법재판소였다. 이 특별법이 '서울이 수도'라는 '관습헌법' 내지 '불문헌법'에 저촉된다는 것이다. 헌재 위헌결정의 근거가 헌법조항이 아니라 '관습헌법'이라는 사실은 당혹스러웠고 지금도 법리적 논란이 되고 있다. 헌법의 권위를 대리하는 헌법재판관이라 해도 서울에 거주하고 어떤 편향을 가진 개인들인 것이다. 2020년 7월 더불어민주당이 다시 수도이전 논의를 꺼냈으니, 주요 국책사업에서 '가다서다'를 반복하게 만드는 비토크라시의 사회적 비용은 만만치 않다.

정치평론가 박성민은 '나는 비토크라시를 고발한다'는 글(피렌체의식탁, 2018)에서 "대통령의 힘은 빠지고 국회, 관료, 사법부의 힘은 커진 '과두(寡頭)'적 상황이라고 할 수 있다. 파워 집단 간 키가 비슷해졌다. 그 누구도 어떤 일을 결정할 힘은 갖지 못하고 상대의 정책과 의도는 모조리 거부할 수 있는 '비토크라시의 늪'에 빠져 있다. 이것이 대한민국 위기의 핵심적 문제다. 누구도 일을 못되게 할 수는 있으나 누구도 일을 해낼 수는 없다"면서 '노후화한 1987년 체제'의 '재건축'이 필요하다고 했다.

'비토크라시'는 2013년 미국 스탠퍼드대 교수 프랜시스 후쿠야마가 〈워싱턴포스트〉 기고에서 처음 사용한 후 새로운 정치용어가 됐다. 2013년은 오바마 대통령 재임기. 오바마는 재선되고도 지지율 58%로 8년 임기를 마칠 만큼 인기 있는 대통령이었지만 취임 첫해에 간신히 의료보험개혁안, 일명 '오바마케어'를 통과시킨 다음에는 내내 비토크라시에 손발이 묶였다. 그는 2008년의 선거공약이었던 이민법 개정이 '여소야대' 의회에서 번번이 막히자 2014년 행정명령으로 불법이민자 해외추방을 유예시켰지만 2016년 연방대법원에서 이마저 기각되면서 숙원사업이었던 이민법을 손도 못 보고 백악관을 떠나야 했다.

양당 중심 대통령제의 교본인 미국이 비토크라시 딜레마의 교본이기도 하다. "양당공조적인 상임위원회 중심의 미국 의회는 레이건 대통령이 집권하던 1980년대를 거쳐 1990년대 중반 이후 정파적인 대립의 장소로 변모"하면서 "필요한 법률을 적시에 제정하지 못하는 경우가 늘어나게 되었고 (…) 대통령제 국가들 가운데 의회민주주의의 전형으로 통하던 미국 의회가 대통령과 함께 국정을 주도적으로 이끌어가는 기관이 되지 못하고 오히려 국가적 고민의 한 부분이 돼버렸다."– 손병권, 《미국 의회 정치는 여전히 민주주의의 전형인가?》, 2018

검찰 중독증

"검찰권력 키운 건 '검찰 중독'이다. (…) 문무일 총장이 귀국한 날, 자유한국당은 국회 패스트트랙(신속처리 안건) 충돌과 관련해 이정미 정의당 대표 등을 서울중앙지검에 고발했다. 더불어민주당과 정의당도 한국당 의원들을 무더기로 고발했다. 이제 수사권을 조정해야 할 여야 의원들이 그 대상인 검찰에서 줄줄이 조사받게 생겼다. 검찰 중독을 끊겠다는 각오 없이 개혁은 과연 가능할 것인가."- 권석천 칼럼 '차라리 검찰권력을 쪼개자' 〈중앙일보〉 2019년 5월

"한국 정치판만큼 고소나 고발이 난무하는 정치 현장은 세계적으로도 찾기 어려울 것입니다. 최근 법무부장관의 아들 병역을 둘러싼 공방을 보더라도 여야 모두 상대방에 대해 의혹이 있을 때마다 고발장을 제출했습니다. (…) 과다한 고소고발은 국민들이 염원하는 검찰개혁, 사법개혁에도 부정적인 영향을 미칩니다. 개혁의 핵심은 결국 권력기관의 과도한 권한을 줄이자는 것인데 정치인들이 앞다투어 고발장을 제출하면 검찰이나 사법기관의 역할과 영향력이 커질 수밖에 없기 때문입니다."- 금태섭 칼럼 '고소고발하지 맙시다' 〈한겨레신문〉 2020년 9월

비대한 검찰권력을 개혁하겠다는 것이 정치인들이지만, 검찰권력을 비대하게 만드는 게 정치인 자신들이라는 얘기다. 정치 양극화, 양당과 양 진영 사이의 대립이 심해지면 고소고발전도 가열된다. 검찰로 달려가는 정치인들이 검찰 정치의 판을 깔아준다. 정치의 공이 검찰과 법조로 넘어가면, 대립하는 양 진영 사이에서 그들이 캐스팅보트를 쥐게 된다. 사건의 선택과 수사의 방향, 판결의 내용에 따라 얼마든지 정치 상황을 주무를 수 있으니, '검찰패권' '법조패권'이라는 용어가 유행한다. 1980년대까지는 절대권력이 입법 사법 행정을 장악하고 '삼권분립'은 교과서에나 나오는 말이었는데, 민주화 이후 한국사회가 처음 삼권의 분립과 상호견제를

경험하는가 싶었을 때, 검찰법조 패권이 행정과 입법부를 압도하게 된 것이다.

검사는 행정부에 소속된 검찰 공무원이고, 판사는 개개인이 하나의 독립된 헌법기관이다. 상당수의 법관은 헌법이 보장한 지존의 권위, 그 양심과 윤리를 지킨다고 보지만, 또 상당수의 법관은 승진에 목을 맨, 정치권에 촉각을 곤두세운, 자신의 편향과 감정을 판결에 싣는, 법정구속에서 권력의 쾌감을 즐기는 한 개인인 것도 사실이다. 학교교육의 단계마다 연전연승해 서열 사회의 챔피언이 된 사람들의 집단인 만큼 서열싸움과 자존심 경쟁은 타의 추종을 불허한다. 사시 합격해서 판검사 된 이들은 대학원 가서 법학 교수가 된 쪽을 한 수 아래로 보고, SKY 출신이 타대학 출신을 아래로 보고, 판사가 검사를, 검사가 변호사를 아래로 보고, 같은 판검사라도 사시에 언제 합격했는지 따지고, 사시 동기끼리도 사법연수원 성적 따지고, 같은 기수라도 엘리트 코스를 밟아왔냐 설거지 코스 밟아왔냐를 따지고, 그러는 개인들이다.

검찰 정치의 시대에는 검찰총장 개인의 캐릭터가 문제가 된다. 검찰처럼 위계가 강한 조직에서 시험에 계속 떨어져 남보다 9년 늦게 검사가 된 사람이 조직의 영웅이 되려는 소영웅주의의 유혹에 넘어가는 것은 짐작 가능한 일이다. 더구나 조직이 존재론적 위기에 놓여 있을 때야말로 영웅주의가 활극을 펼칠 최적의 무대가 된다. 대통령이 법무장관을 지명하자 압수수색을 개시하고 국회 청문회 날 부인을 기소한 것은 대통령의 인사권에 개입한 명백한 반칙행위다. 적폐 수사 끝나고 특수부를 축소하다니 토사구팽이라거나 하는 무슨 반론이 나와도 그것이 반칙이라는 사실이 달라지지는 않는다.

히틀러가 정신분석의 주제로 인기를 끌지만, 역사는 늘 공명정대한 가치가, 명분이 이끌어가는 게 아니다. 인간 내면의 어두컴컴한 지대, 사악함과 이기심과 열등감 같은 것들이 튀어나와 공적인 공간을 휘젓는 일이 꽤 자주 일어난다. 중요한 지위에 있는 개인이 어떤 종류의 이상심리로 상궤를 벗어나는 권력행사를 할 때 견제돼야 하는 것이 상식이다. 그렇지 못할 때 우리는 민주주의라는 제도적 장치가 제대로 작동하는지, 어디가 고장 났는지 살펴야 한다.

선거로 심판할 수도 없는 비선출권력에 너무 많은 권력이 쏠려 있다면, 시민 사회의 개입이 필요하다. 1980년대 이래 시민운동이 환경 문제, 경제정의, 정치참여 등 당대의 이슈들에 조응해왔지만 이제 검찰 감시, 재판 감시가 절박한 시점인 것이다.

검찰개혁은 김영삼 이래 모든 대통령들이 선거공약으로 내걸었던 것이고 노무현 대통령 때 검경 수사권 조정과 공수처 설치안이 나왔던 것이 문재인 정부까지 넘어왔다.

"YS가 이런 얘길 했다고 해요. 장관 20명과 검찰총장 한 명을 안 바꾼다고요. 대통령이 되면서 검찰의 위상을 확 낮추려고 생각했는데 와서 보니까 너무 유용한 도구인 거예요. 그래서 노태우와 김영삼 정권 때 검찰의 위상과 역할이 점점 강화된 거죠. (…) 이명박 정부가 출범하자마자 인사를 단행했는데 BBK를 담당했던 검사들에게 노골적으로 혜택을 줬어요. 승승장구하도록. 그건 보은 차원이라기보다는 이명박이 검찰 쪽에 사인을 준 거라 봐야겠죠. '충성해라, 그러면 내가 보답을 해준다.'"– 최강욱, 《권력과 검찰– 괴물의 탄생과 진화》, 2017

군부가 무력화된 시대에 검찰이 정치하겠다고 나서는 것은, 검찰에 대한 견제장치를 미처 마련하지 못한 '민주도상국'들에서 가끔 있는 일이다. 이러한 과도기, 검찰패권의 시절에 검찰 책임자가 정치인 이상으로 주목받기도 하지만, 정쟁에서 부각된 '이슈맨'이 대통령 후보로 떠올려지는 것은 정치후진국에서나 있을 법한, 정치 양극화가 빚어낸 기이한 풍경이다. 이야말로 민주주의 위기의 한 징후다.

6. 위기의 민주주의, 브라질의 경우

넷플릭스 다큐멘터리 〈위기의 민주주의-룰라에서 탄핵까지(The edge of democracy)〉는 2018년 4월, 브라질의 전직(2003~2011) 대통령 룰라가 투옥되는 날, 브라질리아 시내에서 벌어진 두 개의 격렬한 시위에서 시작한다. 노동자당의 빨강 일색인 시위대 구호: "룰라를 지키자." "뭉치고 뭉쳐서 룰라를 지키자." 그 한편에 노랑과 초록색 시위대의 구호: "룰라를 감옥으로." "노동자당을 퇴출시키자." 한때 해마다 카니발 와중에 2~300명씩 사망자를 냈던 삼바축제의 나라답게 '시위 배틀'은 격렬하기가 시가전을 방불케 한다.

룰라(루이스 이나시우 룰라 다 시우바), 초등학교 중퇴 학력에 구두닦이 출신으로 선반공장에서 사고로 새끼손가락을 잃은 그는 뒷날 금속노조위원장이 되고 1980년 노동자당을 만들면서 정치를 시작한다. 당시 브라질 하원의원 443명 가운데 노동계급 출신은 2명뿐, 자신들을 대변할 정당이 필요했던 것이다. 룰라는 대통령 선거에 나가 세 번 떨어지고 2002년 네 번째로 당선됐다.

플랜테이션 대농장으로부터 수백 년 대불림한 가문들이 제조업에서 금융, 언론까지 장악하고 있고 노예제도가 가장 늦게까지 존속했으며 빈부격차가 심하기로 유명한 브라질에서 노동자 출신이 대통령이 되었다는 건 하늘과 땅이 뒤집히는 정치사적 대사건이었다.

강성 이미지 때문에 비토 집단이 만만치 않았던 데다 막대한 대외부채에 대한 모라토리엄 위기에서 집권한 룰라는 빈민계급 생계 지원과 교육 정책뿐 아니라 경기부양책과 외채상환으로 정치 안정과 경제발전에 성공, 한 번 연임하고 8년의 임기를 끝낼 때 지지율이 87%였다. 그사이 브라질은 국내총생산 세계 10위권에 진입하고 신흥경제대국 브릭(BRIC-브라질, 러시아, 인도, 중국)의 칭호를 얻었다. 룰라가 노동자당의 후계자로 세운 호제프 지우마는 2011년 브라질 최초 여성 대통령이 되고 2015년 두 번째 대선에서 다시 당선됐다. 1889년 왕정이 무너지고 대통령중심제가 된 이래 쉴 새 없이 요동쳐온 현대 브라질 정치사에서 룰라 집권기는 드문 태평성대였다. 하지만 2010년 이후 브라질 경제가 저성장의 늪에 빠지고 2015년 지우마가 재선된 다음 노동당 장기집권에 대한 반발이 노골화됐다.

이 대목에서 연방 수사판사(브라질 사법 체계에선 판사가 검사 역할도 한다) 세르지우 모루가 등판한다. 2016년, 모루가 주도한 부패와의 전쟁, 일명 '세차작전'에서 국영 석유기업과 건설회사와 정치인들 사이의 '정경유착' 비리에 연루된 기업인, 정치인들과 함께 룰라와 아내, 아들도 기소된다. 룰라의 아내는 네 달 뒤 뇌졸중으로 사망했다.

'세차작전' 중에 브라질 국민은 검찰과 언론이 공동제공하는 "실화 범죄 스릴러"를 관람했다. 지우마 대통령은 지지율이 9%까지 폭락하고 딱히 드러난 비리도 없었지만 의회에서 탄핵된다. 2018년 대통령선거의 가장 유력한 후보였던 룰라는 12년형을 받고 대법원이 그의 상고를 6대5로 기각하자 하루 만에 투옥된다. 대통령선거를 6개월 앞둔 시점이었다. 당시 대선 후보 지지율은 룰라가 32%로 가장 높았고 사회자유당의 자이르 보우소나루는 15%였다.

다큐 〈위기의 민주주의〉 이후, 룰라는 감옥에 있고 군 출신의 극우 포퓰리스트 정치인 보우소나루가 대통령이 됐다. 세차작전으로 언론에 의해 '구국의 영웅' 칭호를 얻은 모루는 보우소나루 정권에서 법무부장관이 됐다. 하지만 1년여 만에 대통령이 자신을 건너뛰고 일방적으로 연방 경찰청장을 교체했다며 법무장관을 사임했다. 이후 모루는 브라질의 보수진영이 2022년의 대선 후보로 밀고 있다.

검찰의 세차작전과 룰라의 투옥에 대해서는 엇갈린 평가가 있다. 〈위기의 민주주의〉는 이것을 노동자당 14년 집권에 대한 부자와 보수 기득권층의 조직적 반발로 본다. 기업과 정치권의 유착은 브라질의 고질적인 부패구조이고 룰라 시기에 특별할 건 없었다는 것이다. 반면 룰라도 어쩔 수 없이 부패의 중심이 됐다는 시선도 있다. 태생부터 소수파였던 노동자당이 다수당과 연정을 꾸리면서 자연스럽게 구태 정치에 얽혀들었다는 것이다.

넷플릭스에는 '세차작전'을 다룬 8부작 극영화 〈부패의 메커니즘〉도 나와있다. 범죄수사극의 기본이 그렇듯 양심적이고 용감한 검사가 돈과 마약과 범죄의 카르텔을 '까부시는' 내용이다. 넷플릭스는 먼저 〈부패의 메커니즘〉이 나왔을 때는 룰라 지지자들로부터 불매운동을 당했고 〈위기의 민주주의〉가 나오자 이번엔 룰라 반대자들로부터 불매운동을 당했다.

다큐 〈위기의 민주주의〉에서 지우마 대통령이 탄핵된 다음 룰라는 이렇게 말한다.

"제일 후회되는 건 내가 대통령일 때 언론규제법을 발의하지 못한 것. 브라질에선 9개 가문이 브라질 언론 전체를 경영한다. 플랜테이션 농장주들이 수백 년간 지배해왔는데 그걸 바꾸는 건 어렵고 항상 실패했다. 혁명해서 절반이 전쟁으로 죽고 절반은 도망치고 나면 가능할지 모른다. 많은 나라에서 그랬다. 하지만 우리가 했던 것처럼 민주주의방식으로 언론자유, 파업권, 저항권 보장하고 의회가 자유롭게 활동하는 상태에서 한다면 훨씬 힘들지만 보상은 크다. 왜냐면 민주주의의 가치가 무엇인지 배우니까."

7. 지난 시대를 어떻게 졸업할 것인가, 박정희라는 이슈

1. 두 개의 군사정권

우리는 대통령이 된 두 명의 장군을 알고 있다. 첫 번째 장군은 1961년 5월 16일 쿠데타 이후 18년, 두 번째 장군은 1979년 12월 12일 쿠데타 이후 8년간 집권했다. 25년에 걸친 두 군사정권은 같고도 달랐다. 우리가 대개 아는 상식으로 비교해보면.

집권 절차: 무력으로 헌정을 중단시킨 것은 같지만 대통령이 되는 절차는 달랐다. 5.16쿠데타의 박정희는 국가재건최고회의 의장 2년을 거쳐 대통령제 개헌을 한 다음 1963년 대통령 직접선거에서 민주공화당 후보로 출마해 46.6% 득표, 민정당의 윤보선을 1.5% 차이로 물리치고 대통령에 취임했다. 한편, 12.12쿠데타의

전두환은 국가보위비상대책위원회 상임위원장 3개월 만에 장충체육관에서 열린 통일주체국민회의의 간접선거에서 99.4% 득표로 대통령에 취임했다.

여론: 5.16쿠데타에 대해 〈사상계〉 장준하, 〈민족일보〉 조용수 등 진보 언론인의 지지 발언이 있었고, 이영희 회고록《대화》를 보면 콕 찝어 밝히진 않지만 당시 〈합동통신〉 기자였던 그가 윤보선을 찍지는 않았음은 짐작할 수 있다. 작가 전혜린의 일기《이 모든 괴로움을 또다시》에서 1961년 5월 21일자. "정말로 깨끗한 정치가들이 정치를 해준다면 유니폼 입고 잡곡 먹고도 국민이 불만 없이 일할 것이다. 꼭 성공하기를. 국민을 기만하지 않고 실망시키지 않기를 빈다." 자유당 정치에 대한 환멸 때문에 변화를 바라는 국민 정서가 있었다. 박정희는 '한때 공산주의자였다'는 사상공세를 돌파하며 다수의 지지를 얻었다.

한편 12.12쿠데타로 군을 장악한 전두환은 국민 대중의 반발을 비상계엄으로 봉쇄하고 '북괴남침설'로 불안감을 유포하면서 광주 시민들의 시위를 약 1천 명의 사상자를 내는 내란 수준으로 키워 집권을 위한 지렛대로 삼았다. 1980년 언론통폐합에서 살아남은 신문, 방송 매체들은 새 정권에 협력했고 이른바 '양심적 지식인' 가운데 전두환을 공개적으로 지지한 이는 없었다.

대미관계: 미국의 지지는 두 군부세력 모두에게 결정적으로 중요했고, 쿠데타 직후 김종필은 주한유엔군 사령관을 찾아가, 전두환은 주한미국대사에게, "부패를 일소한 후 병영에 복귀하겠다"고 정

확히 똑같은 말을 했고, 집권한 다음 박정희는 베트남 파병에 협조하면서, 전두환은 박정희가 추진하던 핵 개발을 포기하면서 미국 쪽 추인을 받아냈다.

통치 스타일: 비슷했다. 입법 사법 행정을 모두 장악한 1인 지배 체제에, 친미와 반공과 경제발전을 내세웠고, '사회악 일소' 캐치프레이즈 아래 국토건설단(박정희)과 삼청교육대(전두환)로 '군기'를 잡고, 중앙정보부(박정희)와 국가안전기획부(전두환), 군과 검찰/경찰을 이용해 국민을 감시하고 통제하며 병영국가를 운영했다. 두 정권 모두 언론통폐합조치로 언론을 길들이며 집권했고 정부에 대한 비판은 허용치 않았다.

경제성장: 1인당 GDP는 박정희 정권 아래 106달러(1962년)에서 1693달러(1979)로, 전두환 정권 아래 1826달러(1981년)에서 3401달러(1987)로 성장했다. 1인당 GDP는 지난 60년간 106달러(1962년) → 1천달러(1977) → 1만 달러(1994년) → 2만 달러(2006년) → 3만 1500달러(2019년)의 상승곡선을 그려왔다.

권력 이양: 박정희는 1969년 3선이 가능하도록, 1972년엔 종신집권이 가능하도록 헌법을 바꿨지만 7년 만에 국민 대중의 반발과 미국과의 갈등이 권력 내부의 이해충돌을 불러와 대통령이 중앙정보부장에게 저격당하는 역설로 정권을 마감했다. 전두환은 7년 임기 마지막 해인 1987년 직선제 개헌을 하겠다 했다가 다시 간선제 호헌으로 돌아갔다가 결국 6월항쟁으로 개헌 요구에 굴복했다. 그해 말 16년 만의 대통령 직접선거에서 쿠데타 동지 노태우 후보

를 당선시키면서 권력 재창출에 성공했지만, 12.12쿠데타의 주역이었던 두 사람은 1996년 내란죄로 나란히 투옥됐다.

집권 명분: 전두환은 박정희의 '근대화'와 같은 시대적 소명은 없었던 것으로 보인다. 1961년 육사생도들의 5.16 지지 시가행진을 주도한 이래 육군 안에 하나회를 이끌면서 20년 정치군인의 '외길'을 걸어온 자로서 보고 배운 대로 했을 뿐이었다. 전두환에게 박정희 정권을 승계하는 것은 비명횡사한 아버지의 가업을 이어받는 것과 같았다. 1980년의 한국 사회는 먹고사는 문제를 해결한 다음, 삶의 질을 생각할 때였다. 굶지 않게 해줄 테니 좀 얻어맞더라도 참고 살라고 한 건 전두환의 시대착오였다.

2. 박정희가 빠진 한국사?

대한민국은 2차대전 후 독립국 가운데 드물게 근대화와 민주화를 모두 이룬 나라라고 한다. 그런데, 박정희 아니어도? 군사정권 아니면 경제발전을 못 했을까?

1960년 4.19혁명의 민주주의 이상을 법제도로 실현했던 것이 8월에 출범한 제2공화국의 의원내각제였다. '라인강의 기적'을 패러디한 '한강의 기적'은 박정희 정권의 캐치프레이즈였지만 당초 제2공화국 장면 총리가 한국경제를 발전시켜야 한다며 썼던 표현이었고, 박정희 경제 정책의 트레이드마크가 된 경제개발5개년 계획은 장면 정부도 기획했었다. 그러나 장면 정부가 그러한 근대화

플랜을 실행에 옮길 수 있었을까.

역사에서 장면 정부는 '무능'했다고 평판이 났다. 하지만 총리나 내각 구성원들은 나름 당대의 실력가들이었다. 다만, 3.15부정선거와 이승만 탄핵과 4.19혁명과 내각제 개헌에 이르는 한바탕 난리가 휩쓸고 간 뒤에 구축된 새로운 시스템이 깔끔하게 작동하긴 힘들었을 것이다. 게다가 여당 내부의 계파갈등이 만만찮아서 윤보선 대통령의 '민주당 구파'와 장면 총리의 '민주당 신파'는 내각 구성이 어려울 만큼 대립했다. 윤보선이 실권자인 장면이 싫어서 5.16쿠데타를 묵인했다는 설도 있다.

그러니까 민주 사회를 운영할 내공이 없었던 정치와 언론과 시민 사회가 군부를 불러들인 셈이다. 건국 시대의 정치인으로서 박정희나 장면은 모두 제국주의 외세에 협력했던 결격사유를 지녔지만 장면은 근근이 양심을 지키려 절치부심하며 타협한 데 비해 박정희는 만주군관학교와 관동군을 택해 제국주의의 최전선에 나섰던 확신범이었다. 그런데 당대 사회가 우유부단한 양심가보다 저돌적인 야심가를 택했다. 장면은 온건하고 상식적인 정치인이었는데 당시 한국 사회는 그런 리더십이 먹히는 상황이 아니었다.

제왕적 대통령제와 부정선거와 깡패 정치에 항거한 4.19혁명세력은 내각책임제가 좀 더 민주적이고 좀 더 안정적이라고 여겼다. 하지만 그것은 언론이 제 기능을, 행정부도 제 기능을 할 때 가능한 것이다. 사회통합의 장치들이 고장 난, 이기적인 개인들의 운동장에서 정치제도의 변혁은 혼란과 분열을 심화시켰다. 이상적인 제도는 만들 수 있지만 이상적인 사회를 만들 수는 없었다는 서글 픈 진실을 제2공화국의 불우한 운명이 확인시켜준다.

무능으로 따지자면 당시 한국 사회 전체가 무능했다. 폭발적으로 늘어난 매체들이 정부를 공격하고, 시위가 끊이지 않았다. 욕망이 두서없이 들끓었을 뿐, 생산성을 기대할 만큼 잘 조직되고 훈련된 부문은 없었다, 군대를 제외하고는. 그것을 5.16쿠데타가 입증해 보였다. 무력에 의한 근대화 플랜이 불가피했던 것은 기성 정치인과 언론과 시민 사회가 기회를 만드는 데 실패했기 때문이었다. 1960~70년대는 박정희와 김일성, 남과 북의 두 독재자가 국력/경제력을 둘러싼 자존심 전쟁을 벌였는데 이 싸움에서 박정희가 역전승했다.

3. 20세기 군사 쿠데타의 주역들, 케말 파샤에서 수하르토까지 ———
북미와 유럽을 제외한 많은 나라에서 군부 쿠데타는 20세기의 대유행이었다. 그 가운데 가장 유명하고 논쟁적인 사례는, 스물일곱 살 육군 중위로 1969년 쿠데타를 일으켜 왕을 몰아내고 40년간 리비아를 통치한 '반미 이슬람주의'의 상징 카다피와 아르헨티나 육군 대령 출신의 좌파 포퓰리스트 정치인 페론이다. 페론은 사회주의 계획경제도 자본주의 시장경제도 아닌 독자적인 스타일의 '페론주의'를 내세웠는데, 20세기 초반 세계 10위권의 부유했던 아르헨티나가 '남미의 병자'가 돼버린 것이 페론 탓이라는 주장도 있고 그 반대라는 주장도 있다. 그는 두 번째 아내 에바, 세 번째 아내 이사벨과의 '부부 플레이'로 화제를 몰고 다녔고 1974년 페론이 여든 살로 사망했을 때 부통령이었던 마흔네 살의 이사벨이 대통령을 승계했다.

전후 아시아에서 박정희와 가장 엇비슷한 사례가 인도네시아의 수하르토. 1921년생(박정희는 1917년)에다, 쿠데타 당시 나이도 40대 중반이었고, '건국의 아버지'로 불리는 독립운동가 출신 수카르노 대통령을 밀어내고 집권했으며, 처음에는 식민 종주국이었던 네덜란드 군 장교였다가 2차대전 때는 일본군 장교였으며, 1천 명 국민협의회의 대통령 간접선거로 31년 장기독재했고, 1967년 집권 이후 수출주도 경제개발 정책으로 연평균 성장률 7%의 고속성장을 했지만, 1998년 아시아 외환위기 때 반정부시위로 물러났다. 수하르토는 가족의 배를 불리는 데 국가권력을 적극 활용한 금권유착의 챔피언이었다는 점에서 분명 박정희와는 다르다. 재임 중 여섯 자녀가 TV방송, 은행, 제약업, 제지회사, 항공, 통신, 호텔, 쇼핑몰, 자동차, 택시운수에 걸쳐 약 100개의 기업체를 거느렸고, 외환위기로 IMF 구제금융을 받을 때 IMF의 요구가 수하르토 일가의 자산 관리와 상충되어 협상에 난항을 겪었다. 국제투명성기구(TI)는 2004년 수하르토를 '20세기 가장 부패한 정치인'으로 뽑았다.

장군 출신으로 가장 성공적인 정치인은 터키의 무스타파 케말 아타튀르크, 일명 케말 파샤일 것이다. 터키의 국부(國父), '건국의 아버지'로 불리고 지금 터키의 모든 지폐에 들어 있는 얼굴이다. 그는 1차대전의 여러 전투를 승리로 이끌고 그리스 등 이웃나라의 침공을 막아내 '파샤(지도자)' 칭호를 얻은 전쟁영웅이었고, 1908년 스물여덟 살 때 청년투르크당 소속의 군 사령관으로 쿠데타를 일으켜 새로운 술탄을 앉히면서 의회를 구성하고 입헌군주제를 도입했으며, 1923년 500년 술탄의 제국을 종식시키고 공화정을 수립해 초대 대통령이 되었다. 쿠데타라기보다 15년에 걸친 점진적인 혁명이었다. 그는 정치와 종교를 분리했고 일부다처제를 폐지하고 여성에게 교육 및 선거권을 부여했고 터키 문자를 아랍 문자에서 로마자로 바꾸었다. 그의 근대화 정책으로 터키 사람들이 '성(姓)'을 갖게 되었고 이때 그가 얻은 성 '아타튀르크'는 '터키의 아버지'라는 뜻이다.

박정희의 자리는 수하르토와 케말 파샤 사이 어디쯤일 것이다. 물론 그가 케말 파샤처럼 외적으로부터 나라를 지킨 전쟁영웅이었다면, 관동군이 아니라 광복군이었다면 더 좋았을 것이다. 하지만 수하르토처럼 정치 혼란을 틈타 국가권력을 찬탈해 자신과 일가의 권력과 부를 꾀한 사리사욕의 인물이 아니었던 건 분명하다. 그에게는 일정한 정도의 공명정대함이 있었다.

4. 박정희 신화, PRO vs CON

박정희는 건국 이후 한국의 정치 지도자 가운데 가장 오래 집권했고 또 공과가 뚜렷한 만큼 논쟁적인 인물이다. 지지하거나 비판하는 책들이 끊임없이 쓰여지고, 탄생 100주년인 2017년 무렵 그를 숭배하는 책이 잇따라 출판됐다.

지금 박정희 신화를 쓰는 이들은 2000년 이후의 한국 민주주의가 마땅찮은 사람들이다. 그들은 국가를 군대처럼 일사분란하게 통치하던 시대를 그리워한다. 그들은 민주주의 정부는 문약하고 무능하다고 생각한다. 언론이 대통령을 함부로 욕하고 국민은 저 잘났다고 제각기 떠든다.

박정희를 그리워하는 이들은 고도성장 시대를 에덴동산으로 여긴다. 흔히 자본주의의 전성기라고 불리는 2차대전 후 30년간의 세계경제가 두 번의 군사정권에는 행운이었다. 오일쇼크라는 장애물이 등장하기도 했지만 전반적으로 서방세계 자본주의 국가들이 활황을 누렸고 아시아경제가 급팽창했다. 아시아가 전례 없는 외환위기로 급팽창의 부메랑을 맞고 아시아 여러 나라가 IMF로 돈 꾸러 달려갔던 1997년, 김영삼 정부와 경제관료들이 너무 안이하기도 했지만 이 정부가 불운했던 것도 사실이다.

이제 박정희 아니라 박정희 할아버지가 살아나도 그 신나는 개발시대로 돌아가지는 못한다. 고속도로를 닦고 항만을 건설하고 댐을 만들고 공장을 지으면서 1인당 GDP 100달러를 1천 달러로 끌어올리던 개발시대의 속도감은 재현될 수 없다.

한국을 포함해 일정한 발전 단계에 도달한 선진 자본주의가 전체적으로 저성장 시대로 진입한 다음, 2000년 이후에는 국가운영도 점점 까다로운 것이 되어가고 있다. 개발시대 경제 정책이 덧셈

뺄셈의 사칙연산이었다면 이제는 미적분의 고등수학으로 난이도가 훅 뛰어버렸다. 사무자동화와 4차 산업혁명과 맞물리면서 실업 문제는 점점 심각해지겠지만 힘으로 밀어붙이는 개발시대의 리더십이 다룰 수 있는 문제가 아니다.

박정희 시대를 그리워하는 사람들조차 그 리더십이 그 척척한 디테일들과 함께 돌아오길 원하지는 않을 것이다. 지금의 일반적인 시민들은 이것들 중 어느 하나라도 용납하려 하지 않을 것이다. 대학생 고문치사나 강제입대, 의문사, 내란음모 조작과 간첩 조작, 긴급조치나 비상계엄령, 대학 휴교령, 영장 없는 체포와 압수수색, 행인의 가방을 열어보는 불심검문과 임의동행, 남영동 대공분실, 중앙정보부, 국가원수모독죄, 교련수업, 구사대와 백골단, 야간통행 금지, 신문사와 대학에 정보기관원 출입, 정치 성향에 따른 신문기자 대량해고, 신문의 사전검열, 영화의 가위질 심의, 상영금지, 출판금지, 방송금지, 출연금지, 대통령 찬가, 대통령의 국회의원 1/3 지명권, 대통령 간접선거, 야당 지도자 납치….

특히 인혁당이나 수많은 간첩 조작과 의문사 사건들은 그 세부 내용이 너무나 잔인하고 참혹해서 박정희 쿠데타의 명분을 인정해준다 해도 그 통치방식까지 승인하기는 어렵다. 어쩌면 박정희 시대에 대해 1960년대의 성공과 1970년대의 실패를 구분하는 것이 옳을지 모른다. 1960년대는 분명 근대화가 이슈였으나 1970년대엔 절대화한 권력을 유지하는 것이 이슈가 되었다. 절대권력은 달리는 호랑이 등에 올라탄 것에 비유된다. 등에서 내려오면 잡아먹힐 것이고 계속 달리는 수밖에 없는 것이다.

밀레니엄의 시대에 장군의 통치를 그리워하는 것은 가을에 철지난 봄노래를 부르는 것이다. 언론은 입을 막아놓고 국회는 들러리로 세우고 수사기관과 정보기관을 초법적으로 사용하면서 손쉬운 통치를 할 수 있던 시대는 지났다. 과거에 목숨 걸었던 양심선언이나 내부고발이 지금은 SNS의 일상이다. 태어난 아이를 자궁 속에 도로 집어넣듯이 스마트폰과 인터넷을 없애고 정보통신의 구석기 시대로 돌아가지 않는 한, 정치인들이 동네북이 되는 건 피할 수 없다. 카리스마적 지도자에 대한 향수는 빨리 접는 것이 옳다.

하버드 박사로 외국 대사를 지냈고 지금은 태극기부대 시위에 나가는 한 원로는 개인적인 자리에서 "박정희 때는 질서가 있었다. 지금 같은 전쟁판이 아니었다"고 했다. 그는 "질서"를 흔들고 "지금 같은 전쟁판"을 만드는 게 자신이라는 점을 의식하지 못하고 있다. 하나의 절대권력과 '과잉동조자'들로 이루어진 세계로 돌아가고 싶은 마음은 파시즘 깃발 아래 숨었던 나치 시대 독일인들의 도피 심리와 같은 것이다.

전체주의는 최고권력만이 생각과 판단을 갖고 있는 톱다운(Top-down)방식, 민주주의는 모두가 자기 생각과 판단을 갖고 있는 바텀업(Bottom-up)방식이다. 민주주의가 이상적인 제도에 더 가까운 것은 그것이 사람의 본성에 더 가깝기 때문이다. 다만 민주주의가 전체주의보다 압도적으로 우월한 것은 민주주의의 규범과 상식을 공유하는 개인들이 운영할 때에 한해서다.

지난 시대를 보내는 '매너'에 대해 다시 생각할 필요가 있다. 박정희에 대한 평가도 숭배와 저주로 양극화돼 있는데 그것은 한국 사회의 미래에 전혀 도움이 되지 않는다. 역사로부터 배우는 것이 아니라 역사가 갈등의 소재로 남을 뿐이다.

　공산주의 중국의 초기 마오쩌둥 시대가 막을 내린 다음 마오이즘을 뒤집으면서 실용주의 현대화 노선을 선언한 덩샤오핑은 그 자신 박해당하고 숙청당한 악연이 있었지만 마오에 대한 평가를 '공칠과삼(功七過三, 공이 7 과가 3)'이라는 말로 정리했다. 마오쩌둥 시대와 확실히 선을 그으면서도 마오쩌둥 격하운동이 일으킬 혼란을 예방했던 것이다. 박정희의 후임자들 중에 진보든 보수든 어떤 대통령이 "그의 공이 70%, 과가 30%"라고 말할 수 있다면 우리가 마침내 한 논란의 시대를 졸업하고 있다는 증거가 될 것이다.

8. 고대 그리스와 로마
-민주주의에 대한 최초의 상상력

민주주의란 공동의 욕망이라는 공동체의 목표를 공동으로 추구하는 기술이다. 그리스와 로마는 2~3000년 전에 그 기술을 개발하고 실험했던 사회였다. '로마에 가면 로마법을 따르라'는 속담은 '현지의 관습과 문화를 존중하라'는 뜻으로 흔히 이해되지만 실제로는 동시대 다른 지역에 비해 로마가 너무 달랐다는 뜻이기도 하다. 민주주의제도의 원형들이 그곳에 있었고 민주주의 이상에 대한 시행착오들을 보여준다. (이 장은 시오노 나나미의 《로마인 이야기》를 상당 부분 참고했음을 밝혀둔다.)

I. 로마, 공화정의 탄생 —————————————————

로마가 로물루스 이후 7대에 걸친 왕정을 끝내고 공화정으로 넘어오게 된 계기는 7대 왕 '오만한 타르퀴니우스'의 폭정이었다. 로마의 왕정(BC 753~509년)은 특별해서 왕을 민회에서 뽑았고 종신이지만 세습하지 않았으며 마지막 왕 두 사람을 빼고는 모두 지혜롭고 장수해서 244년 동안 특별한 도시국가 로마의 기본을 세웠다. 로마인들의 민주주의적 상상력이 여러 도시국가 가운데서 로마를 출중하게 만든 것이다. 하지만 권력을 독점한 개인이 사악하고 탐욕스런 인간일 때 속수무책인 것이 왕정이다.

공화정은 민회에서 집정관 두 명을 뽑아 1년씩 통치하게 했는데 500년 로마 공화정을 가져온 이 혁명을 이끈 인물이 제1대 집정관 브루투스였다(시저, 그러니까 카이사르 암살단의 일원이었던 브루투스와는 다른 인물). 추방당한 마지막 왕은 해외에서 세력을 모으며 국내 침공을 기도했고, 프랑스혁명처럼 이때도 반혁명이 있었다. 왕정복고를 모의한 청년들 중엔 브루투스의 두 아들도 있었는데, 청년들이 피고석에 섰을 때 민회의 몇 사람이 추방형을 제안했으나 브루투스는 처형을 명령했고, 두 아들은 쓰러질 때까지 채찍질 당한 다음 끌려나가 도끼로 목이 잘렸다.

그 후 타르퀴니우스의 군대가 쳐들어왔을 때 집정관 브루투스는 전쟁에 나가 전사한다. 브루투스의 장례식은 국장으로 치러졌고 로마 여인들은 아버지가 죽었을 때처럼 1년 동안 상복을 입었다. 타르퀴니우스는 몇 번 더 로마를 쳐들어오다가 잠잠해졌다.

II. 호민관과 독재관, 권력의 분산이 필요할 때와 독점이 필요할 때 ——

첫 세기에 공화정은 신축 중인 건물과 같아서 끊임없이 설계가 바뀌었다. 의회의 상원에 해당하는 원로원과 하원인 민회는 처음부터 끝까지 존속했지만, 행정부 체제는 계속 바뀌었다.

귀족만 집정관이 될 수 있었던 것이 공화국 초기, 그래서 평민들을 대변하고 집정관에 대해 비토권을 갖는 '호민관'을 신설했다. 또 국가변란 때는 집정관 두 명의 합의제가 기동성을 갖기 어려워 위기대응 체제로 도입한 게 '1인 독재관' 제도였다. 6개월 임기의 독재관은 주로 전쟁이나 전염병, 또는 평민과 귀족의 대결 같은 갈등상황이 장기화할 때 옹립됐다.

일생에 다섯 번 독재관에 뽑힌 카밀루스라는 인물이 있다. 병법에 뛰어난 장군이었던 그는 정치갈등으로 추방당했는데, 로마인들은 BC 390년 7개월간 켈트족에게 점령당하는 수모를 겪고 금괴 300kg을 바쳐서 해방되자마자 그를 독재관으로 불러들였다. 이후 그는 전쟁 때마다 독재관을 맡아 연전연승했고 네 마리 백마가 끄는 마차를 타고 로마의 개선문을 통과하는 개선식을 네 번 치렀다.

이민족의 강제점령으로 초토화된 로마는 대대적인 개혁 정책을 취해 집정관을 비롯한 모든 요직을 평민에게 개방하고 귀족가문 대표들의 모임인 원로원도 능력과 경력으로 충원했는데, 이것이 더욱 강성한 로마를 재건하는 토대가 되었다. 위기는 기회이고 파괴는 건설의 어머니라지만, 아무나 위기를 기회로 만들고 잿더미에서 재건할 수 있는 건 아니다.

III. 독재에 대한 불안, 도편추방제 ─────────

도시국가 아테네가 왕정에서 귀족정을 거쳐 민주정에 도착한 것은 BC 510년이었다. 이른바 '클레이스테네스의 개혁'인데 '데모스(민중)'에 의한 정치 체제라 해서 '데모크라티아(민주주의)'라 불렸다. 민회에서 뽑힌 임기 1년의 국가전략담당관 '스트라테고' 열 명이 내각을 이루고 구역별 추첨으로 뽑힌 500명이 행정부가 되는데 이때 생겨난 제도가 '도편추방제(陶片追放制)'다. 민회에서 아테네 민주주의에 위협이 될 인물을 도자기 조각에 적어 내는데 6천 개를 받으면 10년간 추방되는 탄핵제도였다. 6천은 민회 참석자의 과반수에 해당했다. 페이시스트라토스의 2대에 걸친 독재를 겪은 아테네 사람들이 독재자의 탄생을 예방하겠다고 만든 제도다.

도편추방제는 처음엔 본래 취지대로 굴러갔지만 점차 정적 제거 수단으로 변질된 끝에 100년 만에 폐지된다. 군인이자 정치인이었던 투키디데스는 페리클레스와 대립하다 추방당한 후 망명지에서 《펠로폰네소스 전쟁사》를 집필해 역사학자로 이름을 남겼다. 마지막 도편추방자였던 히페르볼루스는 펠로폰네소스전쟁 와중에 극한 대립한 강경파와 온건파의 수뇌 둘을 겨냥해 도편추방을 공작했다가 둘의 역공작에 말려 자신이 추방됐다.

로마도 비슷한 추방제가 있었는데, 멀쩡한 정치인을 날려버리는 포퓰리즘 선동의 장이 되기도 하고 정치갈등을 푸는 열쇠가 되기도 했다. 대중도 변덕스럽고 현실도 변덕스러워서 정치인을 쫓아버렸다가 다급해지면 아쉬워서 다시 불러들이곤 했다.

IV. 진보 정치가의 두 타입,
아테네의 페리클레스와 로마의 그라쿠스 형제 ─────

태평성대를 누린 '정치 9단' 페리클레스와 단명한 비운의 개혁가
그라쿠스 형제.

아테네에서 페리클레스의 시대인 BC 457~429년 사이 30년은
아테네 민주주의의 절정기이자 문화예술의 황금기였다. 그리스 철
학의 요람이 이오니아에서 아테네로 옮겨온 것이 이 시기였다. 펠
로폰네소스전쟁에서 스파르타에 패해 쇠락의 길로 접어들기 직전,
'시들기 전의 만발한 꽃'과 같던 시기였다.

페리클레스는 명문귀족 출신의 백만장자였지만 민중파의 지지
로 정계에 진출한 진보 정치인이었고 30년 동안 거의 해마다 스트
레타고에 선출되고 의장을 맡아 아테네의 1인자로 군림했다. 민주
주의를 포식한 아테네나 로마 시민들은 지도자 한 사람의 권한이
비대해지는 걸 용납하지 않았고 자유로운 만큼 변덕도 심했다. 그
럼에도 매년 다시 선출됐으니, 경쟁 상대가 될만한 정적이 없었다
는 얘기다. 귀족이나 평민이나 모두 페리클레스가 자기편이라 믿
었는데, 그는 해상무역을 보호해 부자들의 환심을 사는 한편 신분
차별을 철폐해 평민들의 인기를 얻었다. 급하면 돈으로 표를 사 모
으기도 하고 정적들 여럿을 도편추방으로 보내버렸던 권모술수의
대가였다. 유명한 웅변가로서 필요할 땐 포퓰리스트의 재능을 발
휘하기도 했다. 페르시아전쟁으로 파괴된 아크로폴리스에 파르테
논신전을 지을 때 예산낭비라는 비판이 일자 그는 "남은 공사는 내

개인 재산으로 하겠다. 대신 신전에 내 이름을 새겨 넣겠다"고 해서 시비를 잠재웠다.

하지만 페리클레스 시대는 호전적인 스파르타가 아테네 패권에 도전해오면서 전쟁이 잇따랐던 시기였다. 전쟁 때마다 그는 총사령관으로 전쟁에 나갔고 아테네 내정은 전쟁을 둘러싸고 강경파와 온건파가 싸우느라 시끌벅적했다. 그는 끊임없이 정치공세와 법정다툼에 시달렸는데 정적들은 페리클레스를 겨냥해 측근들을 걸고 넘어졌다. 그의 측근들은 횡령 또는 권력남용, 성추문 따위로 기소됐고 아테네의 건설계획 책임자였던 페이디아스는 감옥에서 죽었다. "태양은 불타는 돌덩어리"라 했던 아낙사고라스는 페리클레스의 절친이었는데 신에 대한 불경죄로 고발당해 아테네에서 추방됐다. BC 430년 여름, 아테네에 전염병이 돌고 민심이 흉흉해지자 정적들이 총공세를 폈고 그는 스트레타고직을 박탈당했다가 다음 해 다시 선출되지만 역병으로 세상을 떠난다. 개혁가이면서도 영리하고 노회했던 한 정치인의 손에서 몰락 직전의 아테네가 전성기를 맞았던 것이다.

한편, 로마 공화정 말기의 개혁가 그라쿠스 형제가 있다. 호민관이었던 형제는 귀족계급의 재산과 특권을 정조준했다가 원로원의 철퇴를 맞아 차례로 희생됐다. 아버지는 평민 출신 집정관이었고 어머니는 포에니전쟁의 영웅 스키피오의 딸이었으니 그라쿠스 형제는 귀족적인 환경에서 자랐지만 평민계급의 대변인이 되는 쪽을 택했다.

BC 133년에 네 명의 호민관 중 하나가 된 형 티베리우스 그라쿠스는 '농지 소유 상한제'를 도입한다. 귀족들은 국유지 임차면적이 보통 농민들의 10배 20배 이상이고 친척이나 해방노예의 이름으로 농지를 차명하는 것도 다반사였다. 한도 이상의 토지와 부정임차 농지를 환수해 무산자와 자작농에게 분배하는 이 법은 무산자들을 자영농으로 복귀시키고 실업자를 구제하고 군사력을 보강할 수 있는 방안이라 원로원도 대놓고 반대할 명분이 없었다. 하지만 식민지 통치 등 원로원의 특권이 잇따라 도전받게 되자 원로원이 결집, 그라쿠스가 재선에 도전한 호민관 선거날 최고제사장과 원로원 의원들이 하인, 노예들을 몰고 투표장으로 쳐들어갔다. 티베리우스는 300명의 개혁파들과 함께 살해돼 시신이 테베레강에 버려졌다. 로마 공화정이 시작된 이래 최초의 유혈사태였고 호민관이 살해되는 일도 처음이었다. 원로원은 평민층의 분노를 가라앉히기 위해 최고제사장을 해외추방했다.

다시 10년 뒤인 BC 123년, 동생 가이우스 그라쿠스가 호민관에 선출됐고 연임에 성공했다. 하지만 그가 그동안 유명무실해진 농지법을 되살리고 나아가 귀족계급에 유리한 투표방식을 바꾸는 선거제도개혁, 식민지민의 지위에 관한 시민권개혁까지 로마 사회의 구조를 손보는 단계에 이르자 원로원은 반(反) 그라쿠스 전투태세를 갖췄다. 그리고 개혁파와 보수파 사이의 우발적인 살인 사건을 빌미로 '비상사태'를 선언하는데, 이제 반역자와 폭도는 재판 없이 죽여도 됐다. 집정관은 군대를 동원해 그라쿠스 지지자들 학살에 나섰고 희생자는 3천 명에 이르렀다. 가이우스 그라쿠스의 머리는 로마의 포로로마노언덕 위에 내걸렸고 몸뚱이는 형처럼 테베레강에 던져졌다. 원로원은 여세를 몰아 '잃어버린 10년'을 되찾겠다고 나섰고 농지법을 비롯해 그라쿠스 형제가 추진한 정책들은 모조리 폐지되었다.

그라쿠스 형제는 '최초의 사회주의자'라 불린다. 당시 호민관은 임기가 끝나면 당연직 원로원 의원이 되고 그것이 평민들의 출세 코스였다. 하지만 형제는 그런 길을 가지 않았다.

티베리우스가 호민관이 되던 해에 시칠리아 노예들이 반란을 일으켰고 노예 검투사 스파르타쿠스의 반란이 그 50년 뒤였다. 로마가 해외로 영토를 확장하면서 귀족들은 더 부자가 되었고 노예가 늘어나고 계급갈등은 심해졌다. 귀족들의 부패와 사치, 사회 혼란과 폭력이 공화정의 말기적 증세였다.

형제는 무엇이 문제인지 알았고 목표가 분명했으며 독재자라는 비난에 흔들리지 않았고 반발은 정면돌파했다. 성급해 보였던 건, 연임한다 해도 임기 2년, 시간이 촉박한 때문이었을 것이다. 너무나 올바른 길이었지만 방법이 틀렸던 건지도 몰랐다. 둘 다 서른 남짓 젊은 나이에 비극적인 최후를 맞았다.

그라쿠스 형제의 농지법은 훗날 거의 그대로 카이사르에 의해 실현된다. 60년 뒤인 BC 59년이었다. 갈리아전쟁의 영웅 카이사르가 집정관이 되자마자 폼페이우스, 크라수스의 강력한 삼두 체제를 등에 업고 첫 번째로 취한 조치였다.

V. 불완전한 인간, 불완전한 민주주의 ─────────

인간의 합리적 이성이 창안할 수 있는 최선의 시스템에 다가가려 했던, 100만에 못 미치는 인구가 집단지성의 승리를 보여주기도 했던 고대 도시국가, 공화정 시대의 로마. 그러나 지중해 패권을 장악한 스키피오에 이어 권역이 북해까지 뻗쳤던 카이사르 시대를 거치면서 로마는 제국의 수도가 되었고 늘 어딘가에선 전쟁이 벌어지는 거대한 영토와 전장에서 돌아온 영웅들의 권력투쟁으로 들썩이는 사회를 운영하려면 강력한 제왕의 통치가 필요하게 되었다.

공화주의자였던 옥타비아누스에게 로마인들이 절대권력을 떠안기다시피 해서 아우구스투스 황제가 되어 로마제국이 탄생한 것이 BC 27년. 제정 아래서 개인은 무력하고 시스템이 중요해졌으며 아우구스투스 같은 현자만 황제가 되는 것이 아니어서 폭군의 횡포에 속수무책으로 당하기도 하는 시대가 되었다. 작은 맛집이 소문나서 집 넓히고 신장개업하면서 초심을 잃게 되는 이치.

로마의 역사에서도 우리는 어떤 한 개인 안에 들어 있는 위대함과 비범함에 놀라곤 한다. 지혜, 지식, 용기, 야망, 선량함, 인내심 가운데 어느 하나만으론 위대해질 수 없다. 다음 시대를 건너다보는 안목과 당대의 혼돈을 뚫고 문제의 본질을 보는 통찰력, 현실의 장애를 돌파하는 용기, 사적인 이익 챙기기를 부끄러워하는 공명정대함을 다 가졌다 해도 느린 시간을 견디고 모욕을 참아내지 못한다면 위대함에 이를 수 없다.

하지만 사람이 사람한테 얼마나 못할 짓 하는지를 발견하게 해주는 것 또한 역사다. 사악함과 잔인함의 파노라마가 전시되는 장소. 태양 가까이에서 녹아버리는 이카로스의 날개처럼 사람의 평정심도 파라핀 같이 녹기 쉬워서 권력의 핵심에 다가갈수록, 피라미드의 꼭대기로 올라갈수록, 시기와 질투가 살기등등해지고 복수혈전이 뜨거워진다. 음모를 꾸며 정적을 궁지로 몰고, 무고한 사람에게 누명을 씌워 대중과 이간질하고, 전쟁에 내보내놓고 후방에서 모함하고, 감옥에 보내고 추방하거나 목숨을 빼앗는데, 가혹한 짓은 복수를 부르게 마련이다. 만들어진 추문들이 정치인들을 괴롭히지만 그걸 만들어내는 것도 정치인들이다. 위기와 혼란은 광기를 부추기고 대중은 열광과 변덕으로 조응한다. 지성적인 사람들조차 당대의 어리석음에서 자유롭지는 못하다.

스키피오 아프리카누스는 적들로부터 여러 번 로마를 구했지만 500달란트 횡령혐의로 탄핵당하고 로마를 떠나 은둔한다. 하지만 전쟁영웅을 끌어내리는 데 만족하지 않고 충분히 수모를 주고 싶었던 사람들은 그를 은둔지에서 끌어내 법정에 세우려 했다. 스키피오는 이듬해 52세로 세상을 떠났고 무고한 누명이었음이 밝혀진 건 2년 뒤였다. 그가 로마 영내의 가족묘지에 묻히지 않은 걸 본 사람들의 창작이었을 테지만, "배은망덕한 조국이여, 그대는 나의 뼈를 갖지 못할 것이다"라는 유언이 유명하다.

VI. 해 아래 영원한 것은 없나니 ——————————

기원전 로마는 주변 '야만족'들의 침입을 받기도 했고 정벌에 나서기도 했다. 그 야만족이 이탈리아 북쪽의 게르만족, 갈리아인, 켈트족, 그러니까 지금의 영국, 독일, 프랑스인들이었다. 갈리아전쟁 때 로마군은 게르만족의 큰 키에 주눅 들었지만 게르만족은 카이사르가 라인강에 나무로 다리를 놓는 걸 보고는 항복했다. 교각이라는 건 아직 게르만족은 본 적 없는 물건이었다. 카이사르가 처음 브리타니아에 들어갔던 BC 1세기의 영국은 상인들도 드나들지 않던 오지였다.

기원전 로마의 기준으로 그리스나 북아프리카나 에스파냐는 지중해 문명권이었다.

지금 북아프리카 튀니지의 영토인 고대 도시 카르타고는 700년 역사의 강성한 도시국가였지만 '포에니전쟁'이라 불리는 120년에 걸친 로마와의 패권다툼에 패해 지구상에서 사라졌다. 로마는 일단 전쟁이 끝나면 상대국을 존중하고 동맹을 맺거나 식민지라도 가혹하게 다루지는 않았고 그것이 융성했던 '팍스 로마나'의 비결이었다.

카르타고의 한니발 장군은 지중해 연안을 빙 돌아 코끼리 32마리 군단을 이끌고 알프스산을 넘어와 로마 집정관 열 명을 전사시키며 17년 동안 이탈리아를 쑥밭으로 만들었지만 결국 스키피오 아프리카누스의 로마군에 항복했을 때 로마는 카르타고를 자치국으로 남겨두고 로마동맹의 일원으로 대우했다. 하지만 카르타고가 주변국을 침략하고 강화조약을 여러 번 어겼을 때 로마는 카르타고라는 도시와 사람을 절멸시켜버리기로 했다. 건물은 모조리 파괴하고 돌과 흙만 남은 지표면을 가래로 고른 다음 소금을 뿌렸고 시민은 아이들까지 5만 명이 노예가 되었다.

시오노 나나미의 《로마인 이야기》는 카르타고 멸망의 현장에 입회했던 역사학자 폴리비오스의 증언에 기대어 점령군 총사령관 스키피오 아이밀리아누스(스키피오 아프리카누스의 양손자)가 적국의 이런 운명을 바라보며 눈물을 흘렸다고 썼다. "그는 비록 승자였지만 인간만이 아니라 도시와 국가, 그리고 제국도 언젠가는 멸망할 운명을 짊어지고 있다는 사실을 생각지 않을 수 없었으리라. 트로이, 아시리아, 페르시아, 그리고 20년 전의 마케도니아 왕국에서. 번성하는 자는 반드시 쇠퇴한다는 것을 역사는 인간에게 보여주었다."

그렇게 문명의 중심은 돌고 돈다는 것. 런던 대영제국박물관, 파리 루브르박물관은 자신들에게 문명이랄 것이 없었던 기원전의 빈칸에 페르시아나 그리스, 이집트에서 약탈해온 유물들을 채워 넣었다. 파르테논신전의 기둥부터 이집트 피라미드에서 도굴한 파라오의 시체들까지. 독일에서 가장 인기 있는 베를린 페르가몬박물관은 지금은 터키에 속하는 페르가몬이라는 고대 그리스 도시를 거의 통째로 뜯어오다시피 가져다 놓았다.

9. 무질서를 참기보다
부정의를 택하겠다?

에리히 프롬의 《자유로부터의 도피》(1941)는 계급과 부와 명예와 그 모든 가치들이 시장에 나와 있는 현대 사회에서 개인이 갖는 '열정과 불안'에 대해 이야기한다. 서양의 중세나 우리 봉건시대에 사람은 고정된 지위를 가지고 태어나 평생 그 범위 안에서 살다 갔다. 지정된 역할이 있을 뿐 선택의 자유가 없고, 사회 규범이 인격을 규정할 뿐 고유한 개인은 없었다. 하지만 근대 이후엔 삶의 모든 조건이 선택의 대상이자 쟁취의 대상이 되었다. 자유가 늘어나면 불안도 늘어나고, 불안의 크기는 욕망의 크기에 비례한다. 시장 속에 홀로 던져진 인간은 고독하다. 에리히 프롬은 독일인들이 자유와 불안과 고독으로부터 도피해 나치의 깃발 아래로 달려갔다고 보았다.

반면, 프랑스인들의 선택은 달랐다. 집단주의 가치로부터 놓여난 개인의 정신적 아노미가 자살을 부른다고 에밀 뒤르켐은 말했지만, 프랑스인들은 자살 대신 혁명을 택했다. 과거엔 생각할 필요도 없었던 계급과 부와 명예에 대한 복잡한 상상들, 자유와 불안의 에너지로 뭉친 것이 프랑스혁명이었다.

"나는 무질서를 참기보다 부정의를 택하겠다." 독일 작가 괴테의 유명한 '법철학적' 선언은 혁명 이후의 프랑스를 옆 나라인 독일에서 바라보는 소회였지 싶다. 괴테가 마흔 살 때 프랑스혁명이 시작됐다. 신과 인간에 대해 새롭게 이해하기 시작하면서 절대왕정과 신분계급제에 더 이상 동조할 수 없게 된 프랑스인들은 자신들에게 합당한 새로운 체제를 원했다. 하지만 혁명이 프랑스에 민주주의를 가져다준 것은, 국민들이 서로 죽고 죽이고 정치인들이 줄줄이 기요틴 아래 목이 날아가고 100년에 걸쳐 혁명과 반혁명의 혼돈을 통과한 다음이었다. 우리는 '프랑스혁명이 일어난 해?'라는 문제에 '1789년'이라고 정답을 쓰도록 배웠지만 수천 년 군주제를 민주주의로 바꾸는 혁명은 한 해의 사건이 아니라 1세기에 걸친 길고도 험난한 과정이었다. 프랑스혁명 이후 혁명의 피로감과 반혁명의 혼란 속에서 루이 14세 시절을 그리워하는 파리 시민들도 있었다. 혁명 이후에 어떤 일이 일어날지 미리 알았다면 파리 시민들은 바스티유로 쳐들어가지 않았을 것이라고, 역사는 그 일회성 때문에 발전한다고 역사학자 E. H. 카는 말했다. 그 '레미제라블'의 시대를 통과하면서 프랑스인들은 조금씩 더 나은 민주주의로 가는 법을 터득했다.

그리고 1세기가 지난 다음 히틀러의 나치가 출현했을 때 괴테의 후예들은 '무질서'보다 '부정의'를 택했다.

질서란 무엇일까. 모두에게 공정한 질서가 존재하는 것일까. 올더스 헉슬리의 《멋진 신세계》(1932)는 계급인간으로 설계되어 태어나는, 완전한 '질서'의 신세계를 보여준다. 계급에 맞게 욕망의 사이즈가 미리 정해져 있다면 그것도 유토피아일 것이다. 기회들이 열려 있는 사회에서 욕망은, 잡으려는 기회와 놓쳐버린 기회 사이에서 쉬지 않고 출렁인다. 게다가 불평등한 기회가 좌절감지수를 높인다. 눈앞에 '슈퍼리치'들이 지나가고 누군가 대박 났다는 소문이 들려온다.

자본주의제도와 민주주의제도는 자신이 공정하다는 것을 끊임없이 대중에게 설득하려 한다. 더 가진 사람은 그만한 자격이 있다고, 부자가 잘사는 건 그만큼 노력해서이고 못사는 건 게을러서라고, 말하자면 '공정성 가설'이다. 공정성 가설을 믿지 않는 사람들은 제도를 비판하고 구조에 대해 문제제기한다. 반면 공정함을 믿는 사람들은 마음의 평화를 얻지만 그 믿음이 깨질 때 히스테리컬해진다. 자기 아이를 밀쳐두고 주인댁 아이에게 젖을 물리는 유모의 딜레마는 그 질서의 정당성을 인정하느냐 마느냐에 달린 것이다.

역사는 지금의 질서를 공정하다고 믿는 사람들과 공정하지 않다고 생각하는 사람들 사이의 '밀당'의 과정이다. 그것을 통해 인류가 진화해왔다. 당대의 규범에 순응하는 사람들만 있으면 발전이 없고, 규범을 치고 나가는 사람만 있으면 카오스가 된다. 조직 내에 '아니요'라고 말하는 한 사람이 없어서 벌어진 나쁜 일들도 많다. '아니요'라고 말하는 사람들, 동조보다 일탈의 힘이 압도적으로 강할 때 혁명이 일어난다. 동조와 비동조, 순응과 일탈은 각기 다른 방식으로 사회의 발전에 기여한다. 그것은 진보와 보수의 역할이기도 하다.

10. 상식을 공유하는 중간지대

내가 우울했던 이유는, 이번 총선에서 대한민국 국민들은 본말전도의 막장을 관람했는데 선거가 끝나자 모두들 승패에 대해서만 이야기하고 있는 것이다. 가치지향이 분명한 작은 정당들에게 국회를 열어주자고 연동형 비례대표제 선거개혁 논의가 시작된 것이 여러 해 전인데 준연동형이라는 애매한 이름만 남고 비례의석은 하나도 안 늘고 득표수 계산법은 보통의 유권자들이 해독할 수 없는 복잡한 산식을 만들어놓은 것이 선거제도개혁이라고 양대 정당이 한 일이다. 일찍이 들어본 적 없는 신조어, 비례정당. 법을 만드는 사람들이 법의 약점을 악용하는 모범을 보였다. 결과는 거대 양당이 더 비대해지고 군소 정당은 더 낄 자리가 없는 국회가 됐다.

네덜란드에는 13개 정당이 있다 한다. 길고양이들의 생존권에 늘 마음이 쓰이는 나는 네덜란드 의회에 5석을 가진 동물당이 한국에도 생기면 열심히 당비를 내고 당원 활동할 생각이 있다. 이번 총선은 승패와 상관없이 한국의회 정치의 비전을 퇴행시켰다.

예전에 내 친구가 햄스터를 키웠다. 암수 한 쌍을 키웠는데 어느 날 아침 일어나보니 케이지에 수놈 한 마리만 눈을 반들거리며 앉아 있었다. 암놈을 잡아먹고 비대해진 몸으로. 이번 총선에서 정치를 '악다구니'로 아는 인사들이 여럿 사라진 것은 후련했지만 개표 결과 뉴스를 볼 때 오래전의 그 햄스터 이야기가 떠올랐다.

— 조선희, 페이스북, 2020년 4월 23일

독일식 연동형 비례대표제에 대한 이야기가 나온 건 노무현 정부 때부터이고, 이 같은 선거제도개혁을 제안한 사람들 가운데 한 명인 손학규 씨는 "우리나라 정치구도가 바뀌어야 한다. 거대양당제 극한 대결의 정치는 이제 끝내고 다당제로 민주주의 연합 정치를 펴야 한다"고 했다.

사회가 다원화하고 있는데 지금의 정당질서는 다원화한 생각들을 반영하는 구조가 아니다. 한국의 녹색당은 2012년 창당했지만 아직 의회 문턱을 넘어보지 못하고 있고, 진보정당은 2004년 국회에 진출했지만 한 명만 뽑는 소선거구제구조 속에서 생존 자체가 쉽지 않다. 여러 해 전 선거제도개혁 얘기가 나오면서 비례대표를 대폭 늘리고 소수 정당을 많이 진출시켜 다양한 이해관계들을 의회 정치로 수렴시키겠다고 할 때 '민주주의 멀미'를 앓는 많은 사람들이 의회 정치에 대한 새로운 기대를 품었다. 내각책임제나 분권형 대통령제와 같은 고강도 개혁도 아니고 연동형 비례대표제는 충분히 현실적인 대안으로 보였다. 하지만 거대 양당은 그것을 흐지부지 뭉갰고 최종에는 새누리당이 패스트트랙 저지 실력행사로 막다가 결국 비례정당이라는 편법을 들고 나오면서 선거제도 개악으로 마무리했다. 정치참여의 기회가 온 걸로 알고 창당한 소수파 정당들은 농락당했고, 그걸 지켜본 많은 사람들이 허탈감에 빠졌는데, 양당 정치의 수혜자들은 그것에 별 관심도 없어 보였다.

2000년 이후의 세계는 오른쪽이냐 왼쪽이냐 하는 좌우 이념에 들어 있지 않은 이슈들이 더 중요해지고 있다. 4차 산업혁명과 AI 와 실업, 지구온난화, 원자력발전, 수도권 중심과 지방 분산, 이 같은 밀레니엄 시대의 이슈들은 자본주의 체제를 그대로 두느냐 뒤집느냐와 같은 흑백대결이 아니라 여러 가지 다른 가치들 사이에 조정과 절충의 문제들이다. 이 문제를 다룰 때, 보수 정당이 대체로 기업이윤과 효율성과 기득권 쪽을 옹호하고 진보 쪽은 지속가능성과 기업-노동, 수도권-지방의 균형을 더 중요시한다.

한국 사회가 보수와 진보의 두 개 진영으로 갈라져 있다고 하지만, 그건 양대 정당의 대립이 전체 사회에 중계되고 정치와 언론의 목소리가 커서 그렇게 느껴지는 것이다. 흔히 콘크리트 진보 또는 콘크리트 보수라는 것이 각기 30%씩이라 해도 40%는 중간지대로 남아 있다. 또는 보수진영이거나 진보진영이라 해도 그들이 어떤 사안들에서 생각이 같고 판단 기준이 겹치면 그것이 건강한 상식의 중간지대이다.

서울대 사회학과 교수 이재열의《다시 태어난다면, 한국에서 살 겠습니까》(2019)는 "성공적인 사회 모델의 특징은 친노동 정권이 노동개혁에 앞서고 친자본 집단이 재분배에 앞서는 것"이라 했다. 그는 김대중 정권이 IMF 때 노조의 양보를 요구하고 대규모 구조 조정과 정리해고를 하고 노사정 협의제도를 갖춘 예를 들었다. 노 태우 정권이 북방 정책을 치고 나가고 소련 중국과 수교한 것도 마 찬가지다. 가령, 진보 정권이 부자과세를 한다고 할 때마다 계급적 반발에 부닥치는데, 부자과세는 보수 정권이 해주는 것이 성숙한 정치인 것이다.

대개의 정치 쟁점들이 조정과 절충을 필요로 하는데, 양극화 정 치와 양극화 미디어가 대중을 양극으로 분할하면서 중간지대를 사막화한다. 내용은 많이 섞여 있는데 액면으론 극단으로 갈린다. 과도하게 비대해지는 검찰권력을 견제하는 일은 좌우를 떠나 모 든 정권의 숙제이고 공권력에 희생당할 수 있는 모든 국민의 생존 권 문제다. 그런데 이것이 정쟁의 소재가 되는 순간 '예스와 노'의 이슈가 된다. 2019~2020년, 검찰이 다른 모든 현안들을 삼키는 블랙홀이 되면서 정치가 실종되고 정쟁만 남은 다음에는 대중은 화나 있지만 현안이 무엇인지는 다들 헷갈려 한다.

양극화에서 이득을 얻는 건 사회공동체가 아니라 극단주의세력 이다.《혐오사회》(2016)를 쓴 저널리스트 카롤린 엠케는 독일 사 회에서 미디어와 경찰이 난민 문제를 어떻게 다루는지, 어떻게 혐 오와 증오가 유포됐는지를 분석한다. 그는 시청률, 득표 수, 헤드라인, 베스트셀러, 그 무엇으로 이득을 챙기든 공포의 "부당이득자들"이 있고 그들이 "증오와 공포에 불을 붙이는 일에 누구보다 열심"이라고 했다. "증오하는 자에게는 자기확신이 있어야 한다. 한 점의 회의도 있어선 안 된다." '확신'이 언제나 문제다.

해방공간 3년의 시간을 잘못 써서 분단과 전쟁으로 달려갔던 일, 흥분해서 말아먹은 기회들을 우리는 기억한다. 증오로 분열되고 한쪽으로 쏠리면서 집단의 어리석음으로 역사를 망친 일이 한두 번이 아니다. 내분과 갈등이 누구에겐 이득이 되기도 하고, 우리가 전쟁해서 이웃나라의 배를 불렸던 일도 있었다.

모든 역사적인 비극은 자신을 절대선으로, 타인을 절대악으로 규정하는 데서 비롯된다고 한나 아렌트가 말했다. 인류 역사에서 얻을 수 있는 상식은 '절대선'은 없다는 것, 그리고 민주주의 사회의 유일한 규범은 '하나의 규범은 없다'는 것이다. 어느 집단 어느 개인에게나 통용되는, 5년 전 10년 전과 똑같은 그런 유일 불변의 규범은 없다. 내가 틀릴 수 있고 네가 옳은 점도 있을 거라는 생각에서 상식의 중간지대가 생겨난다. 중간지대는 큰 배의 평형수처럼 사회가 덜 흔들리도록, 침몰하지 않도록 중심을 잡아준다.

영국의 사회학자이자 정치가 앤서니 기든스는 신자유주의 시대, 공산권 몰락 이후 진보의 길을 이야기하는 책《제3의 길》(1998)에서 '적극적 중간(active middle)', '급진적 중도(radical middle)'의 개념을 사용했다. 고전적인 좌파의 가치에 생활정치(life politics)를 결합하는, 다시 말해 해방과 평등의 개념에 생태계, 노령화, 가족과 건강과 질병의 문제를 더하는 복지 사회에 대한 적극적인 태도와 급진적인 요구들이 필요하다는 것이다.

선거 때마다 이합집산하는 정당들 사이에서 줄타기하는 정치인들이 '중도'라는 단어를 오염시켜왔지만, 실제로 비전과 소신을 가진 중도의 자리가 만들어진다면, 그것이 마침내 한국 사회가 냉전 시대를 졸업했다는 얘기일 것이다.

역사에서 급진적인 1%만이 옳았던 때도 있었다. 그건 소수가 권력을 독점하고 의사소통의 자유가 없던 시대였다. 지금은 오른쪽이든 왼쪽이든 극단적인 사람들이 사회를 망친다. 중도가 왕따당하는 것이 아니라 울트라가 왕따되는 것이 상식적인 사회다.

중간파 내지 중도는 기회주의자나 변절자의 다른 이름이었던 시절이 있었다. 제국주의와 싸우고 군사정권과 싸워온 우리 현대사는 투사들이 필요했고 이만큼 누리고 사는 것도 그들 덕분이다. 하지만 투사의 시대는 갔다. 스크럼 짜고 하나의 적을 향해 일사분란하게 돌격하던 시대는 지났다. 과거엔 대화나 타협이 비겁과 비굴의 딱지였지만 이제 그것은 미덕이고 실력이다.

대화와 타협은 훈련이 필요하다. 그것이 한국 사회가 민주화의 다음 단계로 넘어가느냐, 갈등해결의 내공을 가진 사회로 진화하느냐의 관건이다. 여기서 가장 중요한 정치가의 자질 역시 대화와 타협의 리더십이다. 정치적 이해갈등이 첨예하게 충돌하는 검찰정국에서 팬덤에 오른 검찰총장이 정치 유망주로 떠올려지는 것은,

민주주의를 운영하는 이 정부의 무기력증이 빚은 퇴행현상이다. 검사라는 직업, 더구나 자기확신과 비타협의 소영웅주의 캐릭터는 한국 민주주의의 단계를 거꾸로 돌리는 정치가 유형이다.

양극화 정치는 대통령중심제의 문제이기도 하다. 1%라도 이긴 쪽이 100%를 가지는 승자독식제도이다 보니 대통령선거는 양대 진영이 5년에 한 번씩 벌이는 건곤일척의 승부가 된다. 대통령중심제의 장점도 많겠지만 그것이 한국 사회 전체를 테이블 위에 올려놓고 벌이는 핑퐁게임이 돼서는 곤란하다.

대통령이 바뀌면 많은 것이 바뀌지만 이제 우리는 바뀌는 것과 바뀌면 안 되는 것을 구분해야 한다. 이명박 정부처럼 공공기관장을 임기 무시하고 싹 쓸어버리는 무도한 반칙은 다시는 없겠지만, 민주주의와 정권교체의 룰을 다시 점검해야 한다. 대통령이 건드려도 되는 것과 건들면 안 되는 것, 정치가 침범해도 되는 영역과 침범하면 안 되는 영역이 구분돼야 한다.

백과전서적 학자인 강준만 전북대 교수는 2014년의 인문학강의 시리즈 《성난 얼굴로 돌아보라》에서 "비무장지대를 넓혀나가자"고 했다. "여기서 말하는 비무장지대는 승자독식의 이전투구가 벌어지는 영역에서 떨어져서 독립적으로 움직이는 영역과 분야입니다. 즉, 이념과 정치적 노선의 투쟁에서 벗어난 그런 분야를 넓게 확보하자는 겁니다." 그는 공영방송사를 예로 들면서 가령 사장을 시민들이 뽑는 아이디어를 제시하기도 한다.

명백한 것은, 국영/공영방송사들이 정권교체에 따라 조직이 폭격 맞다시피 하고 뉴스보도와 프로그램들이 정치적 편향의 극과 극을 왕복하는 악순환은 벗어나야 한다는 사실이다. 이런 핑퐁이야말로 멀미나는 일이다. 공중파방송이 대통령선거의 전리품이라면 그 사회는 미디어의 막장이 될 수밖에 없다.

정권교체와 무관하게 보호돼야 하는 또 다른 중립지대는 사법부일 것이다. 정권교체에 따라 대법원과 헌법재판소의 구성비가 바뀌더라도 법률의 해석과 판단이 정치논리에 휘둘리지 않는 것이 성숙한 민주주의이고 삼권분립의 기본이다.

바뀌는 대통령들이, 지나가는 정권들이 감히 범할 수 없는 직업윤리의 성역이 존재해야 한다. 자신의 직업윤리를 불가침의 성역으로 만들 것인지 여부는 자신들에게 달렸다. 그리고 그것을 감시하고 견제하는 역할이 시민 사회에 있다.

식민지-전쟁-군부독재로 이어지는 100년, 정치 리더십의 부재와 실책과 남용으로 개인이 학대당하는 역사를 지나온 우리 대중은 이제 치유의 정치를 필요로 한다. 정치의 가장 일반적인 정의는 '가치의 배분'이다. 힐링에 필요한 것은 배분의 전쟁이 아니라 배분의 예술이다.

11. 남아프리카공화국 이야기
-갈등 해소의 모델, 몽플레 시나리오 워크숍

사회갈등이라는 주제에 관해서라면 우리는 남아공이라는 나라에 대해 잠시 생각해봐도 좋다. 우리나라에서 지구 반대편, 아프리카 남쪽 끝, 범죄와 치안 문제로 여행 자제 또는 여행 유의 경보가 늘 발령 중인 나라다.

일단 이 사회의 구성. 우리는 과거 악명 높았던 흑백 분리 정책 '아파르트헤이트' 정도로 알고 있지만 인종갈등은 흑백만이 아니다. 약 80%가 흑인, 9%가 백인, 9%의 혼혈, 2.5% 아시아계(2011년 인구조사)가 섞여 있는데, 백인은 네덜란드계와 영국계가 반반이고 흑인도 같은 흑인들이 아니라 열 개의 다른 언어를 쓰는 다른 민족들이다. 물론 종교도 종족과 언어만큼 많다. 그 다양성 때문에 '무지개나라'라는 별명을 갖고 있다.

이 사회의 형편. 인구는 5900만으로 한국과 비슷하고 땅은 10배

넓다. 1인당 GDP는 6천 달러 수준(2019년). 세계적으로 불평등이 가장 심한 나라로 꼽힌다. 빈부격차가 크기로 유명한 인도, 중국, 브라질보다도 불평등지수인 지니계수가 더 높다. 에이즈환자 세계 최대. 국민의 20%가 감염돼 있으니 일찍부터 에이즈는 이 사회에서 코로나 이상의 팬데믹이었다. 총기 범죄가 흔하고 무질서와 치안부재로 유명한데, 남미의 마약지대를 빼고는 최고의 살인율을 자랑한다. 인구 10만 명당 36명, 대략 우리나라의 90배다. 살인의 원인은 사회불안이고 사회불안의 원인은 실업과 인플레, 불평등, 부정부패, 교육격차 등이다.

그다음 이 나라의 역사. 아프리카의 모든 나라가 식민지를 겪었지만 남아공만큼 식민지 침략 전쟁이 지독했던 나라는 없다. 17세기 중반 네덜란드인들이 들어왔고 1800년경 영국이 침략해오면서 300년 동안 네덜란드 vs 원주민, 영국 vs 원주민, 네덜란드 vs 영국, 줄루제국 vs 네덜란드 vs 영국 vs 원주민 사이에 전쟁이 끝도 없이 계속돼 넓은 영토가 피로 물들었다. 2차대전이 끝난 다음 아프리카의 영국, 프랑스 식민지들이 모두 독립했지만 남아공은 예외였다. 아프리카의 북쪽 끝과 남쪽 끝은 온대기후라 유럽인들에겐 매력적이었고 특히 알제리에서 프랑스는 피비린내 나는 해방 전쟁을 치르고야 손을 뗐는데 남아공은 그런 해방 전쟁도 없었다. 영국인과 네덜란드인들은 그곳을 식민지가 아니라 자기 땅, 자기 나라로 간주했다. 유럽 식민주의자들이 끝까지 놓지 않으려 한 건 금광과도 관련 있다. 무진장한 금과 다이아몬드를 깔고 앉은 고급진 땅이 결정적으로 침략자들에겐 부를, 원주민들에겐 불행을 가져다준 것이다. 참고로, 루이보스차의 원료인 아스파라사스 리네아리스라는 식물은 오직 남아공 고산지대에서만 자란다.

세계대전 후 아프리카 나라들의 독립이 시작됐을 때 불안했던 남아공 백인 정권은 흑인 주민에 대한 극단적인 통제 정책과 철권 통치로 대응했다. 그것이 1948년에 시작된 '아파르트헤이트'였다. 흑백 간 결혼은 물론 섹스도 금지됐다. '홈랜드'라는 구역을 만들어 흑인들을 그곳에 몰아넣었고 투표권을 주지 않았을 뿐 아니라 국적도 박탈했다. 대도시엔 백인들만 살았고 흑인들이 일자리 구하러 대도시로 오려면 비자를 받아야 하고 가족을 동반할 수 없고 흑인합숙소에서 지내야 했다. 병원 등 모든 시설이 흑백으로 분리돼 있고 백인 대학 흑인 대학이 따로 있었다. 흑인들의 게토인 홈랜드는 카지노와 섹스관광이 번성해 백인 남자 관광객이 뿌리고 간 혼혈사생아들이 즐비했다. 백인 경찰은 흑인을 마음대로 쏴 죽였다. 반정부단체 '아프리카민족회의'는 집중적인 탄압을 받았고 많은 활동가들이 의문사 또는 실종됐다. 공산주의자는 10년 이상 징역형이었고, 나중에 첫 흑인 대통령이 되는 아프리카민족회의 소속 변호사 넬슨 만델라는 좌파 무장투쟁단체를 조직했다가 종신형을 받아 27년 감옥살이를 했다.

백인 이주민 정권은 흑인 원주민을 '국내 식민지'로 다뤘고, 흑인들은 알제리 민족운동가 프란츠 파농의 말처럼 '자기 땅에서 유배당한 자들'이었다. 홈랜드는 나치의 유대인 게토를 모방했는데 나치는 10년이었지만 남아공은 40년 동안 계속됐다. 마침내 백인 정권이 백기를 든 건 1990년, 그해에 넬슨 만델라를 석방하고 1991년 국민투표로 아파르트헤이트 폐지를 결정했다. 그리고 1994년 총선에서 아프리카민족회의가 집권당이 되어 만델라가 첫 흑인 대통령이 되었다.

인구 10%의 소수파 정권이, 흑인들의 유혈항쟁과 국제 사회의 배척, 그 국내외로부터의 압력을 버티기 힘들었던 것이다. 아파르트헤이트 때문에 남아공은 UN에서 쫓겨났고 올림픽과 월드컵 출전 자격도 박탈당했다. 거기다 1990년, 냉전 체제 붕괴와 국제 사회의 격동이 남아공에도 영향을 미쳤다. 이 시기에 남아공 사회는 시한폭탄이었다. 극한의 갈등이 농축된 실린더와 같아서 버튼만 누르면 폭발해 한 나라가 공중분해될 판이었다. 흑인들은 원한과 분노에 차 있었고 백인들은 기득권을 놓지 않으려 했다. 아파르트헤이트의 철망을 걷어냈을 때 흑백 사이에 어떤 일이 벌어질지 예측불허였다.

하지만 백인 정권에서 흑인 정권으로 넘어가는 과정은 뜻밖에 순조로웠다. 흑백 공조로 이루어진 그 절차는 몇 명의 뛰어난 흑인 지도자들이 있어 가능했다. 무엇보다 넬슨 만델라. 아프리카민족회의 대표로서 그는 마지막 백인 대통령 프레데리크 클레르크와 함께 각 인종 대표회의를 열고 모든 협상을 주도했다. 두 사람은 1993년 노벨평화상을 공동수상했다. 그리고 데스몬드 투투 성공회 대주교. 그는 만델라 정부에서 과거사 청산을 위한 '진실과화해

위원회'의 위원장을 맡았다. 그 과정을 기록한 책 제목은《용서 없이 미래 없다》(2009). 가해자들의 증언을 TV로 중계해서 전 국민이 과거사의 진상을 공유하게 하고 자발적으로 고백하는 가해자는 사면했다. 만델라 인종화합 정책의 구호는 "용서하되 잊지는 말자"였다.

소수 백인 정권에서 다수 흑인 정권으로 넘어온 것은 성과였지만, 1994년 이후 흑인 정권 30년은 그리 성공적이지 못했다. 흑인 대부분은 고등교육을 받지 않은 절대빈곤층이었고 투표권조차 없었으니 정치 훈련은 물론 행정 경험도 없었다. 해외망명이나 감옥생활에서 돌아온 초창기 지도자들은 인격적으로 훌륭했지만, 나중에는 대결과 혐오를 부추기는 포퓰리스트 대통령도 등장했다.

1990년대 초 남아공 사회는 일찍이 경험해보지 못한 대전환을 맞았을 때 나름 집단지성을 발휘했다. 새로운 기회가 재앙으로 끝날까 두려운, 갈등의 벼랑 끝에 선 절박함의 공감대가 사람들을 움직인 것이다. 그 가운데 화제가 된 것이 '몽플레 시나리오 워크숍.'

이 워크숍은 1991년 9월부터 다음 해 3월까지 세 차례 케이프타운 부근의 몽플레라는 곳에서 열렸다. 흑인과 백인, 좌파와 우파, 경영자와 노조 활동가, 정치인과 학자 등 각 인종과 계급, 집단을 대표하는 젊은 세대 22명이 모였고, 다국적 석유회사 로열더치셸의 시나리오 전략기획팀에서 진행자가 파견돼왔다. 이 워크숍은 셸의 경영기법으로 유명한 '시나리오 씽킹' '시나리오 플래닝'의 모델을 빌려온 것이다.

남아공에서 이제 어떤 일이 일어날지 각기 이야기하는 브레인스토밍으로 시작해 처음 서른 개의 시나리오가 나오고 아홉 개로 추려지고 그중 가장 개연성 높은 시나리오 네 개가 뽑혔다. 참가자들은 각기 소속 집단으로 돌아가 의견을 수렴한 다음 1992년 3월의 세 번째 워크숍에서 네 개 시나리오를 단순명쾌하게 정리해 11쪽짜리 시나리오집을 만들었다. 네 개의 시나리오는 문맹의 흑인 대중도 이해할 수 있도록 각기 새의 이름이 붙여지고 그림과 글로 서술됐고 남아공 공식언어인 11개 언어의 책자로 제작돼 전국에 배포됐다.

시나리오1: 타조 모델. 날지 못하는 새인 타조는 적을 만나면 머리를 모래에 처박는데, 소수 백인 정부가 변화를 거부하면 백인 분리주의자와 흑인 극단주의자 사이의 극한 충돌로 치달을 거라는.
시나리오2: 레임덕 모델. 절름발이 거위인데, 사회적 합의에 실패해 일부의 지지를 받는 약체 정부가 들어설 경우 개혁에도 실패하고 혼란을 가져올 거라는.
시나리오3: 이카로스 모델. 너무 높이 날아서 태양에 날개가 녹아버리는 신화 속의 새 이카로스. 흑인 정부가 대중에 영합하는 야심차고 공격적인 정책으로 나가면 재정 문제와 흑백갈등을 불러와 스스로 무너질 거라는.
시나리오4: 플라밍고 모델. 남아공 사회의 여러 세력이 연대하면 홍학의 군무처럼 조화롭게 개혁을 추진해나갈 수 있을 거라는.

갈등을 넘어 새로운 정치 체제로 가는 길을 찾는 이벤트였던 만큼 기획자들은 처음부터 어떤 방향을 갖고 있었을 것이다. 워크숍을 제안했던 피터 르 루라는 남아공 흑인 대학의 교수도, 셸에서 파견된 아담 카헤인이라는 갈등전문가도.

몽플레 시나리오 워크숍은 하나의 갈등 해결 모델로 유명해졌고, 여러 나라에서 국가적 이슈 또는 기업경영에 많이들 응용하게 되었다. 몽플레에서 진행을 맡았던 당시 서른한 살의 캐나다 출신 셸 직원 아담 카헤인은 이후 갈등 문제 해결사로 세계 여러 나라에 초빙 다니는 신분이 되었다.

몽플레 시나리오 워크숍에선 몇 가지 대화의 원칙이 있었다.

'어떻게 돼야 한다' 또는 '어떻게 돼선 안 된다'고 말해선 안 된다. 자신의 입장, 또는 소속 집단의 입장을 말하면 안 된다. 다만 '어떤 일이 일어날까, 왜 그런 일이 일어나는가, 그다음에는 또 어떤 일이 일어날까'에 대해서만 이야기한다. 다른 사람이 이야기할 때도 마찬가지다. '그건 안 돼'라고 평가하면 안 되고 단지 물어야 한다. '왜 그런가, 그다음엔 또 어떻게 될까.' 그런 대화가 가능했던 건 워크숍 참석자가 모두 젊은 세대였고 자기 소속 집단에서 기득권이 공고한 기성세대는 배제됐기 때문이었을 것이다.

'시나리오 씽킹'이라는 것. 결론을 가지고 시작하는, 설득하고 이기기 위한 대화가 아니라, 서로의 상상력으로 '사다리 타기' 하며 결론을 찾아가는 대화, 계몽주의가 아닌 사실주의 화법, 그것은 논쟁적인 현안을 놓고 갈등하는 주체들 사이에 시한폭탄의 뇌관을 제거하고 시작하는 대화의 매뉴얼이다. 또한 예상되는 결과로부터 소급해서 플랜A 플랜B를 도출하는 생산적인 전략이기도 하다. 무엇보다도 그것은 먼 미래까지 나아갔다가 미래를 출발점으로 해서 현재로 돌아오는 '정신의 산보'이자 '생각의 소풍', 그리고 평소에 잘 안 쓰는 생각의 근육을 쓰게 해주는 '상상력의 전신 운동'이다.

4장

독일의 경우

1. 독일이라는 나라의 코로나 팬데믹

2020년 3월 11일, 메르켈 총리가 코로나 국면에 첫 등판했다.

1월 말 독일에도 첫 감염이 발생했지만 연방정부는 대체로 머나 먼 극동아시아에서 도는 유행병이라 그다지 걱정할 거 없다는 태도였다. 2월 내내 중국과 한국이 감염 지역 1, 2위로 언론에 보도되고 있었고, 옌스 슈판 보건장관은 이따금 뉴스에 나와 손을 잘 씻으라, 보건 체계가 잘 준비돼 있다, 마스크는 권할 만하지 않다는 말만 되풀이했다. 하지만 이탈리아, 프랑스에 감염이 급확산되고 2월 중순부터 뮌헨 등 남부 지역과 카니발축제가 열린 쾰른 등에서 코로나가 확 늘기 시작하면서 분위기가 뒤숭숭해졌다.

총리의 기자회견이 열렸을 때는, 독일 확진자가 1천 명을 넘기면서 보건장관이 대규모 행사의 자제를 권고하고 라이프치히 도서박람회 등이 줄줄이 취소되던 중이었다. 메르켈 총리의 회견은 차분했다. "치료제도 백신도 없다. 인구의 60~70%가 감염될 수 있다. 의료 체계에 과부하가 걸리지 않도록 확산 속도를 늦추는 것이 중요하다. 이번 사태는 우리의 결속과 사회통념, 타인에 대한 세심한 주의력을 시험할 것이다. 국경 폐쇄는 없다. EU 회원국들은 경제적 충격을 막기 위해 노력해야 한다. 재정은 독일이 있어 괜찮을 것이다."

하루 감염자가 더블스코어로 늘어나는 긴박한 상황에서 '철저한 방역으로 전염병 확산을 최대한 막겠다'는 식의 약속도 없는 기자회견이 한국인 체류자들에게는 뜻밖이었다. 같은 날 트럼프는 유럽 26개국에 대해 입국금지조치를 발표했다. 메르켈의 기자회견에 대한 반응은 게르하르트 슈뢰더 전 총리의 부인 김소연 씨의 페이스북 포스팅으로 갈음한다.

"솔직히 제 귀를 의심했습니다. 오랜만에 나타난 총리가 던진 메시지는 결국, 대.책.없.음.ㅠㅠ 그런데 메르켈 기자회견에 반응한 언론기사 헤드라인에 다시 제 눈을 의심… 독일의 유력일간지 쥐트도이체 차이퉁의 기사입니다. - 메르켈은 약하지 않다, 현실적이다. 코로나사태에 총리의 등장은 위기에서 해방시켜주는, 모든 것을 바꿔주는 한 방은 아니었다. 그래서 나쁜가? 아니다. 정말 중요한 것은 차분함과 결단성이다."

하지만 닷새 뒤에 메르켈의 TV 대국민담화는 많이 다급해 보였다. 상황도 다급하게 돌아갔다. 독일 확진자가 1만 명을 넘어서며 한국을 앞지르고, 국경 폐쇄는 없다던 독일 정부가 프랑스, 오스트리아 등 인접 5개국에 대해 국경 통제를 시작했고, 분데스리가 축구 경기가 중단됐다. 그는 "통일 이후, 아니 2차세계대전 이후 국가가 직면한 가장 큰 도전"이라 했다.

다음 날 신문들은 문 닫는 곳과 문 여는 곳 리스트를 실었다.

- **여는 곳:** 식품 및 사료 판매점, 배달 서비스, 약국, 주유소, 은행, 우체국, 미용실, 신문보급소, 세탁소, 서점, 자전거가게, 동물용품가게…
- **닫는 곳:** 운동장, 바, 클럽, 극장, 오페라홀, 콘서트홀, 박물관, 갤러리, 스포츠레저시설, 공립 사립 교육기관…

며칠 뒤 파티/모임/집회를 일체 금지하고 세 사람 이상 만나지 말도록 하는 발표가 나왔는데, 접촉제한조치는 1949년 독일연방공화국 수립 이래 처음이었다. 바이에른주와 프라이부르크시를 시작으로 많은 지자체들이 외출금지령을 발동했다.

이쯤에선 이미 한국과 독일은 처지가 역전됐다. 독일 언론에서 한국은 단골로 등장하는 방역 성공사례였고 드라이브스루 검진, 확진자 위치추적 앱 등 한국을 벤치마킹하자는 얘기가 나왔다. 보건장관이 한국처럼 확진자 위치정보를 이용할 수 있도록 감염방지법을 개정하려다 반대여론과 의회 내 반발로 좌절됐다는 보도가 나왔다. 이것이 기본권 침해, 프라이버시 침해라는 것이었다.

독일은 이탈리아보다 코로나가 2주 늦게 왔지만 경제 구조 정책은 더 빨랐다. 정치가 안정돼 있고 재정이 튼튼한 덕분이었다. 베를린에 체류하는 몇 사람의 카톡방에서는 이런 농담들이 오갔다. "터널 안에서 교통사고로 불나면 프랑스, 이탈리아인은 무질서하게 도망치고 독일인은 질서정연하게 타 죽을 거다.""터널 안에서 불타 죽고… 사고 뒷수습과 보험 보상은 정말 잘 하는…""소 잃고 나서 외양간을 아주 일사분란하게 잘 고친다.""독일 사람들은 정부 말을 잘 듣기 때문에 이탈리아나 프랑스처럼 말 잘 안 듣는 나라보다 빨리 나아질 거다.""지금 독일처럼 사망자가 늘어나면 한국은 진즉에 대통령 탄핵한다 했을 것.""코로나 현장은 겁나 허접한데 정치 지도자들의 언어는 참 품격 있다. 슈타인마이어 대통령은 입만 열면 신뢰, 이성, 책임, 연대, 이런 얘길 한다."

독일은 유럽에서 코로나에 비교적 잘 대처하는 나라로 꼽혔지만 내부는 갈팡질팡 혼란스러웠다. 독일 정부가 처음부터 자신감을 보인 것은 재정이 튼튼하고 의료 시스템이 안정적이라는 점 때문이었다. 하지만 안정적이라던 의료 시스템이 팬데믹 상황에선 무기력했다. 주위에선 코로나 증세가 있어도 검진받기 힘들다 했고 병원에 연락해도 아주 심각한 상태가 아니면 받아주지 않아 집에서 자가격리한다 했다. 연방공공보건의사협회는 "한국처럼 대량검진을 할 수 없는 독일의 의료 환경"을 비판하고 나섰다. 지난 18년간 의료인력이 30% 줄었는데 문제의 심각성을 정치권이 외면해왔다는 것이다.

또 다른 곳에도 방역의 맹점들이 있었다. 정부는 처음엔 마스크가 없어서, 그다음엔 마스크에 대한 거부감 때문에 국민들에게 마스크 씌우는 일이 쉽지 않았다. 대중교통과 상점에서 마스크가 의무화되고 벌금도 매겼지만 '노마스크'주의자들이 거리를 활보했다. 또한, 논란과 반대를 뚫고 확진자 위치추적 앱을 개발했지만 별 효과를 보지 못했다. 프라이버시 보호를 위해 앱 설치는 자율에 맡기고 사적인 정보는 공개 안 하겠다고 했음에도, 스마트폰 소유자가 80%에 못 미치는 데다 기술적인 문제들이 생겨나 대중보급에 실패했다. 프라이버시 문제는 독일인들의 분방한 사생활과 관련 있는 것으로 보였다. 공공장소 CCTV 설치도 극력 반대하고, 지출내역이 남는다고 카드 사용도 기피하는데, 지난 며칠 동안 어디서 무얼 하고 다녔는지 추적된다는 건 참을 수 없는 일이다.

독일은 코로나 초기에 너무 안이하게 대처했다가 시간을 버렸고 허둥댔다. 하지만 이탈리아나 프랑스처럼 전 국민 외출 금지 같은 극한 처방 없이 감염 폭발의 시기를 넘겼고 유럽에선 방역 성공 사례로 통했다. 적어도 2020년 가을까지는.

하지만 코로나의 두 번째 겨울 성수기를 맞으면서 감염자와 사망자가 프랑스와 영국을 추월하면서 독일은 방역 시스템이 무너졌다. 〈도이체벨레〉는 "독일은 더 이상 방역 롤모델이 아니다"라고 선언했다. 유럽 다른 나라들처럼 전면적인 이동금지령 없이 겨울을 맞은 것이 패착이었다.

다혈질의 프랑스인이나 이탈리아인에 비해 냉정하고 냉철하다고 알려진 독일인이지만 2020년 한 해 마스크 착용과 코로나 규제에 대한 항의시위는 빈번하고 거칠었다. 한편에선 맞불시위도 벌어졌다. 6월에 슈투트가르트에서는 경찰관 17명이 부상하는 유혈폭동이 벌어지고 상점과 보석상이 약탈당했다. 수만 명이 참가한 8월의 베를린 시위에서는 시위대가 의사당 난입을 시도하고 300여 명이 폭력행위 등으로 체포됐다. 시위는 대체로 독일을위한대안당(AfD)을 지지하는 극우파와 음모론자들이 주도한다고 알려졌다. 이들은 '코로나19가 심각한 것도 아닌데 정부가 국민을 통제하려고 이용한다'고 주장한다. 독일 극우파는 나치의 후예들인데 그들이 정부의 방역 정책을 파시즘이라 공격하고 "헌법이 보장하는 자유를 달라"고 외치는 풍경은 코믹했다.

반드시 극우가 아니라도 코로나 셧다운의 불편함 때문에 항의시위에 나오는 이들도 많다. 슈퍼마켓 외에 모든 상점들과 식당, 술집이 문을 닫았을 때 일상생활이 불편할 수밖에 없다. 독일은 택배 개념이 거의 없는 데다 온라인 미팅이나 사이버 강의를 하기엔 아직 다분히 아날로그 사회. 독일의 학교들이 4월에 일시 폐쇄했다가 다시 문을 연 것은 온라인 수업이 불가능했기 때문이었다. 2021년 2월 메르켈 총리가 기자회견에서 록다운 기간 연장을 발표하면서 온라인 등교에 대한 대책을 마련하겠다고 했을 때 한 기자가 "지난 10개월간 준비하지 못한 것을 다음 몇 주간 어떻게 준비할 수 있나"고 질문했다.

2020년 여름에 폭력시위들이 집중적으로 벌어진 건 이유가 있다. 1년을 기다려온 여름휴가 시즌인데 숙박업소가 폐쇄되고 열차가 운행중지된 것이다. 테니스코트나 야구장만한 비어가르텐에서 맥주와 소시지를 먹으며 떠드는 것이 여름철의 즐거움인데 물론 비어가르텐도 모두 폐쇄됐다. 3인 이상 접촉제한은, 크리스마스나 부활절, 생일이나 각종 기념일 등 온갖 구실을 대고 1년 내내 파티를 즐기는 서양 사람들을 미치게 만든다. 독일 정부는 2021년 초 방역에 협조가 잘 되어 감염률을 좀 낮출 수 있다면 올여름엔 비어가르텐을 열 수 있을 것이라고 국민들을 달랬다.

하지만, 그럼에도, 정부에 대한 언론과 국민의 우호적인 태도가 크게 바뀌지는 않는다. 2020년 3월 메르켈 총리가 뒤늦은 기자회견을 열고 이동제한과 모임 금지를 발표했을 때 제1국영방송인 ARD 여론조사는 '정부가 위기관리 잘한다'가 75%였다. 3인 이상 접촉제한조치는 찬성 95%, 반대 3%였다.

여론조사를 하면 대연정에 참여하고 있는 양대 정당 기민/기사당과 사민당은 지지율이 올라가고 녹색당, 좌파당은 지지율이 빠진다. 코로나의 덫에 걸려 갈팡질팡하는 사회에서 메르켈 총리의 지지율은 고공행진한다. 2021년 1월 독일에 코로나 유행의 2차 폭발이 있었지만 메르켈 지지도는 70%대를 유지했다. 사회적 위기를 맞아 수습을 위해 애쓰는 집권당에 힘을 실어줘야 한다는 게 독일 사람들의 생각이라 한다.

코로나를 맞는 독일 국민과 언론의 태도에서는 '통제불능의 혼란'에 대한 두려움이 읽힌다. 나치를 겪은 이들이 역사에서 뭔가를 배운 것일 수도 있고, '무질서보다 부정의가 낫다'는 괴테의 말처럼 독일인에게 뿌리 깊은 '무질서에 대한 혐오'일 수도 있다.

2. 느린, 혹은 느긋한 언론

2020년 2월 말 베를린영화제가 열릴 때는 코로나 팬데믹이 문 앞까지 바짝 다가온 시점이었다. 베를린의 한국인들은 이것이 집단 감염 이벤트가 될까 봐, 중국과 한국에서 온 영화인들이 표적이 될까 봐 조마조마했다. 하지만 영화제의 시사회들은 오픈 즉시 매진이었고 한국영화 두 편 〈사냥의 시간〉과 〈도망친 여자〉도 빈자리 하나 보이지 않는 만원이었다.

영화제 기간 중, 한 국내 일간지의 단독보도로 '베를린 한국문화원 폐쇄'라는 기사가 떴다. 세종문화회관 관계자 셋이 베를린에 출장 와서 한국문화원을 방문했는데 그중 하나가 출국 직전 대구에서 교회 예배를 보고 왔다는 내용이었다. 한국은 대구 지역에 감염 폭발이 일어나고 신천지와 중국인에 대한 혐오가 뉴스의 인기 소재였다. 이제 베를린 일간지들과 독일 언론이 이 기사를 물어 나른 다면 앞일이 일파만파 예측불허였다. 베를린 시민들의 공포심을 자극하고 한국인에 대한 혐오를 부추기는 기사를 얼마든지 뽑아 낼 수 있는 소재였다. 하지만 며칠 지나도록 독일 언론은 아무 반응이 없었다.

처음 보도가 나왔을 때 〈연합뉴스〉 특파원 이광빈 씨가 "자국의 정국 혼란에 대한 해설 박스 기사를 영국 언론보다 늦게 쓰기도 하는 독일 언론의 '느림?'에 기대를 걸어봅니다"라 했었다. 독일 언론은 기대에 부응한 셈이지만 이후 코로나 보도를 지켜보면서 '느림' 보다는 어떤 '느긋함'이 거듭 우리를 놀라게 했다. 또한 독일 언론은 자극적인 제목과 선동적인 어법을 별로 좋아하지 않는다는 사실도 알게 되었다.

우리 언론에 익숙한 한국인들은 거듭 놀란다.

화낼 만한데 왜 가만있지? 싸울만한데 왜 그냥 넘어가지? 누가 봐도 독일 정부가 그렇게 민첩하게 효과적으로 대처한 게 아니다. 감염자가 1천 명이 넘고 하루에 더블스코어로 늘면서 3월 들어서야 발동이 걸렸으니 '늑장대응' '초기대응 실패'로 언론이 들고 일어서야 마땅한 거 아닌가….

모든 매체가 코로나 기사로 도배하고 있지만 헤드라인들은 여전히 점잖다. 다 정부기관지인가 싶을 정도로 열심히 정책의 취지를 전달하고 이 재난, 위기를 분석하고 최선의 시나리오, 최악의 시나리오 내놓으면서 앞날을 전망하느라 바쁘다. 독일 정부가 1월과 2월을 낭비했다는 지적들을 하면서도 지금 상황과 앞으로 어떻게 할 것인가가 초점이다. 정치공세나 인신공격 같은

독일 국민은 유럽에서 가장 신문을 많이 보는 사람들이다. 신문
시장이 중국, 인도, 일본, 미국에 이어 다섯 번째로 크다. 다분히 선
정적인 일간지 〈빌트〉는 발행부수 140만 부로 유럽 최대부수이고,
'정론지'로서 독일 언론의 간판이라 할 시사주간지 〈슈피겔〉은 발
행부수 100만 부로 역시 유럽 최고다. 1960년대 전성기에 지금의
3배쯤이었던 판매부수가 처음엔 TV와의 경쟁, 그다음엔 모바일의
공습으로 쪼그라들었지만 종이 매체의 힘이 여전히 강하다.

전철에서 스마트폰을 들여다보는 사람이 서울이 90%라면 베를
린은 60~70%쯤 될까. 대략 ①스마트폰 ②책 ③신문 순서인데,
독일 스마트폰 소유자가 78%, 세계 8위라는 통계가 승객들의 행
동을 뒷받침한다.

독일 역시 모든 신문들이 온라인에서 치열한 브랜드 경쟁을 하

고 있지만 한국 같은 인터넷 미디어 난립사태는 없다. 자극적이고 선동적인 헤드라인 경쟁이 없는 것은 검색 시스템과도 관련 있다. 독일은 구글이 검색엔진 1위, 점유율 90%를 넘는다. 한국처럼 포털사이트라는 백화점에서 입점업체인 미디어들이 전재료를 놓고 조회 수 경쟁을 하지 않는다.

매체들은 정치 성향에 따라 극좌에서 극우까지 고른 스펙트럼을 펼치고 있는데 가장 오른쪽에 옐로우페이퍼 〈빌트〉가 있다. 독일 최대 언론재벌 악셀 슈프링거는 〈빌트〉와 〈디벨트〉 양대 매체를 거느리고 있는데 〈빌트〉에 비해 〈디벨트〉는 좀 더 점잖고 리버럴하다. 좌우 사이의 드넓은 중간지대에 〈프랑크푸르터알게마이네차이퉁〉과 〈쥐트도이체차이퉁〉이라는 양대 권위지와 주간 〈슈테른〉, 분석과 해석에 강한 정론지 〈한델스블라트〉가 있다. 그 왼쪽에 전통적인 진보 언론인 주간 〈슈피겔〉과 주간 〈디차이트〉가 있고 맨 왼쪽에는 비타협적인 좌파 매체 〈타츠〉가 있다. 그러니까 〈빌트〉는 기민당을 지지하고 〈슈피겔〉은 사민당을 지지하며 〈타츠〉는 좌파당을 지지한다.

제1공영방송인 ARD는 중도좌파 쪽이고 제2공영방송인 ZDF는 중도우파 쪽인데 그러다 보니 2002년 총선 당시 총리 후보 TV토론에 대한 여론조사에서 ARD는 사민당의 슈뢰더, ZDF는 기민당의 슈토이버 후보 우세로 발표하는 해프닝이 벌어지기도 했다.

그런데 여기서 좌와 우라 함은 독일 기준이다. 가령 노동과 복지, 이민 정책이나 성소수자 문제 등을 볼 때 독일은 보수라 해도 온건/리버럴이라 한국의 보수보다는 많이 왼쪽에 있다.

독일 언론은 선정적이고 감정적인 헤드라인 뽑기를 별로 즐기지 않는다. 코로나사태가 악화일로에 있던 3∼4월, 미디어들은 독일 정부가 바이러스를 과소평가했다, 국경 통제 때까지 너무 안이했다고 지적하면서도 헤드라인들이 점잖다. 코로나 강경책들이 잇따라 발표되던 3월 27∼28일 각 매체 온라인 1면 제목들이다.

- "코로나에 관한 기본 질문들"(슈피겔)
- "감사, 진심으로 감사. 그러나 너무 조급하진 말자고 메르켈은 말했다."(디 벨트)
- "이동제한 정책, 좀 더 오래갈 것, 총리실 장관 발언"(프랑크푸르터룬트샤우)
- "코로나에 막혀버린 난민들"(타츠)
- "코로나 위기의 뉴욕, 그라운드 제로"(프랑크푸르트알게마이네)
- "우리는 사망률을 어디까지 감당할 수 있을까."(도이체벨레)

4월 23일 100억 유로 규모의 추가 지원이 발표되자 〈한델스블라트〉는 잇단 대규모 추경예산에 대한 찬반양론을 실었다. 전형적인 '보이텔스바허협약'식 보도다. 지지 입장들은 대략 이런 내용이다. '파산과 대량실업은 국가에 부담이 될 것이며 큰 비용을 들여서라도 이를 막아야 한다. 정부가 과감한 지원 정책으로 위기를 극복하고 지속성장을 해나갈 수 있다는 건 금융위기 때 이미 경험했다. 당장은 채무가 늘지만 경제회복 과정에서 다시 줄어든다.' 반면 비판 쪽은 이런 식이다. '쇼핑할 때는 신중해야 한다. 그 돈은 누군가 언젠가 다시 갚아야 한다. 우리 아이들은 놀이터 대신 빚더미 위에서 놀아야 한다.'

중국 정부의 초기대응과 은폐 정책을 비판하고 중국의 코로나 통계에 불신을 드러내기는 해도 대놓고 중국혐오를 부추기는 매체는 우익 옐로우페이퍼 〈빌트〉 정도. 〈빌트〉가 중국 정부와 시진핑 주석을 신랄하게 공격하는 공개서한 '친애하는 시진핑 주석에게'를 실었을 때 그러려니 했던 독일 사회는 대표적인 정론지인 〈슈피겔〉이 코로나 특별호 표지로 방독면 이미지 위에 '메이드 인 차이나'라는 글씨를 박았을 때 격렬한 논란을 벌였다. 최소한 정론지에서 인종자별 내지 혐오 스피치는 금기로 취급되고 있는 것이다.

나라마다 언론과 정치는 데칼코마니, 동전의 양면이다. 독일의 미디어가 점잖은 건 정치가 점잖은 것과 관련 있다. 미디어들이 좌우로 골고루 펼쳐져 있지만 정부에 대해 무차별 공세를 퍼붓는 매체는 없다. 보수의 기민당과 진보의 사민당이 참여하고 있는 연립정부에 대해 우파 매체도 좌파 매체도 죽기 살기로 공격할 이유가 없는 것이다. 죽기 살기로 싸울 필요가 없기는 기민당과 사민당도 마찬가지다. 함께 연정을 꾸리고 있는 양당은 서로 경쟁하면서 협력하는 관계다.

3. 좌우 대연정의
독일 정치

2020년 3월 말 연방의회가 1560억 유로(약 203조 원)의 추경예산
을 통과시키고 코로나 지원 대책을 발표하자 〈타게스슈피겔〉은
"코로나 위기의 독일. 우리가 슈뢰더와 메르켈에게 감사해야 하는
이유"라는 제목의 칼럼을 실었다. "개혁총리와 긴축총리가 독일을
튼튼하게 만들었다. 그래서 코로나 위기에서 재정지출이 가능한
것"이라는 부제가 달렸는데, 경제사회개혁 정책 '아젠다2010'에
시동을 걸었던 사민당 총리 슈뢰더와 그가 실각한 다음 그 정책을
받아 완결지은 기민당의 메르켈 총리를 동시에 칭송하고 있었다.
〈타게스슈피겔〉은 대략 중도우파쯤의 매체.

　이 칼럼은 우리에게 여러 모로 낯설다. 사민당의 전 총리와 기
민당의 현 총리, 좌우의 정치인을 한꺼번에 칭찬한다는 것, 그리고

정치 지도자에게 감사한다는 것, 이것은 진실로 한국 언론에선 보기 힘든 매너다. 진보 사민당 정부의 개혁 정책을 보수 기민당 정부가 이어서 완성했다는 사실 역시 낯설다.

2005년 총선에서 1, 2위를 한 기민/기사당과 사민당은 좌우합작 정부를 구성했다. 독일식 의원내각제에서는 총선에서 최다의석을 확보한 정당이라도 과반에 못 미치면 다른 정당과 연립정부를 구성해야 한다. 당시 총선에서 기민/기사당은 정당 득표율 35.2%로 226석, 사민당은 정당 득표율 34.2%로 222석이었고, 나머지 3개당은 자민당 61석, 민사당 54석, 녹색당 51석이었다. 기민/기사당은 3개 소수당 어디와 결합해도 전체 614석의 과반에 못 미쳐서 사민당과의 연정을 택했다. 이른바 보수-진보의 '대연정'이 탄생한 것이다. 사민당에서 추진하려다 중단됐던 프로젝트가 지속될 수 있었던 이유다.

'아젠다2010'은 독일경제를 신자유주의 질서로 재편하고 노동시장을 구조조정하는 정책이었던 만큼 찬반양론이 첨예했다. 사민당의 지지기반인 노동계급이 반발하면서 사민당이 두 쪽으로 갈라지고 슈뢰더 총리는 중도하차했다. 〈타게스슈피겔〉 칼럼은 1998년 슈뢰더의 사민당 정부가 들어섰을 때 독일은 "실업자 530만, 청년 실업률 12.5%로 유럽의 병자"였는데 이 개혁 정책 이후에 "독일의 일자리 기적에 모두 놀랐고 프랑스 등 여러 나라가 따라왔다. 독일이 세계적으로 선망의 대상이 됐다"고 했다. "아젠다2010에 대해서는 찬반양론이 엇갈린다. 저임노동부문의 확대,

빈곤의 굴레, 임시직 노동자들의 증가, 미니잡 종사자들의 불안, 추락에 대한 끝없는 공포. 하지만 경제학자 대다수는 독일이 기업하기 좋은 나라가 됐다는 점에서 긍정론으로 기운다."

분명한 것은, 메르켈이 2005년 집권한 이후 기민-사민당 대연정 기간 중 독일은 통일 이후의 혼란과 만성실업을 해결하고 안정을 찾았다는 점이다.

독일 연방정부는 2021년 현재 기민/기사당과 사민당의 대연정이다. 제1당이 비슷한 성향의 소수당과 결합하면 '소연정'이고 정파를 넘은 거대정당들의 결합이 '대연정'이다. 2017년 총선에서 출범한 대연정은 총 의석 59%로 2013년 체제보다 취약했지만 모든 연립정부는 기본적으로 의회의 과반을 깔고 간다. 대연정 체제에서는 최소한 여야가 정쟁을 벌이느라 의회가 공전하는 일은 없다. 정책갈등은 주로 내각과 의회 안에서 일어나고 조정과 타협의 결과가 정책으로 나온다.

2017년 총선은 여러 가지로 충격적이었다. 2013년, 의석 80%를 가지고 초강력 대연정을 구축했던 기민/기사당과 사민당이 동반 추락했고 사민당은 정당 득표율 20.5%로 역대 최악의 성적을 냈다. 반면 극우 신생 정당 '독일을위한대안당(AfD)'이 11.5%로 무려 94석을 확보하면서 원내 진출했다. 이슬람권과 아프리카대륙에서 올라오는 이민 난민들에 대한 반감이 유럽 전체적으로 극우 세력을 결집시키는 추세 속에서 AfD의 원내 진출은 통일 후유증을 벗어나며 안정에 접어든 독일 사회에 새로운 도전이었다.

2017년 체제, 메르켈의 4기 정부는 내각 구성에서부터 난항을 겪었다. 당초 기민/기사당(246석)은 과거 연정 파트너들이었던 자민당(80석), 녹색당(67석)과 4당 연립을 시도했다. 어느 한 정당만으로는 과반을 채울 수 없었기 때문이다. 하지만 탈원전 정책을 둘러싼 녹색당과 자민당의 이견으로 연정 협상에 실패했고 결국 사민당에게 난민 정책과 노동 정책을 양보하면서 연정 협상을 성사시켰다. 총선 다음 해 2월, 마침내 연정 구성을 끝내고 외무, 재무, 법무, 노동, 환경, 가족부 등 6개 장관이 사민당에 돌아간 내각이 발표됐을 때 우파 매체인 〈빌트〉는 "기민당 총리가 이끄는 사민당 정부"라고 비꼬았다. 조각이 미뤄진 5개월은 1949년 이래 연방정부가 가장 오래 공전한 기록이다.

대연정이 출범한 다음 2018년 7월에는 난민 정책을 둘러싼 두 자매정당 간 갈등으로 연정이 붕괴 위기를 맞기도 했다. 기사당은 독일 남부 바이에른주의 지역당으로 기민당은 이 지역에 후보를 내지 않는 방식으로 70년 동맹을 유지해왔다. 기사당 대표인 호르스트 제호퍼가 내무장관을 맡고 있는데 국경의 난민수용소 설치를 반대하면서 내무장관과 기사당 대표직을 내놓겠다고 했었다. 하지만 연정 파트너들 사이의 갈등은 연정 내부에서 타협안을 찾으며 굴러가게 마련이다.

한국이 벤치마킹하려다 실패한 독일의 선거제도는 대개의 의원내각제 국가들하고도 많이 다르다. 연방의회 총선에서 유권자들은 299개 선거구의 의원을 뽑는 투표와 지지 정당을 고르는 두 가지

투표를 한다. 전체 의석의 절반 이상이 정당 득표율에 따라 비례대표에 배정되는데 정당 투표에서 5%를 못 얻으면 비례대표 지분이 없다. 가장 많은 지역구 의석을 확보한 제1당의 정당 득표율에 따라 총 의석 수가 바뀌어 2013년 총선 때는 631석, 2017년엔 709석이 되었다.

이런 선거제도 때문에 자민당처럼 지역구 의원 없는 비례 정당이 가능하다. 자민당은 2017년 총선에서 정당 득표율 10.7%로 80석을 확보했지만 2013년엔 4.8%로 떨어져 원외로 밀려났었다. 독일 정당들 중에서 가장 기업친화적이고 자유시장주의적이라 기민/기사당보다 더 오른쪽에 있다고는 하지만 동성애 결혼을 지지한, 나름 자유주의 원칙에 충실한 정당이다.

전 세계 녹색당의 원조이자 성공사례인 독일 녹색당이 영향력을 가질 수 있었던 것도 이런 연동형 비례대표제 덕분이다. 환경과 평화, 진보운동을 흡수하며 1980년에 창당한 녹색당은 83년 총선에서 정당 득표율 5.6%를 얻어 27석으로 연방의회에 진출했다. 대안정당으로 출발해서 곧장 현실정치의 중심으로 직진한 것이다. 98년 총선에서는 사민당과 이른바 '적록연정'을 구성하면서 연방정부에 참여했고 외무장관 요슈카 피셔를 비롯해 세 명의 장관을 배출했다. 2005년부터 네 차례 총선에서 매번 지역구 의원은 한 명뿐이지만 60석 안팎의 비례의석으로 탈원전 정책을 견인하는 최소한의 정치력을 유지한다.

독일의 정치제도는 대결이 아니라 대화와 타협, 승자독식이 아니라 역할분담의 시스템이다. 나치를 겪었고 동서분단의 40년을 지나왔으니 극한의 이념갈등으로 늘 뜨끈뜨끈한 전쟁판이 될 운명이었다. 하지만 거꾸로, 나치즘의 광기에 한 시대가 먹혀버렸던 경험이 지금의 정치제도를 만들어낸 것이다. 승자의 전횡을 방지하고 소수파에 발언권을 배려하는 제도. 이념대립을 생산하고 확산시키는 본부가 아니라 이념대립을 흡수하고 조율하는 의회. 정당들 사이에 정책대결은 있지만 의회 전체가 극렬대립과 장외투쟁에 휘둘리는 일도 없고 집권당의 정책이 비토크라시에 발목 잡히는 일도 없다. 행정부가 의회 과반의석을 껴안고 가는 것 말고도, 연방의회에 진출해 있는 6개 정당들이 AfD와 좌파당 빼고는 모두 연정 파트너가 돼보았던 왕년의 자매들인 것이다.

독일 사회에는 극우도 극좌도 안 된다는 사회적 합의가 있다. 나치와 같은 극우도, 적군파와 같은 극좌도 절대 용납하지 않겠다는 것, 독일 사람들이 역사로부터 가져온 상식이다. 가령 연방정부도 주정부도 극우 AfD와는 연정을 꾸리지 않는다. 2020년 2월 독일 중부 튀링엔주 선거 파동이 그 사례다. 튀링엔주는 AfD에서도 강경파 포퓰리스트인 뵈른 회케가 지역당 대표로 있어서 이따금 돌발 이슈들이 터지는 곳. 튀링엔주 선거에서 기민당이 AfD와 막후에서 손잡고 자민당 후보를 주총리에 앉히자 이 일은 즉각 '정치 협잡' 스캔들이 돼 베를린 정국을 뒤흔들었고 자민당 주총리는 이틀 만에 사퇴했다. 주의회는 재투표해 좌파당 후보를 주총리로 뽑았다. 메르켈의 후계를 예약해놓았던 안네크레트 크람프-카렌바우어가 이 일로 차기 총리 불출마를 선언하고 기민당 대표도 사퇴했다.

튀링엔 선거 파동은 독일 사회의 극우 알러지를 단적으로 보여준 사건이다. 양쪽 끝으로 쏠리는 것이 아니라 중간으로 수렴되는 것이 독일의 정치다. 두터운 중간지대가 갈등을 흡수한다. 상식을 공유하는 중간지대가 존재하는 사회인 것이다.

정치적 안정은 정책에 지속성을 가져온다. 1982년부터 2021년까지 40년 동안 총리가 셋뿐이다. 기민당의 헬무트 콜(1982~1998), 사민당의 게르하르트 슈뢰더(1998~2005), 기민당의 앙겔라 메르켈(2005~2021). 군부가 무력 통치하는 것도 아닌, 선거제도가 정상으로 작동하는 사회에서 특이한 일이다.

4. 1976년
보이텔스바허협약

민주주의 사회를 사는 시민의 태도는 교육받고 훈련되는 것이다. 독일은 정치교육의 헌법과도 같은 보이텔스바허협약이 있어 40여 년 동안 교육현장에서 지켜져 오고 있다. 한국에서도 보이텔스바허협약의 한국적 모델이 필요하다는 얘기가 꾸준히 있어왔고 '보이텔스바허수업연구회'가 만들어져 초중고에서 실천한 사례들이 책으로 나오기도 했다.

1976년 독일 남부 바덴-뷔르템베르크주에 있는 보이텔스바허라는 작은 마을에 한 무리의 지식인들이 모였다. 긴 토론 끝에 정치교육의 원칙에 합의했는데 마을 이름을 따서 '보이텔스바허협약'이라 불린다. 그 세 가지 원칙의 요지.

첫째, 주입식 교육 금지. 정치적 견해 강요 금지. 독립적 능동적 판단을 방해하지 말 것

둘째, 논쟁성 유지. 논쟁이 되는 사안은 서로 다른 입장을 그대로 전달할 것

셋째, 자신의 이해관계, 삶의 경험에서 출발해 정치적 입장을 발전시키도록 할 것

독일은 각급 학교에 정치교육과목이 있고 철저히 '보이텔스바허협약'에 따라 수업을 한다. 모두 토론과 실습으로 이루어진다. 가령 정당을 만들고 모의선거를 하거나 지역 현안들에 대해 토론하고 지방자치단체 운영을 실습해보는 식이다.

또한 시민들이 선택할 수 있는 정치교육 프로그램이 그야말로 '천지삐까리'다. 정당들이 운영하는 아데나워재단(기민당), 에버트재단(사민당), 로자룩셈부르크재단(좌파당), 하인리히뷜재단(녹색당)을 비롯해 16개 주의 정치교육원, 각 도시의 시민학교(Volkshochschule), 대학이나 교회, 노동조합, 시민단체가 정치교육 프로그램들을 진행한다. 이들 모두 '보이텔스바허협약'을 준수하는 조건으로 내무부 산하 연방정치교육원의 예산 지원을 받는다.

이 같은 민주주의교육의 원리는 당연히 언론에도 적용된다. 미디어는 정치교육의 가장 중요한 채널이기 때문이다. 가령 총파업이 일어났을 때, 최소한 정론지로 분류되는 매체들은 노조 입장과 사용자 입장을 공평하게 실어준다. '논쟁이 되는 사안은 서로 다른

입장을 그대로 전달할 것.' 보이텔스바허협약의 두 번째 항목이다.

보이텔스바허협약은 1970년대 독일의 특별한 상황, 지식인 사회의 위기의식에서 생겨났다. 1960년대 말 미국과 유럽을 휩쓴 '68운동'은 베트남전 반대를 공통분모로 하되 나라마다 조금씩 다른 계기들이 있었다. 서독의 경우 1967년 팔레비 이란 국왕의 베를린 방문 때 팔레비 독재 반대시위에서 베를린자유대학 학생이 경찰의 발포로 사망하는 사건이 도화선이었다. 전국의 거의 모든 대학들에서 반정부 시위가 벌어지고 독일 사회는 진보 내지 자유주의 학생들과 친미 반공주의세력의 격렬한 대치국면으로 넘어간다. 와중에 학생운동 지도자가 신나치 테러리스트에게 살해당하는 사건이 사태를 더욱 험악하게 몰고 갔다. 정부는 긴급조치법을 발동해 집회를 금지시킨 데 이어 반테러법, 학생운동 출신 채용 금지 등으로 강경대응한다.

좌파 학생운동은 지하로 들어가면서 1970년대 잇단 테러 및 납치 사건으로 독일 사회를 뒤흔든 무장투쟁 집단 '적군파'가 된다. 정치사회구도를 미러링하는 것이 언론이라 미디어들이 좌우 프로파간다의 최전선에 출전한다. 이 시기의 스타는 단연, 극우 옐로우 페이퍼 〈빌트〉였다.

갈등과 대결의 극단으로 치달으며 원칙과 상식이 실종된 민주주의의 혼수상태, 그것이 보이텔스바허협약의 시대적 배경이다. 독일 사회가 극한의 양극화로 인해 공멸의 길로 가고 있다는 위기의식이 좌우 양쪽의 지식인들을 보이텔스바허라는 마을로 불러

모았던 것이다. 한 사회가 과도한 정치적 흥분으로 집단 히스테리에 빠져가는 상황에서 중심을 잡아보려는 노력이었고, 사회적 합의를 통해 정신적 카오스를 벗어나 상식을 회복하는 과정이었다. 지금 독일 정치문화의 기본을 잡아주는 것 역시 보이텔스바허의 힘, 법전에는 들어 있지 않은 법, 상식의 입법이다.

보이텔스바허협약의 세 번째는 생소하면서도 지당하다. 정치적 사고는 자신의 현실로부터 출발해야 한다는 것. 거대담론의 판타지에서 깨어나, 자신의 일상으로 돌아와서, 정치가 무엇인지 다시 생각해보라는 것이다.

하인리히 뵐의 소설 《카타리나 블룸의 잃어버린 명예》는 1970년대 '극우 찌라시'였던 〈빌트〉의 흑역사를 고발하고 있지만, 지금의 〈빌트〉는 여전히 옐로우페이퍼이긴 하나 상당히 점잖아졌다. 정치가 점잖아지면 언론도 점잖아진다. 68세대 운동권 학생들은 요슈카 피셔를 비롯한 주류가 1980년 녹색당을 결성하면서 제도권 정치 안으로 들어왔다. 그렇게 해서 독일 사회도 극단의 시대를 벗어났다. 시민 사회, 지식인 집단의 노력이 주효했고, 보이텔스바허는 집단지성의 한 모범 사례다.

하인리히 뵐의 《카타리나 블룸의 잃어버린 명예》(1974)

하인리히 뵐(1917~1987)은 전후 독일 문학의 대표적인 작가. 《카타리나 블룸의 잃어버린 명예》는 가정부로 일하는 '성실하고 명석한' 27세 여성 카타리나가 카니발축제 때 댄스파티에 갔다가 '인생의 남자'를 만나서 춤을 추고 하룻밤을 보낸 다음 며칠 사이에 일어나는 이야기다. '인생의 남자'가 알고 보니 경찰에 수배 중인 은행강도, 사실은 '시국사범'이었던 것인데, 여자가 경찰의 조사를 받는 며칠 동안 〈자이퉁〉이라는 일간지는 여자를 살인범의 오랜 연인이자 '국가대표 창녀'로 대서특필하고 그녀의 주변 사람들을 모두 파렴치한 '빨갱이 집단'으로 몰아버린다. 소설은 카타리나가 〈자이퉁〉 기자를 살해하고 경찰에 자수하는 것으로 끝난다. 소설에는 '폭력은 어떻게 발생하고 어떤 결과를 가져올 수 있는가'라는 부제가 붙어 있다.

〈자이퉁〉은 독일어로 그냥 '신문'이라는 뜻. 뵐은 〈자이퉁〉이 독일 최대부수 일간지 〈빌트〉와 닮았다는 것을 책의 앞과 뒤에 밝혀놓았다. 1972년 노벨문학상 수상자였던 뵐의 작품은 나오자마자 베스트셀러가 됐다. 〈빌트〉는 다양한 방법으로 보복했는데 그중 하나가 주간 베스트셀러 소개란을 없애는 것.

"아무리 막강한 절대권력도 그들만큼 항상 마구 휘두르지는 않는다. (…) 헤드라인의 폭력에 대해서는 거의 알려지지 않았다. (…) 그것을 한 번쯤 연구해보는 것은 범죄학의 과제일 것이다." – 하인리히 뵐, 《카타리나 블룸의 잃어버린 명예》 작가의 말

5. 나치 독일로부터의
역사 엑소더스

2019년 11월 9일, 브란덴부르크광장에서 베를린장벽 붕괴 30주년 축제가 열렸다. 한 달 남짓 기념행사의 클라이막스였다. 3시간에 걸친 버라이어티쇼 프로그램 중엔 다니엘 바렌보임이 지휘하는 슈타츠카펠레악단의 베토벤 교향곡 9번 〈환희의 송가〉 연주도 있었다. 바렌보임은 1990년 베를린필의 첫 이스라엘 공연을 지휘했던 유대계 지휘자. 이날 베를린 시민과 외국인 관광객들이 꽉 들어찬 브란덴부르크광장에서 베를린자유대학에 방문학자로 함께 와 있던 동료와 나눈 대화.

나: 나치가 저지른 극악한 행패로 치면 독일이 유럽의 왕따가 되어
   마땅한데 이렇게 이미지 싹 씻은 거, 정말 영리하죠?

그: 원래 전쟁 벌이는 쪽이 수습에도 능하지요. 당하는 쪽이 수습

도 잘 안 되고.

지금 독일은 유럽에서 가장 잘사는 나라, EU를 이끄는 맹주, 너무나 인기 있는 나라가 되었다. 또한 베를린은 지구상에서 가장 매력적인 도시 가운데 하나가 되었다. 베를린에는 나치의 흔적과 통일의 흔적이 섞여 있고 통일을 내세우지만 나치를 감추지도 않는다. 베를린에선 두 가지 모두, 나치조차도 관광자원이다.

나치는 20세기 인류의 흑역사이고 전 세계가 비판하지만 가장 혹독하게 지속적으로 비판하는 사람들은 독일 국민이다. 그 자신들이 누구보다도 끔찍해한다는 건 어리둥절하지만 당연한 일이다. 그래서 극우 파시즘이 다시는 발붙이지 못하는 사회를 만들어야 한다는 사회적 합의가 있다. 극우 정당 AfD가 의회에 진입하기 전까지는 정치인이나 공직자 또는 방송인의 경우 인종차별적 언행은 금기였고 반유대적인 발언은 즉각 철퇴가 가해졌다. 극우시위대가 이스라엘 국기를 불태우는 사건이 있은 뒤 연방의회는 공개 장소에서의 국기 소각을 금지하는 법을 만들었다.

나치 시대를 넘어서는 과정은 크게 두 가지 트랙이다.

첫째는 교육, 학교와 시민 사회의 철저한 반나치교육이다. 독일은 나치 집단수용소들을 모두 박물관으로 만들었다. 학생들은 고등학교를 졸업하기까지 한 번 이상 강제노동수용소를 견학하게 된다. 나치 시대와 유대인 학살에 관한 다큐도 반복해서 관람한다. 히틀러와 나치 집단, 그리고 광기에 빠졌던 대중이 자신들의 조상이지만 철저하게 비판하고 반성하는 역사교육을 받는다.

베를린 시내 오래된 아파트 대문 앞 보도에서는 흔히 '슈톨퍼슈타인(Stolperstein, 걸림돌)'이라 불리는 손바닥 크기의 네모난 동판을 볼 수 있다. 나치 치하에 바로 그 집에서 잡혀간 사람들의 기록이다. 대개는 유대인이지만 동성애자, 집시도 있었다. 어느 거리에선 한 아파트 앞에 열세 개의 슈톨퍼슈타인을 본 적도 있다.

하케셔마크트 거리 어느 집 앞에 네 개의 슈톨퍼슈타인.

HIER WOHNTE (여기 살았던)

GEORG SALINGER (게오르그 잘링거)

jg. 1892 (1892년생)

DEPORTIERT 1943 (1943년에 추방되어)

AUSCHWITZ (아우슈비츠에서)

ERMORDET (살해되다)

그 옆에 아내 로자 잘링거(1893년생). 딸 우르줄라 잘링거(1919년생). 아들 게르트 잘링거(1922년생). 모두 1943년에 잡혀가서 아우슈비츠에서 죽었는데 딸 우르줄라만이 1942년에 잡혀가 리가수용소에서 죽었다. 어떤 사연이었을까.

가로세로 10cm의 이 동판들은 '슈톨퍼슈타인'이라는 이름처럼 행인들이 걸려 넘어질 정도로 튀어나온 건 아니고 다만 잠시 걸음을 멈추고 그 이름과 날짜를 들여다보게 한다. 베를린 시내에는 5천여 개의 슈톨퍼슈타인이 있다. 학생들은 구역을 나눠 슈톨퍼슈타인을 닦는 자원봉사를 한다. 매년 11월 9일 '수정의 밤'에는 동판 주위에 양초와 장미가 놓인다. '수정의 밤(Kristallnacht)'은 1938년 11월 9일 국가대중계몽선전부장관 괴벨스의 연설을 신호탄으로 하루 사이 베를린을 비롯한 주요 도시들에서 유대인 상점과 백화점, 주택, 유대인 교회 수만 군데가 파괴되고 불타고 유대인 1300명이 살해된 사건으로, 홀로코스트의 시작이었다. '크리스탈나흐트'라는 이름은 예쁘지만, 깨진 유리 조각들이 거리를 뒤덮은 밤이라는 뜻이다.

수용소행 열차가 떠났던 베를린 그루네발트역 17번 플랫폼에는 난간을 따라 철판 186개에 수송 날짜, 인원 수, 수용소 명이 새겨져 있다. 최초의 열차가 떠난 10월 17일에는 해마다 추모식이 열리고 철판마다 하얀 장미들이 놓인다.

그런데 반나치 역사교육보다 더 중요한 건 교육철학이다. 경쟁과 차별을 금지하고 협력을 배우는 것이 독일 학교교육의 기본원칙이다. 인성을 바꾸는, DNA에서 나치 인자를 지우는 교육이다.

학교 수업의 상당 부분이 토론과 에세이 쓰기로 이루어지고 모든 과목에서 성적의 50%는 토론점수, 자기 팀의 토론점수다. 초등과정에서 수영과 자전거가 필수인데 수영은 인명 구조 작업, 자전거는 도로교통법을 마스터해야 자격증이 나온다. 인문계 고교인 김나지움에서는 대입 내신 필수과목이 국어(독어), 수학, 체육이다. 그리고, 그게 어떻게 가능한지 잘 모르겠지만, 수학에서 구구단 없이 문제를 푼다. 빨리 쉽게 푸는 것보다 자기 힘으로 풀어가는 과정이 중요하다는 것이다. – 박성숙, 《독일 교육 이야기》, 2010

이런 교육이 가능한 건, 독일의 대학 진학률이 35~40%이고, 경쟁률이 센 법대나 의대 외엔 김나지움 학생들이 원하는 대학을 선택할 수 있고, 대학을 나와 전문직을 갖는 것이나 기본학교(Gesamtschule, Grundschule)를 나와 직업교육(Ausbildung)을 받고 기능직을 갖는 것이나 보수가 별 차이 없기 때문일 것이다.

탈나치 트랙의 첫째가 교육이라면 두 번째는 개방 사회를 향한 정책적 노력이다. 나치의 폐쇄적이고 공격적인 민족주의와는 반대쪽으로 가겠다는 것이다.

전후에 유럽 사회의 일원으로 복귀하는 일은 철저히 이웃나라들과 협력하고 양보하는 것으로 시작했다. "더 이상 독일은 이웃을 침공하는 공격적인 나라가 아니라 평화를 사랑하는 나라이며, 더 이상 독일은 민족주의 독일이 아니라 유럽의 일원인 국제주의적인 독일로 변했다고 말할 뿐 아니라 행동으로 보여주어야 했다. 그래서 독일은 유럽석탄철강공동체에 주도적으로 참여했고 유럽공동체(EC), 유럽공동시장(ECM), 마스트리흐트조약과 유럽연합(EU)의 출범 그리고 유로화의 출범을 주도하였다."– 임혁백, 《한반도는 통일 독일이 될 수 있을까?》, 2010

1970년대부터 유대인들의 이주와 정착을 지원해온 것도 가해자로서 피해자에게 화해를 청하는 정책의 하나. 독일은 유럽에서 이민/난민을 가장 많이 받아들이는 나라인데, 3D 노동력 등 현실적인 필요도 있겠지만 나치의 과오를 씻고 개방 사회로 가겠다는 메르켈 총리의 의지는 분명했다. 하지만 이민/난민에 대한 개방 정책이 치르는 대가도 만만찮다. 극우 AfD의 원내 진출이 독일 사회에 충격을 주었고, 잊을 만하면 벌어지는 극우파의 인종차별 테러나 아랍계의 테러 사건이 사회를 흔들어놓는다.

1차세계대전 패전 이후의 사회적 혼란과 살인적인 인플레이션에 세계대공황이 덮친 때가 국가사회주의독일노동자당, '나치'가 탄생한 시대 배경이었다. 1932년 총선에서 나치당에 투표하고 히틀러를 총리로 만들어준 사람들이 독일인들이있나. 히틀러가 나치 외의 정당들을 해산시켜 1당 독재를 시작하고 평화헌법을 바꿔 재무장하고 1938년부터 오스트리아와 체코를 잇따라 병합하고 폴란드를 침공했을 때 나치당에 열광했던 사람들이 독일인들이었다. 히틀러는 패전 후 불안과 절망에 빠진 대중에게 독일민족우월주의와 제3제국의 영속성이라는 '국뽕' 마약을 주사했고 유대인과 공산주의자에 대한 적개심과 사디즘을 자극하며 독일 사회를 집단광기로 몰아넣었다. 그 역시 독일 국민의 선택이었다.

"대중이 요구하는 건 강자의 승리와 약자의 섬멸과 굴복이다. 약한 남자를 지배하기보다 강한 남자에게 복종하려는 여자와 같이 대중은 피해자보다 지배자를 사랑하고 자유의 관대함보다 반발을 용서치 않는 절대규범에 훨씬 만족감을 느낀다. (…) 자신의 작은 일터나 자신을 주눅 들게 하는 대기업에서 벗어난 개인이 대중집회에서 같은 신념을 가진 수천 사람들 사이에 끼어들 때 그는 우리가 대중암시라 부르는 마술적인 영향에 굴복하게 된다."-아돌프 히틀러, 《나의 투쟁》, 1925

사회심리학자 에리히 프롬은 1941년 《자유로부터의 도피》에서 "파시즘이 어떻게 위대한 국민을 매혹했는가"를 분석한다. 그것은 현대 사회에서 고립된 개인의 도피심리, 권위주의, 복종과 지배의 메커니즘으로 설명된다. 독립된 자아를 버리고 타인과 집단에 자신을 융합시켜 힘을 얻으려는 마조히즘, 타인을 지배하고 도구화하고 고통에 빠뜨림으로써 힘을 확인하려는 사디즘, 그 두 가지의 공생인 것이다. 개인의 관능적, 정서적, 지적인 확장이 방해되거나 생체 에너지가 억압됐을 때 나타나는 파괴성은 때로 "사랑, 의무, 양심, 애국심" 같은 근사한 거짓말로 합리화되기도 한다.

한 사회의 평정심이란 살짝만 찢겨도 핏방울이 튀어나오는 얇은 피부와 같다. 나치는 현대 독일인의 트라우마로 잠재해 있다. 통일 이후의 혼란기에, 코로나라는 재난 앞에서, 극우 테러를 만났을 때, 정치가들이 국민들의 절제를 당부하고 또 당부하는 데서 나치 트라우마에 대한 방어기제가 작동하는 모습이 보인다. 사회적 위기가 자신들을 어떤 집단광기로 몰아갈까 불안한 것이다. 교육과 규범과 실정법이라는 첩첩의 바리케이드로 차단하고 있지만 그 의식의 구조물 밑에서 출렁이는 집단무의식이 내심 두려운 것이다.

6. 탈나치의 마지막 관문, 통일
-"한 걸음도 나아가지 않는 것보다는
작은 걸음이라도 떼는 게 낫다"

독일통일은 필연이었지만 그 계기는 우연이었다. 베를린장벽이 무너진 1989년 11월, 동독은 내부로부터 이미 무너져 있었다. 전국적인 민주화시위로 집권 20년차 공산당 서기장 에리히 호네커가 물러나고 매일 동독 국민 수천 명이 서독으로 가기 위해 헝가리, 체코, 폴란드로 빠져나가고 있었다. 동독 정부는 현실에 떠밀려 단계적인 여행 자유화조치를 취할 수밖에 없었는데 11월 9일 공보담당 정치국원이 정례브리핑에서 새 여행법을 설명하다가 "언제부터냐"는 기자의 질문에 엉겁결에 "지금부터"라고 답한 것이 기폭제였다. 이것이 보도되자 동베를린 시민 수만 명이 장벽으로 몰려가 장벽을 부수고 장벽을 타 넘었다. 이것은 이후 1년에 걸친 동서독 간 통일 절차의 시작이었다. 귄터 샤보프스키라는 정치국원의 실수에 대해서는 전날 마신 술이 덜 깼다는 설도 있고 발표자료를 미리 검토하지 않았다는 설도 있다. 어쨌든 그는 독일통일에 관한 한 헬무트 콜 당시 서독 총리보다도 결정적인 기여를 했다.

90년 9월, 미, 영, 프, 러 4개 연합국과 동서독 2개국이 독일통일 조약에 합의했다. 동독이 체제를 포기하고 서독으로 통합하는 내용이었다. 동독 의회는 동독 다섯 개 주의 서독 편입을 승인했다. 1990년 12월, 통일독일의 첫 총선이 이루어졌다.

2019년 11월 장벽 붕괴 30주년 행사의 하나로 베를린 한인 사회에서 열린 '베를린청년컨퍼런스-웬 통일?'에서 베를린자유대학 객원교수인 독일통일 전문가 김상국 씨의 말. "동독은 북한과 다르고 서독은 한국과 다르고 지금 국제정세는 당시와 너무도 다르다. 하지만 독일통일보다 더 나은 모델이 없으니 할 수 없다."

무엇보다 다른 것은, 독일통일은 1990년을 전후한 세계적인 변화의 트렌드를 탔다는 점이다. 1986년 소련 공산당 서기장 고르바초프의 개혁 개방 정책 '페레스트로이카' 선언에서 비롯된 소련 해체 및 동구 공산권 붕괴의 도미노 속에 베를린장벽도 함께 무너진 것이다.

하지만 장벽은 하루아침에 무너지지 않았다. '작은 걸음 정책 (Small Step Policy)'이란 것이 있다. 빌리 브란트가 서베를린 시장 시절 동서 베를린 간에 최소한의 접촉과 왕래를 유지하자면서 했던 말 "한 걸음도 나아가지 않는 것보다는 작은 걸음이라도 떼는 게 낫다"에서 비롯된 '작은 걸음 정책'은 1969년 브란트가 독일연방의 총리가 됐을 때 소련 및 동유럽과 교류를 트는 '동방 정책'의 기본원칙이 되었다.

《베를린, 베를린》(이은정, 2019)에 소개된 작은 걸음 정책의 사례들이 흥미롭다.

1949년 동서독이 분단되고 수도 베를린은 동서로 잘렸지만 가족, 친구관계와 학교, 직장생활을 단칼에 자를 수는 없었다. 베를린은 1961년 동베를린 당국 쪽에서 장벽을 세우기 전까지 12년 동안 두 체제를 가진 하나의 도시로 운영되었고 동베를린 사람들이 서베를린으로, 서베를린 사람들이 동베를린으로 출퇴근했다. 장벽이 생긴 다음 이동이 제한되고 통행증제도가 생겨났지만 지하로 하수도가 흐르고 전철이 상대 지역을 지나가고 거대 도시의 인프라를 공유했기 때문에 냉전의 시기에도 실무적인 협력은 계속할 수밖에 없었다.

재미있는 예. 베를린의 하수도는 서에서 동으로 흐르고 동쪽에 하수처리시설이 있다 보니 서베를린시가 동베를린시에 하수처리비용을 지불했다. 그런데 서베를린이 경제부흥으로 도시가 커지고 인구가 늘면서 자체 하수처리시설을 만들어 동베를린으로 가는 송금이 줄어들게 되자 동베를린은 대형 쓰레기매립장을 만들어 서베를린의 쓰레기를 유치함으로써 예산부족을 해결했다.

서독 정부는 분단 직후 동독 수교국과는 국교를 맺지 않는다는 동독 고립 정책, 이른바 '할슈타인 원칙'을 채택했고 동서독 사이에 간첩 사건도 많았지만 그런 냉전 체제 속에서도 작은 대화들은 끊이지 않았다.

1976년에는 동독 정부가 서독으로 가는 우편물에 비해 동독으로 오는 우편물이 압도적으로 많다면서 처리비용을 청구, 서독 정부가 2억 5000마르크를 지불하기도 했다. 동서독 간 편지 왕래는 자유로웠고 친지들이 서로 방문할 수 있었다. 베를린장벽에는 시민들이 반대쪽을 방문할 때 통과하는 세 곳의 '판문점'이 있었다. 그중 하나가 '프리드리히역'인데 지금은 박물관이 되어 '눈물의 궁전'이라는 이름이 붙어 있다.

서독 언론은 동독에 특파원을 보냈고 동독 정부는 서독 TV 시청을 허용했다. 동독의 라이프치히에서 열리는 도서박람회는 17세기에 시작된 유서 깊은 행사인데 여기서 해마다 동서독의 출판인, 작가들이 만났다.

분단 초기에 베를린을 둘러싸고 미-소 점령군 사이에 일촉즉발의 전쟁 위기도 있었지만 이미 2차대전으로 많이 죽고 파괴되고 전쟁에 넌더리가 났기 때문에 동서독 사이에는 '내전은 절대불가'라는 공감대가 있었다.

파시즘도 분단도 극복한 독일은 유럽에서 가장 부유하고 정치적으로 안정된 나라가 되었다. 나치가 벌인 전쟁에 대한 벌칙이었던 동서분단이 종료된 것은 나치 역사로부터 벗어나는 길의 마지막 관문이었던 셈이다.

7. 앙겔라 메르켈

독일이 통일됐을 때 "서독이 동독을 사람째 샀다"는 말들을 했다. 실제로 정치, 경제, 사회적으로 붕괴한 동독을 서독이 흡수한 것이 통일이었다. 동독은 '사라진 나라'가 됐다. 동독의 화폐나 제도나 법이나 군복이나 훈장이나 슈타지(비밀경찰) 같은 흔적들은 베를린 시내 슈프레강변에 있는 DDR(Deutsche Demokratische Republik) 박물관에서나 찾을 수 있다. 통일된 독일에 살아남은 동독 것은 암펠만(Ampelmann)뿐이라는 말도 있다. 암펠만(신호등Ampel+사람mann)은 신호등의 사인물.

하지만 결정적으로, 독일 총리가 동독 사람이다. 동독 출신이자 여성, 독일 사회에서 마이너 중의 마이너인데, 통일 이후 30년 중 절반을 통치하고 있다. 그는 전후 독일에서 장기집권한 세 명의 총리 가운데 한 사람이 되었다. 콘라트 아데나워(1949~1963), 헬무트 콜(1982~1998), 앙겔라 메르켈(2005~2021).

1990년 통일독일 첫 총선에서 당선되고 연방정부의 여성청소년부장관이 됐을 때가 37세. 통일 직전의 동독에서 정치단체에 가담하며 정치에 입문한 지 1년 갓 지났을 때였다. 여성청소년부에 이어 환경부장관이 되고 기민당 부대표가 되고 2000년 콜 총리가 불법자금 모금혐의로 사퇴하면서 기민당 대표가 될 때까지 메르켈은 언론에서 '콜의 딸' '콜의 소녀'로 불렸다. 메르켈은 당대표선거에서 96%의 지지를 얻었는데, 총리와 당대표들이 잇따라 부정부패 스캔들로 물러나면서 집권 기민당이 맞닥뜨린 리더십 위기가 정직하고 깨끗한 이미지의 여성 정치인을 밀어 올렸다. 그 이미지는 총리 16년 동안 깨진 적 없다.

메르켈은 슈뢰더의 사민당 개혁 정책을 이어받고 녹색당의 탈원전 정책을 수용하고 네 번의 연립정부를 협상과 포용으로 이끌었다. 그래서 '무터(Mutter, 어머니) 리더십'이라 불렸지만 그가 신뢰받는 정치인인 건 포용력만큼이나 어떤 단호한 원칙주의의 힘이다. 메르켈은 국내에선 실업률을 낮추고 경제를 회복하면서 통일 후유증을 극복했고 국제 사회에선 그리스 경제위기와 우크라이나사태 등을 해결하면서 확고한 신뢰를 얻었다. 하지만 그의 '정치적 아버지'인 헬무트 콜은 치솟는 실업률과 함께 16년 치세가 주저앉았는데, 늘 기민당 지지율을 웃돌았던 메르켈의 개인적 인기는 이민/난민 정책으로 타격을 입었다. 독일 정부는 2015년 난민

100만 명을 받아들이고 400여 개 난민촌을 조성한 다음 2016년 한 해 내내 이슬람 테러에 시달렸고 2017년 총선에서 극우 정당의 의회 진출을 불러왔다.

2016년은 테러의 해였는데, 아프간 난민의 기차 테러와 시리아 난민의 자살폭탄 테러가 모두 이슬람국가(IS)와 연루됐으며, 12월 베를린 카이저빌헬름교회 크리스마스마켓을 덮쳐 열두 명을 죽인 트럭 테러의 범인 역시 튀니지 출신이었다. 당시 메르켈은 강력한 테러대응책을 발표하면서도 "독일은 과거에도 종종 도전들에 직면했지만 걱정과 공포가 정치적 결정에 영향을 끼칠 수는 없다. (…) 난민에 대한 개방 정책을 포기하지 않겠다. 인도주의 지원을 계속하겠다"고 말했다. 그는 "2015년과 같은 무분별한 난민유입이 반복되지는 않을 것"임을 약속했지만 개방 사회의 기본원칙을 접지는 않았다.

총선에서 기민당 지지율이 떨어지고 정부 구성이 5개월 지연되고 난민 정책 때문에 기민/기사당의 70년 공조에 금이 가고 그 자신 당대표에서 물러나고 2021년 은퇴를 선언한 다사다난했던 한 해를 보낸 다음 2019년 신년사에서 메르켈은 조각이 미뤄지고 연방정부가 삐걱댄 일에 대해 국민에게 사과하면서도 "우리 시대가 직면한 도전들을 극복하기 위해 결속과 협력이 중요하다. 개방성, 관용, 존중 같은 가치들이 독일을 강하게 했으며 그것을 지켜나가기 위해 함께 노력해야 한다"고 했다. 그는 포퓰리즘과는 대척점에 있는 정치인인 것이다.

검박하고 원칙주의적인 태도는 그의 가계, 물리학자라는 점, 동독에서 살았다는 것과 관련 있을지 모른다. 그의 아버지는 하이델베르크대학 출신의 개신교 목사이고 어머니는 라틴어와 영어 교사였다. 1954년 서독의 함부르크에서 태어난 그는 생후 몇 주 만에 동독으로 이주했다. 이미 동독은 1953년 전국적인 노동자시위와 소련군의 무력진압 이후 서독으로의 엑소더스가 시작된 다음인데 그의 아버지는 거꾸로 동독 인민들에게 목회가 필요하겠다며 종교를 '인민의 아편' 취급하는 공산주의 사회로 들어갔던 것이다. 메르켈은 라이프치히대학에서 물리학을 공부했고 박사논문은 〈양자화학적, 통계적 방법에 기반한 단순결합 붕괴와 그 반응상수 계산 메커니즘에 대한 조사〉였다. 그는 1990년 총선에 나갈 때까지 베를린과학아카데미 물리화학연구소 연구원이었다.

과장도 없고 정확히 할 말만 하는 메르켈은 전 세계가 급전직하 극우 포퓰리스트들의 놀이터가 된 코로나 재난의 시대에 특히 돋보였다. 도널드 트럼프와 보리스 존슨 사이에서, 자국 우선주의를 내세우며 다른 나라를 차단하고 공격하는 정치인들 사이에서 공존과 연대를 이야기하는 그의 목소리는 이채로웠다. "2차대전 이후 최고의 위기"라면서 코로나 대책을 발표하던 날 언론들은 감정적 언사 없이 늘 차분하고 이성적인 그의 어법으로 볼 때 이례적이라고 논평들을 했다.

메르켈은 '철의 여인'이라 불렸던 3선(1979~1990년)의 영국 총리 마거릿 대처와 자주 비교된다. 두 사람 다 남편이나 가문, 재산의 후광 없이 오직 자신의 능력으로 입신했다는 공통점이 있지만, 대처에 비해 그는 좀 더 보통사람 캐릭터다. 그는 총리공관에서 멀지 않은 슈프레강변 아파트에 남편과 함께 산다. 그에게 자녀는 없다. 포토세션은 아닌 듯한데, 이웃들은 이따금 그가 퇴근 후 마트에서 물건 사는 걸 목격하고 나의 한 지인은 그가 차 트렁크에서 쇼핑한 물건을 꺼내는 걸 보았다고 했다. 코로나 관련 대국민담화를 하던 날은 TV에 나온 파란색 정장 차림 그대로 그날 저녁 슈퍼 계산대 앞에 줄을 서 있는 메르켈 사진이 언론에 실리기도 했다. 카트에는 두루마리 휴지 한 세트와 와인 네 병이 담겨 있었다.

메르켈의 아파트 앞에는 늘 경찰차와 함께 경찰관 두 명이 서 있는데 언젠가 일행과 함께 박물관섬으로 건너가면서 이곳을 지나게 되었다. 우리 일행 중 하나가 경찰관에게 다가가서 "메르켈 집이 어디냐"고 물어보았다. 뚱뚱한 중년의 남자 경찰관이 싱글거리며 대답했다. "이 중에 하나인 건 맞아. 그래서 우리가 여기 서 있지. 하지만 어딘지 말해줄 수는 없어."

메르켈의 남편인 화학자 요아힘 자우어 박사는 독일한림원(German National Academy of Sciences Leopoldina) 위원이다. 역시 한림원 멤버인 베를린자유대학의 이은정 교수에 따르면 한번은 한림원 행사에 메르켈이 왔는데 앞줄엔 그의 남편을 비롯한 한림원 위원들이 앉았고 그의 자리는 없었다. 메르켈은 뒤쪽에 자리 잡았고 이날 행사에 강의가 여러 개였는데 그는 이 강의 저 강의 들으러 다니며 끝까지 참여했다 한다.

'메르켈'은 40년 전에 헤어진 남편의 성이다. 같은 동베를린 중앙물리학연구소 연구원이었던 울리히 메르켈과는 76년에 결혼해 1982년 이혼했다. 그는 자우어 박사와 동거하다 98년 12월에 혼인신고를 했는데, 결혼 안 하고 동거하는 사람은 대표가 될 수 없다는 기민당 내 불문율 때문이었다. 부모와 자식으로 이루어진 전통적인 가족제도를 중시하는 기민당에서 메르켈이 대표가 될 때 비토 그룹은 그의 자유주의 결혼관과 이혼 경력을 문제 삼았다.

2020년 3월 8일 '세계 여성의 날'을 앞두고 배포한 주간 동영상에서 메르켈은 여성 문제를 언급했다. "성평등 문제를 개선하는 데 남자들의 역할도 있다. 남자들이 가사노동과 육아에 참여하는 만큼 여자들이 직업 활동에 참여할 수 있다. 성평등을 진전시키는 것은 중요한 이슈다. 경제 활동 인구 중 남자의 취업은 84%인데 여자는 76%다. 공공과 기업부문의 고위급에 여성의 진출은 아직 미진하다. 현행법에서 대기업은 임원의 3분의 1 이상을 여자로 구성하도록 규정하고 있지만 중소기업들도 노력해야 한다."

여기서 말하는 여성 고위직 30% 할당제, '민간 및 공공부문 고위직 남녀 동등 참여에 관한 법률(FüPoG)'(2016년)을 만든 것이 메르켈 정부다.

메르켈은 독일 연방정부의 첫 여성 총리다. 그는 자신의 후임도 여성 총리를 세우고 싶어 했다. 그는 2018년 기민당 대표를 물러나면서 안네그레트 크람프-카렌바우어를 차기 대표로 앉혔고 다음 해 그녀를 신임 국방장관에 지명했다. 하지만 리더십 논란과 튀링엔주 선거 후폭풍으로 기민당 대표를 물러나면서 후계구도가 무너졌다. 2013년 독일 연방정부의 첫 여성 국방장관, 2019년 EU의 첫 여성 집행위원장이 된 우르줄라 폰 데어라이엔 역시 메르켈이 키운 여성 정치인이다. 의사 출신으로 일곱 명의 자녀를 둔 엄마이기도 한 그는 메르켈 내각에서 여성가족부, 노동부, 국방부장관을 했다. 그 역시 향후 독일 연방정부의 총리 후보다.

메르켈은 "당신은 페미니스트인가"라는 질문에 "예스" 하지 않았다고 그가 '충분히 페미니스트인지' 논란이 되기도 한다. "페미니스트냐"는 질문에 "성평등이 논리적"이라고 동문서답한 것도 메르켈답다. 사실은 그런 질문 자체가 부질없기도 하다.

독일어로 총리는 남성명사인 'Der Kanzler'다. 하지만 메르켈 때문에 'Die Kanzlerin', 총리의 여성명사형이 만들어졌다. 2000년대에 태어난 독일 아이들은 총리는 원래 여자가 하는 일로 여긴다는 우스갯소리도 있다.

8. 진격의 페미니즘과 페미니즘 역풍

세계 여성의 날인 2020년 3월 8일의 여성대회는 베를린에 코로나가 급확산되는 가운데 열렸다. 베를린은 독일 지자체 중 처음으로 여성의 날을 공휴일로 지정한 도시. 수만 명이 거리로 나왔고 아직은 코로나를 개의치 않는 분위기였다.

오후 1시부터 북쪽의 레오폴드광장에서 정당, 여성/사회단체들의 퍼레이드가 출발했고 4시엔 동쪽의 바르샤우어역에서 IWS(국제여성공간)가 주최하는 이민/난민 여성 중심의 거리행진이 시작됐다. 레오폴드 쪽은 독일 사회 주류를 대표하는 만큼 거의 백인들이었고 남녀가 반반이었다. 여기선 68세대 할머니들이 공산주의 팸플릿을 들고 나와 맨투맨으로 대화작전을 펼치는 게 인상적이었다.

바르샤워역 쪽은 유색인, LGBT, 비주류에 젊은 층들이라 인종적으로나 패션이나 훨씬 컬러풀했다. 여기선 이란, 시리아, 아프간 등에서 처형/암살/투옥된 여성 투사들 사진 피케팅이 눈길을 끌었다. 퍼레이드 가운데 트럭 연설대에서 IWS 활동가로 일하는 채혜원 씨가 전쟁 중의 성폭력 문제로 연설하면서 일본군 위안부를 언급했다.

'시위예술의 베테랑'들인 베를린 사람들답게 시위는 재기발랄한 플래카드의 퍼레이드였고 바로 지금 독일 페미니즘의 이슈들이 총출동했다. 레오폴드광장 쪽에서는, 임신 3개월 이후의 낙태를 처벌하는 형법 218조와 성적인 자유가 가장 흔한 이슈였고 여성의 성기와 자궁 그림이 피켓의 인기 아이템이었다. 독일 페미니즘운동에서 폭력과 인권침해, 빈곤, 저임금 등 절박한 이슈들이 이민/난민 여성들에게 넘어왔다는 얘기는 이날 두 개의 퍼레이드가 피케팅으로 입증하고 있었다.

가장 자주 만난 구호들.

- #Weg mit 218a (형법 218조 꺼져버려)
- Riot, not Diet
- It is not Party, but Fighting
- We are Granddaughters of Witch you couldn't burn (우리는 너희가 미처 태워버리지 못한 마녀의 손녀들이다 – 참고로, 이것은 2017년 이래 대유행하는 카피)

- My Body, My Choice
- my body is not your porn (내 몸은 너의 포르노가 아니야)
- Smash Patriarchy (가부장제를 박살내자)

이런 점잖은 캐치프레이즈도 있다.

- Feminism is not anti-man, we are pro-human
- Woman rights, Human rights

그리고 깜찍한 피케팅의 버라이어티쇼.

- Pretty Ladies Fart Too (예쁜 숙녀도 방구를 뀐다)
- I can't believe I still have to protest this fucking shit (아직도 이런 거 지발싸개 같은 것 때문에 항의시위를 해야 하다니)
- Bitches of the World, Unite! (전 세계 쌍년들은 단결하라!)

1968년 이후 20년 동안 여성운동이 전방위로 터져 나왔고 많은 문제들이 해결됐지만 통일 이후 독일에 여성운동은 더 이상 없다는 말들도 한다. 통일 이후의 사회변동과 긴급현안들 숲에서 여성운동이 존재감을 잃기도 했다. 통일됐을 때 적어도 여성의 지위에 관한 한 동독이 서독보다 앞서 있었다. 동독은 탁아시설이 잘돼 있어 여성들의 사회 활동에 지장이 없었고 남녀 임금격차가 더 적고 여성들이 고위직에 더 많이 진출해 있었다. 통일 이후는 동독 기준으로 법제도를 조율하는 것이 여성 정책의 과제였고 콜 총리가 동독 출신의 30대 여성 메르켈을 여성청소년부장관에 발탁한 것도 그래서였을 것이다. 독일에서 여성 문제는 공공에서 너무 잘하고 있고 여성할당제는 정부가 앞장서 해결하니 여성운동은 할 일이 없다고도 한다. 여성 임금이 남성보다 6%(쾰른경제연구소 통계) 낮다 해도 OECD 평균 16%에 비하면 월등하다.

여성의 사회적 지위 관련 현안들이 사라지고 페미니즘의 중심이 성적 자기결정권에 꽂히면서 성소수자, LGBT 이슈가 부상한다. 가령 베를린자유대학 한국학과 박사과정에 딱히 페미니즘 주제는 없어도 LGBT 주제로 논문을 쓰는 학생만 세 명이다. 독일에서 레즈비언 커플의 동거나 게마인샤프트라는 이름의 생활공동체, 프리섹스공동체가 유행했던 것이 68세대, 일찍이 1960~70년대였다. 이제 동성결혼이 합법화되고 입양할 수 있는 데까지 왔다.

두 형사와 폭력조직이 나오는 독일 드라마 〈베를린의 개들〉에서 베를린 경찰청장은 여자다. 밤새 일어난 살인 사건에 대해 보고하러 경찰청장 집을 찾아간 경찰간부가 아들에게 묻는다. "엄마 계시니?" "어떤 엄마요?" "경찰청장 엄마" 경찰청장은 레즈비언으로 두 엄마가 아들 하나를 입양해 키우고 있다. 드라마의 주인공인 두 형사 중 하나는 백인으로 전형적인 부패 경찰이고 다른 하나는 양심적이고 반듯한 터키인으로 남자 파트너와 함께 사는 동성애자다. 고위직, 모범생 캐릭터에 성소수자 역할이 배당된다.

독일 사회에서 아내나 남편, 남친이나 여친 같은 단어는 '파트너', 한국식 '옆지기'라는 표현으로 거의 대체됐다. 애인의 성별도, 부모의 결혼관계도 굳이 따질 이유가 없는 것이다. 정식 혼인관계인 부모와 자식으로 이루어진 가정은 절반 정도이고 이혼 또는 미혼의 한부모, 파트너 상태의 부모가 절반에 가깝다. 1인 가구 비율은 2017년 독일 전체가 41%, 베를린이 52%였다. (2019년 한국 통계청이 발표한 1인 가구 비율은 29.8%) 독일 부모들은 대개 자녀가 스무 살이 되거나 대학생이 되면 분가시킨다. 성인이 된 자녀의 '성적 자기결정권'을 존중한다는 뜻이다.

시민들은 정치인의 성적 취향도 물론 존중한다. "베를린은 가난하지만 섹시하다"라는 카피를 유행시켰고 실제로 베를린을 '섹시한' 문화예술도시로 만든 베를린 시장 클라우스 보베라이트 (2001년~2014년)는 시장선거 때 "나는 동성애자다. 그건 그것대로 좋다"고 했고 시장에 세 번 뽑혔다. 역대 독일 총리들의 결혼 횟수도 만만치 않은데 앙겔라 메르켈 두 번, 게르하르트 슈뢰더 다섯 번, 헬무트 콜 두 번, 헬무트 슈미트 두 번, 빌리 브란트 세 번이다.

군 장교가 성전환수술해서 여군이 되기도 하는, 남녀 모두 성적 자기결정권이 완벽에 가깝게 보장되는 독일 사회에서 법제도에 남은 장애는 오직 낙태에 관한 형법 218조다. 50년의 지리한 공방에도 낙태 문제가 여전히 핫이슈인 것은 연방정부에 종교청이 있고 교회가 헌금을 걷지 않고 세금으로 운영되는 기독교 국가라는 점과 관련 있다.

독일 여성들의 '미투'는 일찍이 1971년에 있었고 그때는 '나도 당했다'가 아니라 '나도 낙태했다'였다. 시사잡지 〈슈테른〉은 '우리도 낙태했다'는 제목으로 여성 374명의 명단을 실었다. 표지엔 이들의 얼굴 사진이 실렸고 개중엔 유명인사도 있지만 가정주부도 있었다. 낙태한 여성과 의사가 각기 최고 10년형을 받던 때였으니, '처벌할 테면 처벌해봐라' 하는 배짱의 커밍아웃이었다. 이들의 '낙태 미투'는 당시 독일 사회에 상당한 파장을 낳았고, 빌리 브란트 총리의 사민당 정부는 낙태를 허용하도록 법을 바꿨다. 하지만 이후 낙태법은 뒤집히고 고쳐지고 너덜너덜해지면서 2020년 3월 8일 현재 임신 12주 이후의 낙태는 강간에 의한 임신, 임산부의 건강 문제 등을 제외하고는 벌금 또는 최대 3년의 징역에 처하는 형법 218조로 남았다.

법제도가 완벽에 가깝다 해도 어느 사회나 마찬가지로 독일도 가정폭력 문제가 심각하고 성희롱 성폭력도 여전히 이슈다. 2013년, 81년생 안네 비조렉이 성차별 성폭력사례를 고발하는 해시테그운동 #Aufschrei(절규, 비명), 독일판 미투 캠페인을 주도하면서 '영페미'의 기수가 되었다. 'NEIN IST NEIN'('NO'는 'NO'다). 2020년 봄 베를린자유대학의 게시판들에 붙은 벽보 제목이다.

그것이 주류 백인 여성들의 페미니즘이라면 심각한 성폭력과 가정폭력, 인권침해, 취업차별, 빈곤과 저임노동은 주로 유색인, 이민/난민 여성의 문제다. 독일에는 1970년대 성폭력상담센터와 성피해여성비상전화가 생겨났는데 비상전화는 17개국 언어로 서비스된다. 그만큼 외국인 여성들의 사례가 많다는 뜻이다.

특히 젊은 아시아 여성들은 '옐로 피버'의 피해를 호소하는 경우가 많다. 아시아 여성을 성적 착취의 대상으로 이용하는 것인데, 아시아 여성들은 순종적이고 얌전하다는 선입견 때문이다. 독일 남자들이 한 번쯤 안 본 사람 없다는 '일본 SV'(섹스비디오)의 영향도 있다.

'독일에서 여성으로 산다는 것은?'이라는 제목으로 〈도이체벨레〉가 제작한 7분짜리 기획 다큐는 열 명 남짓의 남녀에게 "자신을 페미니스트라 생각하냐"고 질문하는데 젊은 여성 셋만 그렇다고 대답한다. "여자가 남자들하고 똑같이 성취할 수 있는 것이 페미니즘이다." "Human이 Humanist인 것처럼 Female이 Feminist라고 하는데 뭐가 잘못됐나?"

나머지는 페미니즘에 거부반응을 보인다. "우리는 상당히 나아갔다고 생각한다. 그렇지 않은 나라들도 있는데"라며 이미 충분하다는 사람도 있고, "여자들의 권리만 생각하는 극단적인 입장이 페미니즘"이라며 혐오반응을 보이는 사람도 있다.

똑같은 질문을 세계 24개국 성인남녀 1만 8천 명에게 던져보았다. 글로벌마케팅리서치업체 입소스(IPSOS)가 2017년 세계 여성의 날을 맞아 발표한 〈세계의 페미니즘과 양성평등 보고서〉인데, 여론조사 결과는 아이러니들의 절창이다.

'당신은 페미니스트인가'에 대한 대답은 최고가 인도(83%), 최하가 독일(37%)이었다. 중국이 74%, 한국 49%, 일본 42%였다. 하지만 시내버스 안에서 여섯 남자가 여대생을 집단강간 살해하고 동행한 남자친구도 살해하는 사건이 페미니스트가 가장 많은 나라의 수도에서 일어날 수 있는 일은 아닐 것이다. 이 리스트는 오히려 페미니즘을 한 시대의 트렌드로 이미 겪은 나라와 겪고 있는 나라와 한 번도 겪지 않은 나라의 순서라고 이해하는 쪽이 타당할 것이다. 남녀평등에 거의 도달한 나라와 도달하려 노력하지만 잘 안 되는 나라와 남녀평등과는 거리가 먼 나라의 순서로 이해해도 될 것이다. 또한 여혐-남혐을 넘어선 나라와 갈등이 한창인 나라와 갈등해보지도 못한 나라의 순서이기도 할 것이다.

입소스 조사에서 '여자는 집안에서 가사노동을 해야 한다'는 데 동의한 응답자는 24개국 평균 17%인데, 인도가 44%로 최고였다. 실제 현실은 그런 것이다.

1970~80년대 '진격의 페미니즘'을 지나 1990년대 이후 '페미니즘의 역풍'을 맞은 서구 사회에서 독일도 예외는 아니다. 전투적인 페미니즘에 대한 거부감이 퍼져 있는 가운데 여성 문제에 여성들 스스로가 무관심한 상황이다. 저출산/고령화 사회의 문제를 여자들 책임으로 몰아가는 보수파의 공세도 한몫한다. "페미니즘은 독일 기차보다 악명 높다"는 농담도 있다. "페미니스트의 적은 남자가 아니라 극우 정당 AfD"라고도 한다. 그런 오리무중 속에서 페미니즘의 새로운 길을 모색하는 것이 '뉴페미니즘'이다.

독일 뉴페미니즘에 관해 정치학자 전복희의 논문 〈21세기 독일의 뉴페미니즘과 독일여성운동의 과제〉(21세기정치학회보, 2018년)가 있다. 여기서 뉴페미니즘의 특징은 첫째, "사랑과 자신의 몸에 대한 자유"를 중시하고, 둘째, 1970년대 페미니즘을 "이데올로기적이고 도그마적이며 권위적"이라 비판하면서 "개인적으로 경험하는 젠더 불평등"에서 출발하는 "일상의 페미니즘"을 주장한다. 셋째, 페미니스트들은 화장해도 야한 옷 입어도 섹시해도 안 된다는 선입견을 벗어나 섹스와 여성적 즐거움을 중시하며, 넷째, 과거 페미니즘은 모든 남성을 가해자로 여성을 피해자라고 가정하는 남성혐오 페미니즘이었다면서 "남성과 함께 하는 페미니즘", "공존의 페미니즘"을 주장한다.

세계경제포럼(WEF)이 발표하는 젠더지수는 2018년 독일이 149개국 중 14위다. 페미니즘의 흑역사였던 나치 시대에 정부는 여성을 출산과 육아의 도구로 선전했고 다산의 엄마에게 십자훈장을 주었다. 자녀 8명이 금십자, 6명이 은십자, 4명이 동십자였다. 그 모성신화를 깨부수는 것이 전후 페미니즘의 출발이었고, 기혼여성은 취업하려면 남편의 허가가 필요했던 법조항이 폐지된 것이 1976년이었다. 독일 여성들도 꽤 멀리 부지런히 달려온 것이다.

"Gute Mädchen gehen in den Himmel, schlechte Mädchen gehen überall hin(착한 여자는 하늘나라에 가고 나쁜 여자는 아무데나 간다)." 독일의 유명한 경구다.

9. 마스크 알레르기,
누드의 전통

독일에서 처음으로 마스크 의무화조치를 발표한 곳은 중부 튀링 엔주에 있는 인구 11만 도시 예나였다. 2020년 3월 31일, 독일에 하루 확진자가 6천 명대로 폭증하던 와중이었다. 예나를 시작으로 한 달 사이 16개 연방주 모두에서 대중교통과 상점 출입에 마스크가 의무화됐다. 메르켈 총리나 옌스 슈판 보건장관은 마스크는 효과가 의심스러우니 손이나 자주 씻으라고 해왔는데 그 '마스크 회의론'을 접었다.

'마스크'는 2~3월에 걸쳐 미디어 헤드라인의 단골 키워드였고 온갖 매체에서 마스크의 효과를 둘러싼 토론이 벌어졌다. 독일병원위생협회 발터 포프 부회장은 마스크에 대한 의학적 연구보고가 별로 없다고 말했다. 당연한 것이, '바이오'와 '나노'의 첨단을 달리는 의약 선진국의 관심사가 되기에 마스크는 너무 재래식 이 슈였다. 심지어 마스크공장은 독일 내에 영세업체 몇 군데뿐이고 의료업계가 필요로 하는 물량은 거의 수입했다.

정부와 방역 관계자들이 마스크가 별 도움이 안 된다고 얘기할 때 사람들은 '수급이 딸려서 저러는 것 아닐까' 하고 의심했다. "독 일은 마스크 확보에 실패했다"는 제목의 〈슈피겔〉 특집은 이 의심 을 사실로 확인했다. "독일 정부가 충분한 마스크 확보에 실패한 것이 마스크 착용을 의무화할 수 없었던 이유 중 하나다. 1월에 중 국이 유럽에서 마스크를 휩쓸어갔고 보건장관이 마스크 확보에 태만했던 탓에 2월에는 독일에 마스크가 품절돼 의료진이 쓸 마스 크조차 모자랐다. 함부르크의 한 치과의사는 자동차 도색하는 친 구에게 공업용 검정 고무 마스크를 빌렸고 조수는 스노클링 마스 크를 쓰고 환자를 맞았다. 지금까지 한국, 대만, 일본이 바이러스 확산을 최소화하면서 경제를 살리는 핵심은 마스크였다."

마스크 효과에 대한 토론이 벌어지는 동안 세계는 마스크 전쟁 을 치르고 있었다. 〈슈피겔〉은 "현상금 사냥꾼과 사기꾼들이 설치 며 마스크 가격이 50배까지 뛰었다. 이 전쟁에서 가장 공격적인 건 미국인데 중국시장과 세계시장에서 막대한 돈을 퍼부어 마스크와 보호장비를 쓸어갔다"고 했다.

이 무렵부터 동네 상점과 약국에 수제 마스크가 등장했다. 크로 이츠버그의 한 신발가게가 갑자기 마스크가게로 바뀌어 헝겊 마스 크를 팔기 시작했다. 독일 정부의 마스크 국산화 시책으로 BMW

가 외국에서 재료를 조달하고 의류공장이 마스크를 찍어내기 시작했다. 50개 기업체가 참여해 8월부터는 매주 5천만 장씩 생산된다는 보도가 나왔다. 그러니까 마스크 생산과 조달의 속도를 따라 당국이 마스크 회의론에서 권고, 의무화로 기어를 한 단씩 올렸던 것 아닐까. 초기의 마스크 회의론은 정부가 국민을 속였다고 비판할 수도 있겠지만 사회가 일시에 패닉에 빠지는 것을 막기 위해 정치와 언론과 국민이 암묵적인 합의, 선의의 담합을 한 건지도 모른다.

유럽 정부들이 국민들에게 마스크 씌우기 힘들어하는 데는 문화적인 이유도 있다. 독일에서는 마스크를 거부하는 시위가 자주 벌어졌고 벌금을 감수하며 노 마스크로 거리를 활보하는 사람이 많다. 유럽에서 맨 먼저 모든 공공장소에서 마스크 착용을 의무화한 나라가 체코였는데, 아직은 쌀쌀한 4월의 해변에서 누드 수영을 즐기는 이들을 마스크 미착용으로 단속할 것인지 말 것인지 경찰관들이 헷갈렸고, 이 문제는 곧 유럽 전체에서 논란거리가 됐다.

유럽에는 '누드문화'라는 것이 있다. 해변에서 '토플리스'로 일광욕을 즐기는 여자들, 해만 나면 등을 내놓고 공원에 드러눕는 사람들을 흔히 볼 수 있다. 피부를 햇빛에 노출하려는 것은 백인들의 피부병 예방과 관련 있지만, '몸의 자유, 정신의 해방'이라는 리버럴문화의 유산이기도 하다. 특히 독일은 강력한 누드문화의 전통이 있다. FKK(Frei-körper-kultur, 자유-몸-문화) 운동이 그것인데, FKK 해변, FKK 캠핑장에서 올누드의 시아버지와 며느리가 배드민턴을 치고 부모와 자식이 같이 누드 수영을 한다. 큰 공원들에선 4월만 되면 누드족들의 해바라기가 시작된다. FKK 자전거 경주, FKK 하이킹 행사, FKK 퍼레이드도 있다.

연극공연에서 배우가 옷을 홀딱 벗는 것은 보통이고 베를린 양대 오페라극장인 국립오페라와 도이체오페라의 우아하고 고색창연한 무대에서 오페라 가수가 치마나 바지를 훌렁 내리기도 한다. 2019년 11월, 베를린 고리키극장에서 6개국의 젊은 연극인 여섯 명이 만든 신생 극단 유러피안앙상블의 데뷔 무대인 〈유러피언 이매지네이션〉은 FKK 연극이었다. 여섯 명의 배우가 등장 5분 만에 모두 옷을 활활 벗어버려 특히 아시아인 관객을 놀라게 했는데 그 상태로 러닝타임 1시간 30분을 소화했다.

FKK 운동은 1900년쯤 등장했는데, '나체주의'는 모든 종류의 억압을 거부하겠다는 몸짓이다. 육체를 수치심으로부터 해방시키고 섹스를 음침한 뒤꼍에서 끌어내겠다는 것이다. 나체로 즐기는 야외놀이와 스포츠는 정신건강과 신체건강 모두에 도움이 된다고 한다. 나체문화는 흔히 고지식하고 근면성실하다고 알려진 독일인의 이면, 개방적이고 낭만적인 면모다.

베를린에 지루한 겨울이 끝나고 봄이 오면서 쌀쌀한 날씨에도 '끈나시'와 핫팬츠의 성급한 마음이 노출의 계절이 다가오고 있음을 알리는 4월에 얼굴의 절반을 뭔가로 가리라는 주문은 다분히 폭력적이다. 한여름에 해변이 아니라도 공원과 강변, 길모퉁이 벤치에서 토플리스로 최대치의 햇볕을 흡수하겠다는 자유로운 영혼에게 입을 마스크로 덮으라는 요구는 무리다.

10. 코로나의 베를린, 두 가지 표정

두 가지 표정, 그 첫 번째.

3월 초 베를린자유대학에 한국에서 교환학생들이 왔다. 3학년 생들인데 독일어 강사가 한국 학생들을 지목하고는 "코로나가 전염되면 안 되는데" 운운했다. 한국학과장 이은정 교수는 이 얘기를 전해 듣고 바로 학교 당국에 항의했다. 학교 당국은 다음 학기부터 문제의 강사를 쓰지 않겠다고 약속했다.

유럽의 모든 수도가 다인종 사회이고 베를린도 인구의 30%가 외국인, 외국계다. 여러 색깔이 사이좋게 어우러진 빨레트 같은 사회를 이따금 인종주의 테러 뉴스가 한 번씩 휘저어놓곤 한다. 중국발 전염병의 대유행은 사회적 금기라는 얇은 포장 아래 잠복해 있는 인종주의를 건드려 깨우기에 충분했다. 아시아인 인종차별에 대한 보도들이 나오는 가운데 베를린에서도 한국인들이 폭행당하는 사건들이 보고됐다.

내가 살던 아파트는 베를린 시내에서 터키계와 아랍 이민자들이 많이 사는 크로이츠버그 지역이었다. 이웃들은 엘리베이터나 복도에서 만나면 웃으면서 "츄스" 하고 인사하는데, 베를린에 확진자가 생겨나던 무렵 60대쯤으로 보이는 히잡의 아랍 여인이 딸 둘과 함께 엘리베이터를 나서면서 뒤따라 내리는 나에게 들리도록 "차이니즈!"라고 소리쳤다. 독일 사회에서 인종계급의 서열은 서독〉동독〉아시아·아랍〉흑인쯤 된다. 독일의 백인 원주민 외엔 아랍계가 가장 크고 아시아는 마이너리티지만 특히 한국이나 중국인은 유학생이나 지식인, 전문직이 많아서 약간은 특별한 지위가 있다. 한데 코로나로 인해 '쪼는 순서'에 교란이 생겼다. 베를린 사회의 아래층인 아랍계가 자신들의 인종적 설움을 전가할 새로운 희생양을 발견한 것이다.

독일유학생네트워크 사이트에 올라오는 글이나 주변 얘기를 종합해보면, 아랍계로부터 차별적인 언행이나 놀림을 당하는 일이 흔하지만 실제 폭행을 하는 경우는 거의 백인들이었다. 독일 사회가 점잖아 보여도 길 가는 사람 다섯 가운데 하나가 선거 때 AfD를 찍었다는 것, 10~20%의 극우가 존재한다는 것은 부인할 수 없는 현실이다.

3월말, 베를린 알렉산더광장 바닥에 그래피티가 등장했다.

```
IF YOU CAN
READ THIS
GO HOME
```

뉴스가 나온 2주 뒤 알렉산더광장에 가보니 그래피티가 지워지고 없었다.

두 가지 표정, 그 두 번째.

어느 날 우리 아파트 엘리베이터에 게시물이 나붙었다. 영어, 독어, 터키어, 아랍어, 스페인어, 러시아어, 중국어 등 9개 언어로 된 게시물의 문구. "혹시 연세 드셨거나 면역력 약한 분들 식료품 사러 가거나 약국 가는 거 대신해드릴 수 있어요. 전화하거나 벨 누르세요."

게시물 아래쪽에 네모칸이 있고 한쪽은 도움을 줄 수 있는 사람, 다른 쪽은 도움을 받고자 하는 사람의 이름과 호수를 적게 돼 있었다. '서포터스' 쪽 네 칸은 며칠 사이 모두 찼다. 다 여자 이름이었고 맨 위에 적힌 가브리엘라는 내 옆방에 사는 금속공예하는 젊은 아가씨의 이름이었다. 가브리엘라에게 게시물을 직접 만들었는지 물어보았다. "내 아이디어는 아니고 인터넷에서 다운받아서 프린트했지. 나는 그래도 혜택 받은 쪽이라고 생각하기 때문에 더 어려운 사람을 도울 수 있어"라는 게 그의 대답.

크로이츠버그를 산책하다가 다른 아파트 현관문에서도 비슷한 게시물을 보았다. 내용은 같으나 다른 문장이었는데 인터넷에 이런 자원봉사 게시물의 여러 버전이 돌아다니는 모양이었다.

거리에 행인이 줄고 음식점이 문을 닫자 노숙자를 돕는 공간들이 등장했다. 공원과 길가의 철제 울타리에 먹거리가 든 봉지들과 옷가지를 넣은 가방이 매달렸다. 크로이츠버그 지역에만도 여러 곳이었다.

도스토옙스키가 인간의 마음은 양과 늑대가 함께 거처하는 동굴이라 했는데 베를린 사회에 재난이 닥치고 동굴이 덜컹대자 그 안에서 정확히 양과 늑대가 얼굴을 내밀었다.

11. 뜻밖의 독일

복지국가의 뒷골목 ────────────

독일은 한국인들이 자주 견학 오는 곳이다. 한국 사회의 여러 부문에서 비전을 개척하는 데 참고 대상이라는 얘기다. 통일 쪽으로는 유일무이한 교재이고, 선거제도개혁을 앞두고 독일식 연동형 비례대표제가 연구 대상이었으며, 경제 쪽에선 독일의 공유경제, 사회적 기업, 강소기업 '히든챔피언'이 관심을 모은다. 탈원전, 재생에너지, 친환경 정책도 벤치마킹사례다. 입시 위주 교육의 대안을 고민하는 사람들이 독일의 교육제도와 직업교육을 조사하러 온다.

책도 많이 나와 있는데 이를 보노라면 하나의 이상 사회가 이곳에 있군, 싶다. 독일 현대사가 인간의 이성과 야만성의 엎치락뒤치락이었다면 지금 독일 사회는 야만성에 승리를 거둔 합리적 이성의 박람회장인 것이다. 하지만 인류 사회의 미래에 대한 희망찬 플래카드들이 나부끼는 박람회장 구석에서 우리는 이상한 풍경들을 목격한다.

베를린 거리에서는 거의 매일 정신병자나 술주정꾼을 만날 수 있다. 길거리나 전철에는 대낮부터 술병 들고 휘청거리는 사람들이 있고 전철역과 승강장의 쓰레기통에서 빈 병 꺼내는 사람들, 심지어 뭔가를 집어먹는 사람도 있다. 실크드레스에 뚫린 구멍인가, 이 복지국가에 무슨 일이 있는 걸까.

베를린은 노숙자가 서울에 비해 압도적으로 많아 보인다. 서울은 시청역과 서울역 중심으로 모여 있는데 베를린은 시내 전철역마다 골고루 퍼져 있다. 지상철 S-반의 철교 아래는 예외 없이 노숙자가 있는데, 대개 나이든 백인들이다. 정착 또는 적응 못 한 이민이나 난민이 아니라 1인당 GDP 4만 달러의 사회에서 튕겨 나온 원주민들이다. 독일에선 거주지등록만 돼 있으면 연금이 나온다는데 어찌하여 거주지등록조차 잃었는지 알 수는 없다. 복지국가도 모든 개인을 구원하지는 못하며 어떤 정책에도 맹점이 있는 것인가.

크로이츠버그 지역의 필리처파크나 하젠하이데파크는 마약거래로 유명한데 산책하다 보면 점퍼 차림의 흑인 남자들이 드문드문 서 있다가 다가오며 뭐라고 말을 건다. 2019년 마약남용 사망자가 1298명, 전년에 비해 9.6% 늘었다. 마약으로 하루에 서너 명 꼴로 죽는 것이다. 마약사망의 절반은 아편 중독이라 한다. 신문에는 마약 중독자를 위한 복지시설의 확장이 필요하다는 칼럼이 실린다.

옛날옛적 근면성실한 독일인 ─────────────

우리 세대는 학교에서 '근면성실한 독일인'에 대해 배웠다. 독일의 전후부흥, '라인강의 기적'은 '한강의 기적'의 모델이었고, 부지런한 독일인은 박정희 시대 국민정신교육의 벤치마킹 대상이었다. 하지만 베를린에서 가장 놀란 건 사람들이 일을 너무 적게 하고 너무 느리다는 점이었다. 한국에서 평일 9~18시에는 주민센터, 우체국, 세무서에서 언제든 공무원을 만날 수 있었던 사람들은 독일의 종잡을 수 없는 공공 서비스에 당황하게 된다.

동사무소에 거주지등록을 할 때, 세관에 잡혀 있는 소포를 찾으러 갈 때, VHS(시민학교) 강좌를 신청할 때, 대학의 학생서비스센터를 이용할 때, 담당자를 만나려면 먼저 시간표를 확인해야 한다. 상담 가능한 시간은 가령 '화요일 오전, 목요일 오전 오후, 금요일 오전' 이런 식이다. '아니, 이 사람들은 일주일에 이틀만 일하나?' 했더니 평균 주4일 정도는 일하지만 창구 닫아놓고 업무처리하는 시간이 필요하다는 것이다. 한국인에게 낯설 뿐, 합리적인 얘기다. 더더구나 민원처리에 한국식 속도전을 기대하면 안 된다.

독일에서는 기다림에 익숙해져야 한다. 그것을 불평하면 늘 듣게 되는 소리가 "여긴 노동자의 나라잖아"다. 서비스산업이 비대하고 경쟁이 치열한 '고객의 천국' 한국에서는 매장에서 손님이 종업원을 부르지만 이 '노동자의 천국'에서 손님은 종업원이 발견해줄 때까지 인내심을 가져야 한다.

독일 군인들은 전투 중에 법정 근무시간 채우면 숙소로 돌아갈지도 모른다. 우르줄라 폰 데어라이엔 국방부장관 시절에 EU 합동 군사훈련에 참가한 독일군은 초과근무수당 예산이 바닥나는 바람에 도중에 철수한 일이 있었다.

노동시간이 짧고 휴가는 길다 보니 각종 공사들이 시작됐다 하면 끝을 알 수 없다. 130년 역사를 지닌 베를린의 전철은 곳곳이 보수공사 중이다. 서울의 명동에 해당하는 베를린 카데베백화점 앞 비텐베르크역 광장은 공사장 철책이 쳐져 있고 자재들이 쌓여 있다. 공사장 한 켠에 세워진 BVG(베를린교통공사) 안내판에는 비텐베르크역과 놀렌도르프역 구간 터널 보수공사 중이라며 시공업체와 전화번호가 적혀 있는데 공사 기간은 나와 있지 않다. 한 지인은 자신이 베를린에 온 2018년 7월에 이미 공사 중이었다 하고 내가 떠나던 2020년 4월에도 공사 중이었다. 독문학자 최윤영 교수는 자신이 처음 독일 유학 왔을 때 본대학의 지붕 한쪽 귀퉁이를 고치고 있었는데 5년 후 박사를 마치고 떠날 때 반대쪽 귀퉁이를 고치고 있었다 했다.

독일은 OECD에서 노동시간은 가장 짧고 휴가는 가장 긴 그룹에 속한다. 연평균 노동시간은 1363시간(주26시간, 2016년 기준)이다. 신입직원의 휴가일수는 24일부터 늘어나는데, 휴가철은 1년에 세 번, 크리스마스, 부활절, 여름휴가다.

물론 고연봉 비즈니스맨이나 전문직 쪽으로는 평균 노동시간과 무관한 일 중독자들의 세상도 있지만 독일인들이 평균적으로 일을 적게 하는 건 틀림없다. 사무자동화와 글로벌 금융쇼크, 통일 후유증, 주기적인 경기불황을 통과하면서 늘어나는 실업률을 줄이기 위해 'job sharing' 정책, 즉 노동시간을 쪼개고 일자리를 나눠온 결과다. 슈뢰더가 시작하고 메르켈이 마무리한 '아젠다2010'의 노동 정책도 '미니잡', '미디잡'이라는 이름의 시간제 노동을 늘리면서 사회보장제로 뒷받침하는 방식이었다.

독일은 출산율이 1.5명이고 점점 늘어나는 추세다. 베를린 거리에는 아이들이 많고 유모차를 밀고 가는 엄마들도 자주 만난다. 젊은 여성들이 아이를 낳아도 되겠다는 마음을 먹을 만큼 심리적, 경제적, 시간적 여유가 있는 것이다.

덧붙이자면, 경제부흥기의 독일인들은 '근면성실'했다 한다. 그 때는 그랬다 한다. 1974년 파독간호사로 온 구순이 선생은 "독일에서는 성냥 한 개비도 다섯 사람이 모여야 불붙인다고 도덕교과서에서 배웠는데 독일에 왔더니 실제로 그랬다"고 했다.

뜻밖의 아날로그 사회

독일에선 모든 출입문을 열쇠로 연다. 자기 아파트에 들어가려면 기본 세 개의 열쇠가 필요하다. 열쇠를 잃어 사람을 불러 문을 열려면 열쇠 하나에 우리 돈으로 20만 원 정도라니 열쇠꾸러미 잃어버리는 건 재앙이다. 열쇠는 길이요 생명이다.

모든 대중교통은 불심검문 시스템이다. 전철과 열차, 버스에 평균 한 달에 한 번쯤 검표원이 불시에 들이닥쳐 티켓을 체크하고 무임승차에 벌금을 매긴다. 양심적인 시민들을 준법과 탈법의 딜레마에 빠뜨리는 제도이지만 한 번 어기면 뒷수습이 복잡해서 대개들 승차권을 구입한다.

공공기관 업무에도 이메일보다 팩스를 많이 쓴다. 코로나 집계도 로베르트코흐연구소와 의사협회가 달라 사망자 집계를 고의로 누락시키고 있다는 논란이 벌어졌는데, 그 와중에 튀빙겐대 한국학과의 이우재 교수는 인터뷰에서 "바이에른주의 한 기관에선 팩스가 고장 나 확진자 수를 보고할 수 없었다 한다. 팩스라니! 한국에선 상상도 할 수 없다"고 했다. DHL 소포의 택배기사는 절대 휴대폰 메시지를 사용하는 법이 없기 때문에 방문 당시 집에 사람이 없으면 난감한 일들이 생겨난다.

음식점이나 상점은 절반 이상이 현금만 받는다. 독일에서 현금 거래가 70%. 사람들은 전자화폐보다 현금을 안전하게 느끼며 자신의 지출정보가 체크되는 것도 좋아하지 않는다 한다. 스마트폰 보급률 85%에 신용카드 사용률도 낮으니 코로나 확진자와 접촉한 사람 명단을 작성하기는 쉽지 않다.

과거에 'Made in Germany'의 신화 같은 것이 있었다. '독일제'는 카메라나 시계 하나도 정확하고 튼튼하고 독일인은 빈틈없다는 것이다. 그런 고정관념은 베를린에서 전철이 고장으로 멈춰서는 일을 몇 번 겪다 보면 눈 녹듯 사라져버린다. 독일 철도는 상태나 서비스나 악명 높은데 승객들은 익숙해서 그런지 여유 있어서 그런지 화내거나 항의하는 법도 없다. 코로나가 확산일로에 있던 2020년 3월 전철역에 BVG 공고문이 나붙었다. "전철과 버스에 전염병 방지를 위한 위생소독을 할 수 있는 여력이 없으며 정기적으로 물청소를 하고 있다. 승객들이 버튼 등을 누를 때는 자율적으로 장갑을 끼고 누르시라."

독일 전자제품시장에서 TV도 컴퓨터도 스마트폰도 삼성이 1위다. 온라인 수업에 대한 준비가 얼마나 잘 갖춰졌는지에 대한 조사는 OECD 37개국 가운데 한국이 1위, 독일이 32위다. 언젠가, 뭔가, 뒤바뀐 것이다.

지금의 독일인은 서두르지 않는 사람들이다. 공공 서비스의 느슨함도 주는 쪽이나 받는 쪽이나 큰 불만 없어 보인다. 문명의 성질, 디지털적인 것과 아날로그적인 것, 바뀌는 것과 그대로인 것, 빠르고 느림, 어느 것이 어떻게 사람들의 행복에 관여하는지는 말하기 쉽지 않다.

오래된 미래, 노인의 존재감 ─────────────

독일인들이 오래된 것을 좋아하고 낡은 것을 고쳐 쓴다는 얘기는 듣던 대로였다. 베를린에는 세컨드핸드숍이 흔하다. 헌 옷 파는 매장이 새 옷 파는 곳만큼 많다. 헌 옷 체인점만 해도 'HUMANA', 'RESALE' 등 여럿이다.

베를린 시내의 5~6층짜리 아파트들은 대개 지은 지 100년 이상 된 건물들이다. 주차시설과 엘리베이터가 없어 불편하고 나무 계단이나 마룻바닥이 삐걱대기는 하지만 골조는 튼튼하고 천장이 높고 고전미가 있다. 이런 아파트 내부는 가구들도 대개 100년 이상 돼 보인다.

연식이 오래되다 보니 집이나 가구를 고치고 손보는 일이 일상사인데 인건비가 비싼 탓에 대개들 손수 해결한다. 집집마다 기본 장비를 갖추고 있고 동네 슈퍼에는 전기드릴 같은 공구를 판다. 건축과 인테리어 관련 재료를 파는 유통체인도 많은데 바우하우스 (BAUHAUS)가 대표적이고 OBI, BOWMAKT, BOER도 있다. 우리 대형마트처럼 잘 꾸며진 대규모 공구철물점들이 지역마다 점포를 내고 있는 건 그만큼 일반인 수요가 많다는 얘기다. 정원 가꾸는 가드닝 도구나 수공예 재료를 파는 체인점도 있다.

이 모든 것이 집안일이지만 동시에 취미생활이기도 하다. 베를린 인구 380만에서 65세 이상 노년층을 대략 20%라 할 때 75만쯤 된다. 베를린에는 시에서 지원하는 '50+ 세대'를 위한 지역 사회 프로그램들이 다양하고 지역 도서관이나 박물관의 주요 고객이 노인들이다. 하지만 집 안에 뭔가 창의적인 소일거리들이 있다는 건 중요하다. 우리와 반대로 독일의 극우시위에 노인들이 별로 없는 것도 그래서인지 모른다.

달리는 열차처럼 빨리 변하는 사회에서 은퇴하고 늙어가는 건 소외감에 가속도가 붙는 과정이다. 하지만 오래된 것을 편안해하고 낡은 것을 품고 가는 사회라면 노인들이 느끼는 소외감도, 세대의 갈등도 덜할 것이다. 오래된 집이나 가구를 고치고 화단을 가꾸는 일에서 젊은 세대는 노인에게 배울 뭔가가 있을 것이다. 전통적인 어떤 것의 제조법이나 비법을 자녀와 손주들에게 전수하는 것이 노인의 존재감이기도 하다.

베를린의 양대 오페라하우스, 슈타트오페라와 도이체오페라의 고객은 노년층이 압도적으로 많다. 베를린자유대학에 방문학자로 와 있던 동료 두 사람과 바그너의 〈트리스탄과 이졸데〉를 보러 도이체오페라에 갔다. 5시간 반에 걸친 3막 오페라는 지루하기 짝이 없었고 우리 일행은 3막 끝나자마자 객석을 탈출하려 했지만 관객들이 모두 일어나서 하염없이 기립박수를 치고 있으니 꼼짝없이 그들의 클로징 세리머니를 기다려줘야 했다. 자기네 고전에 대한 존경심이 유별난 것도 오래된 집, 낡은 가구에 대한 태도와 통한다. 독일인들은 급히 바꾸는 걸 별로 좋아하지 않는다. 물건도 집도 정치도 그렇다.

독일인의 새해계획 ────────────────────

2020년 1월, 온라인 여론조사기관 스타티스타(STATISTA)가 18세 이상 1015명을 대상으로 새해계획에 대해 설문조사했다.

1, 스포츠에 더 많은 시간을 들이기 52%

2, 소셜미디어에 쓰는 시간 줄이기 42%

3, 더욱 건강한 식습관 39%

4, 채식주의자, 비건 되기 37%

5, 담배 끊기 34%

6, 다이어트 15%

7, 근검절약하는 생활 15%

1. 이념의 시대 20세기,
7개의 사건

1. 1917년 러시아혁명 ─────────────────────

마르크스의 1848년 공산당 선언이 팸플릿에서 현실이 되고 지구
상에서 가장 넓은 나라가 노동자계급 지배를 선언하자 세계가 깜
짝 놀랐다. 피지배계급이 힘으로 계급질서를 전복시킨 세계사적인
사건은 1789년 프랑스혁명에 이어 두 번째였다. 프랑스혁명에서
는 부르주아 자본가 중심의 시민계급이 귀족과 성직자의 절대왕
정을 무너뜨렸지만 100년 뒤 러시아혁명에서는 새로운 지배계급
으로 성장한 자본가계급이 다시 타도 대상이 됐다.

　러시아혁명으로 300년의 로마노프 왕조가 무너지고 차르의 전
제 정치가 종료됐으며 새 공화국 헌법은 "일하지 않는 자는 먹지도
말라"고 선언했다. 차르와 귀족이 독점했던 권력은 현장의 인민조

직으로 내려오고 노동자 농민의 소비에트가 모든 걸 결정했다. 인구의 90%가 농민이고 문맹이었던 소련에서 전 인민의 무상교육이 실시됐고, 직장과 거주지에 의사가 배치되는 공공보건의료 체계가 등장했다. 영국 프랑스에 앞서 여성 참정권이 보장됐고 공동주택, 공동식당, 공동탁아소 시스템 속에서 여자들은 자유롭게 직장생활을 할 수 있게 되었다.

"부르주아 지배계급으로 하여금 공산주의 혁명 앞에 벌벌 떨게 하라"는 공산당 선언의 문구처럼 러시아 바깥 자본주의 세계의 지배계급은 두려움을 느꼈다. 한편 제국주의 침략을 당한 식민지 지식인들은 거기서 민족 해방과 봉건 타파의 희망을 발견하고 흥분했다. 때는 자본주의가 탐욕과 야만의 본능으로 무한 질주하던 제국주의 시대의 클라이막스, 어떠한 제동장치 또는 대안의 이념이 절실했다.

2. 1939년 히틀러-스탈린 밀약

나치 독일과 소련의 상호불가침조약은 충격적인 뉴스였다. 1932년 집권 이래 나치가 박해한 공공의 적이 유대인과 공산주의자였으며, 스탈린의 소련이 1930년대 내내 공포 정치 속에 전시 체제를 구축할 때 그 타깃이 나치 독일이었다. 하지만 불가침조약 직후 나치 군대와 소련 군대가 동과 서에서 폴란드를 협공해 사이좋게 분할점령하면서 폴란드 분할에 관한 히틀러-스탈린 밀약이 알려졌을 때 특히 유럽의 좌파 지식인들이 충격을 받았다. 이것은 또 하나의 제국주의였으니, 20년 전 반제국주의 이름으로 수행했던 혁명에 대한 배신이었다. 레닌 사후에 정적들을 제거하고 1인 지배 체제를 구축한 스탈린의 통치는 점점 파시즘을 닮아갔다.

3. 1949년 중국혁명

중국 공산당은 1921년 상하이에서 결성된 이래 소수파였고 국민당 정부의 탄압으로 본거지를 잃고 내륙 북부의 오지로 쫓겨 들어 갔었다. 하지만 공산당의 지지기반이었던 농민이 인구의 90%였고 국민당의 물적 토대였던 지주와 자본가계급은 소수였다. 공산당 강령은 농민 대중의 마음을 움직였던 반면, 자본가들이 몰려 있는 해안 도시들은 일본군이 점령하면서 국민당의 기반을 잠식했다. 마르크시즘을 중국 현실에 적용한 마오쩌둥의 혁명론은 '마오주의'라 불렸다.

중화인민공화국의 탄생은 단순히 한 나라의 공산화가 아니었다. 이미 동구권 위성국가들을 거느린 소련과 더불어 유라시아대륙의 2/3 이상을 차지하는 강력한 공산주의 블록이 형성되면서 세계를 양분했다. 자본주의의 서방세계는 셔터가 내려진 그 너머의 세계를 '철(鐵)의 장막'과 '죽(竹)의 장막'이라 불렀다.

4. 1950년 한국전쟁 ————————————

1948년 한반도 남북에 각각의 정부가 들어선 다음 남쪽의 이승만은 '북진통일'을, 북쪽의 김일성은 '남조선 해방'을 공언했고 38선 부근에서 남측과 북측 군대 사이의 교전이 끊이지 않았다. 하지만 실제로 전쟁을 일으킨 건 70대의 이승만이 아니라 30대의 김일성이었다. 김일성이 1년 동안 소련의 스탈린과 중국의 마오쩌둥을 설득해서 승인을 얻어낸 다음이었다.

한반도에서 일어난 전쟁이었지만 그 경과나 결과는 세계대전 스케일이었다. 사상 최초로 자본주의진영과 공산주의진영이 맞붙은 이 이념 전쟁에서 미국을 비롯한 UN 18개 회원국의 전투병력이 참전해 한국군과 연합전선을 폈고 중국과 소련이 북한을 지원했다. 미국은 2차대전의 동지였던 중국 소련과 적이 되어 싸웠고, 이 전쟁은 이후 30년의 세계를 본격적인 냉전질서 속으로 밀어 넣었다.

김일성은 명백히 전범(戰犯)이었다. 하지만 재판받거나 실각하는 대신 정적들을 제거하고 권력을 강화했다.

5. 1978년 중국의 개혁 개방 ————————————

선의와 낙관으로 충만한 혁명 판타지가 살아 있었던 건 소련에서처럼 중국도 정부 수립 후 10년을 넘지 못했다. 자유토론과 이론경쟁을 허용한 '백화제방 백가쟁명(百花齊放 百家爭鳴)'의 1957년이

혁명정부가 자신감을 잃지 않았던 마지막 시기였다. 혁명동지들의 집단지도 체제는 소련에서 레닌이 죽으면서 무너졌지만 중국에서는 마오쩌둥이 자기 손으로 무너뜨렸다. 문화혁명이라는 이름의 권력투쟁에서 류샤오치, 펑더화이(팽덕회) 같은 혁명의 영웅, 건국의 아버지들이 거리에서 조리돌림을 당했다. 대약진운동의 파탄과 문화혁명의 광풍 속에 마오쩌둥에게 숙청당하고 하방당하고 고초를 겪은 대장정(大長程)의 동지 덩샤오핑이 마오쩌둥 사후 베이징 정치무대로 돌아와 '4대 근대화'를 선언한 것은 중국 개혁 개방 정책의 출발신호였다. '사회주의 정치 체제에 자본주의 시장경제'라는 실용주의 중국의 시작이었다.

자본주의 세계는 1929년 미국에서 파급된 대공황으로 불황의 늪에 빠졌지만 2차세계대전을 기점으로 부활해 1980년 즈음에는 황금기의 정점을 찍고 있었다. 호황은 과잉생산으로 공황을 부르고 파산과 실업에 이를 수밖에 없으며 주기적으로 찾아오는 공황과 함께 자본주의 체제가 붕괴하리라는 마르크스의 예언이 적중한 줄 알았는데 자본주의는 체질을 스스로 수정하면서 진화했다. 중국의 실용주의 지도자들은 서방세계 자본주의를 벤치마킹했고 마오주의 노선을 이탈해 사회주의의 체질을 수정했다. '검은 고양이든 흰 고양이든 쥐만 잘 잡으면 된다', 사회주의든 자본주의든 인민을 잘 먹고 잘살게 해주면 된다는 '흑묘백묘(黑猫白猫)'가 실용주의 중국의 새로운 캐치프레이즈가 됐다. 계획경제의 원칙은 절반쯤 내다버렸지만 스탈린 격하운동 같은 건 일어나지 않았다.

천안문 민주화시위는 가혹하게 진압했지만 개혁의 명분 아래 대대적인 정치보복 같은 건 하지 않았다. 덩샤오핑은 통 큰 실용주의자였다. 그는 마오쩌둥에 대해 "공이 7이요, 과가 3이라.(功七過三)"고 평하면서 인구 10억이 넘는 거대국가의 통합을 위한 상징으로 살려두었다.

6. 1986년 소련의 페레스트로이카 ──────────────

1980년대 이후 소련의 당관료, '무능하고 부패한 특권계급'을 지칭한 '노멘클라투라'라는 말의 유행은 소비에트 사회가 내부에서 제대로 작동하지 않는다는 신호였다. 소련 사회는 계획경제의 생산성 저하와 군사 초강대국의 유지비용으로 이중의 질곡에 빠져 있었다. 계획경제는 기간산업과 중화학공업 단계에서 소비재 경공업 단계로 넘어오면서 무기력해졌고, 당 중앙에서 개개인의 욕망을 읽어내기 힘들었으니, 서방세계 시장에서 번창하는 상품들을 점점 더 많이 수입하게 되었고, 그만큼 세계 자본주의의 위기와 불확실성에 더 취약해졌다. 한편 양대 슈퍼파워로서 미국과 경쟁 체제를 유지하는 부담도 만만치 않아서, 가령 미국이 아프간 반군 무자헤딘에 막대한 예산과 무기를 쏟아부을 때 소련도 인민당 정부를 도우러 파병하지 않을 수 없었다.

50대 중반의 젊은 서기장 고르바초프가 1986년 개혁과 개방을 뜻하는 페레스트로이카와 그라스노스트를 선언했는데, 중국보다

10년 가까이 늦어진 건 소련이 산유국이라 1970년대 오일쇼크와 체제위기에 대한 자각증상이 덜했던 때문이기도 했다.

개혁적인 고르바초프와 더 개혁적인 옐친을 거치는 동안 러시아소비에트연방사회주의공화국, 즉 소련은 해체되고 모스크바를 수도로 하는 나라 러시아는 그 영토나 위상이나 17세기 표트르 대제 이전으로 돌아가버렸다. 1990년 이라크와 쿠웨이트 간 원유분쟁으로 벌어진 걸프전을 미국이 다국적군을 편성해 CNN 중계 속에 요란스레 마무리하는 동안 소련은 구경하고 있어야 했고 이제 중동을 미국의 놀이터로 내줄 수밖에 없었다. 미국이 2003년 이라크를 침공해 그 나라의 대통령이었던, 한때 호메이니의 이란을 견제할 용도로 요긴하게 써먹었던 파트너 후세인을 마치 자국의 어느 도시 우범지대에서 조폭 두목 다루듯 체포해 재판에 넘기고 후세인의 두 아들을 폭사시킬 때 이제 눈치 볼 무엇도 없다는 태도였다. 그것이 미-소 양극 체제가 종료된 다음 일극 체제 시대의 유일권력이 국제 사회를 대하는 방식이었다.

7. 1989년 독일통일과 공산권 해체 ———————————

고르바초프의 소련이 과거의 강력한 중앙 통제를 포기하자 소비에트 연방을 구성하는 공화국들과 소련이라는 태양계를 궤도운행하던 동유럽 국가들은 마치 허브가 뽑힌 바퀴살들처럼 와르르 흩어져버렸다. 폴란드, 체코, 헝가리, 루마니아, 불가리아에서 공산당 체제가 무너지거나 지도자가 물러났고 동독은 서독에 흡수됐으며 유고는 민족 단위로 해체돼 내전에 들어갔다. 혁명적인 사태였지만 유혈과 총성은 없었고 다만 동구권 최악의 공포 정치와 족벌 정치로 루마니아를 25년간 통치해온 차우세스쿠가 시위대에 쫓겨 혁명재판을 받고 부부가 함께 공개처형된 것이 가장 자극적인 장면이었다.

영국의 마르크스주의 사학자 에릭 홉스봄은《극단의 시대-20세기 역사》(1994)에서 "소련의 붕괴로 '현존 사회주의'의 실험은 끝났다. 중국처럼 공산주의 체제가 살아남고 성공한 나라조차 국가소유와 계획경제의 이상을 포기했기 때문이다. 이러한 실험이 앞으로 다시 있을 것인가? 소련과 같은 형태로 되풀이되지 않을 것이 분명하고 전시경제나 비상사태를 제외하고는 어떠한 형태로도 되풀이되지 않을 것"이라고 했다. 전 지구적 규모의 이데올로기투쟁은 20세기 특징으로 남게 되었다.

공산권이 내부에서 무너져가는 동안 오히려 그 바깥에서 사회주의와 자본주의 중간의 사회민주주의 복지 사회를 시도한 독일과 스칸디나비아 국가들이 성장과 분배의 성공 모델로 떠오르는 중이었다. 마거릿 대처와 존 메이저의 18년 보수당 정권을 끝낸 영국 노동당의 토니 블레어 총리는 '사회민주주의의 성공'으로 가기 위해 "단순한 좌우 타협이 아니라 중도 또는 중도좌파의 핵심적 가치를 사회경제적 현실 변화에 적용하는 제3의 길"을 선언했다. 그 원칙과 방법에 대해 토니 블레어의 브레인이었던 사회학자 앤서니 기든스는《제3의 길》(1998)을 써서 공산권 해체 이후의 세계에 '제3의 길' 유행을 불러일으켰다.

1세기에 걸친 사회주의 실험의 결과는 역사의 진보를 믿는 사람들을 실망시켰다. 유신정권 아래 대표적 진보 지식인이었던 이영희 선생은 1991년의 한 토론회에서 "도덕주의적 인간과 사회의 실현은 꿈일 뿐이란 말인가"라며 이상주의제도를 감당하기에 인간이 너무 이기적인 건 아닌지 질문했다. 하지만 그는 체제이론으로서 마르크시즘과 가치철학으로서 마르크시즘을 구분하자고 했다. 요컨대 현실에서 사회주의 체제는 실패했지만 '평등'이라는 가치, 마르크스의 인간학과 윤리적 지침은 점점 더 중요해진다는 것이다.

실제로 대안의 이데올로기로서 마르크스주의는 과거 100년 동안 자본주의를 덜 야만적이고 더 인간적으로 만들어왔다.

2. 전후 좌우 용어해설, 지식의 백과사전

좌파(The Left): 좌익(左翼) ─────────────────────

(새우리말 큰사전) 1792년의 프랑스 국민의회에서 급진파인 자코뱅당(Jacobin)이 의장석에서 보아 왼쪽에 자리 잡은 데서 온 말. 급진주의적, 사회주의적, 공산주의적인 단체, 또는 이에 딸리는 인물.

　(위키백과 요약) 사회적 평등을 추구하고 계급과 불평등을 해소하려는 정치적 입장. 큰 정부와 국가권력의 개입으로 불평등 해소를 추구하고 인류의 보편적 평등을 보장함으로써 사회가 좀 더 이상적으로 변하기를 원한다. 또한 경제적 입장과는 별개로 진보주의사상들을 가리키는 단어로도 쓰인다. 사회주의, 생태주의, 공산주의, 평등주의가 그 예이며 구미권에서 반제국주의, 반인종주의 경향을 띠나 분파에 따라 내셔널리즘과 결합하기도 한다.

신좌파(New Left)

계급투쟁과 노동운동 중심의 과거 좌파와는 다른 새로운 좌파의 흐름. 유럽과 미국에서는 68운동과 68세대를 부르는 이름으로 시작됐다. 68운동은 유럽, 미국뿐 아니라 아시아, 남미와 공산권까지 전 세계에 걸쳐 일어났다. 독일은 67년 6월 이란 팔레비 국왕의 방문 중에 이란 독재 정치를 규탄하는 시위에서 학생이 경찰 발포로 숨지는 사건으로 시작했고, 프랑스는 11월 낭테르대학이라는 파리 빈민가의 신생 대학에서 학교 당국에 대한 학생들의 시위로 출발했다. 미국은 1968년 1월 말 베트남 대공세에 대한 항의시위로 시작해 4월 흑인 민권운동가 마틴 루터 킹 목사의 암살과 6월 대통령 후보 로버트 케네디 암살 사건으로 격화됐다.

전후 베이비붐세대가 성년이 되면서 대학생 인구가 폭증하고 반항적인 청년문화가 폭발한 것과 궤를 같이하는데, 20대 청년과 대학생 주도로 출발해 전문직, 화이트칼라 노동자, 지식인 전반으로 확장되면서 전후 냉전질서와 권위주의문화에 대한 총체적인 저항운동으로 발전했다. 정통 좌파가 지배계급의 억압과 착취에 저항했다면 68세대는 자본주의 사회의 물질만능, 상업주의, 성적 착취, 인종차별, 신제국주의 등 그 모든 불합리와 불평등에 저항했다. 또한 노동자 농민계급만이 아니라 광범위한 사회적 약자들, 소수자들과 연대했다. 미국 정부의 베트남 개입에 반대하는 반전운동이 공통분모였고 아직 징병제가 있던 미국에선 더 격렬했다. 체제 이데올로기의 거대담론이 밀려나고 문화와 언어와 일상에서의 권위주의와 산업사회 인간의 소외와 같은 미시적이고 심리적인 문제가 부상했다. 극단적 자유주의와 개인주의는 마리화나와 섹스의 히피문화로 빠져나갔다. "개인적인 것이 정치적인 것이다(The private is political)", "전쟁 말고 섹스를 해(Make love, Not war)"가 당시 유행했던 구호들.

20세기 초반의 이상주의자들이 체제혁명을 꿈꾸었다면 20세기 후반의 이상주의자들은 문화혁명을 꿈꾸었다. 제국주의/식민시대가 포스트 제국주의/포스트 식민시대가 되었고 궁핍의 시대에서 풍요의 시대로 넘어왔으며 부모들은 2차대전 전쟁세대였지만 그들은 전후세대였다. 68운동은 이후 여성운동, 환경운동, 성소수자운동 등으로 이어졌다. '뉴레프트'라는 용어는 미국의 좌파 사회학자 라이트 밀즈의 글 '신좌파에게 보내는 편지(Letter to the New Left)'에서 처음 쓰인 것으로 알려졌다.

한국의 '뉴레프트', 신좌파는 누구인가에 대해서는 논란이 분분하다. 일단, 한국의 68년은 경제개발과 새마을운동의 시대였고 북한 무장간첩이 청와대를 기습하고 미군 정찰함 푸에블로호가 북에 납치되고 국민교육헌장이 반포되던 반공과 냉전의 한겨울이었다. 1987년 6월항쟁은 군사정권 반대와 참정권 회복, 그러니까 시민의 기본권을 쟁취하겠다는 민주화운동이었으니 68운동과 모양은 비슷했지만 내용이 달랐다. 탈냉전, 탈권위주의가 한국 사회에서 새로운 사회운동의 내용이자 스타일로 등장한 것은 흔히 2000년대 이후로 본다.

2004년 탄핵 반대 촛불집회는 과거의 대규모 시위와는 스타일이 확연히 달랐고, 2008년 광우병 소고기 수입 반대 촛불집회에서 '생활정치'라는 용어가 등장했다. "과거의 정치는 성장과 개발, 이념과 지역대결 등에 의존하는 거대구도의 정치였다. (…) 그것이 정치 엘리트들만의 '위로부터의 정치'였다면, 생활정치는 시민들의 요구가 반영되고 그들의 참여가 보장되는 '아래로부터의 정치'"라는 것이 정해구 성공회대 교수의 설명. 2006년 정해구, 임혁백 등 학자들이 '민주개혁세력의 씽크탱크'를 표방하면서 '좋은정책포럼'을 결성했을 때 언론들이 보수 성향 학자들의 '뉴라이트' 선언에 빗대 '뉴레프트'라 불렀다. 정치평론가 조기숙 역시 광우병 집회를 "최초의 지도자 없는 신좌파운동"으로 간주했고 정유라의 부정입학과 관련해 총장 퇴진을 요구했던 이화여대 학생들의 "지도부가 없어 느리지만 끝까지 간 달팽이 민주주의"도 신좌파의 특징으로 보았다.

강준만 전북대 교수가 만든 신조어 '강남좌파'는 진보의식을 지닌 중산층을 호의나 악의로 지칭하는데 역시 신좌파의 한 현상이다. 사회학자이자 시인 심보선은《지금 여기의 진보》(2012)에서 2011년 한진중공업 정리해고에 반발해 크레인 농성 중인 김진숙 민주노총 지도위원을 지지하기 위해 부산에 모여들어 문화 이벤트, 거리점거, 토론회, 강연회, 축제를 벌인 '희망버스운동'을 신좌파에서 한 칸 나아간 '신신좌파'로 명명하면서 "노동과 정치에 무지한 아마추어들"이 "행복한 주체로 재탄생"하는 과정이었다고 했다.

노동당, 사회당, 사회민주당, 공산당이 정당 정치에 참여하는 가운데 68운동이 벌어졌던 유럽과 달리 우리 역사에서 진보운동은 1950년대 이후 전면중단됐기 때문에 군이 구분한다면 1980년대 이후 자유민주주의의 합법적 공간 안에서 새롭게 출발한 시민운동을 통칭해 신좌파로 부를 수도 있다. 언론운동(〈한겨레신문〉 창간), 여성운동(여성민우회 창립), 환경운동(공해추방운동연합 창립)이 한국 사회 전면에 대두한 것이 1980년대였다. 군사정권이라는 후진적 정치 환경이었음에도 소득 수준이나 교육 수준은 이미 '삶의 질'을 생각하는 단계에 진입해 있었던 것이다.

극좌파(Far-left)

'극단'이란 상대적인 개념이어서 역사의 맥락이나 시대의 환경에 따라 적용 대상이 달라진다. 20세기 초 마르크스-레닌주의 계급혁명론은 당대의 유행이었지만 탈냉전시대로 넘어오면 극좌가 되고, 히틀러식 인종주의 파시즘은 당시에도 지금도 극우로 분류된다. 극좌와 극우의 공통점은 권위주의와 폭력성.

미국과 유럽, 일본에서 대체로 68세대 온건파가 정당운동이나 시민운동 쪽으로 진화할 때 급진파는 무기를 들고 지하로 들어가 극좌파가 되었다. 흔히 '적군파'로 불리는 이들 좌파 무장세력은 1970년대에 잇단 테러 사건을 일으켰지만 공산권이 무너진 1990년대 들어 해체 선언을 하거나 유명무실해졌다. 가령 독일의 경우, 정통 마르크스주의자들은 여전히 있지만 테러를 통한 체제 전복이 아니라 좌파당 안에서 노동자계급의 이해를 대변하고 부자증세로 소득재분배를 추진하는데 가끔 급진적 발언이나 행동 때문에 연방헌법보호청의 수사와 사찰을 받기도 한다. 전 세계가 자본주의로 균질화하는 탈냉전시대에 극좌는 존재감이 희박해지는 반면 극우가 성행하는 추세다.

한국에서 1976년의 '남민전(남조선민족해방전선준비위원회)'이나 1989년의 '사노맹(남한사회주의노동자동맹)'은 극좌파 지하조직으로 간주될 수는 있겠으나 혁명을 기획하거나 테러를 감행하기보다 사상운동단체 수준에 머물렀다. 1982년 부산 미문화원 방화 사건이 약간의 희생자를 냈지만 조직적인 테러와는 거리가 있었다. 1980년대 학생운동가들 사이에 민족주의와 민중주의 혁명이론들이 유행했어도 대개 학습하고 시위하는 데 그쳤으며 감옥생활 후에도 유럽과 일본의 적군파처럼 지하조직을 만들고 무기를 조달해 테러에 나선 예는 없었다. 우리 학생운동에서 급진파의 두드러진 특징은 무기를 사용해 타인에게 해를 입히는 대신 자신의 몸에 불을 지르는 분신자살, 자기희생의 시위방식이었다.

2014년 통합진보당 해체는 헌법재판소가 사상 최초로 원내 정당에 위헌판결을 내리고 다섯 명의 의원직을 박탈했다는 것도 일대 사건이었지만 일반 대중에게는 소문으로만 듣던 '주사파'가 아직도 실존한다는 사실이 충격이었다. 1980년대 좌파 학생운동에 북한의 주체사상을 지지하는 이른바 '주사파'가 존재한 건 사실이었다. 5.18광주사태를 미국이 묵인방조했다는 인식이 반미운동을 격발시켰고 주사파의 출현에 영향을 미쳤다. 하지만 엄밀히 말해 그들은 이제 좌파라고도 극좌파라고도 볼 수 없다. 이미 북한은 마르크스-레닌주의에서 이탈해 21세기 세계에 돌출한 봉건 파시즘, 극단적인 국수주의로 건너가 버렸기 때문이다. 왕년의 주사파들이 대거 우파로 전향해버린 지금, 북한의 3대 세습을 지지하고 그들에 의한 남조선 해방을 꿈꾸는 사람은 없거나 있어도 극소수이고 그들마저 진보진영에서조차 공개적으로 "정신과 치료를 받아야 할 사람" 취급을 받는다. 박근혜 정부 아래서 이루어진 통합진보당 해체가 정치적, 사법적으로 정당했는지 여부는 접어두고, 분명한 것은 '극좌'가 대한민국 헌법의 관용 범위 바깥에 있다는 점이다.

우파(The Right): 우익(右翼)

(새우리말 큰사전) 프랑스혁명 당시 국민의회에서 의장석에서 보아 오른쪽에 온건파, 왼쪽에 급진파가 의석을 차지한 데서 온 말. 정치적으로 극단적인 보수적·국수적·파쇼적인 처지를 취한 사람 또는 그 단체.

(위키백과 요약) 종래의 사회질서와 사회적 불평등이 자연적이고 불가피하다고 보는 정치적 입장. 사회계급과 불평등을 관습이나 시장경제에 따른 자연스러운 결과로 인정해야 한다고 생각하며 작은 정부와 시장에 의한 경제적 자유를 추구하고 강력한 안보

와 전통 및 소유권 보호를 통해 사회가 안정적으로 유지되기를 원한다. 근대에 우익은 전통적 군주제도와 봉건적 계급구조를 옹호하는 반동주의 입장에서 비롯됐으나 19세기부터 시작된 자본주의 질서 아래 주류 우파는 보수주의와 자본주의를 옹호했다. 현대에 우익은 일반적으로 보수주의, 자유주의 성향을 가지며 분파에 따라 신자유주의, 반공주의, 권위주의, 국가주의 입장에 서기도 한다.

신우익: 뉴라이트(New Right)

유럽이나 미국에서 '뉴레프트'에 비해 '뉴라이트'가 특정한 흐름이나 집단으로 범주화하지 않는 반면, 한국에서 '뉴라이트'는 '뉴레프트'에 비하면 정체성이 분명하다. 실제로 '뉴라이트'를 표방하며 하나의 캠페인을 주도한 집단이 존재했기 때문이다. '뉴라이트'라는 용어는 2004년 자유주의연대가 창립됐을 때 〈동아일보〉의 기획보도에서 '한국 사회 좌편향에 반대해 중도보수를 지향한다'는 뜻으로 처음 쓰였다고 알려져 있다. 자유주의연대는 '수구좌파와 수구우파가 주도하는 정치'를 비판하고 '보수의 새로운 대안'을 자임하면서 출발했다. 자유시장경제, 신자유주의 통상대국, 기회의 평등, 특권 철폐, 법치주의와 다원주의, 관용의 정치문화를 내세우며 '건강한 보수' '중도보수'를 표방했다. 대표를 맡은 신지호 씨가 연세대 운동권과 '인노련(인천지역민주노동자연맹)' 출신이었고 구성원들이 대체로 1980년대 학생운동에 몸담았던 이른바 '386세대'였던 것과 관련 있었다.

'뉴라이트'가 본격적인 우익 브랜드가 된 건 2005년 뉴라이트전 국연합이 창립되면서부터다. 이 단체를 주도한 두레교회 김진홍 목사는 1970년대 유신 체제에서 도시빈민운동과 민주화운동을 했 던, 역시 '운동권 출신'이었다. 그는 단체의 목적을 정권교체, "이명 박 장로의 대통령 만들기"라고 공언했다. 이후 1년 동안 뉴라이트 의사연합, 뉴라이트기업인연합, 뉴라이트학부모연합, 뉴라이트여 성연합 등 산하단체들이 잇달아 생겨났고 2007년 대선을 향한 공 동투쟁의 전열을 갖췄다.

2006년에는 '뉴라이트 씽크탱크'를 표방하며 '뉴라이트재단'이 출범했는데 여기엔 자유주의연대, 북한민주화네트워크, 교과서포 럼, 자유주의교육운동연합 등 6개 단체가 참여했다. 안병직 서울 대 교수가 재단 이사장을 맡았는데 그 역시 진보에서 선회한 인물 이다. 그는 원래 한국 사회를 미국 등 선진 자본주의에 예속된 '식 민지-반봉건 사회'로 규정해 민족해방운동론의 이론적 근거를 제 공했던 마르크스주의 경제학자였으나, 식민지가 근대화의 기반을 만들었다는 '식민지근대화론'과 저개발국이 선진국 종속관계 속에 서 독자적으로 성장한다는 '중진자본주의론'으로 입장을 바꾸고 1987년 나중에 뉴라이트 학자들의 본부가 되는 낙성대경제연구 소를 만들었다.

뉴라이트재단의 기관지 〈시대정신〉은 1998년 주사파에서 전향 한 김영환 등이 창간한 잡지였다. 김영환은 1986년 '강철'이라는 필명으로 주체사상을 소개하는 팸플릿 '강철서신'을 써서 운동권에 '주사파'를 퍼뜨린 장본인. 북한에 잠수정을 타고 밀입북해 두 차례 김일성을 만나고 돌아온 다음 북한과 김일성에 실망했다는 전향 선언을 하고 북한민주화네트워크를 만들어 북한인권운동에 나선 인물이다. 주체사상에서 극우로 전향한 그의 경우 '극과 극은 통한다'는 실례에 해당한다. 안병직과 김영환은 나름 정신의 궤적에서 통했다.

2008년 이명박 대통령이 취임하자 뉴라이트재단 쪽은 대거 정권에 참여했다. 안병직은 한나라당 씽크탱크인 여의도연구소 이사장을 맡았고 신지호는 한나라당 국회의원이 됐다. 한편 뉴라이트전국연합은 광우병 소고기 촛불시위에 대한 맞불집회를 조직하면서 이명박 정권에 대한 엄호세력으로 나섰다.

뉴라이트 학자들이 가장 집중한 의제가 역사교과서였고 2005년 교과서포럼을 결성하면서 "대한민국의 근현대사와 관련된 각종 교과서를 분석비판하고 대안을 제시하겠다"고 선언했다. 교과서포럼은 새 역사교과서를 집필해 2013년 국사편찬위원회의 검정심의를 통과했으며 박근혜 정권에서 역사과목 국정교과서화를 주도했다. 새 역사교과서에 대해 일본 언론들은 "일제 시대를 찬미한다"고 환영했고 교과서포럼이 일본 극우의 '새로운 역사교과서를 만드는 모임'과 비슷한 시기에 비슷한 취지로 활동하면서 국내에서는 친일 논란을 불렀다.

김대중에서 노무현으로 이어지면서 장기화된 이른바 '진보 정권'의 시기에 '좌경 정권'을 몰아내자고 결집한 정치세력이었던 만큼 뉴라이트는 보수 정권의 등장 및 퇴장과 흥망성쇠를 함께했다. 자유주의연대의 창립 멤버인 한기홍은 "모든 사회운동이 그렇듯 결국 정치가 끼어들면서 뉴라이트운동 역시 변질되기 시작했다"고 했다.─박찬수, 《NL 현대사─강철서신에서 뉴라이트까지》, 2017 "뉴라이트 추락의 결정판은 전북대 총학생회장 출신 허현준이 박근혜 정권의 국정농단에 깊숙이 개입한 것"이라 했다. 역시 전향 주사파로 청와대 국민소통비서관실 행정관이 된 허현준은 극우단체들을 집중 지원한 이른바 '화이트리스트' 의혹으로 기소돼 1년 6개월 실형을 살았다.

뉴라이트재단의 기관지 〈시대정신〉은 2017년 기업 후원이 끊기면서 폐간됐다.

극우파(Far-right)

공산권이 몰락한 1990년대 이후의 세계에서 극좌는 소멸하고 극우가 번창한다.

유럽의 극우는 2차대전 이전에 유대인과 공산주의라는 내부의 적을 상대로 태동했고 2000년대 들어 전쟁과 가난을 피해 유럽 사회로 뚫고 들어오는 중동과 아프리카 이민/난민이라는 새로운 적을 만나 부활하고 있다. 2005년 이후 메르켈 독일 총리가 주도한 EU의 이민/난민 개방 정책은 이후 유럽에서 극우가 부흥하는 판을 깔아주었다. 2012년 프랑스 총선에서는 극우 국민전선이 처음 의회에 진입했고 2017년 대통령선거에서 국민전선 후보 마린 르펜이 34% 지지율로 집권 문턱까지 갔다. 독일에선 극우 '독일을위한대안당'이 2017년 창당 4년 만에 94석의 제3당으로 연방의회에 입성했다. 2011년 테러 청정 지역이었던 노르웨이에서 집권 노동당의 정부청사와 노동당 청소년캠프장에 대한 극우 인종주의자의 연쇄테러로 77명이 사망한 사건은 충격적이었다. 중동 출신의 이민과 난민들은 테러를 불러들일 뿐 아니라 복지혜택에 무임승차하며 실업난을 가중시키는 주범으로 찍히고 있다.

심지어 미국은 전형적인 극우 포퓰리스트를 대통령으로 뽑았다. 트럼프는 집권 기간 동안 인종갈등을 지지세력 결집에 이용하고 국제관계에서 자국의 이익을 앞세워 다자간조약들을 잇따라 파기했다. 또한 역대 공화당 정권의 패권주의 대외 정책을 주도했던, 부시 정권 시절 이라크전과 아프간 침공을 밀어붙였던 네오콘(neo-conservatism, 신보수)이 부활했다.

유럽과 미국의 극우는 주로 인종주의나 자국중심주의로 뭉치는데, 한국의 극우는 진보 정권과 북한에 대한 혐오로 결집한다. 한국은 우익 내지 극우에 해당하는 극단적인 반공주의의 30년을 거쳤고, 구체제에서 기득권을 누렸던 집단의 상실감이 민주화 이후 극우세력의 정서적 바탕이 되었다. 그 시대의 주류였던 이들이 민주화 부적응세대가 되어 은퇴 후의 소일거리를 극우 활동에서 찾아냈고, 그것이 거리의 '태극기부대'가 대체로 연로한 이유이기도 하다. 유럽 젊은 세대의 밥그릇투쟁과는 달리 냉전시대의 유령이 밀레니엄 시대를 배회하는 것이다.

여기에다 과거의 급진좌파가 정치 노선을 유턴하면서 극우에 가세했다. 뉴라이트 일부는 처음엔 개혁보수를 내걸고 등장했지만 집권투쟁과 정권엄호에 올인하면서 극우로 곧장 달려갔다. 그리고 박근혜 시기 정권 차원의 극우세력 양성과 탄핵사태를 겪으면서 과거에 일찍이 없었던 종류의 호전적인 극우가 탄생했다.

정부 수립 이후 한국 사회를 주도해온 전통적인 우익은 무늬만 한나라당인 야당 정치인 김영삼에게 사기당한 기분이었고 김대중 정권을 견디기 힘들었으며 이회창 대신 노무현이 집권했을 때 집단패닉에 빠졌다. 그들은 노무현이 집권하자마자 권력탈환을 위한 총력전에 돌입했다. 이명박과 박근혜 정권은 그들을 정권을 엄호하는 외곽단체로 키우면서 정치적으로 활용했다. 2014년부터 3년간 청와대는 전경련으로부터 69억 7천만 원을 '강탈'하다시피 해 42개 단체에 나눠줬는데 대상은 어버이연합, 북한민주화네트워크, 애국단체총협의회, 대한민국수호천주교모임, 차세대문화인연대, 선진화시민행동, 월드피스자유연합, 청년이 만드는 세상, 미래를 여는 청년포럼, 한국대학생포럼 등이었고 주로 시위자금으로 지급됐다. 미디어로는 뉴라이트재단 기관지 〈시대정신〉, 학원가에 무상 배포되는 잡지 〈바이트〉 〈미디어워치〉 〈올인코리아〉가 있다.

이명박, 박근혜 집권기에 정권엄호와 좌파공격에 주력했던 극우 단체들은 탄핵 이후 '문재인 탄핵', '박근혜 석방'을 새로운 목표로 설정했고 '문재인 공산정권', '문재인 독재정권' 같은 구호 아래 거침없이 가짜뉴스를 제작보급했다. 정권이 바뀌고 예산 지원이 끊기면서 이른바 '스트리트 극우', '아스팔트 극우'의 세력판도에서 자금흐름에 애로사항 없는 보수기독교단체들의 활약이 단연 두드러진다. 여전히 애용되는 것은 '종북좌파' 프레임이다. 북한이 존재하는 한, 북한과 대치하는 한, 남한의 극우는 존재 이유를 찾을 수 있다. 북한 정권과 남한 극우, 일종의 적대적 공생관계다.

3. 퓨전 자본주의, 퓨전 사회주의
─그곳에 이념이 있는가

자본주의적인 사회주의 ─────────────

1990년 소련과 동유럽 공산권의 해체 이후 공산당 1당 지배 체제로 남은 나라는 중국, 베트남, 쿠바, 북한 정도.

중국은 1980년대 이후 자본주의 시장경제를 실험해왔고 2013년 시진핑이 국가주석이 된 이래 '일대일로'라는 이름 아래 북미대륙을 뺀 나머지 세계를 향한 공세적인 대외 정책을 추진해오면서 세계시장의 최강자가 되었다. IMF 집계에 따르면 2020년 7월 한 달간 세계 교역량에서 중국이 차지하는 비중은 12.7%로 10.8%의 미국(2위), 7.3%의 독일(3위), 3.7%의 일본(5위), 2.9%의 한국(7위)을 앞지르고 있다. 이런 중국을 이제 아무도 공산국가라 부르지 않는다. 시진핑 자신은 2017년 전국인민대표자대회에서

이 특이한 노선을 "신시대 중국 특색 사회주의사상"이라 표현했다. 오슬로대학 박노자 교수는 '해외 자본 및 기술 도입에 의한 고속개발을 허용하지만 국가가 기업을 통제하고 전략적으로 중요한 대기업들은 국가소유로 두는' 이 체제를 '국가관료자본주의'로 분류했다. 그냥 '국가자본주의'라 부르는 이들도 있다. 코로나 국면에서 유럽 언론들이 중국을 다룰 때 사회주의나 공산주의 대신 '권위주의 체제'라는 용어를 주로 썼다. 베트남 역시 1986년 개혁 개방의 '도이모이' 선언 이후 중국과 같은 길을 걷고 있다.

쿠바는 공산주의 정치 체제, 계획경제 시스템이 보존되고 있는 드문 사례다. 친미 군사정권을 1959년의 공산혁명으로 축출한 카스트로와 게바라의 나라 쿠바는 1990년대 공산권 몰락으로 소련의 원조가 끊기고 미국의 경제봉쇄로 극심한 가난을 겪은 다음 2014년 대미 수교 이후 점진적인 개방의 길로 가고 있다. 사기업이 늘어나고 관광산업이 주요 외화수입원이 됐다. 미국 다큐멘터리 감독 마이클 무어의 〈식코〉(2007)는 손가락 두 개가 톱날에 잘린 노동자가 수술비 12만 달러(약 1억 4천만 원)가 모자라 손가락 하나만 봉합수술을 받고 다른 한 손가락은 쓰레기장에 버리는 얘기로 시작해 미국의 악명 높은 의료보험제도를 고발한다. 무어 감독은 후유증 치료가 필요한 9.11테러 구조대원들을 쿠바로 데려가는데 미국과 비교하면 쿠바는 한마디로 의료천국이다. 지역 단위로 '가정의'가 있어 주민의 건강을 돌보는데, 아바나의 라틴아메리카의과대학은 외국인도 공짜로 치료해준다. 쿠바에서 공산주의 시스템은 문제도 분명하고 장점도 분명하다. 하지만 카스트로의 혁명1세대가 떠나면서 쿠바 사회도 빠르게 변해가고 있다.

20세기 공산주의의 가장 나쁜 모델이면서 가장 마지막까지 남은 경우가 북한이다. 토지와 공장 등 생산수단의 사유화를 금지하면서 국가권력을 사유화하는 것은 마르크스주의에 대한 배반이다. 마오쩌둥이나 스탈린도 국가권력을 독점했지만 자식에게 상속하진 않았고 두 사람 다 아들을 각기 한국전쟁과 2차대전의 전선에서 희생시켰다. 북한은 1953년 스탈린 사후 후르쇼프 서기장의 수정주의 드라이브 때는 '주체사상'을 발명해 외부 영향을 차단하고 1990년 공산권 해체의 두 번째 체제위기 때는 '우리식 사회주의'라는 캐치프레이즈를 내걸었다. 하지만 2000년대로 넘어오면서 폐쇄적인 통제 시스템도 한계에 봉착했다. 고립된 자립경제가 인민을 먹여 살리지 못한다는 사실이 분명해지고 미디어 통제와 여행 규제로 외부 세계와 차단하는 것도 어려워지는 상황에서 북미수교는 개방에 대한 절박한 의지의 표출이다. 1948년 정부 수립이래 미 제국주의가 체제 유지에 동력을 부여하는 최대의 적이었는데 '건국이념'이다시피 한 항미(抗美) 노선을 수정하며 정상회담 무대에 나선 건 그만큼 절박했던 것이다.

2002년 조지 부시는 북한, 이란, 이라크 3개국을 테러 지원국이라며 '악의 축'이라 했지만, 미국의 세계패권을 위협하는 '악의 축'은 있을지 몰라도 전 세계 적화를 꿈꾸는 혁명수출기지는 더 이상 없다.

현대 복지국가의 개념을 처음 만든 사람은 독일제국의 수상 비스마르크(1815~1898)였다. 그는 1848년 베를린 민중봉기 때 무력진압을 주장한 보수강경파였으며 주변국들을 제압하고 아프리카와 아시아에서 식민지 전쟁을 벌여 '독일제국'을 선포한 제국주의자였다. 그런 보수우파 정치인 비스마르크는 1878년 '사회주의탄압법'을 제정하면서 동시에 획기적인 사회복지제도를 도입했다. 건강보험, 산업재해보험, 노령연금, 장애인연금 등 이른바 4대 보험을 만들었는데, 노동자와 빈민의 생활을 개선해 혁명을 방지하고 사회를 안정시키자는 취지였다. 그릇이 큰 정치인이자 외교와 협상의 달인이었던 비스마르크다웠다.

성장하는 노동자계급의 동요에 불안을 느낀 유럽 나라들은 비스마르크의 사회복지 모델을 도입했다. '베버리지제도'로 불리는 영국의 복지제도를 설계한 윌리엄 베버리지는 1907년 독일을 견학했고 처칠 정부에서 〈사회보험과 관련 혜택에 대한 보고서〉, 일명 '베버리지 보고서'를 만들었다. "궁핍, 질병, 무지, 불결, 그리고 나태와의 전쟁"에서 중요한 무기가 사회보험이라는 것이다.

독일, 네덜란드, 오스트리아, 프랑스, 이탈리아의 기독교민주당들, 이 전통적인 보수 정당들은 노동자의 권익향상과 경영참여에 적극적이었는데, 사회주의 요소를 흡수하는 게 사회주의에 대한 최상의 방어라 여겼던 것이다.

유럽의 복지제도가 미국으로 건너간 것이 루스벨트의 뉴딜 정책이었다. 1929년 대공황은 마르크스가 예언한 자본주의 체제의 시한부 선고였고 실제로 세계 자본주의는 여러 해 중환자실에 누워 있었으며 대수술 없이는 회생 불가능했다. 세계대공황의 진원지였던 미국에서 1932년 대통령이 된 루스벨트의 민주당 정부가 선택한 자본주의 대수술은 다분히 사회주의적이었다. 루스벨트 대통령은 "부의 분배에 있어 더욱 공정한 기회와 질서"가 필요하다고 했고 연방대법원의 위헌판결과 야당의 저항에 맞서면서 금융과 경제개혁, 사회보장제도, 농민에 대한 지원, 노동자의 권리 향상과 노동조합 활동 보장 등을 추진했다. 흔히 루스벨트 뉴딜 정책을 테네시강 유역 개발사업 같이 실업자를 구제하는 대규모 공공근로 사업으로 알고 있는데 그것은 뉴딜의 한 부분일 뿐이다. 그리하여 루스벨트는 미국 역사상 전무후무한 4선 대통령이 되었다.

2차대전이 끝난 다음 대공황 후유증은 완전히 극복되었고 1945년 이후 서방 자본주의는 번영을 누렸는데, 실업과 불황을 해결하는 데 뉴딜과 전쟁 중 어느 것이 더 큰 기여를 했는지는 여전히 논란의 대상이다.

세계대공황 이래 자본주의는 수요공급의 보이지 않는 손에 시장을 맡겨두지 않고 정부의 조정 역할 및 위기관리 기능을 강화하면서 자가발전해왔다. 정부가 시장에 개입하고 일정한 계획경제를 자본주의 시스템 안에 도입했으며 복지제도로 국민의 기본생활권을 보장하고 구매력을 창출했는데, 이런 자본주의는 아담 스미스의 자유방임자본주의와 구분해 '수정자본주의'로 불렸다.

수정된 자본주의는 30년간의 성공 시대를 구가했지만 1980년 대로 넘어오면서 기업에 대한 규제, 공공부문의 지출 증가와 증세, 거대화한 정부의 무능과 부패에 대한 반발이 신자유주의를 가져 왔다.

자본주의는 끊임없이 내부 모순을 시정하면서 발전해왔고 이데 올로기 경쟁의 시대에 적의 강점을 취하면서 경쟁력을 강화해왔 다. 20세기 자본주의와 공산주의의 체제 경쟁은 자본주의의 압승 으로 끝났지만, 남은 것은 순혈 자본주의가 아닌 퓨전 자본주의다. 자본주의는 공산주의라는 스파링파트너와 싸우면서 좀 더 인간적 인 자본주의가 되었고 이종교배를 통해 진화했다. 2000년대의 세 계에는 정통 사회주의도 없고 정통 자본주의도 없다.

4. 21세기의 이념,
진보와 보수의 진로

2008년 미국 부동산 버블의 붕괴로 과도한 주택담보대출이 부실화하면서 160년 역사의 리먼브라더스 등이 파산했고 월스트리트의 쇼크는 전 세계 금융위기로 번졌다. 미국 정부는 7000억 달러의 긴급 지원금을 풀었는데, 문제는, 구제금융으로 살아난 금융기관들이 임원들에게 상여금으로 수백만 달러를 지급한 것. 부시 행정부의 재무장관이 정부소유 기업인 AIG에 상여금을 철회하라고 했을 때 AIG 회장은 "가장 우수하고 똑똑한 인재"를 쓰려면 어쩔 수 없다고 거절했다. 그나마 상여금이 예년에 비해 절반으로 줄었다는 것이었다. 미 하원은 구제금융을 받은 기업 임직원들의 상여금에 90% 세금을 매기는 법을 통과시켰다. 금융위기의 여파로 많은 기업들이 도산하고 실직자들이 생겨났지만 금융계 구조조정

와중에 월스트리트의 CEO와 임원들은 수백만 달러의 퇴직금을 받고 떠났다.

이 문제는 미국에서 1% vs 99%의 불평등 문제, '미국 전체 부의 50%를 장악한 상위 1%'에 대한 저항을 불러일으켰다. 2011년 가을 뉴욕에서 시작된 '월가 점령(Occupy Wall Street)' 시위는 미국의 약 100개 대도시들과 전 세계로 번졌고 아시아에서도 서울, 도쿄, 타이베이 등의 금융가에서 시위가 벌어졌다.

2009년에 대통령이 된 버락 오바마는 "여기는 미국입니다. 우리는 부를 헐뜯지 않습니다. 성공한 사람을 못마땅하게 여기지 않습니다. 그리고 성공은 보상받아야 한다고 굳게 믿습니다. 그러나 국민들이 화가 나는 이유는 임원들이 실패를 하고도 보상을 받은 데다 그것이 미국 납세자의 지원금에서 나왔기 때문입니다"라고 말했다. 그의 발언은 성공하고 부자가 된 사람을 인정하는 것이 미국인의 상식임을 전제로 하고 있다.

자본주의 사회의 보수파는 대개 공정성 가설을 믿는 사람들이다. 부자는 그만한 자격이 있고 가난한 사람도 그만한 이유가 있다는 것이다. 머리가 좋거나 집안이 좋거나 남보다 노력한 사람이 부와 권력을 누리는 것은 당연하고, 머리가 나쁘거나 환경이 나쁘거나 게으른 사람이 가난한 것 또한 당연하다. 그것은 시장이 공정하다는 것을, 사회질서가 타당하다는 것을 전제로 하고 있다.

보수 중에는 힘 가진 자가 힘을 남용하는 것, 이를테면 '약탈'을 인정하는 이들도 있다. 제국주의 시대에 우월한 나라가 식민지 지배를 하는 것이고 식민지가 된 나라는 당할 만하니 당했다고 생각하는 사람들이라면 2000년대의 선진 자본주의 사회에서 가령 냄비 하나도 만들어내지 않으면서 머리로 큰돈을 버는, 금융 시스템을 이용해 합법적으로 상위 1%의 수익을 올리는 자본주의 식당의 폭식가들, 전 세계를 경제위기에 몰아넣고도 거액의 보너스를 챙기는 금융 엘리트에 대해 뭐가 문제냐고 할 수 있다.

능력주의에 대한 태도는 좌와 우를 가르는 중요한 포인트 가운데 하나다. 능력을 보상하는 시스템에 대한 가치판단의 스펙트럼에서 극좌부터 극우까지가 펼쳐진다. 가령, 신자유주의는 전 지구적 규모의 능력주의인 셈이다.

자본주의 사회에서 자본은 은행 계좌에만 있는 것이 아니다. 학력, 배경, 외모도 자본이다. 자신이 개발한 것도 있고 물려받은 것도 있다. 그 차이는 천차만별이고 보상의 차이도 천차만별인데 능력의 차이에 비해 보상의 차이가 과도하면 그것은 불평등한 사회다. 그런데 우파는 대체로 불평등은 불가피하며 오히려 그것이 경쟁을 자극해 사회발전의 동력이 된다고 여긴다. 자본주의 사회의 무한경쟁을 신뢰하는 것이다. 반면 좌파가 능력주의를 옹호하지 않는 것은 시장 자체가 공정하지 못하고 경쟁의 룰이 강자에게 이롭게 작용한다는 불신 때문이다. 그러므로 정부는 시장이 공정하게 작동하도록 개입해야 하며 부의 쏠림을 조정하기 위해 적절한 재분배로 소득 균형을 유지해야 한다고 여긴다. 그들은 국가가 능력의 차이에도 불구하고 모든 개인의 인간다운 삶을 보장해야 하며 특히 경쟁 시스템에서 불리한 사회적 약자를 보호해야 한다고 여긴다. 부의 재분배와 빈곤층의 구제는 사회를 안정시킬 뿐 아니라 구매력을 향상시키고 시장을 활성화하기 때문에 복지제도가 자본주의를 잠식하는 게 아니라 오히려 건강하게 만든다는 것이다.

그리하여 좌파는 성장만큼 분배를 중시하고 우파는 분배보다 성장을 중시한다. 기업과 시장에 대한 규제, 분배와 복지의 방식에 따라 큰 정부와 작은 정부, 증세와 감세에 대한 입장도 달라진다.

이런 가치관의 차이는 경제 정책뿐 아니라 교육제도에도 결정적 차이를 만들어낸다. 교육은 사회를 한 세대에서 다음 세대로 재생산하는 시스템이다. 그것은 부와 빈곤의 구조를 대물림하는 시스템이 될 수도 있고 부와 빈곤의 조건을 극복하는 시스템이 될 수도 있다. 1970년대까지 서울의 명문중고교 학생들이 명문대학을 거쳐 한국 사회 핵심 주도층에 진입하는 것이 공인된 루트였는데 이것을 깬 사람이 박정희였다. 중고교 평준화로 77년부터 명문고의 명문대 독과점이 해소됐는데, 중학교 무시험추첨제가 도입된 71년, 고교 추첨이 시작된 74년이 마침 대통령의 외아들이 중학과 고교에 진학하던 해였다는 농담 같은 사실에도 불구하고 이로써 우리 교육 정책에 평등주의 원칙이 수립됐다. 이후 전두환 정권에서 과학고 외고가 생겨났고, 자율형사립고 100개 신설이 이명박의 대선 공약이었던 반면, 자사고 특목고 폐지가 문재인의 대선 공약이었다.

개발주의 vs 생태 환경, 원자력발전 vs 재생 에너지도 좌우가 정책대결을 하는 지점이고 당연히 노동과 인권, 그리고 여성 문제와 성소수자 문제에서도 진보와 보수가 부딪친다.

차별 문제도 진보와 보수 사이의 쟁점이지만 한국은 좀 특이하다. '차별금지법'의 경우, 2007년 노무현 정부 막바지에 법안이 만들어진 이후 보수기독교계의 반대로 공전하다가 17대 국회 회기 만료와 함께 자동폐기되고 이명박 정부에서 '차별금지법 특별분과위원회'가 출범했으나 성과 없이 해산했고 18대 국회에서 민주노동당 주도로 발의했으나 역시 회기만료와 함께 폐기되었으며 19대 국회에서는 민주당과 통합진보당 주도로 세 차례 차별금지 법안이 발의됐으나 참가 의원들에 대한 낙선 협박 등 기독교계의 극렬 반발로 자진철회되거나 자동폐기되었다. 20대에선 발의 조건인 열 명이 모이지도 못했고 21대 국회 개원 후 다시 정의당 주도로 법안이 발의됐다. 성별, 장애, 나이, 언어, 종교, 사상, 학력, 인종, 국적, 피부색, 출신 지역, 용모, 신체조건, 혼인 여부, 임신 출산, 가족 형태, 정치적 견해, 성적 지향 등을 이유로 차별받지 않도록 하는 것이 차별금지법안인데, 백번 옳은 말씀들인 이 법안이 기독교계의 필사적인 태클의 대상이 되는 것은 오직 '성적 지향', 그러니까 성소수자 문제 때문이다. 개인의 성적 자기결정권에 대해서는 진보 쪽이 리버럴하지만 한국에선 그나마 보수기독교의 바리케이드를 넘지 못한다.

우리는 양대 정당을 보수와 진보로 구분하지만 이것은 일종의 착시다. 한국의 정치 지형은 오른쪽으로 기울어진 운동장이다. 남북 대치 상황과 오랜 군사정권이 만들어놓은 보수편향이다. 독일 정치연구소장 조성복의 《독일 정치, 우리의 대안》(2018)은 2018년 7월 현재 정책 기준으로 독일과 한국 정당을 비교해놓았는데, 이 스펙트럼에서 민주당은 독일의 중도보수 집권당인 기민당보다도 약간 오른쪽에 있고 당시 자유한국당, 지금의 국민의힘은 독일의 극우 정당인 AfD하고 비슷하다.

중도우파 기민당의 메르켈 총리는 2005년 집권 이래 이민과 난민에 대한 적극 개방 정책을 펴왔으니 보수당이라지만 폐쇄적 민족주의와는 거리가 멀다. 우리 보수당 의원들의 '종북좌파'식의 발언은 극우 AfD의 어법이다. 독일에서 동성결혼과 입양이 합법화된 것이 2017년 기민-사민당 대연정 아래서였다. 독일의 복지 사회 모델을 만들고 노동조합 합법화 정책을 주도한 것이 우익 기민당 정권이고, 1976년 민간기업의 이사회를 노동자 경영진 50:50으로 구성하는, 세계에서 유일한 독일의 노사공동결정제를 추진한 것이 기민당보다 오른쪽에 있다는 자민당이었다. 1960년대부터 노동자 이사 50% 제도를 실시한 기업들이 생산성이 높아지고 성공사례로 판명나자 '친기업' 정당인 자민당이 철저한 '친기업' 입장에서 총대를 멘 것이다.

일반적인 기준으로 한국의 양당은 보수와 중도, 미국의 공화-민주당과 유사한 보수와 '리버럴' 정도로 볼 수 있다. 그러니까, 진보니 보수니 하는 것도 일종의 정치 마케팅, 대중에게 입력된 프로그램명, 하나의 매트릭스인 것이다.

2000년대 한국의 극우가 노무현 정권 때 '좌파정권 퇴치'를 기치로 등장했고 김기춘의 청와대비서실이 좌파척결 플랜을 가동하면서 한국 사회를 이념갈등의 소용돌이로 몰아넣었지만 노무현 정부의 정책을 '좌파'로 규정하기는 어렵다.

한림대 정치학과 교수 김영명은 《좌우파가 논쟁하는 대한민국사 62》(2008)에서 "좌파는 세금을 많이 걷어 사회보장제도를 확충하고 친노동자 정책을 펼치며 기업을 국유화하거나 공유화하기를 지향한다. 좌파 정부는 그래서 시장과 시민 사회에 많이 간섭하는 '큰 정부'다. 노무현 정부는 이 어디에서도 좌파에 해당하지 않았다. 기업하기 좋은 나라를 최상의 목표로 삼았으며 사회보장제도를 확충하지 않았고 공기업 민영화 정책을 유지했으며 한미자유무역협정을 앞장서서 추진했고 시장논리를 교리처럼 여겼다"고 했다. 노무현, 김대중 정부가 이전 정부들에 비해 확실히 진보적이었던 건 주로 대북 화해 정책이나 과거사 청산 문제였다.

김대중 대통령은 당선자로서 IMF 채무이행각서에 서명했고 외환위기 후유증을 벗어나는 것이 최우선 과제였으며, 노무현 대통령도 그 신자유주의 트랙에 충실했다. 진보의 대통령들도 이념 트라우마에서 자유롭지 않았고 오히려 진보라는 '태그' 때문에 더 신중했는지 모른다.

"유학을 마치고 2006년 귀국했을 때, 나는 한국 사회에서 한 가지 예전과 분명히 달라진 점을 발견하고는 흥미로워했다. 그것은 바로 '좌파'라는 용어가 별 거부감 없이 인구에 회자되고 있다는 사실이었다. 이것은 참여정부 이후의 현상이다. 2000년대 들어 좌파라는 용어는 '합법적'으로 사용할 수 있게 되었다."- 심보선, 《지금 여기의 진보》, 2012

하지만 2000년 이후 금기에서 풀린 '좌파'라는 용어가 주로 진보 정권을 저격하는 용도로 쓰인 게 사실이다.

정치의 본질은 상반되는 견해와 정책들의 투쟁이다. 서로 다른 입장들이 다투는 것이 민주주의 정치다. 좌파니 우파니 하는 용어가 거리낌 없이 쓰이는 건 생각의 자유가 보장되고 있다는, 한국 사회가 진화했다는, 정신의 생태계가 건강하다는 얘기다. 좌우갈등이 생산적일 수도 있다. 단, 좌우갈등의 간판을 건 이권투쟁이 아니라 진보와 보수의 비전을 둘러싼 가치투쟁인 경우에 한해서 말이다. 2019~2021년에 걸쳐 한국 사회를 뒤흔든 사건들은 무엇인가. 정책대결이나 이념갈등이었던가. 감정싸움이나 이권투쟁은 아니었던가.

5. 과장된 좌우갈등,
과장하는 자는 누구인가 1

다양한 정치적 견해들이 공존하는 건강한 시민 사회 생태계를 위협하는 것은 광적인 신념과 증오의 언어들이다. 좌파, 종북, 친미, 친일 등 이념의 언어들은 한국 사회에서 증오의 격발장치들이다. 잔인한 역사가 한국인에게 안긴 이념 트라우마, 그 상처와 두려움을 치유하는 대신 이용하고 확대재생산하는 것이다. 그러한 증오와 혐오의 발신기지, '정치 상업주의'의 스피커들이 있다. 그들이 정책대결을 이념전쟁으로 몰아가고 시민의식의 마당을 혐오 스피치의 게토로 만든다. 그들은 누구인가.

고려대학교 사회학과와 한국사회연구소는 2007년과 2010년에 두 차례 '한국인의 갈등의식'을 조사했고 결과를 두 권의 책으로 냈다.《한국인의 갈등의식》과《한국인의 갈등의식의 지형과 변화》. 10년이 지났어도 갈등구조의 기본은 달라지지 않았다.

갈등을 13가지 유형으로 나누어 얼마나 심각하게 느끼는지 질문했을 때 심각하게 느끼는 순서는 빈자와 부자〉여당과 야당〉정규직과 비정규직〉경영자와 노동자〉노동자와 중산층〉강남과 강북〉대기업과 중소기업 근로자〉도시와 농어촌〉고학력과 저학력〉영남과 호남〉주택 소유자와 무주택자〉수도권과 지방〉청년세대와 기성세대였다. 한국여성개발원의 2005년 조사연구에서 갈등의 심각성을 인식하는 순서, 계층갈등〉지역갈등〉노사갈등〉세대갈등〉교육갈등〉이념갈등〉환경갈등〉남녀갈등과 엇비슷하다. 하지만 '1990년부터 2004년까지 신문기사의 갈등유형별 빈도'를 분석한 박철현의 연구에 따르면 이념갈등 관련 기사가 계급이나 노사갈등보다 평균 2~5배 더 많았다.

"보수와 진보를 둘러싼 이념갈등이 한국 사회의 담론 형성 및 정치, 시민 사회의 장에서 실제 이상으로 과대포장되어 유통되고 있고 그 중심에 언론이 있다. (…) 대다수 사람들은 계층불평등과 같은 경제적 이슈를 가장 중요한 균열선이자 핵심적인 갈등으로 인식하고 있는 반면, 언론은 이념갈등을 지나치게 부각하여 지속적으로 확대재생산해온 것이다. (…) 이념갈등의 최대 수혜자는 정당이었고 이념의 정치를 끊임없이 활용한 것도 정당이었다. 한국 사회에서 이념갈등은 시민 사회 영역보다는 정치사회를 중심으로 정당과 언론이 상호작용하면서 생산되고 소비되는 경향이 강하

다."- 박길성, 《한국인의 갈등의식》, 2009

　정당과 언론이 이념갈등의 본부라는 것이다. 그리고 정당과 언론이 확대재생산하는 이념갈등의 이슈들 뒤에 계급갈등의 문제가 묻힌다는 것이다. 그런 분석을 2019년 한국 사회에 적용해볼 수 있다. 조국 일가에 대한 검찰 수사가 생산한 뉴스들이 대중미디어를 휩쓰는 동안 어떤 더욱 중요한 이슈들은 조용히 흘러갔다. 대표적인 것이 삼성 관련이었다. 조국의 법무장관 지명이 있었던 8월에 대법원이 최순실 관련 삼성 뇌물 사건을 파기환송시켰고 10월부터 매달 서울고법에서 파기환송심 재판이 열렸고 이재용의 그룹 승계와 관련한 삼성바이오로직스 회계사기 검찰 수사가 1년을 넘어가고 있었다.

　삼성전자 부회장 이재용은 박근혜 대통령의 측근 최순실에게 정유라 승마 지원금, 영재센터 후원금, 미르재단과 K스포츠재단 출연금 등 293억을 주었는데 이 시기는 2014년 이건희 전 회장이 사실상 사망하면서 그룹의 승계작업이 이루어지던 시기였다. 2015년 이재용이 대주주인 제일모직 산하 삼성바이오로직스가 4년 연속 적자에서 갑자기 연간 2조 원의 흑자 회사로 탈바꿈했고 회사가치가 급등한 제일모직이 삼성물산과 지분률 3대1로 합병했는데 이처럼 부자연스러운 합병을 삼성물산 최대주주인 정부 산하 국민연금이 승인해주었다. 그러면 삼성이 최순실에게 준 293억 원은 그 대가인가.

　최순실 국정농단 사건의 검찰 수사팀은 삼성이 대통령의 압력으로 돈을 뜯긴 피해자일 뿐이라고 넘어갔고 나중에 박영수 특검은 이 돈이 뇌물이며 삼성물산/제일모직 합병 및 그룹 승계작업과 관련 있다고 보았다. 삼성 변호인단과 1심 재판부, 고등법원, 대법원 사이의 4년에 걸친 공판은, 293억 중에서 어디까지가 기꺼이 바친 뇌물이고 어디까지가 억지로 뜯긴 돈인지를 주제로 한 일련의 세미나였다. 쟁점이 무엇이 됐든 핵심은 뇌물 액수와 형량의 함수관계, 즉 이재용 부회장이 실형을 사느냐 마느냐의 문제였다. 그 규모에서 일반의 생활 감각을 초월했던 삼성 오너의 상속 뒷거래는 한국 사회 불공정 질서의 한 단면이었다.

조국 교수의 장관 자격이 문제가 된 것도 '불공정 프레임'이었다. 조국 교수 부부가 자신들의 인적 네트워크를 딸과 아들의 진학에 유리하게 활용해 다른 학생들에게 피해를 주었다는 것이다. 모든 언론이 보수 진보 가릴 것 없이 조국의 사례에 관심이 폭발했다. 한편 국민연금이 대주주인 삼성물산의 저자세 합병에는 전 국민이 매달 납부하는 연금이 걸려 있고, 삼성바이오로직스의 회계사기는 소액주주 8만 명의 재산권이 걸려 있었다. 하지만 이 문제로 오래 흥분하는 매체나 정치인은 없었다.

불공정 감수성이 조국과 삼성에 불균질하게 반응한 이유는 무엇일까. 정당도 언론도 각기 삼성을 다루고 싶지 않은 이유들이 있다. 언론 매체에는 광고주이고 국회의원에겐 스폰서인 삼성의 비리를 말해서 득 될 게 없다. 대통령은 5년마다 바뀌지만 삼성 오너는 영원하다. 반대로 진보 정권, 진보 정치인, 그것도 잠재적인 대통령 후보군이라면 보수 매체로선 최고의 요리 재료이고 거칠게 다룰 수록 인기를 끈다.

아이러니컬한 것은 조국-윤석열 사태를 둘러싸고 한국 사회의 좌우가 격돌했지만 그것은 이념대립으로 보일 뿐 실제 이념대립 은 아니었다는 점이다. 진보의 도덕성이 공격의 초점이 되고 '강남 좌파' '입진보' 등이 유행어가 됐지만 한국의 대중이 실제로 좌와 우의 정체성을 가지고 이념 논쟁을 즐기는 사람들이라면 2019년 에는 재벌구조와 경제민주주의가 이슈가 됐어야 했다.

6. 과장된 좌우갈등,
과장하는 자는 누구인가 2

"미디어가 많아지니 천하통일은 할 수가 없습니다. 차라리 열성적인 수용자들을 내 편으로 이끌어서 그 사람들을 확실하게 잡아두는 것이 좋은 수익 아이템이 됩니다. (…) 편향성이야말로 남는 장사입니다. 편향성이 있을 때 먹힙니다. 편향성을 조금이라도 넘어서려고 하면 양쪽에서 공격받습니다. 글이건 말이건 시장 형성이 되어 있는데 편향성이 없으면 시장에서 살아남지를 못합니다. 영향력이 없어지는 거죠. 같은 생각을 하는 사람이 많아도 시장에서 퇴출되죠. 양극단만 부딪히죠."–강준만, 《성난 얼굴로 돌아보라》, 2014

양극화의 피해자가 전체 국민이라면 수혜자의 대표그룹은 시사 유튜버들이다. 시사 유튜브 세상은 한국 사회에 좌우 진영이 존재한다는 것을 실감케 하는 가장 첨예한 전선이고 피 튀기는 격전의 현장이다. 강준만의 진단처럼 여기서 객관이나 중도는 인기가 없다. 시사유튜브시장의 강자는 진보든 보수든 깃발이 선명한 쪽이다. 양극화 시대에 정치뉴스는 새로운 블루오션인 것이다.

2021년 2월 유튜브시장에서 진보 쪽 대표 브랜드는 김어준. 매주 금요일 올라오는 〈다스뵈이다〉는 매회 조회 수 100만을 넘는다. 몇 가지 주제에 대해 패널들을 불러 얘기를 듣는 형식은 TV방송 토크쇼와 비슷하지만 패널 선정이나 진행방식에서 개성과 주관을 거침없이 관철시킨다는 게 다르다. 패널의 수준과 정보의 질에서 공중파에 밀리지 않지만 공중파 시사토크쇼가 좌우 안배와 중립을 표방한다면 김어준의 캐치프레이즈는 '기계적 중립 따위는 개나 줘버려!'쯤 된다. 진영논리를 배격하는 대신 진보진영의 관점을 표방하고 보수진영의 프레임을 폭로하며 이슈 추적에 장기를 발휘한다. 그것이 김어준이 '대안언론'으로서 확실한 자리를 갖게 된 이유다.

한편 보수 쪽 유튜브에서 구독자 수 1위는 〈신의한수〉. 매일 시사논평을 올리고 극우시위 현장을 중계하기도 한다. 2020년 11월 트럼프가 부정선거라며 대선에 불복할 때는 트럼프를 적극 지지했다. 미국 대선에 "친중 간첩들이 개입"했다면서 "중국이 대한민국을 잡아먹으려고 공작도 하고 간첩도 보내고 가만 안 있을" 텐데 "우리도 부정선거에 대비해야 한다"고 했다. "종북좌파세력 놔두고 미래가 없다"거나 윤석열은 "문재인 깜빵 보낼라고" 우리가 지지한다고 말한다. 극단적인 반공, 반북, 혐중, 친미, 친일, 그리고 여혐의 선동적인 멘트를 날리는 전형적인 극우 포퓰리즘 미디어다. 정확한 사실을 다루는 데는 관심 없어 보이니 미디어이긴 하되 언론이라 부르기는 어렵다.

2019년 12월 〈내편TV〉가 공개한 '보수우파 진보좌파 유튜브 top 10 수익 비교'를 보면 구독자 기준으로 진보 쪽 1, 2위는 유시민의 〈알릴레오〉가 대표 콘텐츠인 노무현재단(구독자 101만 명, 연간수익 4억 원)과 김어준의 〈다스뵈이다〉가 있는 딴지방송국(구독자 68만 명, 연간수익 4억 원)이다. 반면 보수 쪽은 〈신의한수〉가 구독자 112만 명으로 수익은 월 2억 2천만 원에 연간 27억, 〈진성호방송〉이 72만 명으로 연간수익 22억 원으로 추정됐다.

'슈퍼챗'은 유튜브의 또 다른 수입원이다. 2020년 6월 MBC가 유튜브 통계 사이트 '플레이보드'와 함께 1년간 유튜브 슈퍼챗 수익을 조사해 발표했다. 슈퍼챗의 챔피언은 극우 유튜브들인데, 강용석의 〈가로세로연구소〉는 슈퍼챗 전 세계 1위, 연간 7억 7천만 원, 5월 한 달 동안 1억 2천만 원을 기록했고 막말로 악명 높은 안정권의 〈GZSS TV〉가 6억 원으로 국내 2위, 세계 4위였다. 여기서 구글 수수료 30%를 뗀 것이 순수익이다. 콘텐츠 플레이 중에 후원금 2천원~50만 원까지를 누를 수 있는데, 슈퍼챗 100위의 대부분이 일본 애니메이션 가상캐릭터나 게임 채널인데 여기에 한국 정치 유튜브가 15개를 차지한다. 진보 쪽에서 〈시사타파 tv〉〈딴지방송국〉, 보수 쪽에서는 〈신의한수〉, 전광훈 목사의 〈너알아TV〉가 100위 안에 있다.

유튜브를 운영하는 구글이 막말·혐오·폭력·허위정보의 선정적인 콘텐츠에 대해 광고를 제한하는 속칭 '노란 딱지' 정책을 쓴 다음, 〈가로세로연구소〉는 2019년 10월 자신들의 콘텐츠 90%에 노란 딱지가 붙어 광고 수익이 다 날아갔다고 호소했고, 나경원 의원이 노란 딱지가 "우리 우파 유튜버를 위축하게 하는 부분이 있다고 생각한다. 블랙리스트가 있는 것 아닌가" 운운하고, 자유한국당의 한 의원이 유튜브를 공정거래위원회에 고발했다. 노란 딱지는 구글 인공지능 시스템의 소관이고 한국 정부와 아무런 관련 없다.

하지만 극우 유튜버들은 곧 광고 대신 슈퍼챗에서 더 매력적인 수익 모델을 발견했다. 오히려 원색적인 비방이나 자극적인 표현이나 황당무계한 가짜뉴스에서 슈퍼챗 클릭이 작열하는 것이다. 2020년 4월 21일 군포 물류창고 화재 사고가 부정선거를 은폐하기 위한 공작이라는 〈가로세로연구소〉 방송은 한 회분에 슈퍼챗 845만 원을 거뒀고, 전광훈의 〈너알아TV〉는 "문재인이 대한민국을 해체하고 북한에 편입시키려 한다"고 말할 때마다 슈퍼챗이 쏟아진다.

우파 유튜버들은 슈퍼챗을 위해 점점 표현의 수위를 높여가고 가짜뉴스 한 방에 매달린다. 2017년 이후 정치 유튜브가 우후죽순처럼 생겨나 블루오션에서 점점 레드오션이 돼가는 업계에서 우익 유튜버들은 '극우 레이스'를 펼치고 있다. 그것은 누가 더 막 나가고 누가 더 파렴치한가의 상업주의 경쟁이다. 또한 극우 유튜버 사이의 과당경쟁이 고소고발전으로 번지기도 하는데 이들의 갈등은 보수 정당 계파 싸움과 얽혀 있다.

메시지를 나르는 미디어 전달 체계는 대략, 일간지 → 유튜브 → SNS → 카톡 구조다. 2019년 6월 6일 대통령 현충일 추념사의 사례. 추념사에서 일제하 의열단을 이끌었던 독립투사로 해방 후 월북한 김원봉을 언급한 것이 논란이 됐다.

6일자 〈조선일보〉의 헤드라인: "김원봉 언급, 가장 이상한 추념사… 또 다른 역사 뒤집기", "문대통령, 현충일 추념사서 '북 6.25 서훈자' 김원봉을 '국군 창설의 뿌리'로 인정." 〈동아일보〉는 7일자 사설에서 "이념갈등이 극심한 현실에서 문대통령이 국민통합과 한미동맹의 가치를 강조한 것은 의미가 있다. 그런데 문대통령은 추념사에서 느닷없이 의열단활동으로 알려진 김원봉을 거론했다. (…) 1952년 김일성으로부터 6.25전쟁에 공훈을 세웠다며 노력훈장도 받는데, 6.25순국용사들을 기리는 현충일 추념사에 넣은 것은 납득하기 어렵다"고 했다.

보수 언론이 충분히 문제제기할 수 있는 부분이다. 한데 보수 언론의 논조는 극우 유튜브로 가면 데시벨이 확 높아진다.

6일자 유튜브 〈신의한수〉의 제목: "문재인 현충일에 북한 사람 인증???" 유튜버 신혜식은 동영상을 "오늘 문재인이 추념사에서 이렇게 얘기했습니다. 망언입니다"라는 멘트로 시작한다. 같은 날 올린 또 한 건의 영상 "난리났다!!! 좌파도 문재인 공격!!!"은 "인권변호사가 가짜다. 문재인 실체가 드러났다. 폭망했다"로 시작하는데 과거 민주화운동가였던 장기표가 〈조선일보〉 인터뷰에서 과거 자신이 만난 변호사 시절의 문재인에 대해 언급한 부분이 그 근거다.

개개인의 카톡방으로 전달되는 극우단체의 성명문에선 강도가 한층 증폭된다. '육사총구국동지회 일동' 이름으로 배포된 6월 7일자 성명문은 '수괴 김원봉을 국군의 뿌리로 규정한 문재인의 망언을 규탄한다'는 제목을 달고 있다. "문재인의 현충일 김원봉 찬양 망언은 다목적이다. 북한 정권 지령을 수행하면서 남남갈등을 부추기는 대남공작의 시행이면서, 김원봉과 김일성 독립운동을 매개체로 우리 민족끼리 하나로 연방제로 가자는 대국민 공산화 선전 포고이며, 자유우파를 공분시켜 폭력을 유도하고 족쇄를 채우려는 내란 선동의 일환이다. 육사총구국동지회는 의도적으로 자유 체제를 파괴하고 대담하게 남남갈등을 부추기는 문재인을 엄중하게 규탄하고 자발적 퇴진을 요구한다." 이 성명은 "독일은 나치 붕괴로 정상을 찾았듯이, 자유 대한민국은 문을 체포해서 처단할 때 자유를 회복할 것이다. 육사총구국동지회는 그동안의 문재인의 헌법 파괴와 구체적인 이적행위와 명확한 여적죄를 기초로 문재인은 긴급체포 대상임을 국민과 해외 언론과 UN인권위에 알린다"는 문장으로 끝나는데, 성명이라기보다 격문이다. 극우단체가 자국 정부를 나치에 비유한 것도 재밌다.

현충일 추념사를 보면 "국가유공자와 유가족 여러분, 나라를 지켜낸 아버지의 용기와 가족을 지켜낸 어머니의 고단함을 우리는 기억합니다"로 시작해, 김원봉은 51개 문단 중에 하나, 이름 석 자로 언급된 15명 가운데 한 사람이다. 처음 언급된 인물은 본인 유언에 따라 국립현충원에서 8평 장군묘역 대신 1평 사병묘역에 묻힌 채명신 장군.

그런데 추념사 중간쯤에 나오는 이 대목이 문제가 됐다. "저는 보수든 진보든 모든 애국을 존경합니다. 이제 사회를 보수와 진보, 이분법으로 나눌 수 있는 시대는 지났습니다. 우리는 누구나 보수적이기도 하고 진보적이기도 합니다. 어떤 때는 안정을 추구하고, 어떤 때는 변화를 추구합니다. 어떤 분야는 안정을 선택하고, 어떤 분야는 변화를 선택하기도 합니다. 스스로를 보수라고 생각하든 진보라고 생각하든 극단에 치우치지 않고 상식의 선 안에서 애국을 생각한다면 우리는 통합된 사회로 발전해갈 수 있을 것입니다. 그것이야말로 이 시대의 진정한 보훈이라고 믿습니다. 1945년, 일본이 항복하기까지 마지막 5년 임시정부는 중국 충칭에서 좌우합작을 이뤘고, 광복군을 창설했습니다. 지난 3월 충칭에서 우리는 한국광복군 총사령부 청사 복원 기념식을 가졌습니다. 임시정부는 1941년 12월 10일 광복군을 앞세워 일제와의 전면전을 선포했습니다. 광복군에는 무정부주의세력 한국청년전지공작대에 이어 약산 김원봉 선생이 이끌던 조선의용대가 편입되어 마침내 민족의 독립운동역량을 집결했습니다. 그 힘으로 1943년, 영국군과 함께 인도-버마 전선에서 일본군과 맞서 싸웠고, 1945년에는 미국 전략정보국(OSS)과 함께 국내 진공작전을 준비하던 중 광복을 맞았습니다. 김구 선생은 광복군의 국내 진공작전이 이뤄지기 전에 일제가 항복한 것을 두고두고 아쉬워했습니다. 그러나 통합된 광복군 대원들의 불굴의 항쟁의지, 연합군과 함께 기른 군사적 역량은 광복 후 대한민국 국군 창설의 뿌리가 되고, 나아가 한미동맹의 토대가 되었습니다."

2019년 봄엔 징용노동자 배상 문제로 한일 간 외교갈등이 고조되고 양 갈래 여론이 격돌하고 있었으니 극단의 이분법을 넘어서자는 호소로 김원봉 케이스를 언급한 듯하다. 독립운동 서훈 기준이 1945년 이후 평양에 있었으면 제외한다는 원칙이라 김원봉이 대표적인 항일단체였던 의열단 대장이면서도 서훈에서 배제돼왔는데 이제 그런 냉전논리를 넘어설 때가 됐다는 얘기이기도 하다.

하지만 이것은 이미 날카로워진 보수 언론의 신경을 건들만 했다. 여기서 극우 유튜버들은 셀링포인트를 발견했고 극우단체들은 호재를 만나 흥분했다. 한국의 다단계 미디어 전달 체계를 통과하면서 통합의 메시지가 갈등의 기폭제가 된 것이다.

'편향성이야 말로 남는 장사'라면, 정부비방과 이념공세는 안정적인 비즈니스 모델이고, 증오와 분노를 자극하는 것은 수익을 극대화하는 상술이다. 극우 유튜버들은, 정치 양극화가 최소한 전체 인구 10%의 극우를 결집시켜주고 있으며 정치갈등이 계속되는 한 500만의 안정적인 시장이 받쳐준다고 믿고 있다.

7. 한국에서 극우의 혈통
-기독교 교회의 경우

1. 보수기독교의 뿌리는 70여 년 전 분단으로 거슬러 올라간다. 1945년 해방과 함께 남북이 분단되고 한국전쟁에 이르는 동안 북에서 남으로 내려온 '월남민'의 수는 48만 5천 명(한국은행 집계)에서 477만 6천 명(이북5도청 집계)까지 종잡을 수 없지만 분명한 것은 북쪽의 기독교인들이 대거 월남했다는 사실이다.

평양 출신으로 미국 프린스턴대에서 유학하고 신의주에서 교회당을 지어 목회하던 한경직 목사는 태평양전쟁 때 일제에 의해 교회가 폐쇄되고 해방 후 소련 군정이 기독교를 탄압하자 월남해 1945년 12월 실향민을 위한 베다니전도교회를 세웠고 이듬해 영락교회로 이름을 바꿨다. 일찍 개화한 서북 지역 기독교인들 중엔 상인과 기업가, 부농과 지식인들이 많았던 만큼, 소련 군정의 종교

탄압뿐 아니라 1946년의 토지개혁도 목회자, 기독교도들이 월남하는 동기가 됐다. 한경직에 이어 많은 월남민 목사들이 남쪽에서 개척교회를 세웠는데 그들 상당수가 뼛속 깊이 반공주의자가 된 것은 당연했다.

2. 1969년 박정희 정권의 삼선개헌을 둘러싸고 목회자들이 지지파와 반대파로 부딪치면서 처음으로 기독교계 내부의 진보와 보수가 수면 위에 떠올랐다. 성서해석과 사회참여 등에서 기존의 예수교장로회에 비해 진보적인 한국기독교장로회의 창립 멤버 김재준 목사와 함석헌 선생 등은 삼선개헌반대범국민투쟁위원회를 조직했고 이후 유신반대, 민주화운동의 주역이 되었다. 1974년은 1월에 긴급조치1호가 선포되고 7월에 비상군법회의에서 민청학련/인혁당 사건으로 15명이 사형선고, 7명이 무기징역을 받았던 해. 이 가운데 7명은 대법원 사형선고 18시간 만에 형이 집행됐다. 유신반대운동을 공산정권 수립 음모로 조작한 이 대형 공안 사건에 진보기독교계가 가장 강력히 저항했고 한국기독교교회협의회(KNCC) 산하에 인권위원회가 설립됐다. 일체의 사회운동이 금지된 시대에 기독교와 교회는 민주화운동의 기지였다. 한편 삼선개헌 지지 쪽에 섰던 한국CCC(대학생선교회) 창설자 김준곤 목사는 74년 8월 여의도 5.16광장에서 '엑스폴로74'를 열어 연인원 655만명(《경향신문》 보도)이 참여한 5박 6일의 대부흥회를 이끌었다. 삼선개헌 지지파였던 조용기 목사의 순복음교회 등은 1970~80년

대에 대형교회로 급성장했다.

3. 1988년, 대통령 직선제 민주화 이후 한국기독교교회협의회는 '민족의 통일과 평화에 대한 한국기독교회 선언'을 발표해 북한 동포에 대한 그간의 적대적 태도를 반성하고 평화통일운동을 주요 과제로 선포했다. 이런 움직임이 보수기독교계를 자극했고 '한기총(한국기독교총연합회)' 결성의 계기가 됐다. 1989년 4월, 영락교회 한경직 목사 주도로 36개 교단이 교계의 최대 연합체인 한기총을 출범시키고 '자유민주주의를 수호하겠다'는 창립성명을 냈다. 한기총 결성에는 안기부(국정원)가 개입했던 것으로 2005년 국정원 과거사진실위원회 조사에서 밝혀졌다.

4. 2003년 노무현 정권이 시작되면서 한기총은 정치투쟁의 일선에 나섰다. 노무현 대통령 취임 후 첫 3.1절에 한기총은 다른 보수단체들과 함께 '반핵 반김 자유통일 3.1절 국민대회'를 열었고 2004년에는 사립학교법 개정과 국가보안법 폐지 등 4대 개혁입법 반대 거리투쟁을 벌였다. 2005년 이후 뉴라이트의 정권교체운동에 가담해 이른바 '아스팔트 극우'에 앞장섰고, 2010년 이명박 정부의 4대강사업이 논란이 됐을 때는 4대강사업 지지성명을 냈으며, 2015년 박근혜 정부의 역사교과서 국정화 이슈 때는 국정화 지지성명을 냈다.

　기독교의 배타성과 보수성 때문에 신도가 점점 줄어드는 것은 세계적 추세이고 한국에서 개신교의 성장세가 1990년대 이후 눈에 띄게 둔화된 것이 기독교계가 정치 일선에 나선 배경이다.《지금 여기의 극우주의》(2014)에 실린 '한국 개신교 반공주의와 증오의 정치학'의 필자 김진호 목사는 신자들은 점점 줄어가고 김대중, 노무현 정부에서 교회 징세 등이 거론되면서 위기의식을 느끼던 한기총이 "북한 공산주의자들과 그들을 추종하는 종북세력"을 타도하자는 "공격적 반공주의" 전략으로 교세 확장에 기대 이상의 효과를 거두면서 "신자들에게 목표의식과 생기를 불어넣어주었다"고 했다. 그것이 극우 인터넷 미디어, 온오프라인 행동조직들을 활성화시켰고 주로 진보 정치인, 성소수자, 이민자, 타 종교인이 공격 목표가 되었다.

서울시가 서울광장에서 퀴어문화페스티벌을 허용했다는 이유로 2014년부터 3년 동안 서울시 청사 앞에 천막을 쳐놓고 박원순 시장을 인신공격하는 가두연설과 노상예배를 벌이고 퀴어페스티벌 맞불집회를 열었던 예수재단(대표 임요한)도 그 가운데 하나다. 예수재단은 조계종에 "예수님 이름 앞에 하나 되는 조계종 종정 여러분"이라며 연등행사를 조롱하는 공문을 보내기도 했다.

5. 개신교의 대표단체였던 한기총은 과도한 정치참여와 극우편향으로 보수개신교 내부의 반발을 샀고 '이단' 문제가 겹치면서 2010년 이후 대한예수교장로회 등 주요 교단들이 잇따라 탈퇴해 교계의 소수파로 전락했다.

한기총은 문재인 정부가 들어선 다음에는 퇴진, 탄핵운동에 발벗고 나섰고 특히 2019년 전광훈 목사가 회장이 된 다음 아스팔트 극우의 기수가 되었다. 그는 황교안 나경원 등 자유한국당 지도부와 공동보조를 취하며 4.15총선의 전면에 나섰고 "황교안 대표의 첫 고비가 내년 4월 총선이다. 총선에서 자유한국당이 200석을 하면 이 나라를 바로 세우고, 제2의 건국을 할 수 있는 기반이 마련된다"고 했지만 총선 참패로 자유한국당 지도부와 함께 몰락했고 한기총 비상대책위원회가 낸 직무집행정지 가처분신청이 법원에서 받아들여져 대표회장직을 정지당했다.

8. 당대의 어리석음, 집단광기의 위험
-분단은 누구의 책임인가

2차세계대전 후 분단됐던 세 나라 가운데 베트남, 독일은 통일되고 한국만 분단국으로 남았다. 한반도는 탈냉전시대의 지구상에서 유일하게 남은 냉전지대다. 남북 대치 상황은 경제 강대국이 된 대한민국의 정치적 외교적 약점이다. 분단비용, 냉전비용은 막대하다. 매년 정부예산의 약 14%인 50조 정도가 국방비로 들어간다. GDP 대비 국방비 비율이 이스라엘, 미국, 러시아에 이어 네 번째. 남북 대치는 분열과 혐오의 정치를 재생산한다. 분단비용을 언제까지 지불해야 할 것인가. 이 같은 국가적 스트레스를 언제까지 견뎌야 할 것인가.

분단은 1945년의 국제정세, 강대국들의 힘관계에서 출발했다.

- 2월, 얄타회담. 2차대전 막바지에 미국(루스벨트), 영국(처칠), 소련(스탈린) 등 3개 연합국 대표들이 크림반도의 얄타에서 회동, 나치 독일을 미국, 영국, 프랑스, 소련, 4개국이 분할점령하는 등 주로 독일과 유럽의 전후처리에 관한 결정을 내놓았다. 이탈리아는 이미 항복했고 독일은 패전이 임박했으나 일본은 한참 더 갈 것으로 보았던 루스벨트가 이 회담에서 스탈린에게 태평양전쟁 참전을 요청했다.

- 8월, 일본 항복. 얄타에서 약속한 기한 180일을 며칠 남겨두고 8월 8일 소련이 만주에 출병했다. 미국이 히로시마와 나가사키에 핵폭탄을 투하한 직후였다. 소련군이 만주를 거쳐 한반도로 남진하자 8월 11일 다급해진 미국 국무부는 소련군이 서울까지 내려오지 못하도록 군사분계선을 긋는 작전을 짰고 미군 대령과 중령 둘이 '육군 작전국 벽에 걸려 있던 내셔널지오그래픽 지도를 보며 30분 만에 38선 분할점령안을 만들어 보고'했다고 알려졌다. 이미 38선 이북을 점령한 소련군은 8월 말 포고령을 발표하며 군정을 시작했고, 미군은 9월 7일 인천항으로 들어와서 군정을 시작했다.

- 12월, 모스크바3상회의. 전후처리의 세부사항들을 논의하는 미국, 영국, 소련, 3개국 외무장관 회담. 한국 문제 뒤처리는 이 회담의 의제가 됐다. 열흘간 회의 끝에 나온 합의문 7개 항목 중 하나가 한국에 관한 것이고 네 문단으로 이루어졌다.

1. Korea를 독립국가로 재건하고 민주주의 원칙하에 발전의 여건을 조성하고 일본 지배의 참담한 결과를 최대한 빨리 청산한다는 목표로 산업, 교통, 농업과 민족문화의 발전에 필요한 모든 조치를 취해나갈 임시적인 Korea 민주 정부를 수립할 것이다.

2. Korea 임시정부 구성을 도울 적절한 방안을 강구하기 위해 남쪽 미군 사령부와 북쪽 소련군 사령부의 대표자들로 공동위원회가 설치될 것이다. 이를 준비하는 과정에서 공동위원회는 Korea의 민주주의 정당 및 사회단체들과 협의할 것이다. 위원회가 작성한 건의서는 미국과 소련 정부의 최종결정 전에 미, 영, 중, 소 4개국에 제출해 검토받도록 한다.

3. 미소공동위원회의 임무는 Korea 임시정부와 민주주의단체들의 참여하에 한국인의 정치, 경제, 사회적 진보와 민주주의 정부의 수립과 민족독립의 안정화를 지원하고 협력하기 위한 방안을 만드는 일이다. 미소공동위원회의 건의서는 Korea 임시정부와의 협의를 거쳐 미, 영, 중, 소 정부에 제출돼 5년 이내 4개국의 신탁통치에 대한 합의 여부를 논의할 것이다.

4. 남북 Korea 관련 긴급한 문제들을 고려하기 위해, 미 군정과 소련 군정 사이의 행정경제 현안들에서 영구한 협력 체제를 구축하는 방안 마련을 위해, 미 군정과 소련 군정의 대표자회의가 2주 이내에 소집될 것이다.

1945년 상황을 정리해보면, 미국 루스벨트의 오판으로 소련이 태평양전쟁에 참전하게 됐다는 것, 소련군은 일본 관동군의 저항 없이 만주국 점령이 뜻밖에 빨리 끝나면서 쾌속으로 한반도까지 내려왔다는 것, 한반도가 느닷없이 소련군 점령지로 떨어지게 되자 미국이 급히 제동을 걸다가 38선이라는 아이디어가 나왔다는 것, 일제가 예상보다 빨리 항복하자 한반도의 남과 북에 엉겁결에 미국과 소련 군정이 들어섰다는 것, 미국과 소련은 임시 분할점령을 끝내고 통일된 새 정부를 탄생시키려 했다는 것, 모스크바3상회의에서 그 절차에 대한 방안이 나왔다는 것이다.

2차대전 종전과 식민지 독립까지는 강대국들의 그라운드였다.

전쟁을 끝낸 것이 우리가 아니었으니 일본을 꺾고 독립을 쟁취한 것이 아니라 일본을 꺾은 나라로부터 독립을 제공받은 것이다. 일개 식민지, 그것도 프랑스나 영국 같은 연합국 쪽 식민지도 아닌 전범국인 일본의 식민지는 다만 '전후처리'의 대상이었다. 항일투사들이 중국 국민당 군대나 공산당 홍군 소속으로 연합군진영에 있었지만 동시에 지원병이나 징병나간 조선인들이 일본군진영에도 있었으니, 연합국 소속이면서 추축국 소속이기도 했던 것이 식민지 조선 사람들의 분열된 정체성이었다.

미국과 소련은 이념과 체제를 달리하는 적성국이었지만 2차대전에서 긴밀한 협력과 공동전선으로 군국주의 추축국들 퇴치에 성공했다. 유럽 전선에서는 소련군이 압도적으로 많이 희생됐고 태평양 전선에선 미군이 많이 희생됐다. 1945년 12월, 미국과 소련은 체제갈등을 내연하면서도 여전한 전쟁동지였고, 모스크바3상회의는 2차대전 연합국들의 마지막 회의 테이블이었다. 모스크바회의의 결정은 분할점령상태의 한반도에 한국인의 정부를 수립하는 절차로는 나름 합리적이었다. 당장은 미소공동위원회가 한국의 정당 사회단체들과 의논해서 임시정부부터 구성하자는 것이다.

이제 무대는 강대국들의 그라운드 모스크바에서 서울로 이동했다. 38선 분할까지도 긴박하고 혼란스런 전시 상황에서 불규칙 바운드와 임기응변의 연속이었는데 서울로 들어왔을 때 한국의 정치 지형은 전시 그 이상이었고 공은 더 심하게 엉뚱한 데로 튀었다.

모스크바3상회의 결정문은 12월 28일에 발표될 예정이었는데 하루 앞서 27일자 〈동아일보〉와 〈조선일보〉는 각기 1면 톱으로 모스크바회의를 다뤘다.

〈동아일보〉 헤드라인
- "소련 신탁통치 주장"
- "소련의 구실은 38선 분할점령"
- "미국은 즉시독립 주장"

〈조선일보〉 헤드라인
- "조선의 자주독립은 어데로"
- "독립 신탁론 대립?"
- "미국은 즉시독립을 주장"

두 기사는 워싱턴발 〈UP통신〉 25일자 기사를 그대로 인용한 것이었다. "번즈 국무장관은 보도되기로 러시아의 신탁통치 입장에 맞서서 즉시독립을 촉구하라는 지침을 가지고 모스크바로 갔다. (…) 아직 3개국 외상들이 어떤 결론에 이르렀다는 얘기는 없다."

하지만 이 〈UP통신〉 기사는 오보였다. 틀린 정도가 아니라 거꾸로였다. 신탁통치는 소련이 아니라 처음부터 루스벨트 대통령, 미국의 입장이었다. 미국에서 〈UP통신〉 보도는 그저 하나의 오보였겠지만 한국에서 이것은 공동우물에 떨어뜨린 독극물이 되었다.

동아와 조선은 워싱턴발 오보를 미국과 소련의 대립, 극단적인 좌우대립의 프레임으로 가공했다. 여기서 코리아의 완전 독립과 민주주의 정부 수립으로 가는 절차를 다룬 모스크바회담의 핵심은 실종되면서 '즉시독립이냐 신탁통치냐' 하는 이분법과 '미국은 해방자, 소련은 침략자'라는 선악의 구도가 출현했다. 최종 발표된 모스크바 결정문을 보면 '신탁통치'는 문제의 핵심도 결정된 사항도 아니고 다만 독립된 한국의 정부를 출범시키기 위한 협력의 방식으로 한번 검토해보자는 수준이다.

28일 모스크바3상회의 결정문이 나왔을 때 이미 서울은 신탁통치 반대, 즉 반탁운동이 휩쓸고 있었다. 김구의 임시정부와 이승만의 독립촉성중앙회가 '결사항전'을 선포했고 좌우합작의 신탁통치반대국민총동원위원회가 떴고 '탁치 순응자는 반역자로 처단한다'는 전단지가 뿌려졌다. 29일 저녁 김구의 사저인 경교장에서 각 정당 사회단체 대표들의 대책회의가 열렸고 김구는 "36년이 모자라 또 5년을 지배당하란 말이냐. 우리 민족은 다 죽는 한이 있어도 신탁통치만은 받을 수 없다. 피를 흘려서라도 자주독립 정부를 우리들 손으로 세워야 한다"고 울분을 토했다. 이 회의에서 "여기 누구 모스크바 의정서의 원본을 제대로 읽어본 사람 있냐"면서 "길어야 5년이면 통일된 우리의 독립 정부를 세울 수 있는데" 냉정하고 침착하게 다시 생각해보자고 했던 송진우(한민당 총무, 동아일보 사장)는 그날 밤 원서동의 집으로 돌아가 새벽에 살해됐다.

1946년 3월 제1차 미소공동위원회가 열렸으나 결국 반탁운동가들의 사보타지로 3개월 만에 휴회에 들어갔다. 1947년 5월 제2차 미소공동위원회가 열렸지만 역시 석 달 만에 성과 없이 해산했다. 미국이 트루먼독트린으로 반공주의 대외 정책을 천명하면서 미국과 소련의 갈등이 노골화한 상황에서, 반탁운동단체들의 참여를 둘러싼 논란으로 회의가 지지부진했던 데다, 좌우합작운동으로 미소공동위원회에 힘을 실어주던 여운형이 대낮에 혜화동로터리에서 살해되자, 미소공동위원회는 모스크바 의정서의 이행을 포기했고, 한국 문제는 UN에 넘겨졌다. 그리고 다음 해 38선 남쪽에 이승만 정부가, 북쪽에 김일성 정부가 출범했다.

그렇게 해서 해방 후 3년간 정상적인 하나의 민족국가를 건설할 수 있었던 기회가 날아갔다. 정상국가로 가는 매뉴얼이 주어졌는데도 실패했다. 1945년, 5년의 신탁통치 반대에 목숨을 걸었던 결과 5년 후에 벌어진 것은 남북 간의 3년에 걸친 전면전이었다.

역사학자 박은식의 1915년《한국통사(韓國痛史)》는 '서세동점(西勢東占)의 시기'에 대원군의 쇄국 정책으로 한국이 '중흥의 기회'를 잃어 통사(痛史), 즉 고통의 역사가 시작됐다고 했지만, 해방 3년의 시간을 잘못 쓴 것은 새로운 통사의 시작이 되었다. 그것은 우리 현대사 100년의 가장 치명적인 실수였다.

조선 왕조는 책 읽고 글 쓰고 공부하는 문과 엘리트의 500년 역사였고 대한민국은 지식인이 모자라는 사회가 아니다. 해방공간의 서울에는 미국과 일본, 유럽에서 유학한 박사, 지식인들이 북적거렸다. 그런데 어찌하여 그런 참담한 결과가 벌어졌을까.

우리 세대는 학교에서 한반도가 강대국에 의해 남북으로 분단됐다고 배웠다. 그런 역사교육은 옳은가. 약소국 담론 뒤에 숨는 것은 역사의 주체이길 회피하는 비겁한 습관이다. 피해자 코스프레를 하면 자책도 필요 없고 마음은 편하겠지만 우리 자신의 어리석음은 개선되지 않는다.

당시 반탁운동을 하지 않았으면 미소공동위원회가 성공했을까. 미소공동위원회가 임시정부를 구성해도 좌우대립으로 내란과 폭동이 벌어지지 않았을까. 미국과 소련이 각기 저들에게 우호적인 정부를 세우려고 했을 텐데 타협이 됐을까. 오스트리아처럼 신탁통치 졸업하면서 영세중립국을 선택할 수 있지 않았을까.

하지만 그 같은 역사 가정법은 결론도 없고 쓸모도 없다. 당시의 판단착오와 실수를 돌아보며 교훈을 얻는 것이 생산적일 것이다. 왜 오보에 그토록 흥분했나. 왜 사실을 확인하지 않고 행동에 들어갔나. 왜 정치인들은 선동하고 대중은 동원됐나. 왜 민족생존의 문제 앞에서 분열했나. 그다음, 왜 우리는 지금도 반탁은 애국, 찬탁은 매국으로 이해하고 있나.

집 동네의 보라매공원에 가면 잘 가꿔진 석조 기념탑이 있는데 '반탁반공 순국학생충혼탑'이다. 이것은 '국가보훈처 지원 현충시설'로 1989년 대한민국건국유공자유족회가 설치했다. "연합국의 신탁통치 결의안에 반대투쟁(반탁)하여 그 승리의 결과로 1948년 8월 15일 건국이념인 자주, 독립, 민주 통일에 근간하여 자유민주주의국가인 오늘의 대한민국을 건국하였으며…" 비문에서 모스크바3상회의 결의안은 숫제 '신탁통치 결의안'이 돼 있다.

도올 김용옥은《우린 너무 몰랐다-해방, 제주4.3과 여순민중항쟁》(2019)에서 백범 김구가 존경받는 것은 민족독립을 위해 헌신했기 때문이지만 "그의 맹목적인 우파 성향은 '신탁통치'라는 터무니없는 '가짜뉴스쇼'를 국민들이 받아들이게 만들고 우리 역사의 진로를 혼탁하게 만든 죄업을 낳았다"고 썼다. 신탁통치는 "찬성 → 나쁜 놈 → 좌익 → 공산주의자 vs 반대 → 좋은 놈 → 우익 → 민족주의자"라는 잘못된 고정관념을 만들어냈고 "찬탁, 반탁의 문제가 우리나라 이념적 갈등의 알파포인트가 되었으며, 좌우라는 의식형태의 원형이 되었다"고 했다.

실제로 반탁운동은 우리 역사에서 극우의 원조다. 엇나간 민족주의였으며 어리석음이 빚은 집단광기였다. 여기서 양극으로 갈라진 한국의 대중, 좌익과 우익이 탄생했다.

48년 4월, 남한 단독 총선을 보이콧하고 남북제정당사회단체 연석회의에 참석하러 평양으로 갈 때 김구는 자신을 막아서는 우국청년, 극우청년들에게 "38선을 베고 죽을망정 가야 해"라 말하고 뒷담을 넘어 경교장을 빠져나갔다. 남쪽에선 총선을 코앞에 두고 이승만의 집권 레이스가 펼쳐지고 북쪽은 이미 소비에트 체제가 자리 잡고 김일성 개인 숭배사업도 진도를 빼던 중에 열린 남북회담은 모양뿐이었다. 통일의 가느다란 희망이라도 잡겠다고 평양으로 갈 때 그는 반탁에 올인했던 과오를 후회했겠지만 이미 자신이 그 무지막지한 기운으로 산을 엉뚱한 곳에 옮겨놓은 다음이었다.

40년(을사늑약 기준)의 식민 통치가 1차 가해였다면 해방된 사회의 혼란은 2차 가해였다. 억압됐던 정치적 욕망이 한꺼번에 분출했지만 정치인이나 대중이나 대화와 타협의 민주주의 훈련이 전혀 돼 있지 않았고, 신문 잡지가 홍수를 이뤘지만 국내외 상황에 대한 정확한 정보는 부족했으니, 가짜뉴스와 포퓰리즘 정치가 격한 행동과 테러를 충동질했다.

하지만 이리저리 휩쓸리는 혼돈 가운데서 중심을 잡으려는 사람들도 있었다. 모스크바3상회의 결의문이 발표되고 반탁과 찬탁의 유혈충돌이 막 시작됐을 때 해방공간에서 중도좌파의 대표 정치인 여운형은 기자회견을 청해 "우리 같은 지도자층이 없었던들 조선의 통일은 벌써 성공하였을 것이다. (…) '탁치'라는 문제를 정확히 파악치 못하고 대중을 어지럽게 하는 것은 큰 과오다"라고 했다. "미소공위가 다시 실패작으로 끝난다면 조선 문제는 앞으로 10년이 지나도 해결되지 못할 것이며 심지어 20년 지나도 해결되지 못할 가능성조차 있다. 소련과 미국 사이에, 혹은 남북한 사이에 전쟁이 발발할 수 있으며, 전쟁이 발발한다면 제3차세계대전으로 발전할 수 있다."-《여운형-시대와 사상을 초월한 융화주의자》, 이정식, 2008

하지만 혼란 속에서 중심을 잡으려 했던, 양쪽을 다 보면서 교통정리하려 했던 사람들은 극우 테러의 표적이 됐다. 불행하고도 흥미로운 사실은 그 혼돈의 시대에 비교적 사태를 정확히 본 사람들은 대개 영어에 능통한 사람들이었다는 점이다. 송진우, 여운형, 김규식이 그랬는데 해외의 정보나 미디어, 군정 관계자들에 대한 접근성 문제였을 것이다.

지금 돌아보는 역사의 시간 5년은 짧아 보인다. 하지만 당대를 사는 사람들에게 그것은 아주 긴 시간이었을 것이다. 더구나 해방됐다고 흥분해 있는 이들에게 5년 유예는 참기 힘들었을 것이다.

엉겁결에 분단됐지만, 임시방책으로 그어진 38선이었지만, 남과 북에 별개의 사회가 만들어지자, 마치 개울을 따라 구르다가 멈춘 돌에 이끼가 자라듯, 그곳에 빠른 속도로 기득권이 뿌리내리고 분단된 시스템에서 유리한 자리를 선취한 사람들이 생겨났다. 그들의 관성과 욕심이 분단을 영구화시켰다.

공적인 행동에 사적인 동기가 작용하는 경우는 뜻밖에 많다. 한 시대의 중요한 인물의 공적인 결정에 지극히 사적인 동기가 작용하기도 한다. 상하이 임시정부의 초대 대통령이었고(결국 쫓겨났지만) 해방 직후 여운형이 기획한 인민공화국에 주석으로 추대됐으며(결국 무산됐지만) 태평양전쟁 때 〈미국의소리(VOA)〉 한국어 방송을 통해 일제의 패망이 다가오고 있다는 복음을 식민지 조선에 전한 메시아로서 1945년 해방된 조선에 돌아온 이승만은 새 정부의 대통령은 자신이어야 한다는 확고한 믿음이 있었다. 그는 1875년생, 독립됐을 때 71세였고 5년 후엔 자신에게 기회가 없다고 여겼을 것이다. 당시의 70대는 오늘날 90대에 해당하는 나이다.

브렉시트 이후의 영국에서 노인들이 젊은 세대의 앞날을 망쳤다고, 연금으로 살아가는 노인들의 밥그릇 불안이 유럽 전체를 자신의 인생무대로 여기는 젊은 세대의 희망을 걷어차버렸다고 했다. 그건, 기성세대가 기득권을 가진 어느 시대 어느 곳에서나 있을 수 있는 일이다.

당대의 어리석음을 이기기는 어렵다. 무엇이 옳았는지, '결과적으로' 옳았는지는 시간이 알려준다. 시간의 풍화작용을 견디고 살아남는 정의라는 건 아주 드물다. 우리 현대사의 가장 결정적인 시기에 가장 치명적인 실수를 했던 해방 3년사에서 어떤 교훈을 얻으려면 사실을 정확히 아는 것이 먼저다. 하지만 모스크바3상회의 결의안이 신탁통치 결의안이 돼 있고 반탁은 애국이요 찬탁은 매국이 돼 있는 한, 아무리 역사를 잊은 민족에게 미래가 없다 해도 우리가 역사에서 배울 것은 없다.

8.15해방 3년은 다리를 다친 양이 맹수들의 사파리를 가로질러 젖과 꿀이 흐르는 가나안으로 가는 길이었다. 그런데 다리를 다쳐 걷기도 힘든 양이 스스로 눈을 찔러 한쪽 눈까지 멀어버렸으니 초점이 맞지 않는 시선으로 맹수들의 움직임을 포착하며 살 길을 찾아 가나안에 도착하기를 기대할 수는 없는 일이다. 지금도 그 양은 맹수들의 사파리를 통과하고 있다. 다만 1945년과 다른 건, 다리 다친 양이 아니라 영양이 좋은 양이라는 것이다.

9. 새는 좌우의 날개로 난다

"만약 당신이 나처럼 개개인이 공동의 이익을 위해 관대하게 이타적으로 협력하는 사회를 만들기를 원한다면 생물학적 본성으로부터 기대할 것은 거의 없다는 것을 경고로 받아들이기 바란다. 우리는 이기적으로 태어났다. 그러므로 관대함과 이타주의를 가르쳐보자. 우리 자신의 이기적 유전자가 무엇을 하려는 녀석인지 이해해보자. 그러면 우리는 적어도 유전자의 의도를 뒤집을 기회를, 다른 종이 결코 생각해보지도 못했던 기회를 잡을 수 있을지도 모른다. (…) 우리의 유전자는 우리에게 이기적 행동을 하도록 지시할지 모르나, 우리가 전 생애 동안 반드시 그 유전자에 복종해야만 하는 것은 아니다. 다만 유전적으로 이타적 행동을 하도록 프로그램되어 있는 경우보다 이타주의를 학습하는 것이 더 어려울 뿐이다. 동물 중에서 인간만이 학습되고 전승되어온 문화에 지배된다."– 리처드 도킨스, 《이기적 유전자》, 한글판 1993

그렇다면 이기적 유전자와 이타주의 학습 사이의 실랑이가 역사를 끌어오고 사회를 규정하고 있는 건지 모른다.

"화재를 보고 내가 물통을 들고 그 집으로 달려가는 것은, 이웃 사람에 대한 사랑에 의한 것이 아니다. 때로는 전혀 모르는 사람일 수도 있다. 나를 움직이는 것은 좀 막연한 것인지도 모르나, 훨씬 광대한 인간적 연대성과 사교성의 감정 또는 본능인 것이다. 그것은 동물에 있어서도 마찬가지다. 반추류나 말의 한 떼가 둘레를 지어서 늑대의 습격에 대항하는 것은, 사랑에 의한 것은 아니다. (…) 그것은 아득히 긴 진화의 과정에서 동물이나 인간 속에 유유히 발달해온 본능이며, 동물이나 인간에게 상호부조와 상호지지의 실천을 통하여 얻은 힘과 사회생활 속에서 발견된 기쁨을 학습한 것이다."– 표트르 크로포트킨, 《상호부조론》, 한글판 1983

이타주의가 사회적 진화의 결과라는 것은 대개들 인정하는 사실이다. "이타주의는 사회적 진화의 결과로서 인간과 인간 사회의 생존에 부합하기 때문에 생긴 것이다. 이타주의는 희소자원의 분배를 유도하며 타인들의 복지에 대한 관심을 증가시키고 사람들을 결속시킴으로써 사회적 통합에 기여한다."– 이동원, 박옥희, 《사회심리학》, 2000

그러한 사회적 진화는, 이기적인 유전자의 명령으로 달려가는 사회에 끊임없이 제동을 걸었던 사람들이 있었기 때문에 가능했을 것이다. 사회학에서 일탈과 동조에 관한 이론이 그것이다. 한 사회는 규범에서 벗어나는 일탈을 통제해 사회질서를 유지한다. 하지만 모든 사회구성원들이 규범에 완전히 동조한다면 그 사회는 변화와 발전이 없다. '과잉동조자'들만 있는 사회는 어른들의 유치원이고 파시즘의 감옥이 될 수도 있다.

"지나치게 동조가 강조되는 사회에서는 개인의 창의력이 억제되고 권태감과 체념이 만연되며 무기력하고 단조로운 생활이 야기된다. 이런 경우 일탈은 생활에 활력을 제공해주고 무기력과 사회적 보수성을 극복하는 데 기여할 수 있다."-《사회심리학》

한 사회가 발전하려면 적절한 관용의 수준을 유지할 필요가 있는 이유다. 사람들의 사회는 동조와 일탈, 그 구심력과 원심력이 길항하면서 앞으로 나아간다.

동조와 일탈은 한 개인에게 들어 있는 두 본능이기도 하다. 질서 속으로 들어가고 싶은 마음과 벗어나고 싶은 마음. 조직에 동화되고 싶은 마음과 조직으로부터 자유롭고 싶은 마음. 규범을 따르고 싶은 마음과 깨고 싶은 마음.

질서가 공정해야 한다 여기고 불공정에 분노하는 것은 좌파나 우파나 마찬가지다. 하지만 구조와 본질을 비판적으로 들여다보는 것은 대개 좌파 유전자다. 좌파는 구조의 문제라면 당연히 바꿔야 한다고 생각하고 거기엔 바꾸면 나아질 거라는 낙관주의가 깔려 있다. 건설을 위해 파괴는 불가피하다는 배짱을 가진 사람들은 혁명가가 되기도 한다. 하지만 우파는 구조를 흔드는 게 내키지 않는다. 그들은 바꾸는 과정의 혼란과 결과의 불확실성을 감당하기 싫고 거기엔 리스크를 피하고 싶은 안전주의가 깔려 있다. 아무래도, 잃을 게 별로 없다고 생각하는 사람들은 바꾸는 일을 더 쉽게 생각하고, 잃을 게 많다고 생각하는 사람들은 바꾸는 게 덜 내킬 것이다.

공산권 해체를 본 다음 이영희 선생은 평론집 《새는 좌우의 날개로 난다》(1994)에서 한국 사회에서 진보 보수의 균형과 국제 사회에서 세력의 균형에 대해 이야기했다.

"진실은 균형 잡힌 감각과 시각으로만 인식될 수 있다. 균형은 새의 두 날개처럼 좌와 우의 날개가 같은 기능을 다할 때의 상태이다. 그것은 자연의 법칙에 맞고 인간사유의 가장 건전한 상태이다. 진보의 날개만으로는 안정이 없고 보수의 날개만으로는 앞으로 갈 수 없다. 좌와 우, 진보와 보수의 균형 잡힌 인식으로만 안정과 발전이 가능하다."

6장

일본 딜레마

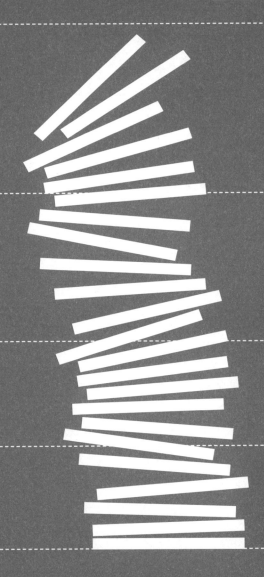

1. 일본론
―《국화와 칼》
루스 베네딕트, 영어판 1946년, 한글판 1974년

태평양전쟁 중인 1944년 미 국무부의 청탁으로 인류학자 루스 베네딕트(컬럼비아대학 교수)가 쓴 일본인에 대한 리포트. 교전 중이라 일본을 가보지 않고 2년 만에 썼지만 풍부한 자료와 인터뷰를 활용해 일본론의 고전이 되었다.

그는 일본을 이해하는 가장 중요한 코드로 철저한 신분계급제도에 주목한다. 사(士)―농(農)―공(工)―상(商)의 '카스트'와 그 바깥에 백정이나 망나니 같은 '불가촉천민'까지. 그들은 집의 장식, 옷이나 물건, 행동양식도 엄격히 구분된다. 맨 위 계급의 사무라이는 옆구리에 칼을 차고 다니는데 아래 계급 누군가 주제 넘는 행동을 했을 때 단칼에 베어도 된다는 걸 뜻했다. 가족 안에는 아버지와 아들, 형과 아우, 남자와 여자의 질서가 있다. 그것은 뜨끈뜨끈한 물이 담긴 목욕통에 먼저 들어가는 순서이기도 하다. '각자 알맞은 자리를 갖는다'는 말이 그 모든 걸 설명해준다. 언어도 계급적이어서 경어가 존재한다. 또 인사의 예절에 까다로운 등급이 있다는 것. 저자는 미국 민주주의의 기본인 평등 개념이 일본에는 없다는 데 놀란다. 사실 베네딕트가 일본인의 특성으로 간주한 많은 것들이 아시아적 특징이고 유교문화와 봉건 가부장제의 잔재다. 한국과 결정적으로 다른 점은 '사−농−공−상'의 '사'가 우리는 '선비'인데 일본은 '무사'라는 것. 우리는 사회질서의 중심에 '글'이 있고 그들은 '칼'이 있는 것이다.

베네딕트는 그런 계급의식으로 아시아 침략과 대동아공영권을 설명한다. 인류가 천황의 자식들이며 일본이 아버지거나 형이고 다른 나라들이 자식과 동생인 질서 안에서 '각자 알맞은 자리를 갖는다'는 것. 그렇게 혼란에서 구제해주겠다는데 일본군이 점령지에 들어갔을 때 주민들이 환영하지 않아서 당황했다 한다.

칼잡이 봉건 영주들이 할거하던 아시아의 미개한 섬나라가 서양 법제도를 모방하며 스스로 근대화하겠다고 나왔을 때, 1868년의 메이지유신을 다른 서구인들처럼 그도 놀라움으로 바라본다. "19세기 전반에 겨우 중세에서 벗어난 일본은, 오늘날로 따지면 태국 성도의 약소국이었다. 그런 일본이 어느 나라도 감히 시도하지 못한 비범한 정치적 수완을 필요로 하는, 더군다나 놀라운 성공을 거둔 메이지유신이라는 대사업을 계획하고 수행할 능력을 가진 많은 지도자를 배출했다. (…) 그들이 머릿속에 그리고 있던 목표는 일본을 세계열강의 대열에 서게 하는 것이었다."

패전 후 군국주의세력이 몰락하면 지하의 코뮤니스트 운동가들이 치고 올라오지 않을까 하는 미국 쪽 걱정도 기우였다. 천황의 군대는 모조리 죽을 때까지 결사항전할 것 같더니 금방 항복했고 일본 국민은 까다롭고 거친 상대가 될 거라 긴장했더니 미국의 전후 통치에 고분고분 복종했다. 그것도 일본인들의 계급의식, 그 현실주의로 설명된다.

절제와 예절의 한편에 공격성과 잔혹함을 감추고 있는, 정교하고 우아하게 정원을 가꾸는 한편 모욕당하면 칼부림으로 끝장을 보는, 국화와 칼의 이중성이 일본인의 특성이다.

이 책에서, 최대한 그들의 원리로 그들의 행동을 이해한다는 인류학자의 태도는 당시 상황에 대한 총체적 조망을 방해할 때도 있다. 그래서 일본인들의 모든 행위에 뚜렷한 원칙과 철학이 있는 것처럼 미화하는 '미필적 고의'를 범하기도 한다.

한국의 독자에게는 책 내용뿐 아니라 1945년의 상황도 불편하다. 일본은 미국을 공격한 적성국이고 아시아를 전쟁터로 만든 전범국이지만 항복 후의 일본에 들어오는 미국의 자세는 몹시 조심스러웠다. 냉전의 최전선이 된 극동아시아에서 어제의 적을 어떻게 다뤄서 향후 미국의 강력한 동맹국으로 만들 것인가. 일본의 항복이 임박했을 때 미 국무부 장교 둘이 30분 만에 38선을 그었다고 하지만, 그들은 일본을 다루는 요령을 알기 위해 인류학자에게 2년짜리 연구 프로젝트를 의뢰했던 것이다.

2. 일본론
-《축소지향의 일본인》
이어령, 일어판 1982년, 한글판 1986년

이 책이 쓰였을 때는 일본이 세계 최대의 자동차 생산국이 되고 전자제품이 세계시장을 휩쓸면서 자신감의 절정에 이른 시점, 그리고 일본 교과서가 독도를 일본 땅으로 기술하고 '침략'이라는 단어를 삭제하면서 역사 왜곡이 문제가 된 시점이었다.

작가이자 이화여대 교수였던 이어령 씨는 1934년에 태어나 러일전쟁의 영웅 노기 마레스케 대장의 초상화와 일장기가 걸린 교실에서 국사시간에 일본사를 배우고 조회시간마다 황국신민서사를 암송하고 1945년 해방되고서야 한글을 배운 세대.《축소지향의 일본인》은 그 식민지세대 한국인이 쓴 일본론이다.

20세기의 문제적 국가 일본에 관한 책은 일본인 자신에 의해, 또는 서양인에 의해 무수히 쓰였지만 다 부정확했다는 것. 서양인들은 서양에 없는 일본문화를 일본 고유의 것인지 아시아적 특성인지 구분하지 못했고, 일본인 역시 서양과 다르면 다 자신들 고유의 것으로 착각했다. '탈아입구(脫亞入歐)'를 외치며 유럽 제국주의의 일원이고자 했던 그들은 오직 유럽을 바라보았고 아시아의 이웃들은 눈에 들어오지 않았던 것이다.

이어령은 이 책을 일본어로 쓰고 일본에서 냈다. 일본인에게 해 주고 싶은 말이었던 것이다. 일본에서 베스트셀러가 된 다음 '한글번역판'이 나왔다. 이 책은 동서고금 종횡무진의 백과전서적 디테일을 자랑하면서, 가령 분재나 차(茶)에 대해 '이것도 너네가 시작한 줄 알았지? 사실 중국에서 들어왔고 한국에도 있었어. 너네가 이걸 엄청 좋아하고 어떤 경지를 만든 건 높이 평가한다만'이라는 식으로 꽤 자주 일본 독자들의 '뼈를' 때린다. 또한 '일본 주식회사' '이코노믹 애니멀'이라는 용어가 유행하고 일본 제품들이 미국 자동차산업도시 디트로이트를 황폐하게 만들고 독일 전자산업을 초토화시켰지만 일본인은 "그 어느 나라보다도 비국제적인 민족, 소위 우찌(안, 내부)와 소또(밖, 외부)의 두꺼운 의식의 벽 안에서 살고 있는 국민이다. (…) 일본은 자국의 이익을 초월하여 인류를 위해 공헌하는 문화를 창조하고 있는가"라며 "고립된 대국"에 대한 경고 메시지를 던진다.

당대 한국 사회의 간판급 지식인이 일본 문제를 다루겠다고 나선 것은 국가대표선수의 타이틀매치처럼 보였다. 그에게 식민지는 태생의 조건이었고 저개발국 시민으로 경제대국 일본의 승승

장구를 지켜볼 때 안타깝지만 속수무책이었을 것이다. 하지만 이 부자나라가 과거 군국주의 역사를 왜곡하며 식민지였던 이웃나라를 비참하게 만들고 또 사이비 일본론들이 지식의 영역을 혼탁하게 했을 때 이것은 지식인으로서 그가 나서서 교통정리해야 할 문제라 여겼을 것이다. 그의 목표는 학문적 성취가 아니라 학문적 설욕이었는지 모른다.

이 책은 서구식 일본론에 스트레스받았던 한국인들에게 힐링의 선물이었지만 뜻밖에 일본서도 베스트셀러가 됐다. "내 책을 일본 사람들이 전차간에서 읽는 모습을 보고 싶었던" 한 식민지세대 지식인의 소박한 소망은 초과달성된 셈이다. "일본인 자신이 미처 깨닫지 못했던 일, 미처 생각지 못했던 의미를 속속 폭로당하는 놀라움이 있다."-〈선데이마이니치〉

36년 시차에도 불구하고《국화와 칼》과《축소지향의 일본인》의 마지막 메시지는 일치한다.

• 《국화와 칼》: "일본이 본래 평화국가가 될 가능성을 가지고 있다는 것을 의심하지는 않는다. 일본의 행동 동기는 기회주의적이다. 일본은 사정이 허락되면 평화로운 세계 속에서 자기 위치를 구할 것이다. 그렇지 않으면 무장진영으로 조직된 세계 속에서 자기 위치를 찾을 것이다."

• 《축소지향의 일본인》: "커지려고 확대로 가면 거꾸로 작아지는 것이 일본문화의 패턴이어서 거대주의로 전향할 때는 일본은 물론 이웃나라까지 시끄러워진다. 히데요시의 한반도 침략, 한

국과 만주의 식민지화, 태평양전쟁이 그 대표적 예다. (…) 겸허함도 섬세함도 다 잊어가고 있는 듯한 일본, 부드러운 옷 속에 숨겼던 무쇠의 투구가 조금씩 그 정체를 드러내고 있는 이때 일본이 선택하는 길은 축소인가 확대인가!"

3. 일본론
-《헤이세이(平成), 일본의 잃어버린 30년》

요시미 순야, 일어판 2019년, 한글판 2020

재위 기간 62년 동안 쇼와(昭和)라는 연호를 썼던 히로히토 천황이 죽고 1989년 아들 아키히토가 천황이 되어 2019년 퇴위하기까지 30년을 연호에 따라 '헤이세이(平成) 시대'라 부른다. 1980년대는 미국과 소련, 양대 슈퍼파워의 세계였지만 경제적으로는 미국과 일본이 시장을 지배했다. 1930~40년대 군국주의 일본이 꾸었던 '세계제국'의 꿈은 총칼 대신 소니 트랜지스터와 워크맨, 캐논 카메라에 의해 이루어진 셈이다. 하지만 세계를 제패한 '주식회사 일본'의 시대는 팽창의 정점에서 부동산과 주식의 버블이 붕괴하고 기업들이 줄도산하면서 서둘러 막을 내렸다. 일본경제가 패닉에 빠진 1990년대를 일컫는 말이 '잃어버린 10년'이었는데 '잃어버린 30년'은 20년 뒤에도 패닉을 벗어나지 못했음을 뜻한다. 그것은 공교롭게도 아키히토 천황의 재임기인 헤이세이 시대와 일치한다. 아키히토는 아버지 시대의 죄과를 갚으려 했던 온건하고 상식적인 인물이었으니 공교로운 일이다.

1950년대 중반 이후 30년 동안 10% 가까운 경제성장률을 밀고 오면서 성장뿐 아니라 분배에도 성공, 1980년대엔 '일억총중류(一億總中流)'라는 말이 유행했다. 1억 인구의 90%가 자동차와 가전제품들을 갖추고서 자신을 중류계급 내지 중산층이라 생각했다. 그러나 한때 미국을 추월하기도 했던 일본의 1인당 GDP는 1990년대 중반부터 꺾여 20위권으로 추락하고 부동산 버블에서 자산을 가진 자와 못 가진 자의 격차가 벌어졌으며 경기불황과 고용불안이 루저 집단을 양산하면서 일본 사회도 명백히 '격차 사회'로 전락했다.

헤이세이 30년, 일본경제의 몰락이 얼마나 극적이었는지는 시가총액 기준 세계 50대 기업 순위의 변화가 말해준다. 1989년 랭킹 50위에 회사 이름을 올린 나라는 오직 3개국이었다. 상위 5위까지를 포함 32개가 일본 회사, 미국은 15개, 나머지 3개가 영국 회사다. 하지만 2018년의 50위 명단에 일본은 35위의 토요타 하나뿐이다. 미국이 상위 6개를 포함해 31개 회사로 일본의 자리를 고스란히 빼앗았다. 대신 50위 안에 처음 진입한 나라는 중국이 무려 7개 회사, 스위스가 3개, 프랑스가 2개, 한국과 대만, 홍콩, 벨기에 기업이 각각 1개씩이다. 한국은 삼성전자가 16위, 삼성전자의 시가총액이 소니를 앞지른 건 2002년이었다.

일본경제의 몰락은 1985년 G5(미국 프랑스 서독 영국 일본)의 '플라자합의' 이후 엔화강세와 금융정책 실패, 그로 인해 과열됐던 부동산과 주식시장의 붕괴와 함께 시작됐다. 1995년 먼저 은행, 증권회사들이 무너졌고 기업체들의 폐업이 뒤따랐다. '전자입국(電子立國) 일본'의 침몰은 특히 극적이었다. 도쿄대 교수인 이 책의 저자는 일본 전자업체들이 "글로벌화와 정보화라는 세계사의 큰 파도" 앞에서 "업데이트에 실패"한 것으로 분석했다. 자신들의 기술력과 기존의 시장을 너무 믿었고 과거의 수직적인 업무 관행이 변화의 문턱을 넘지 못했다는 것이다.

이 책이 소개하는 기업별 사례들을 보면 비슷한 방식으로 흥해도 망하는 경로는 각기 다르다. 소니는 모바일 시대를 내다보지 못한 채 가정용 게임기 개발에 열중하느라 아이폰, 아이패드의 기회를 애플에 내줬다. 도시바는 원전에 올인했다가 낭패를 당했고, 산요는 과도한 사세 확장이 경영 리스크가 되었고, 파나소닉과 샤프는 고품질 TV모니터에 사운을 걸었다 망했다. 반도체와 PC부문 1위 기업 NEC는 NTT(일본전신전화주식회사)의 하청사업에 안주하다 반도체를 잃었다. 1990년대 반도체 상위 10개사 중 6개가 일본 기업이었는데 미국 한국 대만에 차례로 패하면서 2010년대 후반에 오면 1개도 남아 있지 않게 되었다. '재팬 넘버 원'의 호황에는 무명의 중소기업이 글로벌 브랜드를 터뜨리고 대기업은 대충해도 대박이었지만 한 번 판이 깨지니 모험을 감행해도 보신주의로 나가도 크레바스에 빠지는 것이다.

거기에 운명과도 같은 재난들이 일본 사회를 슬럼프로 밀어넣었다. 1923년 관동대지진 이래 최악이었던 1995년 고베대지진과 한층 강력했던 2011년 동일본대지진. 특히 동일본대지진은 쓰나미와 원전 폭발이 겹쳐 약 2만 명의 목숨을 앗아갔고 일본 국토를 방사능 위험지대로 만들었다. 고베대지진 무렵 아침 출근길 러시아워의 도쿄 지하철에서 옴진리교 신도들이 화학가스를 살포해 13명이 죽고 약 5800명이 다친 사건은 교주가 체포될 때까지 두 달 동안 일본의 미디어들을 도배했다. 옴진리교 테러 이후 엽기적인 '묻지마 살인 사건'이 잊을만하면 한 번씩 일본 사회를 뒤집어놓았다.

경제성장의 둔화, 낮은 출산율과 고령화, 비정규직 확대와 고용불안, 고학력층의 취업난, 양극화의 심화, 정치변화 포기, 우울증과 정신병리적 범죄들, 사회불안. 이 책은 과거 30년에 대한 '실패의 박물관'을 표방한 만큼 실패 사례들만 모아 진열했다. 희망을 찾기 위해서는 실패로부터 배워야 한다는 것.

"청일전쟁 이후 일본은 동아시아의 중심성을 중국으로부터 빼앗았고, 태평양전쟁 패배 이후에도 미국과 일체화하는 것으로 이를 유지했다. 그러나 냉전 후의 헤이세이 시대, 동아시아의 중심은 일본에서 중국으로 옮겨갔다. 이는 어떤 의미에서는 원상복구로, 일본이 동아시아의 중심이던 19세기 말부터 20세기 말까지 시기가 특수한 시대였던 것이다. 이 같은 지정학적 변화에서 헤이세이 일본의 미국에 대한 종속은 갈수록 깊어졌다. 자신을 잃어가니 강한 미국에 갈수록 의지함으로써 중심성을 유지하려 한 것이다. 대내적으로는 격차를 확대하고 분열을 강화하고 있는 일본에 미래가 없는 것과 마찬가지로, 대외적으로는 이미 그 패권에 그늘이 드리우기 시작한 미국에 계속 의존하면서 아시아와의 관계를 근본적으로 재구축하려 하지 않는 일본에도 미래는 없다."

그는 2020 도쿄올림픽을 포퓰리즘 정치라 비판한다. 분위기 전환의 이벤트가 필요했던 것인데, 이시하라 신타로 도쿄도지사는 2012년 베이징올림픽에 대한 라이벌의식으로, 아베는 "재해부흥"을 과시하는 국가 프로젝트로 올림픽에 매진했다. 2013년 올림픽을 유치하러 IOC총회에 간 아베 총리가 후쿠시마의 방사능 문제는 "이미 콘트롤되고 있다"고 했을 때 국내에선 다들 '이건 아닌데' 했다. 당초 2016 올림픽에 도전했다가 리우에 밀리면서 2020년으로 낙착된 것도 불운이었다. 이 책은 2019년 초에 탈고했는데 이후 상황을 보면 정치경제 문제들을 한 방에 해결하려던 올림픽의 마법이 일본 사회에 또 하나의 쇼크를 추가하는 결과가 되었다.

4. 일본론
-《피크 재팬: 마지막 정점을 찍은 일본》
브래드 글로서먼, 영어판 2019년, 한글판 2020년

저자는 하와이 전략&국제연구소(CSIS) 퍼시픽포럼의 고문, 〈재팬 타임스〉의 논설위원. 여기서 피크, 정점이란 아시아와 세계 무대에서 주도적 역할을 하려는 아베식 "전통적 강대국주의"의 마지막 몸부림을 뜻한다. 이 책은 고이즈미 총리(2001~2006)와 아베 총리 (2기: 2012~2020) 시기 반전의 조짐에도 불구하고 정점으로부터의 추락은 걷잡을 수 없으며 세계제국에의 꿈도 제2경제대국의 위상도 돌아올 수는 없는 과거지사가 되었다면서 여전히 탁월한 인적 자산과 엄청난 자원, 막강한 소프트파워, 상당한 국제적 영향력을 가진 나라로서 일본은 이전과는 조금 다른 정체성을 찾아 나가야 한다고 말한다.

국제 문제 전문가이고 미국인인 만큼 저자는 국제적인 역학관

계에 주목하는데, 한국 독자로서는 일본 중심의 태양계에 한국을 놓고 바라보는 것도 나름 각성효과가 있다.

2007년 스캔들과 건강 문제로 첫 번째 총리직에서 1년 만에 종종걸음치며 물러났던 아베는 2012년 총리직에 복귀했을 때 5년 전의 "실수에서 많이 배웠다"고, "레이저처럼 경제에 초점을 두겠다"고 했다. 경제가 일본 내부 문제를 푸는 관건이며 국제 사회에서도 경제력이 없으면 제대로 취급받지 못한다는 것이다. 하지만 아베노믹스의 세 가지 정책 ▲15년간의 디플레이션 탈출 ▲노동시장 유연화 등 구조개혁 ▲일자리 공공사업으로 경기부양,은 취임 첫해에 화려한 성과를 거뒀지만 4년쯤 지났을 때는 이미 시들해졌다. 2015년 아베의 두 번째 임기와 함께 선포된 아베노믹스 2.0은 ▲2020년까지 경제성장률 3% ▲출산율 1.8 ▲노인 복지 정책, 세 가지였지만 우선 GDP 성장률이 1%에 이르지도 못했다.

다만 아베는 3선에 7년 8개월 재임, 최장수 총리가 됨으로써 일본을 극심한 정치불안에서 건져내는 데 성공했다. 1955년 이래 자민당 체제에서 두 번째였던 사회당/사회민주당 내각 (2009~2012년)이 총선에서 '궤멸적 참패'로 막 내린 직후였고 야당들이 사분오열 지리멸렬했다는 것이 아베의 "의기양양한 복귀"와 장기집권을 도왔다.

아베식 '강대국주의 외교'는 철혈의 미일동맹 더하기 적극적 아시아 정책이었지만 이웃나라들과 영토분쟁 및 과거사 문제가 끊임없이 불거졌다. UN과 ADB(아시아개발은행)에 대한 최대 출연국으로서 아베는 "지역평화, 세계평화에 더욱 기여하는 나라가 되겠다"고 선언했지만, 평화에 기여하려면 무장해야 하고 전쟁할 수 있어야 하고 평화헌법을 손봐야 한다는 그의 '정상국가론'은 한국과 중국처럼 식민지 침략을 겪은 주변국들에겐 극우팽창주의로 비쳤다.

지난 10년, 중국은 일본 외교에 가장 큰 변수였다. 2010년은 중국이 일본을 제치고 세계 2위의 경제대국이 된 해로, 이후 동아시아에서 중국과 일본은 정치, 경제, 외교 전방위의 라이벌이 되었고, 대체로 중국이 부상하고 일본이 밀리는 구도였다. 일본은 1968년 독일을 추월한 이래 40여 년간 제2위 경제대국이었는데 그 지위를 잃는다는 게 단순히 경제 문제만은 아닌 것이다.

동지나해의 센가쿠열도는 일본 본토에서는 멀고 중국과 대만에 가까운 섬으로 영유권 주장이 엇갈려왔던 지역. 2010년 중국 어선이 센가쿠열도 부근에서 조업하다가 일본 해상보안청 순시선과 충돌하고 선장이 체포되자 중국의 보복이 불을 뿜었는데 중국 주재 후지타건설사의 일본인 직원 네 명을 체포하고 일본 전자산업이 90% 의존하는 중국산 희토류 수출을 금지했다. 깜짝 놀란 일본은 중국인 선장을 바로 석방했는데, 센가쿠 파동은 일본 사회민주당 정부가 유권자들에게 점수를 잃는 결정타가 되었다.

GNP 2위 등극을 기념하는 실력행사와도 같았던 중국의 센가쿠 보복은 전 세계를 놀라게 했고 일본에는 쇼크를 안겼다. 공산권 해체와 함께 '죽의 장막'이 걷힌 다음 1990년대 중국은 부드럽고 조심스럽게 서방세계 국가들에게 인사를 건네는 '미소외교'의 나라였는데 그 미소를 걷어치운 것이다. 그전까지 중국은 덩샤오핑의 외교 가이드라인을 지켜왔다. 냉정관찰(冷靜觀察), 참온각근(站穩脚筋), 침착응부(沈着應付), 도광양회(韜光養晦), 선우수졸(善于守拙), 절부당두(絶不當頭)라는 '24자 원칙'은 '조용히 실력을 기르고 우두머리로 나서지 않는다'는 게 핵심인데 뒤집으면 '실력을 기른 다음에 나선다'가 된다. 부자가 되면 집을 짓고 문패를 다는 것이다.

1972년, 미국의 닉슨 대통령이 적성국인 중국을 방문해 마오쩌둥 주석을 만났을 때 충격도 잠시, 영리하고 기민한 일본은 즉각 중국과 교역을 개시했다. 일본은 중국에 막대한 차관을 제공하고 교역을 급속히 늘려갔으며 2010년 무렵엔 2만 3천 개 일본 기업이 중국에서 활동하면서 중국 내 투자국 3위가 되었고 일본의 최대 수출국이 미국에서 중국으로 바뀌었다. 중국은 두 자릿수 경제성장률을 자랑했고 일본은 중국 덕에 10년 장기불황을 벗어났다고 고마워했다. 그 같은 양국관계 황금기의 피크에서 센가쿠사태가 터진 것이다. 포스트 냉전시대의 국제 사회에서 중국이 경제력만큼의 발언권을 갖겠다고 선언한 것이면서, 그간 상호보완적으로 맞물렸던 양국 경제가 경쟁구도로 틀어져 간다는 신호이기도 했다. 중국에 꾸준히 공들여온 입장에선 정 주고 뺨 맞은 격이지만 일본은 역시 영리하게 경열정냉(經熱政冷), '정치는 냉랭해도 경제는 뜨겁게.'라는 정경 분리 기조를 택했다.

일본은 센가쿠열도뿐 아니라 쿠릴열도의 '북방 4개 섬'으로 러시아와, 독도를 둘러싸고 한국과 갈등을 빚고 있다. 모두 제국주의 침략의 뒷설거지인 셈이다. 일본은 1879년 오키나와를 식민지화하면서 오키나와에서 가까운 센가쿠열도를 병합했었다. 또 러일전쟁으로 사할린을 점령했다가 2차대전 패전으로 반환할 때 그 옆의 섬 4개의 처리를 뭉갰다.

세계 2위 경제대국 자리를 바통터치한 두 나라. 명백히 거대제국의 야망을 가진 두 나라의 라이벌관계는 동아시아의 판을 흔든다. 미국-호주-인도를 엮는 일본의 아시아 태평양 네트워크는 언제든 중국 봉쇄전략이 될 수도 있고, 아시아-유럽-아프리카로 뻗어가는 중국의 '일대일로(一帶一路)' 역시 언제든 일본 봉쇄전략이 될 수 있다. 경제대국이자 핵보유국인 중국에 대해 불안한 일본은 비슷한 불안감을 지닌 동남아 국가들과 스크럼을 짜려 하지만 이들은 중국뿐 아니라 일본에 대해서도 불안해하기는 마찬가지다. 중국-일본-아시아 국가들의 관계는 뫼비우스의 띠처럼 꼬여 있고 한국도 그 가운데 있다.

일본의 태양계에 한국이 등장하는 지점은 대개 독도, 과거사 또는 북한 관련이다. 양국관계가 얼마나 취약한지는 동일본대지진 때의 일이 말해준다. 2011년 3월 11일 대지진 발생 며칠 만에 한국이 구조대를 급파했고 3주 만에 한국적십자사의 성금이 4600만 달러(약 500억 원)에 이르렀는데 이것은 한국에서 역대 재난성금 가운데 최대 액수였다. "'한일관계를 업그레이드시킬 새로운 이정표'가 되리라는 희망은 3월 말 문부성이 독도에 대한 영유권을 주장하는 교과서를 승인하면서 산산조각 났다. 하루 16만 7천 건에 달했던 자선 기부 활동이 82건으로 줄었고 역시 독도 영유권을 똑같이 반복하는 2011년도 〈외교청서〉가 내각에서 승인된 뒤 21건으로 뚝 떨어졌다."

저자는 "일본의 대아시아 외교 정책 모자이크의 마지막 조각은 한국"이라고 했다. 1998년 북한이 일본 영공 위로 미사일 발사 실험을 한 이래 북한은 중국과 소련을 밀어내고 일본의 안보불안요인 1순위가 되었다. "북한이 갈수록 호전적이고 공격적이며 도발적으로 됨에 따라 최우선적으로 양자협력을 해야 했지만" 이명박 대통령은 독도를 방문하고 박근혜 대통령은 아베 총리보다 시진핑 주석과 더 친해 보였다. 게다가 북한과 우호적으로 문제를 풀어보려는 문재인 대통령과 비핵화를 압박하는 강경책을 원한 일본은 큰 시각차를 드러냈다.

"멀리서 바라본다면 한국과 일본 두 나라는 자연스럽게 동맹이 될 것처럼 보인다. 둘 다 민주주의국가이자 선진국이고 항행의 자유와 안전한 해상교통로에 의지하고 있다. 둘 다 기존 국제질서와 제도로부터 엄청난 이득을 누려왔으며 이런 질서와 제도가 공고해지고 확산될수록 더 큰 혜택을 누릴 것이다. 둘 다 미국의 동맹국이며 지리적으로도 비슷한 위치에 있다. 한국과 일본의 이해관계나 우려사항 그리고 야심은 상당 부분 들어맞는다." 남북한 문제를 기존 냉전질서 안에서, 미국의 아시아전략 틀에서 바라보는 시각은 저자의 어쩔 수 없는 한계로 보인다. 더구나 그는 일본통, 한쪽 편을 드는 심판인 것이다.

정치에 무관심하면서도 막연히 영웅의 출현을 기다리는 것이 불황과 침체에 빠진 일본인들의 심리다. 2012년 집권 2기를 시작할 때 아베 총리는 영웅처럼 나타났다. 취임 직후 워싱턴에 간 아베의 연설. "일본은 이류 국가가 아니며 앞으로도 아닐 것이다. (…) 내가 돌아왔다, 그리고 일본도 돌아올 것이다." 영국의 주간 〈이코노미스트〉는 가슴에 엔화 마크가 그려진 슈퍼맨 복장의 아베를 표지에 실었다. 그는 한동안 영웅 대접을 받았고 3선의 인기를 누렸지만 퇴장할 때는 1기 때처럼 임기를 남겨두고 총총히 물러났다. 이 책 역시 올림픽에 대한 질문으로 끝난다. 과연 아베의 말처럼 "15년 디플레이션과 경기하락을 일소하는" 아베노믹스의 결정판이자 "일본의 재탄생을 축하하는" 이벤트가 될지?

　　외교관인 이 책의 번역자는 "지난 수십 년간 정치·경제·사회적으로 많이 성숙해진 입장에서 이제는 좀 더 객관적으로 이웃국가인 일본을 바라봐야 할 때"라며 일본은 완벽하니 열등한 우리가 배워야 한다는 태도도, 일본은 이제 한물간 나라이니 무시해도 된다는 태도도 다 넘어서야 한다고 썼다.

5. 또 하나의 일본,
종말 컬처

지각변동으로 도쿄에 대지진이 오고 후지산이 폭발하고 일본열도가 침몰하고 일본이라는 나라가 며칠 안에 사라진다는 상상. 1973년 작 소설 《일본침몰》은 일본에서 400만 부 이상의 베스트셀러가 됐고 만화와 영화와 TV드라마로 만들어졌다. 〈일본침몰〉의 인기는 여전해서 2006년에 두 번째 영화가 만들어졌고 2020년 넷플릭스 오리지널 애니메이션으로 업로드됐다. 인구의 절반이 죽고 남은 사람들도 영토를 잃은 다음, 일본 국민들은 "사랑하는 사람과 고향땅과 함께 가라앉겠다"는 쪽도 있고 "중국이 일본인을 얼마나 받아줄까" 하며 살 곳을 찾아 떠나는 쪽도 있다. SF작가 코마츠 사쿄가 《일본침몰》을 낸 건 '주식회사 일본'이 한창 잘나가던 1970년대였다.

또 다른 종말론 작품으로 일본 애니메이션 붐의 원조가 된 〈우주전함 야마토〉가 처음 TV방영된 것도 1974년. 22세기, 외계의 핵 공격에 의한 방사능오염으로 인류절멸의 위기에 처한 지구를 구하기 위해 방사능제거장치를 찾아 외계로 떠나는 이야기다. 〈우주전함 야마토〉는 만화, 소설, 교향곡 등으로 옮겨가며 센세이션을 불러일으켰다. 마쓰모토 레이지 감독의 다음 작품 〈은하철도999〉 역시 공전의 히트작.

일본인들이 전성기에조차 멸망과 종말에 대한 상상에 젖어 있었다는 건 아이러니다. 일본경제가 절정이었던 1980년대도 마찬가지. 재패니메이션의 걸작들인 미야자키 하야오의 〈바람계곡의 나우시카〉(1984), 〈천공의 성 라퓨타〉(1988), 다카하타 이사오의 〈반딧불의 묘〉(1988)는 대단히 서정적인 작품들이고, 미야자키 작품은 특유의 건강함과 쾌활함이 있지만, 그럼에도 인류 문명에 대한 디스토피아적 상상을 깔고 있다.

일본의 '종말 컬처'물들에서 도쿄가 처참하게 파괴되어 아수라 지옥으로 변하는 설정은 익숙한 것이다. 1982년에 만화 연재가 시작돼 1988년에 극장판 애니메이션, 컴퓨터 게임으로도 만들어진 〈아키라〉는 대폭발로 붕괴된, 3차세계대전 이후의 황량하고 음울한 도쿄가 무대이다.

일본인들은 지구상에서 유일하게 핵 피폭을 겪은 국민이다. 1945년 8월 히로시마와 나가사키에 두 차례 원자폭탄이 떨어졌고 앞서 3월에는 미 공군 폭격기들이 네이팜탄을 쏟아부어 도쿄가 불

바다가 되고 인구가 3분의 1로 줄었다는 '도쿄대공습'이 있었다. 2차대전은 일본이 가해자이고 원인제공자였지만 패전으로 가는 과정은 그들에게 트라우마와 피해의식을 남겼다.

도쿄 디스토피아물의 원조는 1954년 작 〈고지라〉인데, 태평양 저편에서 나타난 거대한 괴수가 도쿄 도심의 빌딩들을 파괴하고 철도를 엿가락처럼 휘젓고 도쿄를 불바다로 만들어버린다. 괴수 고지라는 명백히 미국의 은유였다.

일본은 비교적 넓은 땅을 가졌지만 땅에 대한 불안은 뿌리 깊은 것이다. 지진과 쓰나미는 수천 년 일본 역사와 함께해왔다. 그들을 끊임없이 대륙 쪽으로 치고 나오게 만드는 근원에는 섬이라는 고립감, 그리고 재앙에 대한 두려움이 있다. 1910년 조선강점이 있기 전 20년간 일본에는 진도 7 이상의 강진이 무려 스물다섯 차례 발생했다. 1896년 메이지 산리쿠해역의 지진 때는 최고 38미터의 쓰나미가 오후나토시를 덮쳐 약 2만 2천 명이 사망했다. 10만 이상의 희생자를 낸 1923년의 도쿄대지진 때는 진도 7 이상의 지진이 여섯 차례 연거푸 일어났다.

자연재해에 대한 공포와 체념의 정서를 안고 사는 일본인들에게 2차대전은 인간이 초래한 재앙의 또 다른 기억이었다. 그리고 동일본대지진과 후쿠시마 원전 폭발은 지진 쓰나미 공포와 방사능 트라우마를 동시에 자극했다.

일본에서 코로나 감염이 급확산되던 2020년 7월, 도쿄경제대 교수 서경식 씨는 〈한겨레신문〉 칼럼에서 학생들 얼굴도 못 본 채

온라인 강의를 종강한다면서 예술학과목을 듣는 한 학생의 기말 리포트 일부를 소개했다.

"이 디스토피아적 세상 속에서 나는 왠지 마음이 설렌다. 영화든 뭐든 너무 많이 봐서 그런지도 모르겠지만, 드디어 내게 '세계의 종말과 하드보일드 원더랜드(비정하고 불가사의의 나라)'가 막을 연 것이다. 세계의 종말은 어느새 거기까지 와 있다. 코로나 백신이 개발되기 전에 거대한 지진이 일어나 일본열도가 침몰할지도 모르고, 아니면 전쟁이 일어나 지구상의 모든 것들이 파괴될지도 모른다. (…) 만일 내일이 이 세상의 끝이어서 남은 24시간을 좋아하는 것에 써도 된다면 이탈리아 여행을 하고 싶다. 그리고 미술관에 가서 르네상스기의 정열적인 작품들을 기억 속에 담아두고 싶다."

코로나라는 전염병도 일본인들에겐 재앙이라는 그 오랜 기억의 연장선 위에 있다.

2020년 애니메이션으로 리메이크된 〈일본침몰〉을 받아들이는 일본 사람들의 마음은 1970년대와는 다를 것이다. 일본경제가 침체에 접어들고 동일본대지진으로 원전이 폭발하고 올림픽이 일본 부활의 팡파레가 아니라 일본 침몰의 레퀴엠이 될 수도 있는 상황에서 '잘나가던 시절에 그려본 지옥도'는 판타지가 아니라 리얼리티로 느껴질런지도 모른다.

6. 불편한 이웃 일본,
역사교과서가 뭐길래?

한일수교, 영혼 없는 악수? ————————————————————

한국에서 일본 문제는 늘 뜨거운 감자다. 우리 정부는 일본 관련 정책들 때문에 자주 진퇴양난의 협곡에 빠진다. 일본에 극우 트렌드가 노골화한 1980년대 이후 두 나라 사이에는 역사교과서, 야스쿠니신사, 독도, 위안부 문제 등 잘못 밟으면 터지는 지뢰가 즐비하게 깔렸다. 자주 덧나는 국민감정 때문에 대일관계는 정부가 국민 대중의 눈치를 살펴야 하는 가장 민감한 부위가 되었다. 가령 GSO-MIA(General Security Of Military Information Agreement, 군사정보보호협정)는 한국이 34개국과 체결하고 있지만, 일본과의 GSO-MIA는 고작 3년 지속됐고 체결될 때도 종료될 때도 떠들썩했다.

정부 수립 후 지금까지 대일정책 중 가장 심한 논란의 대상이 된 건 물론 1965년의 한일수교였다. 박정희 정권이 처음으로 강력한 국민적 반발에 직면했고, 1960년대 통틀어 4.19 빼고 가장 큰 규모의 항의시위가 벌어졌다. 시위 구호는 '굴욕외교 반대'.

식민지 독립에서 한일수교까지 20년은 독일-이스라엘 화해에 걸린 시간과 같다. 독일이 이스라엘과 국교를 수립한 것은 히틀러가 자살하고 2차대전이 끝난 20년 뒤인 1965년이었다.

또한, 길고도 잔혹하고 '더티(dirty)'한 전쟁의 상대였던 베트남과 미국이 국교를 트는 데 걸린 시간과 비슷하다. 베트남전이 종료된 10년 뒤인 1986년 베트남 정부는 '도이모이(쇄신, 개혁)'를 선언하면서 공산주의-자본주의 혼합경제와 대외개방 정책을 채택했고 대미관계를 개선하려는 꾸준한 노력 끝에 1995년 클린턴 행정부 때 금수조치가 풀리고 수교가 이루어졌다. 과거 100년 동안 강대국에 시달린 역사로 치면 한국은 저리 가라인 베트남이 미국과 유럽에 먼저 화해의 손을 내민 것은 진심으로 '심금을 울리는 일'이었다. 1859년 이래 프랑스 식민지였던 베트남은 2차세계대전 때 4년간 일본에 점령당했고 일본 패망 후 독립을 선포했다가 다시 침략해온 프랑스를 10년 전쟁 끝에 물리쳤고 전범국도 아니면서 강대국 간 '빅딜'로 국토가 분단 당했다. 한반도처럼 북쪽이 공산주의, 남쪽이 자본주의였고 역시 전쟁이 벌어졌고 역시 국제전이 되었고 세계 최강의 대국인 미국이 동맹국들까지 동원해 아시아의 한 가난하고 작은 나라에 들어가 10년간 전쟁을 벌였다. 최초의 인공위성을 쏘아올리고 핵을 가진 막강한 라이벌 소련의 대타로 베트남이 찍혔던 셈이다. 민주적 가치의 수호신을 자처하는 미국과 유럽 지식인들의 양심을 건들만 했던, 1968년 과격한 반전운동과 반자본주의 캠페인을 촉발시킬 만큼 파렴치한 일이었다.

세상의 어떤 인간관계도 나라 사이만큼 이기적인 관계는 없다. 국가의 이익은 있어도 국가의 인격은 없어서, 전쟁도 쉽고 화해도 쉽다. 아버지를 죽인 원수에 대한 필생의 복수가 무협지의 기본이지만, 서로 전쟁을 한 나라들은 대개 한 세대 안에 적대관계를 청산한다.

일본은 1차대전에서 영국군, 이탈리아군과 연합해 독일군을 몰아내고 산동반도의 칭다오(靑鳥)를 빼앗았지만 2차대전에서는 독일, 이탈리아와 동맹이 되어 1차대전의 동맹이었던 영국, 미국과 전쟁을 벌였다. 2차대전 종전과 함께 세계가 서로 다른 두 체제가 대립하는 냉전질서로 급재편되자 2차대전의 참전국들은 신속히 새로운 친구를 찾아냈다. 전쟁에서 같은 편이었던 미국과 소련은 적이 되고, 죽기 살기로 싸웠던 미국과 일본이 단짝이 됐다.

한일수교는 빠르지도 늦지도 않은 속도였다. 일본 관동군 출신, 식민지 장학생이 집권했을 때 국가운영전략에 일본을 활용하려는 아이디어를 갖는 것은 당연했다. 일본경제가 로켓처럼 솟아오르고 아시아개발은행 출범과 함께 일본이 아시아의 주요 원조공여국으로 떠오르던 시점이었다. 하지만 '굴욕외교'라고 느꼈던 4.19세대 학생 지식인들의 분노 역시 이해할 수 있다. 고교 때 '학폭'을 일삼던 일진이 대학도 잘 가고 부자가 된 다음 굽신거리며 찾아온 과거

피해자에게 돈 꿔주는 이야기는 권선징악의 반전도 없는 씁쓸한 스토리다. 수교일 뿐 화해는 아니었던 일본과의 관계 회복은 경제적인 교류, '영혼 없는' 영역에만 허용됐다.

화해의 마지막 조각, 대중문화 개방 ───────────────

1988년 해외영화 수입이 자유화하고 한소수교 후에는 공산권 영화도 들어오게 됐지만 일본영화만은 예외였다. 일본 대중문화 전체가 수입금지품목이었다.

1998년 일본 대중문화 개방의 첫 조치로 만화와 일부 영화의 수입이 허용될 때 신문 방송에서 뜨거운 논쟁이 벌어졌다. 한쪽에선 일본영화가 들어오면 한국시장을 점령할 것이라 했고 반대쪽에선 그렇지 않을 것이라 했다. 일본영화 수입이 전면자유화된 것은 2004년, 그러나 일본영화는 더 이상 한국영화의 진로에 변수가 되지 않았다.

일본 대중문화는 여러 차례 단계적으로 개방됐지만 지금도 공중파TV에서 일본 드라마나 영화, 대중가요는 금지다. 한국 TV드라마와 가수들은 일본에 진출하고 일본 TV에 나오지만 말이다. 〈겨울연가〉와 '욘사마' 신드롬 이래 〈사랑의 불시착〉까지, 동방신기에서 방탄소년단까지, 한류와 K팝 붐은 일본도 예외는 아니다.

대중문화 완전개방이 언제가 될지는 알 수 없다. 1990년대까지는 확 열면 먹히지 않을까 하는 두려움이 있었지만 이제 그런 건 없어졌다. KBS에서 일본 가수를 보고 싶지는 않다는 그것은, 한일 수교 50년이 지나도 털어버리지는 못한 '뒤끝', 국민감정의 부피다. 우리 정부는 일본 대중문화의 완전개방 카드를 만지작거리다가도 과거사 문제가 불거지면 도로 서랍 속에 집어넣어 버린다.

두 개의 아킬레스건

한국 대중의 일본 감정에 두 개의 아킬레스건이 독도와 역사 문제다.

독도, '동해'라고도 '일본해'라고도 불리는 바다에 떠 있는 무인도가 애당초 어느 나라 땅이었는지 고지도와 문서들로 규명하는 건 까다로운 문제다. 1차대전까지만 해도 여권이란 게 없었고 국경 개념도 흐릿했고 인공위성 이전엔 지구상의 모든 땅들이 파악되진 못했고 대동여지도가 그려진 게 1861년이었다. 분명한 사실은, 《삼국사기》《세종실록》이래의 문서들이나 막부 시대 이후 일본 쪽 기록에도 독도가 조선땅으로 관리됐다고 나와 있다는 점. 1870년대까지 일본 정부도 독도를 조선 영토로 인정했는데 제국주의 침략기로 접어들면서 입장을 바꿨고 1905년 강제합병 수순을 밟으면서 독도를 일본 시마네현에 편입시켰다.

지금 독도는 경상북도 울릉군에 속해 있고 경북지방경찰청 소속 독도경비대가 상주하는, 한국이 '실효지배'하는 섬이다. 1952년 '이승만 라인' 제정 후 이 영역 안에 들어오는 외국 어선들을 통제하고 있다. 한편 일본은 독도를 자국 영토로 교과서에 기재해놓고 국제 사회에 '분쟁지역'으로 인식시키면서 국제적인 로비로 영유권을 인정받겠다는 전략이다. 센가쿠열도나 쿠릴열도처럼 독도 문제도 일본이 주위 영토들을 탐식하던 팽창주의 시대의 잔재다.

일본 교과서의 역사 왜곡 역시 일본이 한국 외에 중국, 대만과도 갈등을 빚는 문제다. 1982년 현대사 부분에서 '침략'이라는 단어를 삭제하고 '수탈'을 '양도'나 '접수'로, 신사참배 '강요'를 '장려'로 바꾸는 식으로 역사교과서 16종을 수정하면서 '역사왜곡' 문제가 처음 불거졌다. 당시 한국과 중국의 반발로 일본 정부가 새로운 교과서 검정 기준을 발표하며 물러섰었다. 1997년 우익단체 '새로운 역사교과서를 만드는 모임'이 결성됐고 수정된 역사교과서 여러 종이 검정을 통과해 채택됐다. 역사교과서 수정은 2012년 아베 집권 후에는 '자학적 역사관 극복'이라는 캐치프레이즈 아래 정부 시책으로 자리 잡았다. 과거 일본 역사교과서가 침략을 침략이라 쓰고 수탈을 수탈이라 썼다는 사실은 어떤 면에서는 놀랍기도 한데, 과거사를 반성하는 역사교육을 하라는 연합국 사령부의 교육기본법 때문이었다. 그런데, 반성을 자학으로 간주하는, 반성을 반성하는 'U-턴'이 일어난 것이다.

1993년 자민당 정권의 고노 관방장관이 2차대전 때 일본 육군이 위안부 모집에 관여했다며 위안부의 강제동원을 인정한 '고노담화'를 발표했고, 1995년 사회당의 무라야마 총리가 태평양전쟁과 식민지 침략을 "통절히 반성"하며 "깊이 사과"한다는 '무라야마담화'를 내놓았으며, 2005년 자민당의 고이즈미 총리는 아시아 나라들, 심지어 북한도 방문하며 '사죄 외교'를 했다. 하지만 아베 총리는 첫 집권 때 고노 담화를 부인했고 두 번째 집권해서는 '아름다운 일본'의 애국심 드라이브를 걸면서 과거사에 대한 반성의 기조를 뒤집었다. 교과서 왜곡에, 과거사 부인에, 평화헌법을 개정해 자위대를 전쟁할 수 있는 군대로 만들겠다는 '정상국가론'까지 겹치면 문제는 한층 심각해진다.

2016년 아베 총리가 위안부 문제에 관한 '불가역적 해결'을 전제로 10억 엔 보상금과 화해치유재단 설립을 제안했고 박근혜 대통령이 받아들였다. 당사자인 위안부 할머니들의 의사를 묻지 않았고, 양국 정부 간 사전협의가 충분치 않았다 하고, 소녀상을 철거한다는 조건도 어처구니없었지만, 무엇보다도 오른손으로 역사 교과서를 고치면서 왼손으로 '화해치유' 하자고 돈뭉치를 내미는 프러포즈는 해프닝으로 끝날 수밖에 없었다.

극우의 뿌리, 일본회의 ─────────────

〈교도통신〉 서울특파원을 지낸 아오키 오사무의 책 《일본회의의 정체 – 아베 신조의 군국주의의 꿈, 그 중심에 일본회의가 있다!》(2016)가 폭로한 '일본회의의 정체'는 충격적이었다. '일본회의'는 1997년 일본 우파운동의 양대 산맥 '일본을 지키는 국민회의'와 '일본을 지키는 모임'이 통합하면서 생겨났는데, 2016년 당시 중의원 참의원 전체 약 600명 가운데 280명, 아베 내각의 각료 20명

가운데 13명이 '일본회의 국회의원간담회' 소속이었다.

신흥 종교 '생장의집'이 1960년대 말 좌파 학생운동 전공투(全共鬪, 전국학생공동투쟁회의)에 대항해 만든 '생학련(생장의집학생회전국총연합)'이 '일본을 지키는 모임'의 뿌리다. 한편 '일본을 지키는 국민회의'는 전국에 8만여 곳의 신사를 거느린 전통 종교 '신도', 막대한 자금력과 동원력을 가진 신사본청이 만든 단체다. 1997년 일본회의로 통합된 이후 야스쿠니신사 20만 참배운동, 여성천황 반대운동을 주도했고 가장 역점사업은 헌법 개정과 교육기본법 개정이다. 그들에 따르면, 평화헌법이나 교육기본법은 전후 연합군사령부가 강요한 대표적 악법이자 '전후 체제의 원흉'이다. 국가에 대한 자부심과 애국심을 가질 수 있도록 교육기본법을 고치고 자학적 역사관을 벗어나도록 교과서를 바꿔야 헌법 개정도 가능하다는 것이 일본회의의 입장이다. 그리하여, 2006년 아베의 첫 집권기에 교육기본법이 개정됐고 개헌국민투표법이 제정됐다.

《일본회의의 정체》에 따르면, 1970~80년대만 해도 "'자주방위'나 '핵무장' 같은 말을 하면 파시스트나 군국주의자로 혹독한 비판"을 받았지만 지금은 "TV나 인터넷 또는 서점에 그런 주장을 당당히 펼친 잡지가 산더미처럼 쌓여 있다."

"이웃나라인 중국과 한국은 큰 경제성장을 이뤘는데 특히 중국의 비약적인 경제발전이 일본의 국제적 지위를 상대적으로 낮게 떨어뜨려 일본 내의 상실감과 불안감을 증폭시켰다. 게다가 일본국내에는 격차와 빈곤이 확대되고 경제성장이 주춤하면서 장래에 대한 막연한 불안과 초조감을 일으키고 있다. 이런 현상은 배타적인 주장과 불관용의 풍조를 강하게 하는 토양이 되었다. 정치가나 문화인, 학자, 언론인 중에도 배타와 불관용을 선동하는 인물들이 빗자루로 쓸어버릴 정도로 많다."

상승일로의 우익 집단은 아베의 집권으로 '물 만난 고기'가 되었다. 2016년 5월, 아베가 'G7 정상회담'을 이세시마에서 열고 각국 정상들을 신도의 총본산인 이세신궁에 초대한 것은 자전거 앞뒤 바퀴 같은 일본회의와 아베 정권의 혼연일체를 상징하는 풍경이었다. 하지만 아베의 중도하차는 올림픽 소동과 겹치면서 앞뒤 바퀴를 이어주던 자전거 체인이 끊어지는 사고가 됐다.

한국을 식민지배하던 제국주의 시대에도 일본 사회에 군국주의에 반대하는 사람들이 있었다. 기독교 평화주의자로 우치무라 간조가 있고 언론인 이시바시 단잔은 전후 내각의 각료와 총리까지 지냈다. 1920~30년대 공산당은 결국 천황주의로 전향하며 궤멸하긴 했지만 군국주의에 저항한 유일한 조직이었다. 조선인 독립투사들의 변론을 맡은 후루야 사다오(조선공산당 재판), 후세 다쓰지(박열 재판) 같은 변호사들도 있었다. 여전히 이시바시 단잔의 '작은 일본(小日本)'론에 동조하는 사람들이 있고, "부존자원 없는 작은 섬나라"라는 정체성이 팽창주의에 동기를 부여한다고 이를 배격하자는 주장도 있다. 수정 교과서가 나왔을 때는 '왜곡 교과서 불채택운동'이 벌어지기도 했다. 하지만 2014년, 2017년 총선 52~3%대 투표율이 말해주듯 국민들은 대체로 정치에 무관심하다.

1993년과 2009년 두 차례 정권을 잃었던 자민당으로서는 일본인들의 강대국주의를 부추기고 우익세력을 키워 지지기반을 안정화시킬 필요가 있다. 또한 경제대국에 그늘이 지기 시작했을 때 국민을 대상으로 한 사기 진작 프로젝트 내지 슬럼프 탈출전략도 필요할 것이다. 1990년대 이래 북한의 모험주의와 중국의 팽창주의가 일본 정부의 평화헌법 폐기와 재무장론에 명분을 제공해왔다.

그러나 일본이 헌법을 바꾼다 해도 100년 전과 같은 일은 일어나지 않을 것이다. 자국의 이익을 위한 군사행동은 하겠지만 지금은 무법자들이 설치는 제국주의 시대가 아니고 국제법과 국제기구들이 존재하며 무엇보다 중국은 핵을 보유한 군사강국이고 한국 역시 세계 6위의 군사대국이다. 일본의 재무장 움직임에서 히틀러를 연상하는 건 다소 '오버'이긴 하나 주변국들의 그 같은 오해를 부르는 건 일본 자신이다. 아무리 아시아평화를 얘기해도 평화롭게 들리지 않는 것이다.

히틀러는 1차대전 패전 후 연합국에 의해 군사행동을 금지당한 헌법을 바꿔 재무장한 다음 2차대전으로 달려갔었다. 그렇게 전쟁했던 유럽에서 EU가 가능한 건 독일이 나치 역사에 분명히 선을 긋고 철저한 비판교육을 하기 때문이다. 또한 유대인에 대해 말로만 사과한 것이 아니라 적극적인 우대 정책을 펴왔다.

아베 정부의 "자학적 역사관" 운운은 정확히 독일의 극우 정당 AfD가 쓰는 표현이다. AfD는 독일에서 주류 정치권으로부터 배제 대상인데 일본에선 그게 집권당을 장악했다. 히틀러는 자살하고 제3제국은 무너졌는데 히로히토 천황과 천황제는 보호됐다는 것도 독일과 일본의 차이다.

과거사를 과거로 넘길 만큼 한국인들도 여유가 생겼다. 미래의 비전을 과거의 무덤에 끌어 묻을 어리석은 사람들이 아니다. 과거와 현재의 균형을 생각하고 명분과 이익을 저울질할 줄 안다. 애국가의 작곡가 안익태가 친일행위, 나치부역행위를 했으므로 애국가를 바꿔야 한다는 주장이 나왔을 때 SNS에 '당장 애국가를 바꿔야 한다'는 비분강개파보다 '애국가는 이미 문화'라는 온건현실론이 더 힘을 얻는 것으로 보였다.

과거사와 선을 그으면 이웃들과 좋은 관계를 유지할 수 있는데, 경제적 정치적 이득을 지킬 수 있는데, 그토록 원한다는 아시아평화를 달성할 수 있는데, 그들은 왜 그럴까. 아베 정부는 G7 체제를 한국 등을 추가해 G12로 늘리려는 트럼프에 반대했다. 그리고 문재인 정권에서 남북한 정상이 갑자기 가까워질 때 이를 견제했다. 남북분단의 원인을 제공한 건 둘째 치고, 한국전쟁으로 막대한 이익을 취했던 일본이 분단 체제로 어떤 이득을 누리려는 건 아닌지. 그래서 일본 문제는 언제든 건들면 도지고 사회갈등에 불을 붙인다. 일본은 딜레마일 수밖에 없는 이웃이다.

7. 매판의 시대

★ 매판(買辦)'은 원래 외국인이나 외국 회사를 위해 일해
  이득을 취하는 현지인을 일컫는 말이다.

한일합방의 조력자들 ─────────────

1910년 8월 22일의 한일합방 조약문은 7개 항으로 이루어져 있다.
1항은 "한국 황제 폐하는 한국 전체에 관한 일체 통치권을 완전히
또 영구히 일본 황제 폐하에게 양여함"이고, 3~5항은 한국 왕실에
지위를 보장하고 충분한 자금을 공급한다는 내용과 "공로가 있는
한국인"에게 돈과 작위를 준다는 내용이다.

청일전쟁, 러일전쟁, 미국과의 밀약으로 한반도에 이권 개입
한 모든 주변국들을 따돌리고, 을사늑약을 포함한 세 차례 협약으
로 조선의 통치권을 단계적으로 장악하고, 대한제국 황제를 고종
에서 순종으로 교체하고, 군대를 해산시킨 다음 반발하는 병사들
과 의병들을 소탕하고 나서 1910년으로 넘어왔을 때, 대한제국은

간판만 남게 되었고 이제 합병 시기나 모양이 문제일 따름이었다. 1904년 을사늑약 때는 고종이 거부하고 각료 세 명이 반대해 '을사오적'이라 불리는 각료 5명으로 날치기 조인을 했는데, 1910년에 오면 라이벌인 총리대신 이완용과 전직 내부대신 송병준이 경쟁적으로 일본에 합방을 간청하고 나선다. 일진회(회장 이용구)는 '대한제국이 능력이 부족한 데도 독립국으로 존재하는 건 시대조류에 맞지 않으므로 2천만 백성을 위해 일본 천황이 결단 내려주시길 소원한다'는 '일한합방' 상소를 올려 판을 깔았다. 일본의 총리대신이었고 조선 초대 통감이었던 이토 히로부미가 1909년 한국인 안중근에게 저격당한 사건이 이들을 좌불안석 절치부심하게 했다. 이들은 동족이 저지른 잘못을 송구스러워하며 사죄단을 꾸려 도쿄로 건너가 합방 절차에 차질이 빚어지지 않도록 동분서주했다.

일제가 한반도에 들어올 때 안에서 문을 따준 사람들, 창덕궁에서 한일합방조약에 합의한 총리대신 이완용 등 8명은 나중에 각기 후작 백작 자작 등 작위와 함께 상당액의 보상금을 받았다. 대신 이완용은 여러 번 테러를 당했고 이재명 때는 중상을 입었으며 집이 두 번 불탔다. 송병준도 길에서 여러 번 피습됐다.

대한제국의 대신들 중엔 '매판관료'만 있는 건 아니었다. 민영환처럼 을사늑약 직후 "바라건대 우리 동포 형제들은 억천만 배 더욱 기운 내어 힘씀으로써 뜻과 기개를 군건히 하여 학문에 힘쓰고 마음으로 단결하고 힘을 합쳐서 자유와 독립을 회복한다면, 저 어둑

한 죽음의 늪에서나마 기뻐 웃으리로다. 오호라, 조금도 실망하지 말라"는 유서를 남기고 자결한 이도 있고, 이용익처럼 러일전쟁 중 '대한제국 중립 선언'을 주도했다가 도쿄로 납치당하고 을사늑약 반대했다가 헌병대에 갇히기도 하고 해외에서 구국운동하다 의문의 죽음을 맞은 이도 있다.

개항을 맞는 두 가지 태도, 일본과 조선의 엇갈린 운명 —————
1850년대까지만 해도 일본과 조선은 비슷한 처지였고 똑같이 '쇄국'하고 있었다. 조선은 1866년 미국의 상선 제너럴셔먼호가 대동강을 거슬러 평양에 들어와 통상을 요구했을 때 배를 불태우고 선원들을 처형했다. 1871년 미 해군이 강화도를 공격해와 미군 3명, 조선군 243명이 전사하는 신미양요를 치른 다음 당시 실권자였던 대원군은 미국을 물리치고 조선땅을 지킨 것을 기리는 '척화비(斥和碑)'를 세웠다. 신식 무기의 화력에 조선 병사들을 가랑잎 태우듯 떼죽음시킨 다음 정신승리의 이벤트였다. 이후 대원군의 쇄국 정책은 한층 강화됐다. 그리고 1874년 일본 군함 운요호가 기습해왔을 때 마침내 인천 부산 원산 3개 항구를 개방했다.

일본은 페리 제독이 군함 10척을 이끌고 요코하마로 들어와 통상을 요구해 미일화친조약을 체결하면서 강제개항 당한 것이 1854년이었다. 미국에 이어 영국, 러시아, 네덜란드, 프랑스와도 통상조약을 체결했다. 강압에 의한 불평등조약이었고 강제개항이었지만 이것은 오랜 고립 정책 아래 폐쇄됐던 일본 사회가 근대화라는 의제에 눈을 뜨는 계기가 되었다. 관료와 학자 엘리트 집단이 침략자의 나라, 그 서구 열강에게서 자본주의 체제와 과학기술 문명과 산업혁명의 성과들을 신속하게 배웠다. 나아가 그들의 제국주의까지 배웠다.

일종의 모방범죄인데, 미국 함대에 의해 강제개항 당한지 20년 만에 조선에 개항하라고 쳐들어온 그 '프레임 전환'의 기민함! 그 사이 일본은 250년 도쿠가와막부 정권을 무너뜨리는 내전을 치르고 천황 중심의 입헌군주제를 수립하고 근대화혁명을 밀어붙이면서 전열을 가다듬었다. 이 아시아 신참 제국주의 국가의 첫 번째 헌팅 상대는 물론 조선이었다. 조선이 머나면 제국 미국을 따돌리고 코앞의 신흥 제국 일본에 굴복한 것은 최악이었다.

1876년 강화도조약으로 개항하고 셔터를 올리자 정신을 차릴 수 없는 상황의 연속이었다. 일단 국제정세에 대한 정보가 없었다. 그때까지 조선은 중국 외엔 아무런 국제관계가 없었고 다른 외국에 대해서는 아는 것이 없었고 심지어 일본에 대해서도 잘 알지는 못했다. 이미 동아시아가 제국주의 각축장이 돼 있는데, 근대문물과 막강화력의 서구 열강들은 둘째 치고, 내전으로 단련된 전쟁의 '프로'인 두 이웃 중국과 일본 사이에서 글을 숭상하는 조선은 일찌감치 전의를 상실했다. 아주 오랫동안 중국의 조공국가로 살아온 '사대(事大)'의 습관으로 왕실과 대신들은 조선의 활로를 더듬었다. 갑신정변에서 보듯 개혁세력조차 외세를 등에 업었다. 당시 주요 세력 집단 가운데 외세와 무관했던 건 동학농민군뿐이었다.

개항 이후의 혼미 속에서 왕실과 각료들은 갈팡질팡했다. 고종은 주권을 잃고 식민지가 되는 것은 어떻게든 피하고 싶었던 군주였지만, 1895년 궁궐에 난입한 일본군에 아내가 척살당하는 걸 견뎌야 했고, 1894년 청일전쟁 이후엔 일본군이 상주하는 궁에서 근근이 목숨을 부지하다가 러시아공사관으로 피신하기도 했고, 1905년 어전회의에서 대신들이 을사늑약에 도장 찍는 걸 속수무책으로 지켜봐야 했다. 그는 중국, 일본, 러시아, 미국, 어느 쪽에 살길이 있는지 끊임없이 두리번거렸다. 하지만 한반도를 둘러싼 네 나라의 서바이벌게임에서 중국이 청일전쟁으로 먼저 탈락하고 러일전쟁으로 러시아가 물러나고 가쓰라-테프트 밀약으로 미국이 돌아선 다음엔, 러시아를 불러들여 일본을 견제한다거나 미국의 중재를 요청한다거나 하는 식의 외교적 공간조차 남아 있지 않게 되었다.

왕실에서 강력한 라이벌인 민비와 대원군은 자신들의 권력투쟁에 외세를 이용했고 동학농민군의 봉기를 진압하려 중국과 일본 군대를 끌어들였으니 왕실이 매판의 본부였다. 명성황후 민비를 제거한 을미사변에 대원군이 개입한 것도 거의 정설이 돼 있다.

일제는 1907년 순종을 왕위에 올리면서 차기 왕위계승자인 열 살짜리 영친왕 이은을 인질로 삼아 일본에 데려갔다. 그는 일본육사를 나와 육군 장교가 되었고 일본 황족 여성과 결혼했고 1926년 순종이 죽었을 때 '이왕(李王)'의 지위를 물려받았지만 조선으로 돌아오지 않았다. 중일전쟁 때 그는 일본 육군 소장으로 중국 전선에 출정했다. 일제는 조선의 마지막 왕위계승자를 정신적 무국적자로 만들어 왕조의 대를 끊었다.

왕실과 정부가 투항하고 정치 엘리트들이 문을 따주니 그다음은 민족의 디아스포라가 시작되고 인민의 삶이 고달파졌다. 군대 해산령이 내려지자 정규군은 의병이 되었고 의병봉기가 진압되자 뿔뿔이 흩어져 게릴라가 되고 '비적(匪賊) 떼'가 되었다. 인민들은 먹고살 수 없어서, 식민 통치를 견딜 수 없어서, 또는 독립운동 하러 조선땅을 떠났다. 1920년대 신문을 보면 항일투쟁과 관련한 검거나 재판기사가 하루에도 몇 건씩이니, 개인들의 전쟁이 된 항일운동의 처절함을 말해준다.

1919년 3.1만세는 무장해제된 조선 사람들이 할 수 있는 최선의 저항이었다. 맨손으로 만세를 부른다는 것은 비폭력시위의 대단히 한국적인 방식이었다. 헌병대와 경찰 앞에서 일제에 반대하고 독립을 원한다고 목숨 내놓고 커밍아웃하는 것이다. 3월과 4월 두 달 간 만세운동에 200만여 명이 참여, 7509명 사망하고 4만 6948명이 검거됐다는 것이 박은식《한국독립운동지혈사》의 기록이고, 약 59만 명 참여, 553명 사망, 2만 6713명 검거가 총독부 통계다.

많은 목숨이 희생되고 고문과 투옥의 고난을 겪었고 독립을 이루지는 못했지만 3.1만세는 이후 식민지 조선 사회를 바꿔놓았다. 그것은 말하자면 '존재확인'이었다. 어떤 종류의 '집단적 각성'이 민족신문 창간, 민립대학 설립운동, 여성운동, 각종 사상단체와 항일투쟁조직, 그리고 상하이 임시정부로 이어졌다. 근대화혁명이나 식민침략 저지에 '거국일치'의 전선을 만들지 못했고 나라를 내줄 때는 황망했지만 3.1만세운동에서 이 사회가 처음 계급과 세대를 넘어 하나로 결집하는 경험을 했다.

외세의 놀이터

2차세계대전에서 한국의 위치는 애매했다. 많은 한국인들이 지원병, 징병, 학도병의 이름으로 일본 황군진영에 나가 있었다. 전선 반대편에선 조선의용군이 중국 공산당 홍군과 연합했고 광복군이 중국 국민당 군대로 참전했으며 일부는 태평양전쟁 말기에 미군 첩보부대 OSS에 가담하기도 했다. 한국은 추축국이면서 연합국이었다.

미국, 영국, 소련 등 주요 연합국 사이에서 이루어진 전후처리에 식민지는 발언권이 없었다. 일본 제국주의와 싸운다고 광막한 중국 대륙, 소련 천지를 헤매고 다녔던 독립투사들로서는 억울한 일이지만, 일본의 제국주의 전쟁을 내선일체 일심동체가 되어 수행했던 식민지 나라가 추축국으로 도매금에 넘겨져도 하는 수 없었다.

1943년 중국도 참여한 카이로회담에서 "적당한 시기에 조선을 자주독립시킨다"고 선언한 외엔, 한반도를 38선으로 쪼갠다는 것도, 미국과 소련이 군정을 실시한다는 것도 미-소 두 나라가 즉흥적으로 결정했다. 1945년 12월 미국, 영국, 소련의 모스크바3상회의는 전후처리의 구체적인 부분들을 뒷정리하면서 분단을 끝내고 하나의 정부를 수립하는 방안을 내놓았는데 그 가능성은 '신탁통치'라는 워딩의 폭발성 때문에 날아가 버렸다. 나라를 빼앗길 때도, 나라를 되찾았을 때도 갈팡질팡이었다. 해방공간은 혼란스럽기가 그대로 한말의 재현이었다. 자기중심을 갖는 데 실패하면 매판이 득세하고 나라를 외세의 놀이터로 내주게 마련이다.

근현대사의 중요한 변곡점, 개항기와 해방공간의 시간을 잘못 쓴 것이 우리 역사에 큰 부담이 되었다. 개항에 때맞춰 오지 않은 근대화는 이후 100년의 미결 과제로 남겨졌고, 그 위에 분단 극복이라는 새로운 난제가 얹어졌다. 1950년대까지는 출구를 찾는 데 실패한 혼미와 불운의 100년이었다.

8. 차미리사와 송금선의 경우

한국 여성교육, 여성운동의 맨 처음에는 몇 명의 '과부(寡婦)'들이 있다.

차미리사(1879~1955)는 열일곱에 결혼해 딸 하나 낳고 남편을 잃었다. 과부가 된 그는 감리교인 상동교회에 나갔는데 '미리사'는 거기서 받은 세례명이고 '섭섭이'라는 이름 외에 정확히 알려진 본명도 없다. 상동교회는 미국 감리교 선교사이자 의사인 윌리엄 스크랜튼이 남대문로에 병원과 함께 세운 교회로, 어머니 메리 스크랜튼 부인이 이곳서 여자아이들을 가르치기 시작한 것이 나중에 이화학당이 되었다. 상동교회는 최남선이 "안창호 이회영 이준 같은 분들이 상동교회 뒷방에 자주 모였는데 거기서 물심부름하면서 자랐다"고 회고한 것처럼 애국지사들의 아지트였다. 차미리사는 여기서 다섯 살 위의 또 다른 과부 조신성을 만난다.

조신성(1874~1952)은 최악의 불우한 개인사를 가진 여성이었다. 사생아로 태어나 아홉 살에 어머니를 잃고 고아가 된 그는 열여섯에 시집갔다가 남편이 아편 중독으로 가산을 탕진하고 자살해 스물둘에 자식 없이 청상과부가 되었다. 평북 의주 사람인 그는 과부가 되고서 교회에 나가 한글과 성경을 공부하다가 스물네 살에 혼자 서울로 온다. 그는 상동교회를 찾아가고 이화학당에 다니는데 〈미스터 션샤인〉에도 나오지만 양반집에선 딸들을 근대교육, 그것도 선교사들이 세운 학교에 보내기 꺼렸으니 학당은 제 발로 찾아오는 여성들에게 문이 활짝 열려 있었다.《차미리사 평전》(한상권, 2008)에 따르면 조신성이 차미리사에게 유학 떠나도록 등을 떠밀었다 한다.

차미리사는 여섯 살짜리 딸을 두고 중국 쑤저우(蘇州)로 가서 미국 남감리교가 운영하는 버지니아학교를 마치고 다시 미국으로 건너가 신학을 공부하고 국권회복운동단체인 '대동회' 활동을 하다가 1912년 유학 떠난 지 11년 만에 서른네 살 나이에 귀국한다. 남감리교가 세운 배화학당에 파견됐던 것인데 당시 배화학당에 조선인 교사는 그와 남궁억 둘이었다.

1919년 그는 광화문 종교교회에 부인야학강습소를 열고 '학교에 올 수 없는 여자, 문맹의 가정부인들'을 대상으로 교육운동과 계몽운동을 시작한다. 이것은 여성이 만든 여성교육기관의 최초였다. 역시 3.1만세가 그를 움직인 것이다. 부인야학 학생 중엔 유학생 부인도 많았다. 양반집 아들들이 10대에 연상의 규수와 조혼(早婚)해 자식을 낳은 다음 근대학문 배우러 해외유학을 떠나면 아내는 시부모 모시고 자식 키우면서 기다리게 되는데 여러 해 지난 뒤 남편은 신여성과 사랑에 빠져서 또는 젊은 첩을 끼고서 돌아와 부인을 무식하다고 구식이라고 구박한다. 개화한 양반 가문의 유학생 부인이 알고 보면 가장 비참한 처지였던 것이다.

조선여자교육협회는 강습소를 운영하고 월간지 〈녀자시론〉도 내고 여자들로만 강연단을 꾸려 위로는 경의선 경원선, 아래로는 경부선 호남선 코스로 나누어 신의주에서 제주도까지 전국을 순회했다. 연극단을 만들어 전국 순회공연도 했다.

차미리사의 여자교육협회는 이후 여성운동의 모체가 되었다. 배화학당 제자들인 정종명과 허정숙은 여자교육협회를 거쳐 최초의 여성운동단체인 조선여자동우회를 조직하고 좌우합작 여성단체인 근우회를 주도했다. 차미리사의 멘토였던 조신성은 나중에 평양 진명여학교와 취명학교 등을 운영하면서 평양 지역 교육운동과 여성운동의 중심인물이 되었다.

봉건시대에 스무 살의 과부란 시집에선 '남편 잡아먹은 년'이고 친정에선 '출가외인'이었으니 기댈 곳 없는 '어른고아'였다. 차미리사와 조신성, 정종명은 모두 과부가 된 뒤 시집 부엌에 웅크린 채 지리한 여생을 보낼 운명이었는데 그 운명을 치고 나와 자기 인생을 뒤집고 후배 여자들의 길을 열어주었다. 남편을 잃지 않았더라면 안방마님이나 부엌데기의 일생이었을 것이다. 하지만 개인적 불행으로 예기치 않게 봉건 가부장제에서 튕겨 나온 이들은 우리 여성교육운동의 처음이 되었다.

차미리사가 순회강연과 순회연극에서 모금한 돈으로 안국동의 180칸짜리 2층 건물에 근화학원을 연 것은 1924년. 근화학원은 근화여학교가 되고 다시 근화여자실업학교가 된다. 하지만 1938년, 무궁화를 뜻하는 '근화(槿花)'라는 이름은 총독부의 폐교 위협 끝에 '덕성(德成)'으로 바뀌고 마침내 1940년에는 총독부가 황국신민서사 등 지침을 지키지 않는다고 차미리사를 덕성여자실업학교 교장 자리에서 쫓아낸다.

대신 친일 활동에 열심인 이화여전 교수 송금선이 새 교장이 되었고 황국신민화교육에 앞장서겠다고 취임사를 한다. 식민지 말기에 그는 애국금차회, 국민정신총동원조선연맹, 임전대책협의회, 조선임전보국단, 조선언론보국회 등 단체에서 활동했고 기고문과 강연을 통해 청년들에게 학병에 지원하라고, 여학생들은 군국의 어머니가 되라고 역설했다.

1945년 해방이 됐지만 크게 달라질 건 없었다. 송금선은 덕성여고 교장에서 1952년 4년제 대학으로 승격한 덕성여자대학교 학장과 덕성여자중고등 교장, 남편 박준섭은 덕성학원 이사장이 되었다. 해방 후 몇 년간 이사장을 맡았던 차미리사는 1955년 세상을 떠났다.

덕성학원의 가족경영 체제는 송금선도 박준섭도 세상을 떠난 다음인 1997년, 아들 박원국 이사장이 전횡과 비리로 교육부로부터 이사장 승인을 취소당할 때까지 50년 동안 지속됐다. 송금선은 1960~70년대에 대한적십자사, 한국여성단체협의회, 통일주체국민회의 대의원으로 전형적인 관변인사의 코스를 밟았다. 단 한 번 그가 교장직에서 물러난 것은 4.19혁명 때였고 그나마 그해 12월에 복귀했다.

차미리사와 송금선의 경우는 민족주의 지식인과 매판 지식인의 바통터치 사례다. 그리고 식민시대 매판의 기득권이 이후 한국 사회에서 어떻게 계승되고 유지되는지를 보여준다.

(1997년 덕성여대 교수평의회 의장 한상권 교수(역사학과)는 재임용에서 탈락했다가 박원국 이사장이 해임되고 2년 만에 복직했는데 이 사태가 그에게 《차미리사 평전》을 쓰게 했다. 덕성여대는 2000년 설립자를 송금선에서 차미리사로 바로잡았다.)

9. 슬픈 조선, 친일의 내력
-최남선 이광수 홍명희

매판과 친일은 구분돼야 한다. 제국주의 외세 강점기에 이민족 통치를 적극적으로 도와 그 대가로 지위와 재산을 얻는 경우는 매판으로 분류된다. 하지만 이민족 통치 아래 살아야 했던 불우했던 시기에 지식인, 사업가, 대다수 보통사람들에게 생존의 조건이란 교도소 담장 위를 걷는, 항일과 친일의 경계를 넘는 아슬아슬한 것이었다. 진흙탕을 걸어온 운동화가 깨끗하길 바랄 수는 없는 것이다.

식민지민의 병적 심리, 우울과 조증 사이 ——————

1910년대는 비통하고 황망하고 어리둥절한 시기였다. 을미사변에서 청일전쟁, 아관파천으로 이어지는 구한말의 사건들을 통과하며 바닥에 떨어진 조선인의 자존감은 마침내 나라가 없어지고 식민지가 되면서 형체도 없이 짓뭉개졌다. '자기 땅에서 유배당한' 피지배 민족이 되자 2등 국민의 처지를 받아들여야 하는 것은 물론 원래 열등한 민족이었다는 '가스라이팅'이 시작되었다. 조선은 끼리끼리 파당을 짓고 사화당쟁으로 날 새던 구제불능의 사회였고, 고종은 여자를 밝히고 아내한테 휘둘린 무능한 군주였으며, 조선인들은 무질서하고 거짓말 잘하며 '패야 말을 듣는' 사람들이라는 식이었다.

나라를 빼앗기고 비탄에 빠지는 한편에서는 갑자기 밀려든 근대문물이라는 것에 눈이 휘둥그레졌다. 최초의 철도 경인선이 1899년에 개통했고 경부선과 경의선이 1905년 개통했다. 열차란 일찍이 본 적 없는 '속도'였다.

"우렁차게 토하난 긔덕소리에/남대문을 등디고 떠나 나가서/빨니 부난 바람의 형세 갓흐니/날개 가딘 새라도 못따르겠네. (…)"– 최남선, 〈경부철도가〉, 1908

1920년대는 흥분의 시대였다. 3.1만세가 죽은 듯 엎드려 있던 사회에 생기를 불어넣었고 박멸된 줄 알았던 정치 에너지와 참여 본능이 되살아나면서 교육운동, 계몽운동, 사상운동, 여성운동이 제각기 활기를 띠었다. 머리를 단발하고 쓰개치마를 벗어던진 신여성이 출현했고, 자유연애의 유행이 봉건 가부장제의 풍속에 도전했다. 마르크스, 톨스토이, 간디가 지식인 사회의 영향력 있는 이름들이었는데 특히 마르크스주의가 탈식민 탈봉건의 대안으로 각광을 받았던 건 1917년 러시아혁명의 여파였다. 무지하고 아둔했던 쇄국과 망국에 대한 반성은 외국어 열풍을 불러와 종로에 영어학원이 문을 열었고, 해외유학을 떠났던 젊은이들이 근대적 지식인이 되어 돌아와 백화제방(百花齊放)의 무드를 주도했다. '모든 근대적인 것이 우리를 구원한다'는 것이 지식인 사회의 모토였다.

총독부는 억압 일변도의 '무단 통치'를 이른바 '문화 통치'로 슬쩍 풀어주면서 지도급 인사들에 대한 관리를 개시했고 3.1만세 민족대표들이 집중공략의 대상이 되었다. 또한 1925년 공산주의 유행을 차단하는 '치안유지법'을 만들었고, 경찰에 사상범과 독립투사 전문의 악명 높은 '고등계'가 생겨났다. 네 차례에 걸친 조선공산당의 창당, 재건 및 일제검거가 1920년대적 흥분의 분수령이었다면, 거국적 민족운동단체 신간회와 근우회의 해체는 그 마침표였다.

1930년대 조선인들은 깊은 우울에 빠졌다. 1931년 만주사변 이후 일본은 본격적인 군국주의 드라이브를 걸었고, 총독부의 손발 노릇을 해줄 단체들이 등장했으며, 30만 신도를 자랑하던 천도교 교주 최린은 간판급 친일인사가 되어 염문이나 뿌리고 있었다. 1920년대 조선인들에게 '미디어생활'의 신천지를 열어주었던 〈동아일보〉 〈조선일보〉 두 신문은 검열이 심해지면서 정간과 압수를 밥 먹듯 했다. 지도급 인사들은 이제 친일이나 망명이나 양자택일을 해야 했다. 한때 지식인 스타들이었던 공산주의자들은 고문과 투옥의 고난을 치른 다음 속속 전향서를 쓰고 사회로 복귀했다.

총독부는 군국주의 체제에 가장 강력한 저항세력이었던 공산주의자들의 씨를 말린 다음 1937년 7월 중일전쟁 이후엔 온건한 민족주의자들조차 남겨두지 않았다. 수양동우회와 흥업구락부 회원약 300명이 체포되고 조직이 해체됐는데, 수양동우회의 정신적 지주였던 도산 안창호가 고문으로 죽었고, 친일이니 변절이니 동족들에게 손가락질 당하던 '자치론자'들조차 고등계에서 가혹한 고문을 당해야 했다. 이광수를 비롯한 수양동우회 문필가들은 감옥을 나온 다음 프로파간다의 일선에 배치됐고, 윤치호를 비롯한 흥업구락부의 자산가들은 전쟁경비 조달에 활용됐다. 살기등등해진전시 상황이 식민지 체제에서 언론, 교육, 기독교운동으로 나름 중심을 잡으며 버텨온 점잖은 계몽주의자들을 벼랑에서 떠밀었다. 쌀과 쇠붙이뿐 아니라 사회 지도급 인사들의 영향력도 총동원하는 것이 '전시총동원 체제'였다.

만세운동으로도 조직활동으로도 민족의 살 길이 열리지 않고고난과 희생에 아랑곳없이 해방의 날은 아득하기만 한데, 일본 제국주의는 욱일승천의 기세로 중국대륙을 치밀어 올라가 독립운동의 거점인 만주에 이어 마침내 상하이와 베이징까지 접수했을 때, 이제 살아서 해방을 볼 수는 없을 거라는, 아니 대대손손 식민지백성으로 살아야 할 거라는 암담함이 조선 사회를 젖은 이불처럼덮어 눌렀다. 일제 말에 친일 시를 썼던 서정주는 나중에 "식민지가 2~300년 갈 줄 알았다"고 했다.

1937년 중일전쟁 개시 이후 황거요배나 황국신민서사, 지원병

제도, 창씨개명, 조선말 금지, 징병령으로 질주하는 군국주의 드라이브에는 어떤 비상한 흥분 같은 것이 있었다. 〈군용열차〉〈지원병〉〈조선해협〉 같은 식민 말기 영화들에서 군용열차 타고 전선으로 가는 지원병들은 사지(死地)로 끌려가는 게 아니라 명예의 전당으로 불려가는 표정이었다. 《제국 일본의 조선영화》(이영재, 2008)는 식민지 조선 남자들의 우울증에 대해 자세히 썼는데, 군인이 됨으로써 거세불안이 극복됐다는 것이다.

청년들에게 지원병 나가라 부추기는 시를 쓰고 강연을 하는 인사들의 태도에는 억압과 굴종에다 낙관과 투지가 뒤엉켜 있었다. 일본 내지인과 반도 조선인이 한 가족이 되었으며 장차 번영과 평화의 동아시아 제국에서 맹주인 일본의 옆자리가 조선인 차지라는 '내선일체'와 '대동아공영권'의 캐치프레이즈는 좌절의 나락에 던져진 식민지민들을 유혹했다. 내지인과 조선인이 '동일하게' 일어를 쓰고 '평등하게' 군대에 나간다는 내선일체는 의무를 권리로 착각하게 만드는 고도의 기만술이고 사탕발림이지만 그냥 속아주기로 한 것이다. 우울이 깊으면 엉뚱한 희망에 미혹당할 수 있다. 우울에 대한 반동으로 조증, 다소 비현실적인 유포리아로 건너뛰는 것이다.

불우한 시대의 '조선 3대 천재' ─────────────

'조선의 3대 천재'로 불렸던 사람들이 있다. 최남선(1890~1957),

이광수(1892~1950), 홍명희(1888~1968). 세 사람은 식민지 조선에서 언론 문학 출판계의 간판급 지식인들이었다. 최남선 이광수는 또한 간판급 친일인사이기도 했다.

세 사람은 10대에 도쿄에 유학 가서 만났고, 최남선은 조선 황실 유학생, 이광수는 천도교 유학생, 홍명희는 명문가의 자비 유학생이었다. 최남선이 신문관이라는 출판사를 차려 최초의 월간지 〈소년〉을 창간하고 창간호에 최초의 '신체시' 〈해에게서 소년에게〉를 발표한 것도, 이광수가 남강 이승훈이 민족학교로 세운 오산학교 선생이 된 것도 열아홉 살 때였다. 〈소년〉을 창간한 11월 1일은 나중에 '잡지의 날'로 지정됐다.

이들의 20대는 불운하게도 한일합방과 함께 시작됐지만 근대적 지식 사회의 아방가르드로서 그들의 패기는 눈부셨다.

최남선이 고전문학, 민족문화, 역사를 연구하고 출판해 보급하겠다고 '조선광문회'를 만든 게 1910년 10월, 한일합방 두 달 뒤였다. 편찬사업 첫 번째 《동국통감》 《열하일기》, 두 번째로 신식 옥편 〈신자전(新字典)〉이 출판됐고 그다음이 주시경의 조선어사전 〈말모이〉였다. 경찰과 숨바꼭질하며 조선어학회 사건을 거쳐 1946년 해방 후에야 빛을 보게 되는 영화 〈말모이〉의 바로 그 〈말모이〉다. 1910년대의 광문회를 국문학자 김윤식의 《이광수와 그의 시대》는 당대 영웅호걸들이 모여들었던 《수호지》의 '양산박', 또는 소크라테스 플라톤 등 고대 그리스 철학자들의 요람이었던 '아카데미아'에 비유했다. 당대의 학자, 문인, 예술가, 애국지사들의 아지트였다는 것이다. 하지만 지식보급과 출판사업에 대한 최남선의 열망은 일제 '신문지법'과의 끈질긴 투쟁이었다. 〈소년〉은 정간당했다가 1911년 폐간되고 다시 1912년 〈붉은 저고리〉, 1913년 〈아이들 보이〉 〈새별〉을 창간하지만 폐간당하고, 1914년 창간한 〈청춘〉은 비교적 오래갔으나 1918년에 폐간당한다.

이광수는 1917년 최초의 순한글 현대소설 《무정》을 발표, 최초의 1만 부 베스트셀러 기록을 만들었다. 구시대 악습을 타파하고 자유와 사랑을 쟁취하는 청춘남녀들을 주인공으로 한 계몽주의 소설 《무정》은 삼각관계와 해피엔딩, 권선징악, 계몽주의로 이후 한국문학사에 대중소설의 한 전형을 수립했고 식민지 조선 사회에 자유연애 바람을 불러일으켰다.

1919년, 이광수는 도쿄에서 유학생들의 2.8독립선언서를, 최남선은 서울에서 3.1독립선언서를 집필했다.

홍명희. 한일합방 때 금산군수였던 아버지가 자결했다는 소식에 유학생활을 접고 돌아온 그에게 "일제에 협력하지 말라"는 아버지의 유언은 일생의 정언명령이 되었다. 1910년대를 중국, 인도, 베트남으로 인삼장사도 하면서 방랑했는데 싱가포르에서 이광수에게 보낸 편지. "돈 4천원만 있으면 야자 농사해서 일생을 편안히 살수 있소. (…) 심지도 않고 김도 안매니 게으른 나에게 얼마나 좋은 일이겠소. 춘원! 4천원만 가지고 살기 좋은 이곳으로 뛰어오시오. 그러나 한 가지 귀찮은 것은 모기의 성화라오." 홍명희는 《무정》을 읽었으나 신통치 않았다는 평을 덧붙인다. 홍명희는 1912년 상하이에서 독립운동단체들의 자금 조달을 위해 세워진 무역회사 '동제사'의 비밀점원으로 기록돼 있으니 그의 인삼장사나 야자농사나 방랑생활이 그저 '방황'은 아니었을 것이다.

이어, 흥분과 좌절의 1920년대, 이들의 행로에도 명암이 엇갈린다. 세 사람은 이제 30대가 되었고 당시의 30대는 완연한 기성세대였다.

이광수가 1921년 천도교 월간지 〈개벽〉에 발표한 '민족개조론'은 격렬한 논란을 불러일으켰다. 칼을 든 청년들이 그의 집과 개벽사를 습격하기도 했다. 그가 말한 '개조'의 핵심은 '거짓말 안 하고 약속을 지킨다, 공상과 공론을 버리고 옳고 의로운 것을 부지런히 실행한다, 직업을 갖고 근검저축하여 경제적으로 자립한다, 개인보다 전체를 생각하고 사보다 공을 중시한다, 위생 청결한 생활을 하고 운동으로 신체를 건강하게 한다'는 것. 도산 안창호가 만든 흥사단의 기본철학인 '무실역행(務實力行)' 그대로다. 친일로 악명 높은 글 치고 너무 상식적이다. 하지만 이광수는 3.1만세 민족대표들이 감옥에 있을 때 혼자 상하이에서 자유의 몸으로 귀국해 이미 변절의 의심을 샀고 '문명개화한 일본에 비해 우리 조선은 얼마나 못났던가' 하는 글들을 써왔던 터라 '민족개조론'은 자기비하의 텍스트로 읽혔다. 1차대전 후 세계적으로 '개조'라는 말이 대유행했고 국내에도 제국주의 개조, 자본주의 개조, 경쟁주의 개조 등 개조론 바람이 불던 중인데 외세도 사회구조도 아닌 민족 자체를 개조 대상으로 삼은 그의 발상은 독립투사들도 혁명운동가들도 화나게 했다. 반면 사이토 총독이 그에게 만남을 청해왔다. 러시아혁명 이후 약소국들에 공산주의운동이 무섭게 번지던 시점에, 실력을 기르며 독립을 준비한다는 '준비론'은 총독부로선 대환영이었다. 당장의 독립투쟁을 대체하는 준비론, 완전한 독립을 포기하는 자치론은 그 논리를 따라 흐르다 종국에는 내선일체에 이르고 대동아공영권과 합을 맞추게 된다. 민족개조론도 시대의 '컨텍스트' 속에서 보아야 하는 '텍스트'다. 지당하고 옳은 말씀이었지만 알고 보면 투항주의의 출발이었던 것이다.

하지만 계몽운동가로서 그는 확신범이었다. 1930년대 초 〈동아일보〉의 농촌계몽운동, 이른바 '브나로드운동'은 편집국장 이광수가 주도했고 캠페인 차원에서 농촌소설 《흙》을 직접 써서 연재했다. "농민의 속으로 가자. (…) 글을 가르쳐주고 소비조합도 만들어주고 뒷간 부엌 소재도 해주고, 그렇게 내 일생을 바치자."(《흙》에서 주인공 허숭의 말) 당대뿐 아니라 한국문학사를 통틀어 가장 생산성 높은 작가였던 그는 1931년부터 3년 사이 《흙》《이순신》《유정》《무명씨전》 등 장편소설 네 편을 썼다. 이 중 독립운동가 이갑을 모델로 한 《무명씨전》은 총독부 압력으로 연재를 중단해 미완으로 남았다. 《이순신》 연재를 시작할 때 "군소배들이 자기를 모함하거나 말거나, 군주가 자기를 총애하거나 말거나, 일에 승산이 있거나 말거나, 자기의 의무라 믿는 바를 위하여" 애쓴 이순신을 "숭앙"한다 했던 작가의 말은 물론 자신의 얘기를 하고 있는 것이다. 이광수는 소설가로서 톨스토이의 제자였고 계몽운동가로는 도산 안창호의 충직한 제자였다. 그는 1937년 투옥될 때까지 흥사단과 수양동우회에 헌신적이었다. 하지만 도산은 독립투사, 위인전의 인물로 남았고, 이광수는 '민족의 죄인'이 됐다. 일제 말에 사람들은 이광수가 친일 논설을 쓰고 강연을 하는 데 놀란 것이 아니라 그 행위가 너무 광적이고 맹렬한 데 놀랐다.

최남선의 친일시비는 그가 3.1만세로 투옥됐다가 2년 8개월 형만기 직전에 가출옥해 주간지 〈동명〉을 창간했을 때부터였다. 〈동명〉은 총독부가 후원했다고 알려졌다. 하지만 그 뒤에도 국학연구는 꾸준해서 《조선역사통속강화》《삼국유사 해제》를 썼고 단군 신화를 재해석한 《단군론》, 단군론을 문화사적으로 확장한 《불함문화론》을 발표했다. 불함문화란 한민족 고유의 '붉' 사상을 중심으로 한 것인데 그 문화권이 백두산을 발원지로 일본, 중국, 몽골, 중앙아시아, 발칸반도까지 이른다는 것을 지명과 어휘들을 근거로 들며 설명하고 있다.

총독부가 1922년 이완용을 고문으로, 일본인 정무총감을 위원장으로 조선사편찬위원회/조선사편수회를 발족시킨다. 식민지 침략에는 '역사원정(歷史遠程)'이 뒤따르는 법. 그런데 뜻밖에 고대사가 역사원정의 격전지가 되었다. 민족의 뿌리가 어디냐, 고유한 문화가 있느냐, 중심이냐 주변이냐 하는 것은 민족의 주체성과 자부심이 걸린 문제인 것이다. 이미 일본 역사학계에 조선을 만주에 딸린 영토로 보는 '만선사관'이나 고대 한국과 일본은 한 나라였다는 '일선동조론' '동조동근론'이 있고 이것이 조선정벌의 명분을 제공해왔다. 어느 나라나 건국 신화가 있고 정리된 역사가 있게 마련인 데 정복자의 군대가 그걸 손보겠다고 덤빌 때 지식인들에게 무력 침공 이상으로 소름 끼쳤을 것이다. 이 역사전쟁에 가장 먼저 역사학자들이 출격했다. 최남선과 신채호가 그들. 이어서 국학자인 정인보와 언론인 안재홍이 상고사 연구에 뛰어들었다.

《단군론》과 《불함문화론》까지는 좋았는데 최남선이 1928년 일제 역사원정의 총사령부이자 식민사관의 생산기지인 조선사편수회에 들어가자 지식인 사회의 배신감은 어마어마했다. 한용운이 그의 집 앞에 위패를 놓고 술을 뿌리고 장례식을 했다거나 탑골공원에서 마주치자 "내 친구 육당은 죽었소"라며 악수 청하는 손을 뿌리쳤다는 얘기가 유명하고, 한때 절친이었던 이광수 홍명희 정인보에게 절교당했다는 소문도 돌았다. 최남선은 28년부터 36년까지 조선사편수회 일을 했는데 이로써 그의 학문적 업적까지 위태로워졌고 《불함문화론》의 저의도 의심을 사게 되었다.

늘 돈이 문제여서 〈동광〉 때는 총독부 주선으로 조선은행의 자금 지원을 받았고 조선사편수회 때는 집과 연구비를 지원하겠다는 총독부의 회유가 있었던 것으로 알려졌다. 조선사편수회는 최남선에게 결국 광복 직전까지 가는 친일 트랙의 입구가 되었다. 일제 말에 최남선과 이광수는 학병 권유 강연단이나 전선 장병 위문단의 맨 앞줄에 나란히 섰다.

한편 홍명희는 유랑생활에서 돌아와 고향 괴산에서 3.1만세를 주도해 1년 반 감옥살이하고 나온 다음 〈동아일보〉 편집국장,

〈시대일보〉사장, 오산학교 교장을 두루 거친 뒤 1928년 〈조선일보〉에 대하역사소설 《임꺽정》 연재를 시작했다. 절친인 이광수가 10대에 데뷔해 베스트셀러 작가가 되고 시 소설 장르 불문 대량생산하는 동안 팔짱 끼고 지켜보며 훈수나 두던 그가 나이 마흔 살에 압도적인 스케일과 파격적인 스타일의 작품을 들고 나와 식민지 조선 사회를 깜짝 놀라게 한 것이다.

16세기에 황해, 경기 일대를 주름잡다가 처형당한 백정 출신의 화적패 두목 이름이 소설 제목이 됐다는 것부터가 파격이었다. 아직 봉건 신분질서가 완연한 시절에, 민중계급의 인물군상을 통해 반역의 에너지를 뿜어내는 소설을, 몰락한 양반의 자손 이광수도 중인계급의 최남선도 아닌, 정승 판서가 즐비한 풍산 홍씨 가문의 아들이 썼다는 것도 파격이었다. 이 의적들이 관군을 쫓아버리고 조정을 골탕 먹이고 지주를 혼내주는 얘기들은 우울한 식민지 사람들에게 대리만족의 카타르시스를 선사했고 소설이 연재되는 13년 동안 장안의 화제였다. 신간회 민중대회 사건으로 투옥됐을 때 서대문형무소에서 연재분을 써서 내보냈을 정도. 본인이 감옥 가느라 쉬고 신문이 정간당해 쉬면서 연재는 한없이 늘어졌는데 1940년 〈조선일보〉가 폐간되면서 자매잡지 〈조광〉으로 옮겼다가 〈조광〉마저 폐간되자 절필했다. 그는 해방 때까지 양주 집에서 은둔했다. 홍명희는 평생 단 한 편의 작품으로 남았다. 그는 끝내 《임꺽정》을 미완으로 두었다.

해방되고 한반도 남과 북에 각각 정부가 수립된 다음 1949년 서울의 제헌의회가 '친일분자'를 처벌하기 위한 반민특위(반민족행위 특별조사위원회)를 설치했을 때 최남선과 이광수는 체포되어 나란히 법정에 섰다. 이광수는 "민족을 위해 친일했다"고 했고 반민특위에 제출한 자술서는 '징용이든 징병이든 어차피 당할 일이면 자진해서 협력하는 것이 장래 일본에 우리 발언권을 주장하는 데 유리할 것'이라는 요지였다. 최남선은 자신의 변절을 시인했고 "신변의 핍박한 사정이, 지조냐 학식이냐 양자 중 하나를 골라잡아야 할 때에 대중은 나에게 지조를 붙잡으라 하거늘 나는 그 뜻을 뿌리치고 학업을 붙잡으면서 다른 것을 버렸다"고 고백했다. 그러니까 최남선은 알면서 했고 체념한 나머지 타협했던 반면, 이광수는 자신이 한 행위의 의미에 대해 끝내 혼란에서 벗어나지 못했다. 수양동우회 동지들을 집단 무죄방면시키는 조건으로 협력했다는 김동인의 증언대로라면 그는 계몽주의자다운 자기희생을 택한 것이고, "황실에 대한 경모와 신뢰, 무한의 경건한 태도로 민족의 구원을 설교하던" 메이지대학 강연장에서 "일제가 그에게 모진 고문 끝에 무슨 혼을 빼는 주사라도 놓은 게 아닐까" 했던 김붕구의 회상대로라면 그는 조증이든 분열이든 자학이든 어떤 비정상의 상태에 있었음이 분명하다. 식민지라는 조건은 모든 지식인에게 위험천만한 생존투쟁을 강제했다. 한 사회를 전체주의 주물통에 쓸어 넣을 때 걸출하게 튀어나온 부분이 더 많이 쪼이게 마련이다.

이광수와 최남선은 모두 2009년 민족문제연구소 친일인명사전에 올랐고 친일반민족행위진상규명위원회의 '친일반민족행위

705인' 명단에도 올라 있다.

옛 친구 두 사람이 서울서 친일파 재판정에 섰을 때 홍명희는 평양에서 김일성의 북조선인민민주주의공화국 정부의 부수상이었다. 그는 1948년 4월 평양 남북연석회의 때 북으로 가서 눌러앉았다. 관조파 한량인 그와 정치는 대척점일 듯 했는데 해방공간에서 정치 활동에 적극 나섰던 것도 뜻밖이고, 식민시대 공산주의 유행에 거리를 두었던 사람인데 북을 택했다는 것도 뜻밖이었다. 분단시대에 그는 38선 남쪽에서 역사적 파문을 당했다. 《임꺽정》은 금서였고 1985년에 도서출판 사계절에서 출판됐다가 판매중지 당했고 월북 작가에 대한 출판 금지가 풀린 다음 1992년 10권으로 다시 출간됐다.

1950년 한국전쟁 때 이광수는 납북됐고 평생 폐결핵에 시달려온 그가 그해 10월 압록강 부근 강계에서 세상을 떠날 때 북의 홍명희가 그의 마지막을 돌보았다. 조선의 3대 천재들은 험난한 시대에도 재능을 빛냈으나 개인사는 안락이나 행복과는 거리가 멀었고 역사에 적힌 그들 이름엔 영광과 오욕이 무늬져 있다.

모든 친일은 다르다. 홍난파와 이종만의 경우 ─────────────

식민지 땅을 떠났던 항일운동가들은 친일시비에서 자유롭다. 그들은 가족과 재산을 버리고 모든 익숙한 것들을 포기하고 낯설고 험한 곳으로 떠났다. 민족의 독립에 모든 것을 걸었고 궁극의 순간에는 목숨을 던졌다. 하지만 이민족 통치 아래 남아서 시대의 볼모가 된 사람들, 그들 역시 생존 자체가 투쟁이었다. 비겁과 비굴은 식민지 땅에 발붙이고 사는 대가였다. 해외 독립투사들에게 운동자금을 댄 것도 이들이었다.

글 쓰는 사람들은 그들의 재능과 명망 때문에 총독부가 내버려두지 않았고 절필과 은둔조차 뜻대로 할 수 없었다. 사업하는 사람들은 그들의 돈 때문에 총독부가 가만두질 않았고 기업을 포기하지 않는 한 타협해야 했다. 후대의 평가에서, 역사의 재판정에서, 당대 사회에 존재감이 있었거나 신문에 기록이 남은 사람들이 불리해질 수밖에 없다.

친일반민족행위 705인 명단에는 이완용 노덕술도 있고 홍난파 이종만도 있다. 홍난파(1897~1941)는 모두가 아는 일제 강점기 대표적 음악가이다. 〈봉선화〉〈고향의 봄〉〈고향 생각〉〈성불사의 밤〉〈사공의 노래〉. 과거 100년 한국인들이 사랑한 이 노래들이 모두 그의 작곡이다. 그는 또한 몇 개의 '국내 최초' 기록을 갖고 있다. 최초의 음악잡지 〈음악계〉 창간, 최초의 바이올린 독주회, 최초의 실내악단 난파트리오 결성. 하지만 그 역시 1937년 수양동우회 사건으로 투옥됐다가 나온 다음의 친일 활동 때문에 친일인명사전과 친일반민족행위자 명단에 올랐다. 1930년대 조직 사건들은 총독부가 저명인사들이나 공산주의 활동가들을 고문협박과 재판 거래를 통해 친일파로 전향시키는 단골 수법이었다. 1941년, 홍난파는 교통사고와 고문 후유증으로 나이 마흔넷에 세상을 떠났다.

자녀들은 홍난파를 친일반민족행위자 명단에서 빼내려 행정소송을 냈지만 실패했다.

홍난파에 비해 이종만(1885~1977)은 조금 낯선 이름이지만 당대에는 최창학 방응모와 함께 3대 금광왕으로 꼽혔던 인물이다. 그는 '대동(大同) 세상'을 꿈꾸는 이상주의자였고 그 꿈을 현실로 만들어줄 자본을 얻기 위해 금광사업에 뛰어들었는데 그의 대동광업소가 돈벼락 맞은 타이밍이 너무 늦었다는 게 불운이었다. 그가 금광에서 번 돈으로 교육출판사업과 농촌공동체 건설사업을 시작한 것이 일제가 중일전쟁을 일으킨 1937년이었다.

지난 2017년 3.1절 무렵, 온라인 매체들이 "배우 강동원의 외증조부 이종만이 친일인명사전에 등재된 1급 친일파"이며 "일본군에 전쟁위문품을 보내고 친일단체 활동을 했다"고 보도했고, 댓글 폭격을 당한 강동원은 자신이 잘 몰랐었다 사과하고 한 달 동안 대외활동을 중단했다.

이종만은 민족문제연구소의 친일인명사전에 이름이 올라 있다. 곽병찬의 〈한겨레신문〉 칼럼(2016년 8월)에 따르면, 그는 1937년 애국부인회 황군위문대에 1천 원을 냈지만 그 두 달 전에 영평금광 매각대금 중 50만 원으로 대동농촌사(수확의 70%를 농민이, 30%를 회사가 갖는 농촌공동체)를 설립했고 10만 원은 광부와 직원에게 나눠주고 마을 빈민구제에 1만 원을 내고 땅 157만 평을 기부했다. 그는 30만 원을 들여 대동공업전문학교를 설립했는데 그가 설립하거나 지원한 학교가 11개였다.

친일파 명부에 이름이 올랐다는 것만으로 자신과 후손들에게 낙인이 되기도 한다. 하지만 한 인물에 대한 OX 평가는 잔인한 일이고 친일도 정도를 구분해야 한다.

1942년 조선어학회 사건으로 투옥된 사람들, 단파라디오로 〈미국의소리(Voice of America)〉 한국어방송을 듣다가 투옥된 이들이 대략 마지막까지 친일을 거부한 사람들이다. 일제 강점기 끝까지 협조를 거부한 이들은 존경스럽다. 그리고 이민족 통치의 손발이 된, 또는 그 시늉을 해야 했던 이들의 운명이 슬프다. 그 모두가 잔인하고 비열했던 시대를 견디어 민족의 그 다음이 있게 한 '식민지 세대'다.

10. 뤼순감옥,
안중근 신채호 이회영

한때의 감옥은 지금 박물관이 돼 있다. 중국 랴오둥(요동)반도 끄트머리 다롄(대련)시에 있는 뤼순(여순)감옥은 안중근 의사와 신채호, 이회영 선생이 세상을 떠난 곳이고 중국 정부가 '뤼순일아감옥구지박물관(旅順日俄舊地博物館)'이라는 간판을 걸고 제국주의 시대의 유적지로 일반에 공개하고 있다. 안중근이 수감됐던 감방, 교수형 당한 처형장이 특별히 보존돼 마치 '안중근 성지'처럼 꾸며져 있다. 안중근이 옥중에서 쓴 글씨들도 기다란 족자로 걸려 있다.

　一日不讀書口中生荊棘(하루라도 책을 읽지 않으면 입안에 가시가 돋는다)

안중근이 여섯 차례 재판을 받았던 뤼순의 옛 일본 관동법원 역시 마찬가지다. 두 곳 모두 안중근 추모실이 있다. 뤼순감옥은 특별히 한국인 독립투사 기념관을 마련해 이회영 신채호 유상근 최흥식의 흉상과 전시 공간을 조성해놓고 있다.

아편전쟁 이후 100년의 중국은 흡사 맹수 떼에 물어뜯기며 쓰러져가는 거대한 한 마리의 코끼리였고, 뤼순감옥이 있는 요동반도의 처지도 다르지 않았다. 1895년 청일전쟁으로 일본이 차지했다가 다시 청나라에 반환됐다가 1898년 러시아가 점령했다가 1905년 러일전쟁 이후 다시 일본땅이 되었다. 뤼순감옥은 약 7만 평의 대지 위에 러시아가 짓기 시작했지만 러일전쟁 후 일본이 마저 지어 2차대전 패전 때까지 썼다.

안중근 의사는 중국인들도 존경하는 항일운동의 영웅이다. 1909년 하얼빈역에서 이토 히로부미가 안중근에게 저격당한 사건은 조선뿐 아니라 중국 사회도 흔들어놓았다. 당대의 최고 지도자 두 사람이 모두 안중근을 기리는 시를 남겼다.

신해혁명을 주도하고 중국 국민당을 만든, 근대 중국의 아버지로 불리는 쑨원(손문).

功蓋三韓名萬國(공은 삼한을 덮고 이름은 만국에 떨치나니)

生無百歲死千秋(살아서 백 년을 못 채워도 죽어 천 년을 살리라)

弱國罪人强國相(약한 나라 죄인이요 강한 나라 재상이나)

縱然易地亦藤候(처지를 바꿔놓고 보면 이토 역시 죄인이라)

청 왕조에서 국민당 체제로 넘어가는 과도기의 총통이었던 위
안스카이(원세개).

平生營事只今畢(평생을 벼르던 일이 이제야 끝났구나)

死地圖生非丈夫(죽을 곳에서 살기를 도모하면 장부가 아니도다)

身在三韓名萬國(삼한 땅에 태어나 만방에 명성을 드높였도다)

生無百世死千秋(살아서 백 년을 못 채워도 죽어 천 년을 살리라)

안중근이 중국에서도 영웅인 것은 중국에 기억할 만한 항일 테
러리스트들이 없기 때문이기도 하다. 거기엔 몇 가지 이유가 있다.
단번에 나라를 강탈당한 우리와 달리 중국은 1850년 전후 아편전
쟁으로 10개 항구를 8개국에 내주고 갖가지 불평등조약에 시달리
면서 분노가 천천히 쌓였고 그 대상은 분산됐다. 또한 1930년대
이후 대일 전선의 주력은 공산당의 홍군이었는데 조직적 무장항
쟁과 계급혁명이 기본 노선이라 개별 테러는 허용하지 않았다. 그
리고 무엇보다 중국은 정부와 정규군이 살아 있어 개인이 홀로 전
쟁을 치르지는 않았다.

안중근은 일제의 법원에 자신을 살인범이 아니라 포로로 대우
하라고 요구했다. 그것은 국가를 상대로 개인이 벌이는 전쟁이었
기 때문이다. 제국주의 정부와 군대를 상대로 한 개인의 항쟁은 죽
음을 전제로 한 출정이고 대개들 유서를 써놓고 거사에 나섰다.

법정에서 안중근은 이토 히로부미가 죽어 마땅한 이유로 민비

살해, 을사조약, 정미7조약, 고종 폐위, 군대 해산 등 죄목 15개를 들었다. 안중근이 탁월했던 것은, 전통적으로 글 읽기와 문서 쓰기에 강한 문과 엘리트 통치의 조선, 국경수비대 빼고는 만만히 싸울 만한 군대랄 것이 없어서 국경이 무너지면 청군과 왜군이 곧장 한양까지 달려왔던 전쟁의 아마추어 조선에서 이순신처럼 안중근도 보기 드물게 문무 겸비한 위인이었다는 점이다. 그는 뤼순감옥에서《안응칠 역사》《동양평화론》을 집필한 문장가였으며, 흔히 수류탄이나 사제폭탄을 사용한 다른 항일 테러리스트들과 달리 총을 사용한 스나이퍼, 백발백중 명사수였다. 안중근은 권총 탄창에 들어 있는 7발 가운데 3발을 이토의 가슴과 배에 명중시키고 그가 이토가 아니었을 가능성에 대비해 옆의 세 사람에게 각기 한 발씩 쏘고 마지막 한 발 남았을 때 체포됐다. 이토 히로부미가 지한파였다고 뒷말하는 이들이 있지만 조선의 왕실과 조정을 다루는 그 노회함이 빚어낸 착시일 뿐이다. 명백한 것은 그가 아시아 제국의 설계자로서 을사늑약 등 일련의 절차를 관철시키고 한일합방을 현실화시킨 주역이라는 사실이다. 테러리스트로서 진정한 프로페셔널이었던 안중근은 일본 제국주의의 심장을 쏜 것이다.

100년 전 겨울은 지금보다 훨씬 추웠다. 뤼순의 감옥에선 죄수들이 사역 나가고 들어올 때 알몸으로 줄 서서 신체검사 순서를 기다리다 얼어 죽는 일도 많았다 한다. 그래서 항일투사들에게 적보다 무서운 것이 추위와 배고픔이라 했을 것이다.

1910년 안중근이 처형당하고 약 20년 후에 두 사람이 뤼순에 온다. 한일합방 나던 해에 조선을 떠나 중국에서 아나키스트(무정부주의자)가 됐던 두 사람은 이 감옥에서 생을 마쳤다. 이회영과 신채호.

이회영(1867~1932)은 부친이 이조판서, 큰아버지는 영의정이었던 명문가였는데 1910년 한일합방 후 여섯 형제가 집안의 재산을 처분하고 노비들을 해방시키고 따라나서는 노비들까지 일가족 40여 명을 이끌고 압록강 건너 만주로 떠났다. 국경 가까운 곳에 독립운동기지를 만들어 무장투쟁과 교육사업을 한다는 계획이었다. 한일합방과 함께 만주로 일가족 집단망명을 떠난 이들은 안동의 이상룡, 김동삼, 김대락 등 여럿이었다. 이회영과 이상룡 일가는 통화현 합니하라는 곳에 넓은 땅을 사서 독립운동가 정착촌을 만들고 신흥무관학교를 세웠다. 신흥무관학교는 1912년부터 대략 1920년까지 3500명을 배출했다. 이들이 서로군정서, 대한통의부, 정의부, 신민부, 국민부 등 만주 지역 독립군들과 임시정부 산하 광복군의 핵심이 되었다. 1920년 청산리전투에서 일본군 1200명을 전사시킨 김좌진의 북로군정서에는 신흥무관학교 출신들이 지휘관으로 가담했다. 김원봉도 신흥무관학교 출신으로 그곳에서 동지들을 규합해 1919년 11월 만주 길림성에서 의열단을 결성했다.

텐진, 베이징, 상하이를 오가던 1920년대 후반의 이회영은 일본 관헌과 밀정의 추적, 그리고 극심한 가난에 시달렸다.《이회영과 젊은 그들》(이덕일, 2009)에는 두 아이를 빈민구제원에 보내고 이회영이 열다섯 살짜리 아들과 톈진 빈민굴의 토방에서 영하 20도 날씨에 식량이 떨어져 이불을 전당포에 맡기고 부잣집에서 버린 석탄재를 주워와 냉방을 녹였던 1927년 겨울의 이야기가 적혀 있다. 1932년, 66세의 이회영은 일본이 점령한 만주에서 다시 무장투쟁을 시작하러 상하이를 떠났고 다롄항에 도착했을 때 일경에 체포됐다. 그리고 나흘 뒤 다롄 경찰 고등계의 신문을 받다가 사망했다.

이회영과 신채호는 1920년대에 아나키스트가 되었고 '다물단'이라는 테러 결사체를 함께 만들었다. 1920년대 독립운동가들 사이에 두 개의 유행이 마르크시즘과 아나키즘이었다. 그것은 제국주의에 대한 두 개의 대안이었고, 두 가지 모두 자유롭고 평등한 이상 사회를 꿈꾸고 있었다. 민족 해방과 계급 해방을 동시에 가져다준다는 공산혁명은 식민지 지식인들에게 매혹적이었으며 더구나 러시아혁명 이후 레닌은 막대한 예산을 풀어 피압박 민족들의 독립투쟁을 돕겠다고 나서고 있었다. 하지만 아나키스트, 무정부주의자들에게는 자본가계급의 독재나 프롤레타리아계급의 독재나 폭력적이긴 마찬가지였다. 크로포트킨의 《상호부조론》이 아나키즘의 바이블이었는데, 모든 권력은 폭력적이라는 지당한 명제에다 상호부조의 공동체주의 인간론이 이상주의자들의 마음을 끌어당겼다.

역사학자 신채호(1880~1932)는 일제와의 '역사전쟁'에서 가장 혁혁한 투사였다. 그는 《조선사연구초》《조선사》《조선상고문화사》《조선사문화편》《사상변천편》《강역고》《인물고》 등을 썼고 생활고를 피해 글을 쓸 방편으로 베이징 근처의 절에 들어가 승려 생활을 하기도 했다.

그는 의열단의 〈조선혁명선언〉을 썼는데 "吾等(오등)은 玆(자)에 我(아) 朝鮮(조선)의 獨立國(독립국)임과 朝鮮人(조선인)의 自主民(자주민)임을 宣言(선언)하노라"로 시작하는 최남선의 기미독립선언문과는 처음부터 끝까지 너무 다르다. "강도 일본이 우리의 국호를 없이 하며, 우리의 정권을 빼앗으며, 우리 생존적 필요조건을 다 박탈하였다. 경제의 생명인 산림·천택(川澤)·철도·광산·어장 내지 소공업 원료까지 다 빼앗아 일체의 생산 기능을 칼로 베이며 도끼로 끊고…"로 시작해서 "민중은 우리 혁명의 대본영(大本營)이다. 폭력은 우리 혁명의 유일 무기이다. 우리는 민중 속에 가서 민중과 손을 잡고 끊임없는 폭력·암살·파괴·폭동으로써 강도 일본의 통치를 타도하고, 우리 생활에 불합리한 일체 제도를 개조하여, 인류로써 인류를 압박치 못하며, 사회로써 사회를 수탈하지 못하는 이상적 조선을 건설할지니라"로 끝난다.

그는 1928년 무정부주의동방연맹에 가담한 일로 체포돼 10년 형을 받고 뤼순감옥에 수감됐다. 3년 지났을 즈음 한 신문기자가 그를 면회했다. 당시 그의 《조선사》와 《조선상고문화사》가 〈조선일보〉에 잇따라 연재되고 있었다. 그는 기자에게 원고가 마음에 안 드는 부분이 있다며 조선에 돌아가면 연재를 중지시켜달라고 부탁했다. "10년의 고역을 무사히 마치고 나가게 된다면 다시 정정하여 발표하고 싶다"고 했다. "퍽 망념된 생각이나《조선사색 당쟁사》와《대가야사(大伽耶史)》만은 조선에서 내가 아니면 제대로 쓸 사람이 없다. (…) 내가 건강하게 세상에 다시 나가게 된다면 이것만은 자신 있게 발표할 수 있다."– 김삼웅, 《단재 신채호 평전》, 2019

하지만 그는 1936년 2월, 형기 만료를 2년 앞두고 뇌일혈로 세상을 떠났다. 역사책에 대한 구상들, 사색 속에 발효 중인 방대한 사료들도 56세의 육신과 함께 뤼순감옥 화장장에서 하얀 재가 되었다. 그의《조선사》도 상고사 부분만 마쳐 미완으로 남았다.

11. 그래서 지금 이곳,
김앤장이라는 로펌

김앤장은 5대 로펌의 하나지만 매출이나 변호사 수, 직원 수에서 압도적 1위다. 2006년, 김앤장 창업주인 김영무 변호사의 개인소득이 600억 원으로 삼성 이건희 회장을 제치고 2년 연속 1위가 돼 화제였다. 1990년의 3억 9천만 원에서 15년 만에 150배 늘었다. 1973년에 생겨난 김앤장이 재벌급 거대로펌으로 급성장한 것은 1997년 외환위기와 금융시장 개방 이후 기업합병, 해외 매각, 구조조정 등을 주된 비즈니스 영역으로 다루면서다. 김앤장은 "신자유주의가 지배하는 세계화의 환경에 성공적으로 적응해 법률서비스를 천문학적 규모의 사업으로 만들었다는 평가를 받고 있다."- 임종인, 장화식, 《법률사무소 김앤장》, 2007

김앤장이 개입한 사건의 유명한 예가 론스타 스캔들. 2019년

〈블랙머니〉로 영화화되기도 했는데, 미국계 사모펀드 론스타가 외환은행을 인수해 다시 매각하는 과정에서 헐값 매각과 인수 자격을 둘러싸고 론스타와 외환은행과 금융감독원과 재정경제부 사이에 모종의 '거래' 의혹이 제기되면서 '론스타 게이트'로 번졌다. 론스타는 2003년에 1조 4천억으로 외환은행 지분 51%를 샀다가 2006년 국민은행에 6조 원대로 되팔아 이른바 '먹튀' 논란을 불렀다. 2004년 투기자본감시센터가 론스타의 주식매입 무효 소송을 내고 관련 공무원 20명을 고발했다. 2005년엔 국회가 감사를 요구했고 2006년 외환은행이 인수 자격 없는 론스타에 헐값 매각됐다는 감사원 보고가 나오고 검찰 수사가 시작되면서 외환은행장이 구속되고 재경부 국장이 기소됐다. 론스타코리아 대표는 주가 조작으로 유죄판결을 받았다. 이 과정에서 론스타의 외환은행 매각은 지연된 끝에 2012년 하나금융에 넘어갔고 론스타는 5조 원 상당의 피해보상을 요구하며 한국 정부를 국제투자분쟁해결센터(ICSID)에 제소해 2021년까지 소송이 계속되고 있다.

'신자유주의를 성공사업으로 만든 변호사 집단의 이야기'라는 부제가 붙어 있는 책《법률사무소 김앤장》의 두 저자 중 장화식은 외환카드에서 15년 근무했고 노조위원장을 했는데 2004년 외환은행과 외환카드가 통합되면서 해고됐다. 그는 부당해고 소송을 진행하는 과정에서 "단순히 외환은행이라는 회사만 상대하면 되는 줄 알았는데 그 뒤에 론스타라는 국제펀드가 있었고 그리고 다시 그들 뒤에서 법률자문을 해주고 소송도 도맡아 대행해주는 김앤장이 있었다"고 했다. 임종인은 당시 법사위 소속 국회의원이었다. "외환은행 매각이 납득할 수 없는 방식으로 이루어졌음을 밝히는 과정에서 나 역시 마주치게 된 것은 바로 김앤장이었다. 투기성 사모펀드 론스타는 자산 규모 62조 6천억 원의 외환은행을 단돈 1조 4천억 원에 샀다. 이 과정에서 김앤장은 자신들은 단순 법률자문만 했을 뿐 책임이 없다고 주장해왔다. 하지만 나는 외환은행 인수 당시 김앤장이 재경부, 금감위와 공모한 증거를 찾아냈다." 그렇게 해서 장화식과 임종인이 김앤장에 관한 책을 함께 쓰게 되었다.

이 책에 따르면, 경영난에 빠진 진로를 샀다가 하이트맥주에 되팔아 1조 원 넘는 시세차익을 챙긴 골드만삭스, SK 주식 14.8%를 샀다가 "경영권 분쟁이라는 선진 금융기법"으로 1768억을 투자해 2년여 만에 약 1조 원의 수익을 올린 소버린, 한미은행을 인수해 7천억 원을 남긴 칼라일펀드 등 한국 금융시장에서 해외 투기자본들의 비즈니스에는 늘 김앤장이 있다. 각각의 비즈니스에 단골로 등장하는 것이 조세회피처에 주소를 둔 페이퍼컴퍼니다. "이 현상을 바라보는 시각은 참으로 다양하다. 외국 투기자본을 규제해야 한다는 목소리가 있고, 정당하고 합법적인 투자에 대해 배 아파하지 말라는 이야기도 들린다. 이 기회에 외국 투자가처럼 선진 기법을 배워야 한다는 학습 준비론부터, 우리의 금융 체제를 바꿔야 한다는 개혁론도 들린다." 이 책의 논평은 100년 전 제국주의 시기 식민지 사회의 고민과 엇비슷 닮아 있다. 매판의 전통이라 할까, 이 시대에도 급변하는 사회, 난처한 상황에서 이득을 취하는 영리한 사람들은 존재한다.

이 책의 저자들은 "꼭 이겨야 하는 소송이라면 우리에게로 오라"는 김앤장의 캐치프레이즈, 그리고 "김앤장이 하면 안 되는 게 없다"는 입소문 뒤에는 소송 의뢰인의 이해관계에 따라 필요하면 법이나 제도를 바꾸기도 하는 전방위 로비력이 작용한다고 본다. 책이 쓰인 당시 김앤장의 고문 명단에는 전직 경제부총리부터 국세청장, 검찰총장, 법무부장관, 건교부장관, 주미대사, 공정거래위원회 위원, 금융감독원 국장도 있다. 이헌재는 재경부장관 하다가 김앤장 고문 하다가 경제부총리를 했고 한덕수는 청와대 경제수석하다가 김앤장 고문 하다가 경제부총리를 했다. 이들 김앤장 고문들이 받는 수억 연봉이 무슨 의미인지 구체적으로 알기는 어렵다. 광화문 안국동 일대에 대략 다섯 개 건물을 사용하지만 간판을 걸지 않고 정확한 매출도 베일에 싸인 것처럼, 김앤장의 로비가 어디까지 어떻게 미치는지도 비밀이다.

2018년 11월, 김앤장이 사상 최초로 검찰 압수수색을 당했다는 보도가 나왔다. 강제징용 재판의 일본제철 쪽 대리인 한상호 변호사와 박근혜 청와대에서 법무비서관이었던 곽병훈 변호사의 사무실이 압수수색당했다. 강제징용 재판을 둘러싼 양승태 대법원과 청와대와 김앤장 사이에 재판거래 의혹이 수사 대상이었다. 김명수의 대법원이 일본제철에 대해 강제징용 피해자 4명에게 1억씩 배상하라고 최종판결함으로써 13년간 끌어온 재판을 마무리한 직후였다.

강제징용 피해자 4명이 서울중앙지법에 일본제철(옛 신일본제철)을 상대로 소송을 낸 것이 2005년. 이들은 1941년 이후 일본제철소에 강제동원됐는데 일제 패망 후 임금을 받지 못하고 돌아왔다고 했다. 이들 중 여운택, 신천수 두 사람은 1997년 오사카 법원에 소송을 내서 패소했었다. 1965년 한일청구권협정으로 두 나라 사이 채무관계는 정리됐다는 것이 판결의 핵심이었다.

2008년 서울지법은 불법적인 강제노역은 인정하지만 이미 일본 법정의 판결이 있었고 또 지금의 일본제철이 과거 회사와 다른 법인이라는 이유로 원고패소판결을 냈고 고등법원도 원심대로 판결했다. 하지만 2012년 양승태 대법원장하에 대법원 1부(주심 김능환)는 일본 법원의 판결이 한국에서 효력을 갖는다고 인정할 수 없으며 65년 청구권협정에서 양국 정부가 식민지지배의 불법성과 관련한 합의는 못 했기 때문에 국가적 불법행위에 따른 피해보상이 포함됐다고 볼 수 없다는 취지로 사건을 파기환송했다. 2013년 고법은 파기환송심에서 일본제철에 원고 한 사람당 1억씩 지급하라고 판결을 내렸다. 일본제철의 상고로 사건이 다시 대법원에 넘어왔지만 양승태 대법원장이 퇴임한 2017년까지 재판이 없었다.

그사이 일어난 은밀한 일들은 나중에 '사법적폐' 재판에서 공개됐다. 요약하자면, 일본제철의 대리인인 김앤장의 한상호 변호사가 임종헌 법원행정처장과 양승태 대법원장을 여러 차례 만났고 외교부로부터 '배상판결은 곤란하다'는 의견서를 받았고 그것을 근거로 대법 전원합의체에 기각판결을 내거나 소멸시효까지 재상

고심을 미루는 쪽으로 추진했다는 것. 이 과정에서 양승태 대법원장이 상고법원을 도입하고 법관의 재외공관 파견을 늘리는 민원을 청와대에 해결하려 했다는 것이다. 그러는 사이 소송을 낸 4명 가운데 셋은 세상을 떠났다.

김앤장의 상고이유서와 외교부의 의견서가 모두 '한일청구권 협정으로 모든 개인청구권도 소멸됐다'는 논지였고 이는 아베 정부의 공식입장과 같다. 당시 윤병세 외교부장관(2013~2017)은 장관이 되기 직전까지 김앤장 고문이었고, 유명환 전 외교부장관(2008~2010)은 장관을 그만둔 다음 김앤장 고문으로 가서 김앤장의 '강제징용 재판 대응 TF' 멤버가 되었다.

대법원의 징용판결은 위안부 문제와 함께 한일 간 외교갈등을 촉발시켰다. 아베 정부는 역사에서 경제로 주전장(主戰場)을 이동시켰고 반도체 소재에 대한 수출 규제로 선전포고를 했다. 일본이 센가쿠열도 분쟁 때 중국으로부터 희토류 수출 금지라는 보복을 당했던 경험을 한국에 그대로 써먹었다. 일본의 수출 규제는 결과적으로 한국 승(勝)! 한국의 반도체산업이 국내 생산라인을 갖추면서 소재 국산화에 성공한 반면, 일본 공급업체들은 한국 수출이 막히면서 치명타를 입었다. 정부도 소재부품산업 지원 정책으로 대응했지만 결국은 우리 기업들의 경쟁력과 유능함이 위기를 돌파한 셈이다. 한편, 자국 기업체 몇 개 정도는 희생시켜도 된다는 아베식 국가주의 드라이브는 결국 아베 정권을 타격하는 부메랑이 됐다. 문재인 정부도 징용 재판에 따른 외교갈등이 여론 싸움으로 번지면서 잇단 정치적 악재들을 감당해야 했다. 과거사의 명분과 현재의 실리 사이에서 한국의 역대 정부들을 끈질기게 괴롭혀 온 것이 일본 딜레마다.

7장

한국인은 누구인가

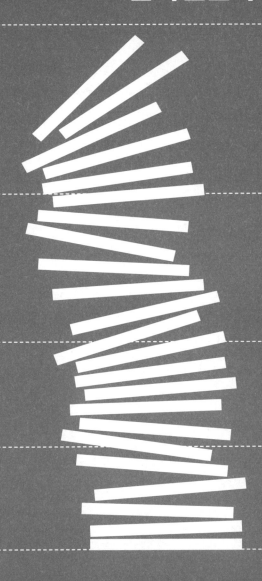

1. OECD 기준이라는 것

한국은 세계 200개 나라 중에서 면적은 109번째(100.364 km^2), 인구 27번째(5160만 명), GDP는 11위, 1인당 GDP는 29위(3만 2천 달러)다.

현재 37개국이 회원인 OECD는 말하자면 '선진국 클럽'이고 한국은 1996년 29번째 회원국이 되었다. 김영삼 대통령은 "한국 국민의 영광인 동시에 개방적 시장경제, 다원적 민주주의라는 가치를 공유해온 여러 OECD 회원국에게도 매우 의미 있는 일"이라 했다. 바로 다음 해에 외환위기로 IMF에 달려가야 했지만 어쨌든 한국은 OECD 가입으로 자타공인 선진국 반열에 올랐다. 이후부터 모든 것이 'OECD 기준'이 되었다. 일종의 선진국 체크리스트인 것이다.

한국은 OECD 기준으로 몇 개의 최고 랭킹과 최악의 랭킹을 보유하고 있다.

정보통신 분야에선 10년째 챔피언이다. 휴대폰, 스마트폰 보급률은 압도적 1위다. 2019년 미국 퓨리서치 조사에 따르면 한국의 휴대폰 보급률은 100%(스마트폰 95%, 일반 5%), 2위 이스라엘 88%, 그리고 미국은 81%(6위), 독일은 78%(8위)였다. 광케이블 보급률도 1위, 78.46%(2018년. OECD 집계)로 OECD 평균은 24.79%다. 2위는 일본이고 미국은 OECD 평균보다 아래쪽인데, 물론 나라의 면적과 관련 있다. 한국에서 LTE 속도는 2018년 기준으로 뉴욕, LA, 토론토, 런던, 파리, 프랑크푸르트, 도쿄, 홍콩과 비교해서 압도적 1위다.

이는 한국이 컴퓨터와 스마트폰의 주요 생산국인 것과 밀접한 관련이 있다. 그리고 한국인들이 빠른 걸 좋아하는 만큼 정보통신 산업이 부지런히 속도를 업그레이드해온 것이다. 뉴스 전파와 여론 회전의 비상하게 빠른 속도는 사회를 스마트하게 만들기도 하지만 스트레스지수를 높이기도 한다.

명백히 즐거운 지표는 한국인의 수명이다.

UN의 2018년 〈세계인구현황보고서〉에 따르면 2015~2020년간 평균수명 순위는 일본이 1위, 한국이 2위다. 일본은 84.7세(남 81.0세, 여 88.2세), 한국은 83.2세(남 80.4세, 여 86.1세)다. 그다음은 스위스, 아이슬란드, 호주, 프랑스, 이탈리아, 스페인, 이스라엘 순. 미국은 78.5세로 37위이고, 중국은 73세로 86위, 북한은 67세로

129위, 인도는 63.5세로 146위다. 평균수명은 보건의료와 식생활의 영향이 큰데 미국에서도 동아시아계의 수명이 가장 높은 것은 아시아 음식이 건강식이라는 증거다.

참고로, 이따금 나라별 IQ 조사를 하는 학자나 단체가 있다. 'World Population Review' 사이트에 공개된 2020년 국가별 IQ 통계에서 홍콩과 싱가포르 두 개의 도시국가를 빼면 한국인이 평균 106으로 가장 높다. 홍콩과 싱가포르는 108, 일본과 중국이 105다. 유럽에선 이탈리아(102), 아이슬란드 스위스(101), 오스트리아 네덜란드 노르웨이 영국(100), 독일 폴란드 핀란드 스웨덴(99), 프랑스 체코 덴마크 스페인(98) 순. 동남아는 베트남(94), 말레이시아(92), 캄보디아 타이(91), 인도네시아(87), 파키스탄(84), 인도(82)로 분포해 있고 그밖에 미국이 98, 캐나다 99, 러시아 97로 나와 있다. 전체 183개국 가운데 이른바 경계선 지능(70~85)에 해당하는 나라가 72개이고, 그 아래에도 25개 나라가 있다.

IQ란 지적인 능력을 뜻하지만 절대 기준은 아니다. 두뇌 기능을 측정하는 기계가 없는 한, 모든 테스트가 그렇듯 IQ 테스트도 처리 속도와 숙련도의 문제다. 문맹률과 교육 수준도 작용한다. 또한 주어진 과제에 대한 적극/소극적인 태도와 경쟁/비경쟁적인 태도에 달려있고, 그것은 그 나라의 문화나 기후와도 관련 있다. 가령 183개국 중 최저점은 IQ 59로 아프리카의 적도기니였다. 분명한 것은, IQ가 두뇌 자체보다 두뇌 개발과 두뇌 활용의 정도를 말해준다는 점이다.

가령, OECD가 3년에 한 번씩 실시하는 국제학업성취도평가(PISA)에서 중국, 한국, 일본이 매번 수학, 과학, 언어 영역의 상위권을 차지하는 것도 IQ 테스트와 통한다.

반면 가장 불명예스럽고 우울한 1위는 이미 20년 가까이 계속돼오고 있는 '자살률 1위'다. 2003년 이래 2017년 빼고는 내내 OECD 자살률 1위를 기록하고 있다.

통계청이 발표한 2019년 1월~2020년 4월 자살 사망자는 1만 3799명, 10만 명당 26.9명인데 남성 38명, 여성이 15.8명으로 남자가 여자의 2배 이상이다. 또한 65세 이상이 10만 명당 46.6명으로 노인층이 압도적이다.

한국의 자살률이 높은 것은 최근의 일이 아니다. 정부 수립 후 경찰 당국의 집계가 시작된 이래 두 번의 피크가 1975년 (31.9명)과 2011년(31.7명)이다. 2008년 이후 줄곧 25명 이상인데, 1960~70년대도 그랬다. 자살률이 한 사회가 숨쉬기 편안한가를 말해준다면, 개발의 시대와 선진국 반열에 오른 한국이 호흡이 가쁘기는 마찬가지인 것이다.

자살률 추이를 보면, 1950년대 초반까지는 10명대였다가 1960년대에 가파르게 상승했고, 다시 1980년대 7~9명대였던 것이 1995년 10명대로 늘어나고, 2003년에 20명대로 올라서면서 OECD 1위가 되었다. 줄곧 남자가 여자의 2배였는데, 촘촘한 계급구조 속에서 남자들의 생존경쟁이 더 터프하고, 기득권이 많은 만큼 실패의 대가가 더 혹독하며, 흔히 실직이나 재정파탄이 남자를 막다른 길로 몰고 가는 것이다.

자살률 상위 10개국은 한국, 리투아니아, 라트비아, 슬로베니아, 벨기에, 헝가리, 일본, 핀란드, 미국, 에스토니아 순이다. OECD 평균 자살률은 11.3명, 자살률이 제일 낮은 나라는 터키로 2.6명이다. 10만 명당 5명대 이하인 나라는 터키 외에 멕시코, 콜롬비아, 이탈리아, 그리스, 이스라엘이 있다. 이런 국가별 분포는 자살률이 경제사정이나 정치여건보다 문화의 영향이 크다는 것을 말해준다. 안정감과 소속감을 제공하고 자살을 금기시하는 종교나 대가족제도의 역할도 무시할 수 없다. 또한 자살률이 낮고 살인율이 높은 콜롬비아, 멕시코는 총기나 마약이 흔한 나라들, 문제적 상황에서 자신을 학대하기보다 타인을 공격하는 쪽이 수월한 것이다.

자살률이 낮고 살인율이 높은 것이 미주의 특징이라면, 자살률이 높고 살인율이 낮은 것은 아시아적 특성이다. UNODC(유엔마약범죄사무소) 통계에 따르면, 2018년 콜롬비아는 OECD 국가(러시아 브라질 등 가입신청국 포함) 42개국 중 살인율 1위로 10만 명당 30.2명, 그다음이 브라질, 멕시코, 러시아 순이고 미국은 4.9명으로 여덟 번째다. 한국은 0.7명으로 29번째다. 자살률은 우리가 미국의 2배쯤이지만 살인율은 미국이 우리의 7배다.

한국인들은 실패하거나 배제당하거나 상처받았을 때 상대가 아니라 자신을 공격하는 사람들이다. 기질이 호전적이기보다 순하고 선량하며, 총기·마약 청정지대인 것과도 관련 있다.

서로 짝을 이루는 '자살률 최고'와 '출산율 최저' 기록은 위기의 시그널이다. 한국의 출산율(여성 한 명이 출산하는 아이)은 6년 연속 OECD 최하위, 유일하게 1 미만이다. 2018년 0.98로 처음 1포인트 아래로 떨어져 충격을 주었는데 2019년은 0.92, 2020년은 0.8명대로 내려왔다. 남녀 둘에 아이 한 명 태어나기 힘드니 한 세대가 지난 후엔 인구가 절반으로 준다는 뜻이다. OECD 평균 출산율은 2018년 1.63인데, 출산율이 가장 높은 나라는 이스라엘(3.09명), 멕시코(2.13명), 터키(1.99명), 프랑스(1.84명) 순이다. 여기서 프랑스를 뺀다면 출산율 역시 종교의 영향이 강해 보이고 이 나라들에선 자살률도 낮다.

출산율은 물론 결혼의 트렌드를 좇아간다. 한국인의 결혼 건수는 2019년에 23만 9200건으로 전년보다 7.2% 줄었고 1970년 이래 최저 기록이다. 개발시대의 과거와 선진국의 현재가 다른 점은 그때는 자살률과 출산율이 같이 높았는데 지금은 출산율은 떨어지고 자살률만 높다는 점이다. 경제개발과 인구 폭발의 1960~70년대만 해도 결혼하고 아이 낳는 일은 성인남녀의 의무였는데 지금은 선택이 되었다. 변화의 속도는 과격하다 할 정도인데, 통계청 조사에서 '결혼을 반드시 해야 한다'거나 '하는 게 좋다'는 미혼남녀가 2008년 68%에서 2018년 48%로 10년 사이 20%가 줄었다. 미혼여성의 경우는 거기서 또 절반이다. 아이 낳는 것도 키우는 것도 엄두가 나지 않는 것이다. 집 장만과 자녀교육의 경제적 부담도 만만치 않은 데다, 여자들은 사회 활동을 접고 '경단녀(경력단절여성)'가 되지 않는 한 직장일과 육아와 가사노동의 철인3종 경기를 치러야 한다. 시간이든 돈이든 여유가 있어야 아이를 낳을 터인데 한국의 직장들은 여전히 과로를 요구하고 있다.

OECD 노동시간 순위에서 2010년대 내내 멕시코와 한국이 1위를 놓고 엎치락뒤치락해왔다. 2019년 한국은 OECD가 집계한 연평균 실제 근로시간(국가통계포털 KOSIS)이 1967시간으로 2위, 멕시코(2137시간)에 밀렸고 그다음 그리스, 칠레, 이스라엘, 폴란드, 체코, 미국, 뉴질랜드, 헝가리 순이다. 노동시간이 가장 짧은 나라 1위는 덴마크 1380시간, 그다음이 노르웨이, 독일이다. 덴마크는 1주일 평균 26.5시간인 셈.

통계청의 일가정양립 지표에 따르면 한국 노동자의 주간 평균 근로시간은 2010년의 45.2시간에서 2019년 41.5시간으로 꾸준히 줄어드는 중이다. 하지만 주 52시간 근무제 도입이 고용주뿐 아니라 노동자 자신들의 반발을 사는 현실이니, 앞으로도 한동안 '과로 사회'를 벗어나기 힘들 것으로 보인다. 저조한 출산율이 당분간 반전되긴 어렵다는 얘기다.

2. 한국인의 입지전, 자살공화국에 대한 해명

박경리 대하소설《토지》는 1897년 한가위 풍경으로 시작한다.

"까치들이 울타리 안 감나무에 와서 아침인사를 하기도 전에, 무색옷에 댕기꼬리를 늘인 아이들은 송편을 입에 물고 마을 길을 쏘다니며 기뻐서 날뛴다. 어른들은 해가 중천에서 좀 기울어질 무렵이라야, 차례를 치러야 했고 성묘를 해야 했고 이웃끼리 음식을 나누다 보면 한나절은 넘는다. 이때부터 타작마당에 사람들이 모이기 시작하고 들뜨기 시작하고 (…) 빠른 장단의 꽹과리 소리, 느린 장단의 둔중한 여음으로 울려퍼지는 징 소리는 타작마당과 거리가 먼 최참판댁 사랑에서는 흐느낌 같이 슬프게 들려온다. 농부들은 지금 꽃 달린 고깔을 흔들면서 신명을 내고 괴롭고 한스러운 일상을 잊으며 굿놀이에 열중하고 있을 것이다. 최참판댁에서 섭섭

잫게 전곡(돈과 곡식)이 나갔고, 풍년에는 미치지 못했으나 실한 평작임에 틀림없을 것인즉 모처럼 허리끈을 풀어놓고 쌀밥에 식구들은 배를 두드렸을 테니 하루의 근심은 잊을 만했을 것이다. 이날은 수수개비를 꺾어도 아이들은 매를 맞지 않는다. (…) 힘 좋은 젊은이들은 벌써 읍내에 가고 없었다. 황소 한 마리를 끌고 돌아오는 꿈을 꾸며 읍내 씨름판에 몰려간 것이다. (…) 한동안 타작마당에서는 굿놀이가 멎은 것 같더니 별안간 경풍 들린 것처럼 꽹과리가 악을 쓴다. 빠르게 드높게, 꽹과리를 따라 징 소리도 빨라진다. 깨깽 깨애깽! 더어웅웅음-깨깽 깨애깽! 더어웅웅음- 장구와 북이 사이사이에 끼어서 들려온다. 신나는 타악 소리는 푸른 하늘을 빙글빙글 돌게 하고 단풍 든 나무를 우쭐우쭐 춤추게 한다. 웃지 않아도 초생달 같은 눈의 서금돌이 앞장서서 놀고 있을 것이다. 오십 고개를 바라보는 주름살을 잊고 이팔청춘으로 돌아간 듯이, 몸은 늙었지만 가락에 겨워 굽이굽이 넘어가는 그 구성진 목청만은 늙지 않았으니까, 웃기고 울리는 천성의 광대기는 여전히 구경꾼들 마음을 사로잡고 있으리. (…) 타작마당에서 한마당 벌이고 나면 시장기가 든 농부들은 강가도 당산도 아닌 마을 길을 누비다가 삽짝 큰 집에 밀고 들어 한바탕 지신을 밟고 그러고 나면 갈고리 같은 손으로 땀을 닦으며 술과 밥을 먹게 될 것이다. (…) 해가 서산에 떨어지고부터 더욱 흐느끼는 듯 꽹과리 소리는 여전히 마을 먼 곳에서 들려오고 있었다. 밤을 지샐 모양이다. 하기는 마을 처녀들의 놀이는 이제부터, 달 뜨기를 기다려 강가 모래밭에서 호작거리는 물소리를 들으며 시작될 것이다.”

멀리 한양에서는 왕비가 일인 칼잡이들에게 난자당해 죽었다는 소문이 들려오고, 백성이 한울님이라는 동학당이 난을 일으켰다가 관군과 일군에 떼죽음하고, 나라의 운명이 급전직하 제국주의 블랙홀로 빨려들어 가기 직전의 어느 추석날이다. 하동군 평사리의 대지주 최참판댁은 당주(當主) 최치수의 아내 별당아씨가 머슴과 달아나고 최치수는 마을 사람들에게 살해되고 친척의 농간에 재산이 넘어가면서 가문이 몰락해가던 때, 그러니까 계급질서도 봉건왕조와 함께 무너지는 중이었다.

이민족의 침략과 과격한 동화 정책으로 한민족의 문화가 ‘판갈이’ 당하고 근대화와 산업화로 농촌공동체가 해체 과정에 진입하기 직전, 아직 우리 민족의 고유한 어떤 것들이 온전히 남아 있던 마지막 시절이었다.

평사리의 아낙들은 어느 집 ‘노망든 시엄씨’의 수의를 지으러 모여서 바느질 수다 한판을 벌인다. 집주인은 방바닥이 ‘짤짤 끓게’ 불을 때놓고 밤참으로 국수를 삶아내며 아낙들은 둘러앉아 바느질하면서 이집 저집 이야기로 화제를 옮겨 다닌다. 최참판댁 며느리와 머슴의 야반도주 같은 빅뉴스는 뒷공론이 풍부해서 아낙들은 수의가 완성된 다음에도 ‘날고구마 깎아 먹으며’ 수다 연장전을 벌이다 밤이 깊어서야 제각기 집으로 돌아간다. 옛날에 이웃들이 가깝게 지낸 이야기를 할 때 ‘누구 집에 숟가락 몇 개인지 다 안다’는 표현은 과장법이 아니다. 동네에 큰일이 생기면 다 같이 치르고 여자들은 이웃집 부엌에 무시로 드나들었던 것이다.

우리는 세시풍속과 놀이문화가 굉장히 다채롭고 풍부한 민족이었다. 또한 얼마나 유머감각이 풍부하고 풍자의 달인이었는지는 판소리의 대사나 아리랑의 가사들에서 알 수 있다. 중국 고전을 외우고 인용하는 양반들의 세계에서 하층민들의 사회로 내려오면 언어생활이 분방하고 어휘력이 풍성해진다. 인사를 건네거나 칭찬을 하거나 특히 욕을 할 때 농담 반죽을 즐겼고 무엇보다 비유법이 절창인데, 그것은 힘겹게 살아가면서도 마음의 여유가 있었고 좋은 두뇌를 가졌다는 뜻이기도 했다.

《스무살엔 몰랐던 내한민국》(이숲, 2013)은 1900년을 전후해 한국에 왔던 유럽인들의 방문기를 소개한다.

영국의 화가이자 인류학자 아놀드 랜도어의 《고요한 아침의 나라, 한국》(1895)의 한 대목이다. "양반들은 대부분 웃음소리를 크게 내지 않았다. 그들은 어떤 말이 기쁠지라도 요란스럽게 표현하는 것은 체신을 잃는 것으로 여긴다. 그러나 평민들은 왁자하게 웃고 즐기는 것이 일반적인 현상이다. 한국 사람들은 세계 어느 민족보다도 더 풍자를 즐겼으며 그러한 해학이 그들을 즐겁게 만들었다."

독일 기자 지그프리트 겐테는 《신선한 나라 조선》(1901)에서 "한국인은 원래 매우 선량하고 관대하며 손님을 후대하는 민족이다. (…) 자유분방하고 쾌활한 성격이며 때로는 술기운에 흥에 겨워 호탕하게 즐기는 편"이라고 했다.

우리는 일찌감치 '워라밸'이 있는 사람들이었다. 민중의 삶에서 일과 놀이, 생활과 예술이 따로가 아니었다. 시인 신경림은 민요라는 것이 거의 다 삶의 현장에서 일하면서 부른 노래들, 농요나 노동요였다고 했다. 그의 《민요기행》(1985)에서 충청도 미륵리의 72세 할머니 이야기. "살기가 너무 어렵구 일두 힘들구 그래 일하면서 노래를 했지만 그게 어디 노래 축에나 드나유. 그냥 일이 힘드니까 힘들구 지겨운 걸 잊을라구 노래들을 불렀지유."

《한국의 축제》(한국문화예술진흥원, 1987)를 보면 농사일에는 모찌기, 모심기, 김매기, 추수, 방아질에 각기 따로 노래들이 있는데 농사꾼들이 각기 지어 불러서 지역마다 다르다. 어촌에는 뱃사람들이 부르는 노래가 또 지역마다 따로 있다. 산골에서 나무꾼들이 나무 벨 때 부르는 노래가 있고 공사판에서는 다리 놓고 집 짓고 성 쌓으면서 부르는 노래들이 있다. 여자들이 길쌈하고 베 짜면서 부르던 노래들도 있다. 상여꾼들의 상여 소리, 가마꾼들의 권마성 소리, 보부상들의 보부상 소리, 각설이패의 장타령도 있다.

한국 사회가 지난 한 세기에 얼마나 요동했던지, 그 변화의 강도로 치면 한민족 역사에서 과거 1000년이 20세기 100년에 미치지 못할 것이다. 일제강점과 한국전쟁의 폐허 위에서 '조국 근대화'라는 이름의 산업화, 도시화, 서구화 과정을 모범적으로 이수한 1990년대의 한국은 100년 전의 한국과는 전혀 다른 나라가 됐다. 그 단절은 너무나 전면적이어서, 썰렁한 비유지만, 장기 적출 이식과 흡사했다. 그런 일괄교체를 밀어붙인 동력은 일종의 '문화 우생학'이다. 과거의 것, 우리의 것은 다 촌스럽고 쓸데없고 열등하다는 수치심과 자기혐오는 이민족 통치와 근대화 과정에서 우리 마음속에 자라난 것이다.

근대화란 철저한 실용주의자가 되는 과정이었다. 경쟁에 도움되는 것은 취하고 쓸모없는 것은 버리는 반복훈련인데, 일종의 자동차 경주와 같아서 속도에 지장을 주는 부품들은 제거하고 차체의 무게를 최대한 가볍게 만든 것이다. '쓸모' 바깥에 어떤 심리적 정서적 여유 공간이 만들어지는 법인데, 그런 여유 같은 것은 경제성장가도를 전력질주하는 과정에서 길가에 흘리고 와버렸다. 그렇게 해서 경쟁력은 얻었지만 우리는 대대로 집안에 가보처럼 내려온 어떤 귀한 것을 잃어버린 기분이다.

가령, 한가위란 민속명절이었지만 이젠 그냥 연휴일 뿐이다. 이미 거대화한 1980~90년대의 수도권에서 태어난 세대에게 더 이상 '귀성'의 행사도 없다. 가족과 함께 멀티플렉스 영화관에서 개봉영화 한 편 골라보고 외식하고 돌아오는 것이 명절행사. 축제의 알맹이는 빠지고 명절의 이름만 남은 셈이니, '자기 땅에서 유배된', 영혼 없는 명절이다. 축제 무드는 오히려 추석보다는 크리스마스다. 하지만 크리스마스는 기독교인과 기독교 국가의 명절이다. 가령 베를린에서는 크리스마스 한 달 전부터 거리마켓들이 서고 집집마다 크리스마스트리를 세우고 테라스와 창문에 장식을 만들고 가족을 위한 선물을 준비하고 파티를 벌인다. 우리도 크리스마스트리와 선물, 캐럴 정도는 따라하지만 자체 매뉴얼은 없는 명절, 남의 장기를 이식받긴 했는데 이물감이 영 해소되지 않는 것이다.

자살률과 관련해 흔히 잘못 알려진 것은 한국의 높은 자살률이 90년대 이후 풍요시대의 현상이라는 것이다. 1980년대 인구 10만 명당 10명 미만에서 점점 늘어나 2003년에 OECD 1위가 된 것은 사실이지만 이것은 1983년 통계청이 생겨나면서 자살률이 처음 공개됐기 때문이다. 그 이전의 경찰 통계에 따르면 자살이 늘어난 건 전쟁이 끝난 1950년대 중반부터였고 1960~70년대 개발시대의 자살률이 이미 2000년대와 비슷한 수준이었다. 유명한 '자살왕국'인 헝가리가 1961년 24.9명으로 세계 최고를 기록했을 때 한국은 24.4로 거의 헝가리 수준이었다.

따라서 지금 한국의 자살 신드롬은 부유한 나라들이 앓는 '선진국 병'이 아니라 한국의 특별히 터프했던 근대화 과정, 경쟁과 과로의 경제성장, 급격한 도시화 물결 속에서 개인들이 겪은 스트레스로 이해해야 한다. 속칭 '자살공화국'은 한국경제의 이륙과 함께 시작했다. 지표면으로부터 급히 상공으로 치솟을 때 엔진이 풀가동되고 기체가 흔들리면서 겪게 되는 비행기 멀미 같은 것이다. 다시 말해 자살 신드롬은 집단적인 '근대화 멀미'인 셈이다.

"원래 한국인은 자살과는 거리가 먼 민족이었다"(김태형,《자살공화국》, 2017)고 한다. "조선 후기의 형사판례집인 《심리록》은 자살자들이 '수치와 분노 때문에' 자살했다고 기록하고 있다. 힘없는 백성이 학정을 견디다 못해 분해서 자살하거나 정절을 빼앗긴 여성이 수치감을 견디지 못해 자살하는 것 등, 일종의 '명예'자살이었다. (…) 사대부나 상층계급의 사람이 생활고나 우울증 혹은 염세나 비관 등의 심리적이고 개인적인 이유로 자살했다는 기록을 찾기는 어렵다. (…) 전통적으로 한국인이 자살을 거의 하지 않았던 것은 한국인이 끈끈한 관계 속에서 공동체생활을 해왔던 것과 밀접한 관련이 있다."

우리 역사에서 처음 '자살 유행'이 사회 문제가 된 것이 1920년대, 일제 강점기였다. 지금 마포대교에 자살 예방 조형물과 메시지들이 등장한 것처럼 1920년대 한강의 유일한 다리 한강대교에는 '잠깐 기다리시오!'라는 팻말이 설치됐다. 1926~1930년 사이 한강대교에서는 109명이 투신자살했다.

지금의 한국 사회는 여러 가지 이름으로 불려진다. 바깥 세계에 비쳐지는 역동적인 모습은 '다이내믹 코리아'이지만, 급격한 변화로 인한 규범의 실종과 정신적 혼란에 관해서라면 '아노미 사회'이고, 어떤 정치 이슈나 개인적인 목표에 과몰입해 흥분해 있다는 의미에서 '아드레날린 사회' '노이로제 사회'이며, 빈곤을 졸업하자 갈등과 분노가 찾아왔다고 '헝그리 사회'에서 '앵그리 사회'가 되었다고도 한다.

자살률 분포는 우리 사회 심리지도에서 어디가 웅덩이인지를 가리킨다. 청소년과 노인 자살률이 특별히 높은 것은 사회에 진입하려는 사람들과 퇴출되는 사람들, 용도를 찾지 못한 사람들과 용도 폐기된 사람들의 소외감과 불안감을 말해준다. 그것이 한국 사회의 가장자리인 셈이다. 하지만 고위공무원과 기업체 임원, 교수, 의사, 회계사 등 관리직 전문직의 자살률이 2004년부터 10년 사이 각기 10배, 5배씩 늘었다는 뉴스는 한국 사회의 '가운데 자리'도 아찔아찔하다는 얘기다. 전국의 학부모 중 강남 8학군 학부모들의 행복감이 제일 낮다는 조사연구(김희삼, 논문 〈비교성향의 명암과 시사점〉, 2014)도 그런 사실을 뒷받침한다.

사회학자 이재열은 《다시 태어난다면, 한국에서 살겠습니까》(2019)에서 "지금 우리 사회의 불안은 지위경쟁과 연결지어 생각할 필요가 있다. 행복감이 떨어지는 사람은 가난한 사람들이기보다 치열한 경쟁에 노출된 사람들"이라 했다. 결국 문제는 '경쟁'이다.

한 사람의 성격과 인생이 프로그래밍되는 사회화 과정 12년을 학교교육이 하나의 경쟁 시스템으로 설계해놓았다는 것, 사회의 원리를 이해하고 갈등을 푸는 연습을 해야 하는 사회 교과가 '암기 과목'이 돼버렸다는 것, 한국인을 경쟁적인 캐릭터로 만드는 교육이 모든 문제의 출발점이다.

조폭 영화 〈가문의 영광〉에서 깡패 두목 이성재가 조직에 받아들여달라고 몰려온 '고딩'들에게 "전교 20등 안에 들어서 오면 받아준다"고 말한다. 지구상에 이런 갱스터 영화는 한국뿐이다. 대학 입시를 준비해본, 자녀를 대학에 보내본 한국인들은 모두 'SKY 서

성한이 중경외시'로 시작하는 '족보'가 무엇인지 알고 있다. 대학이 됐건 아파트가 됐건 한 줄로 줄 세우는 획일적인 경쟁 시스템에서는 모두가 상대적 박탈감에 시달리게 된다. 서열 사회에선 상위 30%라 해도, 상위 5%라 해도 '2등 콤플렉스'를 갖게 된다. '5천만 루저 증후군'이라 할까.

한국인들은 경쟁 본능으로 시대의 과제들을 돌파해왔지만 이제 그 경쟁 본능이 덫이 되고 있다. 경쟁에서 오는 불안과 변화로 인한 불안은 자살 신드롬의 주요 성분이다. 생활터전에서 뿌리 뽑히고 가족의 울타리가 무너지는 경험은 무의식의 바닥을 휘저어놓는다. 한국식 근대화는 모두 시골을 떠나 도시로 가고 지방을 떠나 서울로 가는 것이었다. 수도권 인구는 1950년대 한국전쟁 직후에 전체의 1/4이었던 것이 지금 절반이 되었다. 수천 년의 농경사회 공동체는 해체됐는데 현대 사회 도시생활에 맞춤한 새로운 공동체는 막 형성되거나 말거나 하는 중이다. 가부장제의 가족제도가 해체되면서 1인 가족이 30%가 됐는데 사람들의 통념은 아직 4인 가족 기준의 언저리에 머물러 있다.

한국인들은 놀라운 입지전을 썼다. 그리고 부유한 사회에 진입했다. 하지만 급성장의 뒷설거지가 필요한 시점이다. 가파르고 어질어질했던 이륙 과정을 통과해 고공비행에 접어들었으니 조심스럽게 안전벨트를 풀고 화장실에 다녀와도 되는 시간이다. 근대화 멀미를 가라앉히는 일은 발상의 전환을 요구한다.

3. 지구가 100명의 마을이라면

"현대인은 아담보다 신(神)에 더 가깝다. 그런데 왜 행복하지 않은 걸까?"(슈테판 츠바이크, 《정신의 탐험가들》, 한글판 2000년)라는 질문에는 이미 많은 모범답안들이 달려 있다. 생존의 기본조건, 의식주가 해결되면 사람의 욕망은 더 고도화하고 이제 인정과 소속과 성취에 대한 욕구의 충족 여부가 생사를 가를 수도 있게 된다는 것이 에이브러햄 매슬로의 '욕망의 계층이론'이다. 그런가 하면 부유한 나라 사람이 반드시 더 행복한 건 아니라는 이스털린의 역설도 있다. 정확히 말하면, 부유한 나라 사람이 반드시 더 행복을 '느끼는' 건 아니다.

긴 역사를 돌아볼 때 기아와 전쟁이 없는 시대에 산다는 것은 행운이다. 지금 세계를 돌아볼 때 기아와 전쟁이 없는 지역에 산다는 것도 행운이다. 여성의 경우 20세기 이후에, 그리고 일부다처제와 할례가 남아 있는 지역이 아닌 곳에서 태어난 것은 행운이다. 유대민족처럼 영토를 잃고 2000년 동안 이산의 운명을 겪은 경우도 있고, 쿠르드족처럼 4300만의 결코 작지 않은 민족구성원을 갖고도 끝내 자기 나라를 못 가진 경우도 있다.

《지구가 100명의 마을이라면》(데이비드 스미스, 한글판 2002년)

"60명은 항상 굶주려 있으며 이 가운데 26명은 너무 배가 고파 죽게 될지도 모른다. 16명은 이따금 배가 고픈 정도이고. 겨우 24명의 사람들만 늘 배불리 먹을 수 있다."

"60명이 상하수도시설이 돼 있는 환경에서 살고 있고 40명은 그렇지 못하다. 75명이 집이나 집 가까운 곳에서 안심하고 깨끗한 물을 사용하지만 나머지 25명은 날마다 깨끗한 물을 얻으려고 하루 종일 애써야 한다. 물을 구하는 일은 대부분 여자나 여자아이들이 한다."

"학교에 다녀야 할 나이의 사람이 38명인데 이 중 31명만이 학교에 다닌다. 마을 사람들 중 88명이 글을 읽을 수 있는 나이인데, 이 중 조금이라도 글을 읽을 수 있는 사람이 71명이며, 17명은 전혀 글을 읽거나 쓰지 못한다. 글을 모르는 사람은 남자보다 여자가 더 많다."

4. 베이비붐세대

1. 그들의 노년 ───────────────

베이비부머는 '쪽수'가 많아서 하나의 세대권력이 된 특이한 세계적 현상이다.

　유럽에서는 그들 세대의 생애사를 따라 사회 이슈가 바뀌어왔다. 베이비붐세대가 성장하면서 보육 문제에서 교육 문제로 이슈가 이동하고, 그들이 대학생이 될 때 대학 정원이 확 늘었으며 68운동이 기성 사회를 강타했고, 20대가 된 베이비부머 여성들이 가부장제를 치고 나오면서 성모럴과 가족 형태가 자유로워졌다. 그들이 사회에 진출할 때 정당 스펙트럼이 다채로워졌고 독일에선 처음으로 사민당 정부가 들어섰다. 그들이 노인이 됐을 때 연금 문제가 대두했고 연금 수령 나이가 2년 늦춰지자 항의시위를 벌였다. 그들은 데모 실력 하나는 남부럽지 않은 68세대 노인들인 것이다. 코로나바이러스에 70~80대 희생자가 많은 것을 두고 '베이비부머 리무버'라했다.

베이비붐세대와 밀레니얼세대의 갈등은 영국 브렉시트 과정에서 극명했다. 2016년 브렉시트 국민투표는 45세를 분수령으로 찬반이 갈렸는데 노인연금을 사수하려는 베이비붐세대가 '쪽수'에서 이긴 것이기도 하다. 밀레니얼세대는 재투표 청원 서명운동을 벌였다.

유럽 베이비붐세대가 1945년 이후라면 우리는 1953년 이후라 10년 낙차를 두고 비슷한 경로를 밟아왔다. 한국에서 베이비붐세대가 대학생이 됐을 때 학생운동과 페미니즘이 부상했고, 그들이 학부모가 되었을 때 대안학교나 공동육아가 붐을 이뤘다. 그들이 노년이 되면서 고령화 사회에 접어들고 국민연금 잔고가 이슈가 되고 노인 자살이 늘었다. 노년의 베이비붐 여성들은 '황혼이혼'의 유행을 만들었다.

한국 사회의 변화 속도가 빨랐던 만큼 그들은 한 생애 안에서 가치관의 대반전을 겪었다. 봉건의 부모 아래서 태어났고 개인주의 자녀들을 둔 '긴 세대'가 그들이다. 집단주의에서 개인주의로 이동하는 과도기가 그들의 생애다.

그들이 지금 집안에서 마주하는 것이 정확히 '긴 세대'의 현실이다. 50~60대의 그들이 자녀양육 책임을 다하고 돌아서니 치매 걸린 부모가 기다리고 있다. 험난했던 자녀교육 대장정을 마쳤는데,

돈과 시간과 정성이 필요한 건 같지만 전혀 다른 새로운 사역이 기다리는 것이다. 하지만 그들이 새로운 사역을 마침내 끝냈을 때 자식들로부터 그와 같은 봉사를 받기를 기대하기는 어렵다. 자식세대의 모럴은 이미 개인주의로 이동했고, 구리고 험한 노역을 감수하는 인자는 DNA에서 지워진 것이다.

베이비붐세대 여자들에게 결혼과 출산은 선택이 아니라 필수였다. 그들은 고등교육을 가사노동과 자녀양육과 재테크에 활용하는 전업주부가 되거나, 잠깐의 직장생활을 결혼과 함께 접으면서 '경단녀'가 되거나, 출산휴가 60일 외에 육아휴직도 없고 어린이집도 드물고 사회가 받쳐주지 않는 '워킹맘'의 초현실적으로 고단한 생활을 했다. 자녀를 통해 자아실현을 하고자 했던 전업주부거나 남편 도움도 없이 자녀양육과 가사노동과 직장생활의 일인삼역을 했던 워킹맘이거나 간에, 50~60대에 접어들어 가족봉사의 책임을 다했다 싶어지면, 지쳤거나 화가 나서 남편에게 '황혼이혼'을 제안한다. 집단주의에서 출발해 개인주의에 도착한 과도기 인생의 당연한 귀결인 것이다.

'긴 세대'의 운명은 사회에서도 마찬가지다. 직장에서 이들이 신참이었을 때 수직적이었던 조직문화는 은퇴 무렵에는 수평적인 조직문화로 바뀌었다. 1970~80년대에 그들이 직장에 들어갔을 때 월급은 한정됐지만 일은 무한대였고 토요일이 '반공일'이라지만 평일처럼 일했다. 잠 안 자는 기업인들, 새벽형 재벌총수들의 신화는 '내가 너무 자는 건 아닐까', '우리가 너무 적게 일하는 거 아닌가' 하는 자격지심을 갖게 했다. 그들은 순한 양처럼 말 잘 듣고 소처럼 열심히 일했다. 그들은 '과장님' '부장님' 하며 상사에게 깍듯이 예의를 차렸지만 자신이 부장이 됐을 때는 호칭 파괴가 일어났고 이제 신세대 직원을 대하는 예의, 새로운 시대의 '뉴노멀'을 익혀야 했다.

기성세대에 대한 전방위 비판 가운데 유럽의 68세대 비판처럼 한국 386세대에 대한 비판론이 하나의 장르를 이뤘으니, 그들이 민주주의를 가져오는 데 지대한 공헌을 했으나 그 시대의 정신에 고착돼 '포스트 민주주의'의 비전이 없다는 것이다. 한국사에서 386세대는 '거대담론' 취향, '체제담론'의 사유 습관을 가진 마지막 세대가 될 것이다. 베이비붐세대는 책을 읽는 마지막 세대일지 모른다. 베이비부머 지식인들이 자녀들에 대해 가장 흔히 하는 불평이 "책을 안 읽는다"는 것이다.

한국의 베이비붐세대는 열심히 살아온 사람들이다. 다른 나라들보다 훨씬 열심히 살아서 남부럽지 않은 입지전을 쓴 사람들이다. 그들은 스스로를 채찍질하며 보다 나은 미래를 향해 몸과 마음을 던졌다. 그들은 잠시도 쉬지 않고 자신의 앞날, 자식들의 장래를 위해 움직였다. 그들의 과녁은 늘 다가올 미래였다. 하지만 그들이 노년이 됐을 때 모든 것이 당황스러웠다. '과업지향적'인 그들에게 더 이상 '과업'이 주어지지 않고, 다가올 미래엔 죽음이 기다릴 뿐이고, 과녁이 있던 자리는 공터가 되었다. 평생 열심히 일했는데 빈곤만이 남았다면, 자식들을 위해 일했는데 자식들이 곁에 없다면, 여생을 빨리 마감하고 싶은 생각이 들게 된다. 일생의 경쟁 트랙에서 내려왔을 때의 정신적 공황을 동네 경로당에서 다스릴 수 없는 어떤 사람들은 할 일과 동료들을 찾아 태극기를 들고 거리로 나선다.

2. 소도시 출신의 서울 거주 여성 A씨

수도권 인구가 1955년 전체 인구의 1/4에서 2020년에 1/2이 되었으니 대략 베이비붐세대의 절반이 현재 수도권에 살고 있고 그들 절반이 지방에서 태어났다고 볼 수 있다. 지금 도시 지역 거주자가 인구의 90%가 넘으니 베이비붐세대 역시 대개 도시생활을 하고 있다. 1970년대 중반까지 서울의 절반이 농경지였고 지방 도시들은 시가지에 논밭이 섞여 있었으니, 아주 소수를 제외하고는 농경 사회 내지 전통 사회의 문화 속에서 어린 시절을 보냈다. A씨도 그런 경우다.

A씨의 학교교육(1966~1977)

'국민학교' 때는 미국 원조물자로 만든 옥수수빵 배급이 있었고, 점심시간에 학급마다 당번 두 명이 커다란 광주리를 들고 옥수수빵을 받아와서 아이들에게 나눠주었다.

목조건물이었던 학교가 증축공사를 하면서 A씨는 5학년 때 처음 2층 콘크리트 건물의 계단을 올라가보았다. '푸세식' 화장실은

너무 크고 속이 깊어 아이들에게는 무시무시한 곳이었고 귀신 이
야기의 주요 무대였다. A씨가 '전후세대'였다고 실감하는 것이 옥
수수빵과 '상이군인', 그리고 귀신 이야기였다. 집집마다 전쟁 때
죽은 가족이 있었고, A씨의 외할머니 외할아버지도 전쟁 때 동네
경찰에 살해당했지만 집안에서 쉬쉬하는 비밀이었고, 비명에 죽은
사람들이 살아남은 사람들의 공간에 귀신 이야기로 재림해 더불
어 살아가고 있었다.

남산 아래 공설운동장에서 학교 대항 축구나 야구 경기가 있을
때 응원가를 불렀는데 A씨는 꼬마들이 불렀던 응원가 가사의 그
엽기적 신랄함이 어디서 온 것일까를 생각해본다. (참고로 A씨 소속
은 중앙국민학교였다.)

"강릉 강릉 똥걸레. 깡통을 옆에 차고 중앙학교로, 밥 좀 달라고
찌그럭찌그럭."

"보아라 이 넓은 운동장에 중앙과 강릉이 싸운다. 중앙과 강릉이
싸우면은 보나마나 중앙이 이기지. 힘차게 싸운 중앙의 선수, 강릉
의 아갈통을 갈겨라. 뻗었다 뻗었다 보기 좋고 신기하게 뻗었다."

5학년 때 반공소년 이승복 기념가를 배웠고 국민교육헌장을 외
웠다. 동해안은 뒤숭숭했고, 울진 삼척 무장공비 침투 사건과 강릉
발 서울행 KAL기 납북 사건 때 초등생들도 전쟁 나면 어떡하나 하
며 근심스런 대화를 나누었고, 지하실이 없는 집에서는 마당에 방
공호를 판다고 했다. 학교에선 정기적으로 파월(派越)장병 아저씨
들과 일선(一線)장병 아저씨들께 위문편지 쓰는 숙제를 내줬는데

같은 반 아이 중에 일선장병 아저씨에게 "바나나 좀 보내주세요"라고 썼다가 선생님에게 야단맞는 일도 있었다.

중고등학교 때 수업 시작과 끝에 학생들이 선생님에게 하는 인사의 구호는 '멸공' '반공' '승공' '안녕하세요' '감사합니다' 사이에서 오락가락했고 목례가 됐다 거수경례가 됐다가 했다. 중학교 때 반공도덕교과 선생님은 북파공작원 출신이어서 수업시간에 UDT 훈련 받던 이야기를 했다. 여고에서는 교련시간이 있어 구급낭을 비껴 매고 열병식을 했다. 1974년 대통령 부인이 저격당했을 때 A씨네 세 자매는 영구차가 이동하는 TV중계를 보면서 서로 끌어안고 울었다. 하지만 1979년 대통령이 암살됐을 때 대학 2학년생이었던 A씨는 장송곡이 나오는 TV를 꺼버렸다.

우리나라에 대한 학습 키워드는 이런 것들이었다. '반만 년 역사', '사계절이 뚜렷한 금수강산', '석유 한 방울 나지 않는 나라.' 우리가 따라야 할 모범이라고 배운 것은 독일의 '라인강의 기적'과 '사막을 옥토로' 만든 이스라엘이었다.

1970년대 중반, A씨는 집에서 구독하는 〈동아일보〉에서 '어글리 코리안'이라는 연재물을 읽고 낙담했다. '마천루의 창을 닦아라'라는 제목의 기사였는데, 미국으로 이민 간 한국인들이 세탁소를 하고 식당에서 접시 닦고 빌딩의 청소부를 하면서 힘들게 정착해가는 이야기들 중에 한국 대학교수 출신으로 LA에서 고층빌딩 유리창을 닦는 어떤 이민자 경우가 기억에 남아 있다. 그것은 아직 한국을 떠나본 적 없고 단 한 명의 외국인도 만난 적 없던 소도시

여고생의 심상지도에 처음으로 찍힌 한국의 국제적 좌표였다.

'한국병'이라는 용어가 신문에 자주 등장했는데 주로 공공질서를 안 지키고 시간 약속에 늦는 한국인의 '후진국 병'을 고치지 않으면 선진국이 될 수 없다는 취지였다. 나중에 신문기자가 된 A씨가 뉴욕과 파리에 갔을 때 놀란 것은 그곳의 선진 시민들이 신호등 상관없이 무단횡단하고 아무데나 휴지 담배꽁초를 버린다는 사실이었다. 또한 근면성실하다던 독일인들이 너무 느리고 일을 안 하는 데 놀랐다.

A씨 개인사에서 근대화

A씨의 생활사에는 두 차례 과학혁명이 있었다. 첫 번째는 의식주 생활의 인프라에 관한 것이고 두 번째는 문화생활의 영역인데 주로 컴퓨터와 관련한 것이다. 첫 번째는 1970~80년대, 두 번째는 1990년대 이후의 일이다.

어릴 때 살던 동네는 시내였지만 공동우물이 있었고 집 안에 상수도가 하나 있긴 했지만 빨래는 동네 사람들과 우물가에서 했다. 열 살 때부터 산 적산가옥은 부엌에 수도가 있었지만 연탄아궁이에서 밥을 했다. 냉온수가 나오는 수도꼭지, 그리고 수세식 화장실은 78년 대학생이 되어 서울에서 처음 경험했다. 밤에 자다가 일어나 연탄불을 갈아야 했던, 아침에 때때로 이산화탄소 중독으로 머리가 띵했던 전통식 난방은 1982년 동부이촌동 공무원아파트 시절까지였고 거기서 번개탄과 작별했다. 공무원아파트는 난방은 연탄아궁이, 취사는 프로판가스인, 어쩌면 서울에서 마지막이었을지도 모를 '쎄미' 재래식 아파트였다.

강릉에서는 정월대보름이면 깡통에 숯을 넣어 돌리는 쥐불놀이(밭의 둔덕에 불을 놓는 것도 '쥐불놀이'라 한다)를 했고 남산에서 여럿이 한꺼번에 깡통을 돌리면 둥그런 달이 여러 개 떠 있는 거 같아 보였다. 남대천의 단오절 행사가 특히 야단스러웠는데 서울 왔더니 그런 것들이 하나도 없었다. A씨는 1980년 전후로 부모님이 돌아가셨을 때 장의차에서 장지까지 단축 코스로 꽃상여 행렬이 있어 처음이자 마지막으로 만가(挽歌) 소리를 들었다. 여름낮에는 "아이스케키나 칸다", 겨울밤에는 "메밀묵 사려" 같은 구성진 소리가 길거리에서 들려왔고 행상들은 대개 가난한 고학생들이었다.

운전면허를 따고 자동차를 구입한 것이 서른 살 때였는데 처음 차를 몰았을 때는 발에 바퀴를 단 것 같았다. 그것은 기술 문명이 선사한 전지전능한 능력의 첫 경험이었다. 나의 자동차를 갖게 되리란 건 1980년 이전엔 상상한 적 없었다.

고속도로 화장실에 휴지가 놓이더니 언제부턴가 비데가 설치됐다. A씨는 충무로 전철역 역사에서 '이건 우리 집보다 깨끗한 정도가 아니라 5성급 호텔 로비 같군' 싶었을 때 대한민국이 진심 부유한 나라가 됐다는 걸 깨달았다.

장 보드리야르의 《소비의 사회》는 20세기 후기 산업 사회를 "유리상자가 버려질 수 있는 시대"라 했지만 A씨는 아파트단지 쓰레기장에서 멀쩡해 보이는 가구뿐 아니라 신형 러싱머신을 자주 마주치는데 자신도 몇 해 전 빨래걸이로 쓰이던 러닝머신을 내다 버린 걸 잊고 그 신형 러닝머신을 유심히 들여다보기도 한다.

개인소득 1천 불 이전에 성장기를 보낸 '헝그리세대'의 습관은 일회용품 아껴 쓰는 데 거의 강박적이다. 물티슈는 탁자 위의 얼룩을 닦고 나면 한 번 더 쓸모가 있지 않을까 놔둔다. 샴푸나 바디워시, 핸드크림 종류는 사지 않는다. 딸들이 사놓은 것들이 집 안 구석구석에 굴러다니기 때문이다. A씨는 공공기관의 기관장을 하게 됐을 때 화장실에서 손 한 번 닦으려고 종이타월을 세 번씩 내리는 직원에 대해서는 업무처리에도 문제가 많을 거라 여겼다.

컴퓨터가 A씨 주변을 바꾸는 속도는 더욱 거침없었다. 신문사 편집국에 PC가 들어온 건 1992~3년 무렵이었다. 글 쓰는 수단이 원고지에서 PC로 바뀔 때 A씨는 "컴퓨터 화면 앞에서 생각이 잘 안 떠올라" 하며 곤란을 겪었지만 머지않아 글을 썼다 고치고 편집하는 데는 컴퓨터가 훨씬 편리하다는 걸 알게 됐다.

A씨의 첫 SNS 경험은 좀 당황스러운 것이었다. 2000년 신문사를 그만두고 작가가 되던 해였는데 PC통신 하이텔의 1:1 채팅방에서 한 남자가 "저는 78입니다"라고 하기에 반가워서 "아, 저도 78학번입니다" 했더니 바로 퇴장했다. 그는 78년생이었던 것 같다.

휴대폰을 처음 손에 쥔 것은 1990년대 말 A씨가 영화주간지 편집장으로 사람 관리, 일 관리가 번거로워졌을 때였다. 처음엔 벽돌 크기의 검정색 모토로라였다가 곧 가뿐한 애니콜 폴더폰으로 바뀌었다. 당시까지 기자들의 비상연락수단은 '삐삐'라는 무선호출기였는데, 쌍방향의 휴대폰이 '소통의 계급혁명'을 가져왔다. 무엇보다 과거엔 약속이 어긋나면 속수무책이라 멀쩡한 관계가 깨지는 일도 있었는데 휴대폰이 그런 리스크를 없애주었다. 그러나 휴대폰은 점점 스마트해지고 A씨는 점점 노화하면서 운명적인 불화를 피할 수 없는데, A씨가 익숙해질 만하면 기능 업데이트라면서 디자인과 시스템을 바꿔놓아 당황하게 한다.

자동차를 한 번 사면 10년씩 타는 A씨는 최근 생애 네 번째 자동차로 신형 하이브리드 SUV를 구입했는데 비싼 가격만큼 기능도 복잡해 매뉴얼이 웬만한 단행본 한 권 분량이다. A씨는 액셀과 브레이크, 기어 정도만 쓰면 좋겠다 싶은데 안전운전과 관련한 너무 많은 서비스들이 정신 산란하게 만들고 와이퍼나 헤드라이트가 저가 알아서 작동해 자주 놀라게 한다.

20세기 초의 혁명가, 〈아리랑〉의 김산은 '한 사람의 생애에 천년이 흘러가는' 시대라 했지만 A씨는 컴퓨터가 발명되기도 전에 돌아가신 분이 그런 과장을 하다니, 당치 않네 싶다. A씨는 앞으로 30년에 지난 30년 정도의 변화가 찾아온다면 따라잡을 자신이 없어 일찌감치 기권하고 싶다.

3. 파독 간호사 B, C, D씨

(베를린에 체류하는 동안 파독 간호사로 와서 정착한 분들과 가깝게 지냈다. 1966년부터 74년 사이 독일에 온 이 분들은 전쟁세대에서 전후세대에

걸쳐 있다.)

B씨가 1974년 독일 왔을 때 "코리아하면 전쟁의 나라, 분단의 나라"였다. 1988년에 드디어 한국이 올림픽의 나라가 되었다. 그다음 삼성과 엘지의 TV, 휴대폰이 들어오고 여기저기 매장과 광고가 보이기 시작했을 때 객지에서 고향 까마귀 만난 것 같았다. "한국 여권이 떳떳하고 든든해지는 거예요. 국경을 넘을 때뿐 아니라 취직할 때나 이사 할 때 내미는 신분증이 부끄럽지 않아진 거죠." 그는 독일인과 결혼했지만 40년 넘게 한국 여권을 쓴다.

영화를 좋아하는 B씨는 독일 처음 와서 대사를 거의 못 알아들으면서도 빔 벤더스 등 독일영화를 많이 봤다. 그러다 베를린 아르제날극장에서 홍상수 영화를 상영했을 때 어찌나 반가웠던지, 그리고 임권택 박찬욱 이창동 김지운 등의 영화들을 볼 수 있게 되어 행복했다.

66년 파독 간호사 1기로 독일에 온 C씨는 국립대 간호과를 나와 서울대병원에서 일하다가 파독 간호사로 지원했다. 맨 처음 베를린 결핵병원에 배치됐는데 "한국과 독일이 간호사 업무가 너무 달라서 당황했고 한국 간호사들이 다들 고생했다"고 했다. "야근하면 자정부터 6시 사이에 환자 10명을 씻겨야 했는데, 남자 환자 100킬로 덩치를 뒤집을 때 병실 저쪽에서부터 뛰어와서 그 반동으로 밀었다." 당시 독일은 이미 간호사가 간병인 역할까지 하고 있었는데 파독 간호사를 모집했던 해외개발공사도 그런 사정을 몰랐던 것 같다고 했다. 인도 필리핀 간호사들도 있었지만 한국 간호사들은 일 잘한다고 3년 계약 끝나면 대개 재계약했다. 그런데 오일쇼크가 오면서 실업이 늘고 일자리 문제가 생기자 독일 정부는 재계약을 안 해주고 본국으로 송환하겠다고 했다. 한인 간호사들은 '재독여성모임'을 만들어 적극대응했고 결국 노동법이 바뀌어 독일에 남고 싶은 사람은 남을 수 있게 됐다.

송환반대운동 하면서 모인 사람들 몇몇이 1978년 무렵 베를린 자유대학 동아시아학부에서 공부모임을 시작했다. "《전환시대의 논리》《분단시대 역사인식》 같은 책들을 읽었는데 듣느니 처음이라 너무 놀랐다. 경상도 출신인 데다 아버지가 한국전쟁에서 돌아가신 보훈가정이라 그때까지만 해도 반공 이데올로기가 머릿속에 꽉 박혀 있었다. 어떤 때는 공부하기 무서워 다음 주부터 나오지 말아야지 생각도 했었다. 한 친구는 《해방전후사의 인식》에서 이승만에 대해 비판적인 얘기가 나오자 교실을 뛰쳐나가기도 했다."

동일방직의 이른바 '똥물 투척 사건'때 재독여성모임은 동일방직 노조 지원 캠페인을 벌였다. "송환반대운동을 하면서 처음으로 나도 노동자라는 의식을 갖게 됐다. 동일방직 노동자들도 우리하고 똑같았다. 나도 집안이 가난해서 남동생 공부시키려고 독일까지 오지 않았나." 당시 독일에서 간호사 월급은 한국의 3배였는데, 한 달에 600마르크 벌면 50마르크 남기고 다 송금했다.

그는 독일 남자와 결혼해서 두 아들이 있다. 간호사 정년 마치면 한국에 절반, 독일에 절반 살려고 했는데 한국에 가보면 너무 불편해서 일이 있을 때만 잠깐씩 들어간다. "독일인들은 사람 사이에 일정한 거리가 있어서 가족 친구 이웃이라 해도 서로 간섭을 별로 안 한다. 한국에선 '디스턴스로스(distanceloss)!' 그러니까 사생활을 막 치고 들어오는 질문들을 한다. 남동생은 하루 종일 〈TV조선〉만 보는데 그 애하고 얘기하다 보면 열불이 난다. 며칠 전 선거법 가지고 국회의원들이 먹살잡이 하는 게 TV에 나왔는데 그럴 땐 좀 챙피하다."

1966년부터 74년까지 1만 1천 명이 간호사로 왔다. 절반은 독일에 남고 절반은 귀국했다. 광부와 간호사의 독일 파견은 가난한 나라에서 외화를 벌어들이는 고육지책이었고 박정희 정권의 인력수출 정책 1호였다. 당시 독일 노동자 임금은 국내의 몇 배였고 파독 간호사는 가난한 집 맏딸들이 많았다. 하지만 한국에서 여성의 삶이 너무 폭폭하고 갑갑해서 새로운 삶을 개척하겠다고 떠난 젊은 여성들도 많았다.

D씨는 언니가 여럿인데 모두 남편에게 맞고 살거나 먹고살기 힘들어 고생했다. 저렇게 살고 싶지 않다는 생각에 그는 1974년 독일로 '필사의 탈출'을 했다. 그리고 지금은 베를린에서 1970년대 한국의 가부장제 가족과는 대척점에 있는 대안의 가족을 이루어 살고 있다. 그는 슈프레 강변에 있는 주거공동체에 살면서 멀지 않은 곳에 '대체요법' 치료소를 운영하고 있는데, 120명 정도가 모여 사는 3동짜리 주거공동체는 독자적인 개별 공간과 함께 공동주방과 커뮤니티 공간이 있고 선착장과 요트를 공유한다. 그의 가족은 모두 베를린에 살면서 자주 모이는데 코로나 셧다운 기간엔 줌 가

족모임을 한다. 노트북 앞에 밥상을 차리고 대개 독일어로 수다를 떨면서 식사를 하는데 구성원은 모두 아홉이다. 독일인이었던 첫 남편 사이에 난 두 딸과 사위 둘, 첫째 딸의 아이 둘, 그리고 한국인이었던 두 번째 남편이 데리고 온 전처소생의 아들, 두 번째 남편 사이에서 난 딸, 요약하면 D씨와 딸 셋과 사위 둘과 손주 둘에 의붓아들 하나다. 피부 빛깔과 머리 색깔이 각색인 자유분방하고 느슨하면서도 화목한 대가족이다. D씨가 떠난 한국은 봉건 가부장제가 완고한 냉전시대 한가운데였고, 그가 도착한 독일은 전통 사회의 질서가 뒤흔들리던 68혁명 이후였으니, 독일에서 그의 삶은 동년배들인 68세대의 문화 속에서 함께 흘러온 것이다.

5. 밀레니얼세대

1. 그들의 청년기

올림픽 이후에 태어나 1인당 소득 1만 달러 사회에서 성장하고 월드컵 이후 새로운 밀레니얼의 시대에 성인이 된 세대. 이들은 '대한민국'과 '헬조선'이라는 두 개의 자화상을 가지고 있는 역설의 세대이다. 이른바 '풍요의 역설'과 '민주화의 역설'을 입증하는, 행복하면서도 불행한 세대. 우리 역사에서 가장 많은 자유를 누리고 가장 풍요로운 환경을 만났지만 많은 중요한 것들을 포기한 '3포 세대' 또는 '5포 세대.' 2002년 월드컵 4강의 '국뽕'을 경험했지만 2014년 세월호 침몰 사고로 쇼크를 받은 세대. 자존감과 좌절감이 자아정체성을 위아래에서 동시에 잡아당기는, 겉으론 방만한 듯하지만 안으론 긴장이 곤두선 세대다.

우리나라 국호는 공식적으로 '대한민국'이지만 그것은 헌법상 명칭이었을 뿐 그들 부모세대는 주로 '한국' 또는 '남한'이라는 표현을 썼다. '대한민국'이 일상의 언어가 된 것은 2002년 월드컵 이후일 것이다. '대한민국'에는 강한 한국의 이미지가 있다. 2000년 이후에 태어난 일본 청소년들은 한국은 원래 '힙한' 나라, 일본보다 뛰어난 나라로 인식하고 있다고 한다. '부존자원이 부족한 나라' '석유 한 방울 안 나는 나라'라는 카피에 익숙했던, 그것을 저개발국의 운명으로, 근검절약의 생활신조로 받아들였던 그들 부모세대의 콤플렉스가 그들에겐 없다. 천연자원보다 인적자원의 부가가치가 더 높은 4차 산업혁명 시대를 살고 있는 것이다.

미국 위스콘신주립대학에서 동양학을 가르치는 30대의 한 교수는 강의에서 일제 강점기와 군사정권의 어두운 과거사를 이야기하면 한국 유학생 또는 교포 학생들이 싫어한다고 했다. 자존감만 갖고 싶은 것이다.

'대한민국'의 자존감이 바닥에 떨어지면 거기에 '헬조선'이 있다. 밀레니얼세대가 본 것엔 2002 월드컵만이 아니라 IMF 충격과 세월호 침몰도 있다.

'헬조선'은 SNS 공간의 말장난, 신조어놀이의 산물이지만 밀레니얼세대에 애용됨으로써 '헬조선 현상'이 되었다. 이 용어를 소비하는 심리에는, 자기가 놓인 짜증나는 환경을 저주할 때의 카타르시스, 그리고 나만 힘든 게 아니라는 위안도 있다.

지금 한국 사회는 우리 역사에서 최악도 아니고 지구상에서 최악도 아니다. 다만 이런 과장법이 통하는 것은, 한국 사회가 여러 가지로 평균 이상이지만 희망과 절망의 낙차가 너무 크다는 사실에 있다. 취업과 실업, 안정된 직장과 불안정한 직장, 아파트와 월세방, 정규직과 비정규직. 상위 10%와 하위 10%의 삶이 미디어를 통해 중계되는 '반투명' 사회에서 위너와 루저 사이의 낙폭은 피부에 와 닿는다. 더구나 IMF 외환위기, 자고 깨보니 한국 사회의 바닥에 커다란 싱크홀이 생겨나 있고, 이제는 멀쩡히 땅을 딛고 서서도 발밑이 불안하다.

같은 반 친구들과 내신성적을 다투고 학생부 기록을 따지고 '대학의 낭만 따위는 개나 줘'버리고 학점관리 취업준비에 올인했는데 자기소개서를 1백번 쓰고 면접을 1백번 보노라면 자존감이 점점 하강한다. 이 가혹한 서바이벌게임이 면제된 '금수저'들도 있으니, '헬조선'은 금수저와 흙수저 계급이 있는 신분 사회인 것이다. 게임을 시작하기도 전에 위너와 루저가 결정돼 있는 것이다.

인디 영화인 〈아워 바디〉(한가람 감독, 2019)의 주인공은 1백 번 원서 냈다 떨어지고 공무원시험 공부는 끝이 안보이고 자존감 바닥이고 생활도 피폐할 때 친구 권유로 달리기를 시작한다. 엄마는 말만 꺼내면 기-승-전-공무원시험이다. 같이 달리는 친구는 "이렇게 달리다 길에서 교통사고로 죽어도 상관없다. 아까울 것도 없다"고 했는데 실제로 그렇게 죽는다.

다큐멘터리 〈내 언니 전지현과 나〉(박윤진 감독, 2020)는 넥슨의 1999년 출시 게임 알랜시아, 회사가 버린 실패 아이템인데, 거기

남아 있는 충성파 유저들에 관한 얘기다. 이들은 취업을 포기하고 이 사이버 세계 안에서 살거나 회사에서 받는 스트레스를 여기서 채팅하며 푸는 '사이버 공간의 망명객'들이다. 제조회사가 서비스 업데이트도 없이 방치한 폐건물 같은 게임 공간을 떠나지 못하는 이들의 정기모임은 마치 종말의 날을 앞둔 노아의 방주 같다.

가난했고 더러 맞고 자란 그들 부모세대에 비해 이들은 대체로 장난감들에 둘러싸여 "나는 이건 싫고 이건 좋아"라고 말하며 자랐다. '애굽'에서의 노예생활을 탈출해 홍해를 가르고 광야에서 헤매고 가나안에 도착했더니 아이들이 지옥 같다고 불평할 때 출애굽의 모세들은 당황하게 된다. 하지만 베이비붐세대에게 엄살로 보여도 그 자신들은 절박하다. 평균보다 높은 청년 자살률이 그것을 말해준다.

청년세대의 불안감과 박탈감은 우리 사회의 문제만도 아니다. 미국 여성 언론인 안나 카메네츠의 책 《채무세대(Generation Debt)》(2006)는 '우리의 미래는 학자금대출, 나쁜 일자리, 이윤율 저하, 부자 감세로 인해 어떻게 고갈돼버렸나'라는 부제를 달고 있는데 "우리는 엄청난 부의 세기에 가장 부유한 나라에서 살고 있다. 하지만 이 나라 국민 중 35세 이하에겐 미래가 없다"고 했다. 영국 교육부장관 데이비드 윌릿의 《위기(The Pinch)》(2019) 역시 마치 우리 얘길 하는 듯하다. "베이비붐세대는 모든 부를 그들의 손아귀에 움켜쥐고 있다. 자본가로서는 임금 삭감으로, 부동산 소유주로서는 부동산값 상승으로 이득을 보고 있다. 하지만 그들의 자녀는 더 이상 자기 집을 살 수 없을 것이다." 일자리는 줄어들고 집값은 이미 올라버린 상황, 선진국들 대개가 비슷한 자본주의의 경로 위에 있다.

자기가 속한 사회를 답답해하는 건 청년기의 특징이고 특권이기도 하다. 유럽에선 그리스, 이탈리아, 스페인 경제가 침체되면서 청년들이 프랑스나 독일로 가는데 독일 청년들은 독일에 희망이 없다고 스위스나 미국으로 빠져 나간다. 독일 청년들은 노동시간이 더 짧고 복지는 더 좋은 스칸디나비아와 자신을 비교한다. '재들은 저렇게 대충 일하고 사는데 우린 뭐야.'

청년 실업률은 2019년 한국이 8.9%, OECD 평균 10.5%에 비해 낮은 편이고, 실업은 컴퓨터가 '열일'하는 정보기술혁명 시대에 모든 선진 사회가 괴로워하는 문제이다. 특히 한국은 대개의 OECD 국가들이 순차적으로 겪은 일을 몰아서 한층 과격하게 치르고 있다. 모두가 대학 가고 여학생들도 취업을 택하면서 고학력 일자리 수요는 급증하는데 반대로 사무자동화에다 공장자동화에다 공장 해외이전으로 고용이 줄어드는 것이다. 88올림픽 때를 좋았던 시절이라는 사람들도 있지만, 88년의 대학 진학률은 36.4%였고 여성 절반은 취업을 포기했으니, 60% 이상의 청년들이 미리 배제된 불공정 경쟁의 시절이었다.

'헬조선'은 세대갈등과 문화충돌의 문제이기도 하다. 한국 사회는 집단주의에서 개인주의로 이동하고 있고 그 획일성과 다양성의 접경에서 일어나는 마찰은 그대로 젊은 세대의 스트레스가 된다. 그들은 이미 개인주의 세계의 시민이지만 그 시민권은 자주 무시당한다.

이 개인주의 세계 시민의 굴욕은, 세종시 4년차 공무원이 쓴《그놈의 소속감》(김웅준, 2019)에 몇 가지 사례가 들어 있다. 공공기관 대회의실. "고위직부터 말단까지 어떤 민간인이 들어와서 보더라도 누가 윗사람이고 아랫사람인지 알 만한 대형으로 앉아 '창의적인 생각과 대안을 내놓으세요'라며 끊임없이 토론하고 의견을 교환하는 장소다. 긴장되고 숨 막혀서, 어떤 발언을 하고는 싶은데 아무 생각이 나지 않는 그런 곳이다. 차라리 책상 밑으로 1분짜리 예능 영상을 보면 새로운 생각이 튀어나올 것 같다." 그리고 검정 일색의 옷장. "만약 노란 패딩을 입었다면 청사 외부에서부터 100퍼센트 신분증 검사를 당해야 할 것이다."

독일에서 활동하는 조성형 감독의 다큐멘터리 〈한국, 두 개의 목소리〉에는 패스트푸드점에서 알바하고 펑크록밴드 멤버로 전자기타를 치는 스무 살쯤의 여성이 나온다. "다 어느 쪽에 붙어서. 넌 어느 쪽이냐 묻죠. 어느 쪽 없어요. 우리를 짜증나게 하는 건 다 욕하죠. 초면에 나이 물어보고 어리면 반말하려드는 한국의 나이든 아저씨들 싫어요."

개인주의는 밀레니얼세대의 강점이자 약점이다. '너'의 의사를 묻는 질문을 받으며 자란 아이들의 자존감은 외부의 압력에 반응하는 건강한 면역체다. 강력한 집단주의교육을 받았던 그들 부모들은 '존중받기'보다 '존중하기'에 익숙하고 그것은 집단의 가치에 동원되기 쉬운 심리적 조건이 되었다. 다원주의의 미래에 밀레니얼세대의 개인주의는 희망이다. 하지만, 집단의 가치에 쉽게 동원되지 않는 건 강점인데 자기중심이 서 있느냐는 조금 다른 문제다.

자살한 군인에 대해 악플을 달다 의문사한 젊은 여성의 죽음을 둘러싼 소동을 다룬 영화 〈소셜포비아〉(홍석재 감독, 2014)에서 1983년생 감독은 "에고는 강한데 그 에고를 지탱할 알맹이가 없는 거. 요즘 애들이 다 그렇죠 뭐"라고 자신들 세대에 대해 자조한다. 《90년생이 온다》(임홍택, 2018)에 따르면 90년대생은 "학교 수업시간에 태블릿PC 등을 활용한 첫 번째 세대"이다. "온라인 저작물 등을 쉽고 빠르게 검색하고, 디지털 문서 사이를 자유자재로 넘나들 수 있다. 이들은 문서에 대한 유연하고 빠른 이동에는 익숙해졌지만 문서에 대한 집중력은 약해졌다."

에고를 지탱할 무엇, 생각의 체계와 자기중심을 갖는 데는 많은 정보를 빠르게 섭렵하는 능력보다 천천히 깊이 생각하는 연습이 도움이 될지 모른다.

2. A씨의 1992년생 딸

《90년생이 온다》가 90년대생의 특징으로 꼽은 세 가지는 간단하거나, 재미있거나, 정직하거나다. '재미'가 이 세대 공통의 최우선 순위라는 것만은 명백하다.

A씨가 딸에게 '재미의 연대기'를 말해달라고 하자 그는 이런 전

제를 달았다. "나는 재미와 흥미를 아주 중요하게 생각하지. 그러나 우리 또래의 평균은 아니야. 나는 못 놀면 인생을 낭비하고 있다고 생각하지만 내 친구나 직장동료 중엔 목표를 향해 가고 있지 않으면 인생을 낭비하고 있다고 생각하는 친구들도 많아."

그의 세대에 가장 중독성 있는 놀거리는 단연 PC게임이었다. PC게임 입문은 초등학교 1학년 때, 〈바람의 나라〉(넥슨 롤플레잉게임의 고전, 1996년 출시)였다. 학교 끝나면 동네에서 롤러블레이드를 타거나 누군가의 집에 모여 게임을 했다. 친구들이 번갈아가며 PC 앞에 앉아 게임을 했는데 잘하는 애들이 그의 ID로 들어가서 사냥하고 새 무기 얻고 레벨 올리면서 캐릭터를 키워줬다. 초등 3학년 때부터 〈크레이지 아케이드〉에 푹 빠졌고 5학년 때 〈메이플스토리〉를 시작하고는 게임 폐인이 됐다. 그때부터 게임 중독에 빠졌다 벗어나길 반복했는데 대학을 가야겠다는 생각으로 고등학교 2학년 여름방학에 게임을 끊은 다음에는 PC게임을 다시 하지 않았다. 〈내 언니 전지현과 나〉를 보니 그때 〈일랜시아〉에 들어갔던 사람들이 아직도 거기 있는데, 그는 게임만 하고 친구 사귀거나 커뮤니티 활동을 안 했기 때문에 쉽게 나왔던 것 같다.

대중음악에서 몇몇 '보이그룹'이 10대의 남성 판타지를 대리했다. 초등 3학년부터 2년간은 클릭비였고, 6학년부터 중2까지는 동방신기였고, 고1~2 때는 2PM이었다. 대학생이 된 다음은 '현실의 남자들'이 보이그룹을 대신했는데 아주 오랜만에 지난여름 NCT에 꽂혔다. 친구 만나고 맛있는 거 먹고 영화 보고 전시회 보고 콘서트 보고 춤추러 가야 하는데 코로나로 회사 일은 재택이고 외출이 줄어드니 인생이 무미건조해졌다. 우울증 안 걸리고 이 시기를 무사히 넘기는 게 중요하겠다 싶을 때 NCT를 발견했고 큰 도움이 됐다. 네이버 플랫폼 'V라이브'에 NCT의 다큐나 콘서트 실황 같은 새 콘텐츠가 올라오는 시간엔 친구들하고 치맥파티 하면서 같이 흥분한다.

만화는 성인이 된 이후에도 가장 강력한 즐거움인데, 종이만화로 시작해 웹툰으로 넘어왔다. 최초의 만남은 〈안녕 자두야〉라는 한국만화였지만 곧 일본만화에 빠졌다. 〈원피스〉〈나루토〉〈블리치〉 등. 여기는 장르도 다양했고 순정만화에서 모험만화로 넘어가니 규모도 크고 신기한 세계였다. 2006년쯤 웹툰으로 넘어갔는데 이때는 한국 웹툰들 수준이 상당해져 있었고 처음엔 PC로, 그 다음에는 스마트폰으로 웹툰을 보기 시작했다. 지금은 요일마다 업데이트되는 웹툰을 챙겨보는데 하루에 하나인 날도 있고 많게는 다섯 개인 날도 있다.

〈고쿠센〉이나 〈노다메칸타빌레〉처럼 만화 원작 드라마들을 네이버 다운로드 사이트에서 받아 보면서 일본만화 취향이 드라마로 자연스럽게 이동했다. 중학 2학년 때였던 거 같은데 〈히어로즈〉를 계기로 '일드'에서 '미드'로 옮겨갔고, 지금도 보고 또 보는 최애 드라마는 〈프렌즈〉다.

"만화나 드라마는 별로 유익하지 않은데 시간이 아깝지 않느냐고? 나는 기본적으로 이야기를 좋아한다. 유익한 걸로 치자면, 내 경험은 한정돼 있지만 여러 상황은 간접체험하다 보면 공감능력도 커지고 시야도 넓어진다는 거. 다들 행복하기 위해 사는데 만화를 볼 때 행복하면 그게 유익한 거다. 나의 미래에 도움이 안 된다고? 보상이 돌아오는 미래란 언제부터일까. 나는 지금도 중요하다."

사실 드라마나 만화 같은 판타지보다 더 즐거운 건 춤이다. 초등 6학년 때 동생과 함께 구민센터 방송댄스반을 시작했고 중2까지 공연을 다녔다. 끝까지 공연을 같이했던 친구들은 대개 연극영화과 가거나 아이돌그룹 연습생으로 갔다. 대학생이 돼 신입생 장기자랑대회에 나갔다가 학교 방송댄스동아리에 잡혀 들어가 다시 춤을 추게 됐는데 지금도 '원밀리언 스튜디오'에서 춤을 배우고 연습실을 빌려 춤 연습을 한다. 원밀리언은 전 세계에 2천만 명이 넘는 구독자를 가지고 있는 대표적인 한국 '어번댄스 스튜디오'다. 몸이 마음대로 움직여질 때의 쾌감은 수학 문제를 풀고 퀴즈 맞히고 게임을 이겼을 때와 비슷하다. 무대에서는 엑스터시의 경험을 한다.

다른 친구들처럼 '페이스북'에서 '인스타그램'으로 건너간 것도 '재미'의 문제다. 2018년 미투 때 '꽃뱀' 타령하는 이상한 사람들하고 댓글 싸움하다가 지쳐서 페이스북을 접었다. 인스타에는 요리나 카페나 고양이 사진 등을 올린다. 장소, 배경, 컨디션 그 모든 게 잘 어우러졌을 때의 내 사진도 올린다.

A씨는 자신의 내면에 살고 있는 '노예감독관'이 딸에게는 없다는 걸 확인했다. A씨 세대 대부분은 김누리 교수가 말한 '노예감독

관', 스스로의 생산성을 채근하는 '슈퍼에고'와 더불어 살아가는데 자식세대는 그렇지 않은 것이다.

《90년생이 온다》에는 어렵사리 대기업에 취직해서는 1년 만에 그만두는 사례가 여럿 나오는데 퇴사 이유로 빠짐없이 등장하는 두 가지가 '꼰대'와 야근이다. A씨의 딸이 2년 넘게 한 회사에 다니는 걸 보면 두 가지 문제가 심각하지는 않은 듯하다. 아이가 회사 일과 개인생활을 확실히 구분하는 데서 A씨는 격세지감을 느낀다. 80~90년대의 신문사는 이틀 야근하면 이틀은 회식으로 자정 넘어 귀가했고 직장에서 일도 하고 놀기도 하고 친구도 사귀고 연애도 했다. 팀회의는 반말 농담 섞어가며 다들 편하게 떠들어대는 분위기였다. 딸이 재택근무하면서 하루 한두 번씩 '줌회의'하는 것을 보면 수평적인 조직문화가 확연하고 팀장이나 신입이나 서로를 OO님이라 부르고 존대하면서 예의를 차린다. 회식도 드물고 사생활에 관심 갖는 건 주의사항이라니 자기 일처리를 분명히 하고 업무가 꼬이지만 않는다면 서로를 성가시게 만들 여지는 별로 없어 보인다. 그러나 개인적으로 힘든 일이 있다고 심야에 불러내기는 힘들 것이다. 그것이 개인주의의 비용이다. 개인의 영역과 자유를 사수하겠다면 사적인 위로나 배려도 기대하면 안 된다. 직장이 너무 썰렁한 것도 싫지만 너무 동화되기도 싫은 것이 그들 세대의 딜레마다.

A씨의 딸은 외국인 친구들이 많다. 어쩌면 같은 나라의 기성세대보다 같은 세대의 외국 친구들하고 소통이 더 잘 되는지도 모른

다. "오늘날 지구촌에서 런던, 보스턴, 카라치, 부에노스아이레스의 도시 엘리트들은 유사한 정보와 아이디어를 접하며 그들의 세계관과 가치관의 차이는 알아차리기 힘들 정도로 작다. 이와 유사하게 여행자들은 세계의 어느 수도에서든 음악, 옷, 음식에 대한 취향을 공유하는 젊은이들의 하위문화를 발견하는데, 이는 여행자 자신이 사는 공동체의 연장자들이나 다른 젊은이들의 취향에 비해 다른 대륙의 유사한 하위문화와 더 긴밀하다는 것을 시사한다."- 리처드 니스벳, 리 로스, 《사람일까 상황일까》, 2019

열차와 자동차가 생기기 전까지는 마을과 마을, 지역과 지역 사이에 차이가 컸다. 말씨와 방언, 예절과 풍습, 음식 등 지역마다 고유한 것들이 있었다. 또 비행기가 생기기 전까지는 나라와 나라 사이의 차이가 훨씬 컸다. 그러나 인터넷, 휴대폰의 등장 이후 세대차이가 국적차이보다 커졌다. 민족성이란 것도 급속히 옛날얘기가 돼가고 있다.

3. 터키 여성 이딜

한국에 온 한 외국인은 서울이 '2040년 미래 사회' 같다고 했다. 상점이나 숙박업소에서, 전철이나 버스 택시에서도 카드를 쓰고 치킨이나 피자를 주문하면 문간에서 카드 결제를 해준다. 입고 쓰고 먹는 것까지 모든 것이 배달되고 주문하면 금세 온다. 그리고 열쇠가 사라진 문! 집이나 사무실에 들어갈 때 버튼을 누른다. 특히 젊은이들에겐 24시간 편의점, 밤늦게까지 열려 있는 카페들이 매력적이다.

터키 여성 이딜 담라 빙골(89년생)은 2017년 한국에 여행 왔다가 너무 마음에 들어서 한국에서 살기로 작정했다. 터키 수도 앙카라 출신으로 대학에서 산업공학을 전공하고 대학원에서 미디어커뮤니케이션과 여성학을 공부했으며 졸업 후 다국적 기업인 ING은행의 IT부문에서 비즈니스애널리스트로 4년간 일했다. 일이 재미있었고 직장생활도 즐거웠지만 점차 반복적인 일과가 지루해졌다. 다른 나라에서 살아보고 싶었던 그는 직장을 그만두고 해외여행을 했다. 이탈리아 폴란드를 거쳐 중국과 한국에 왔는데 한국이마음에 들었다. 음식이 좋았고 박물관과 절도 좋았다. 이듬해 한국어를 배워 취업하려고 다시 서울에 왔다.

서강대 한국어 과정을 1년 반 다니면서 영어과외도 하고 비건레스토랑에서도 일했다. 친구들도 많이 사귀었고 한국의 모든 것이 좋았다. 대중교통은 너무 편리하고 한국인들의 스타일과 센스도 마음에 들었다. 교보문고와 온라인 서점에서 책도 많이 샀는데한국은 책 표지 디자인이 아기자기하고 매력적이라 서점에서 책구경하는 일도 즐거웠다.

한국어 과정을 끝내고서 구직 전선에 뛰어들었다. 여러 회사들에 원서를 넣고 인터뷰를 했는데 최종적으로 가사노동 서비스를하는 한 스타트업에 취직이 됐다. 하지만 두 달 채 못 돼 그만뒀다. 다음은 2년 동안 한국에서 취업을 위해 노력한 이딜이 새 직장을

2개월 만에 그만두고 터키로 돌아간 이유다.

우선 그는 경력이나 전공과는 무관한 업무에 배치됐다 한다. 전임자는 인수인계를 해주지 않고 다른 부서로 갔고 매니저도 업무를 제대로 가르쳐주지 않았다. 이곳의 업무방식은 정말 마음에 안들었다. 팀 안에서도 각자 자기 일을 하면서 서로 경쟁하는 분위기였다. 업무처리는 자꾸 퇴짜 맞는데 처음부터 차근차근 물어가면서 일을 하려면 "여기가 초등학교냐" 하면서 성가셔했다. 별도 수당 없이 야근을 했고 업무시간 외에 일을 익히라는 식이었다. 한국어가 충분치 않아서 소통의 문제도 있었을 것이다. 한국의 직장문화에 대해 이미 들어서 알고 있었지만 스타트업 쪽을 지원한 것은 그곳은 사람들이 젊고 덜 완고하고 좀 더 오픈마인드일 거라 생각했기 때문이었다.

이딜의 실패는 우선 한국에 여러 언어를 구사하는 고학력 외국인을 필요로 하는 글로벌 기업도 많은데 그의 사정거리 바깥이라 자신의 전공이나 경력과 무관한 기업에 '잘못' 들어갔다는 데서 시작했다. 하지만 그녀 앞에 넘기 힘든 두 개의 장벽이 있었으니, 첫째는 국제 기준으로 '빡센' 근로 환경과 경쟁적인 직장문화이고, 두 번째는 아직 외국인에게 개방적이지 않은 직장 사회다. 영어와 터키어를 쓰고 한국어를 웬만큼 하는 그녀가 미국이나 서유럽 사람이었다면 직업을 구하는 것도, 직장에 적응하기도 좀 쉽지 않았을까. 한국인의 마음에 인종 카스트제도가 있다면 미국과 서유럽 백인이 맨 위 칸, 동남아 이민노동자가 맨 아래 칸이다. 적어도 이딜은 맨 위 칸은 아니었던 것이다.

6. 《한국인만 모르는 다른 대한민국》

임마누엘 페스트라이쉬, 2013

'하버드대 박사가 본 한국의 가능성'이라는 부제가 붙어 있는《한국인만 모르는 다른 대한민국》의 저자 임마누엘 페스트라이쉬는 하버드대 동아시아 언어문화학 박사로 일리노이대 교수를 거쳐 경희대 국제대학 교수로 일하고 있고 한국 여성과 결혼했다. 그는 1980년대에 일본이 부상했던 것처럼 "30년이 지난 지금 세상은 또 다른 1등 국가의 부상"을 바라보고 있고 그것이 한국이라 했다. "한국은 인구 2천만 이상 되는 나라 가운데 식민지 경영 등 제국주의 정책이나 유산을 받지 않고도 선진국이 된 최초의 사례"다. 하지만 그는 한국이 그 성취도나 잠재력에 비해 제대로 평가받지 못하고 있다는, 정작 한국인 자신이 스스로를 저평가하고 있다는 문제의식에서 출발한다.

그는 한미FTA(자유무역협정)에 대한 결사적인 반대시위도 이상한 현상이었다 한다.

"한국인들은 이상하리만큼 미국 기업의 한국 투자를 두려워한다. 과거 IMF 위기 때와 비슷한 일이 일어나지 않을까 걱정하는 것이다. 그러나 지금 그런 우려는 기우에 가깝다. 미국 은행이 선물이나 통화 투기를 여전히 많이 하고 있지만 그런 영역은 제한적이다. 그리고 미국 기업이 한국 기업을 인수합병할 가능성은 그리 높지 않다. 미국 기업들은 한국에 공장을 세울 여유가 없다. 오히려 한국 기업이 미시간주 등 미국 여러 곳에 공장을 세우고 기업을 사들이고 있다. 이런 상황 변화를 이해하지 못하는 한국인들이 의외로 많다."

실제로 나중에 트럼프가 대통령이 되어 한미FTA로 인한 무역적자 문제를 제기했을 때 한국의 평범한 시민들은 어리둥절해졌다. 물론 한미FTA 같은 전면 개방은 현대자동차의 해외사업에 유리했던 반면 농민들은 수입 농산물과 싸워야 했으니 양지와 그늘이 극명했고 이해가 엇갈렸다. 하지만 우리가 또 당하는 거 아닐까, 하는 약소국 콤플렉스가 작용한 것도 사실이었다. 하지만 그때 이미 우리가 강대국이었다는 게 페스트라이쉬의 말이다.

"현대 차를 몰고 삼성 TV를 보는 미국인이라 해도 한국에 대해서 잘 모른다. 그들이 한국과 관련해 신문에서 읽는 기사 대부분은 서울에서 일어난 일이 아니다. (…) 북한의 장거리 로켓 발사나 핵실험에 관한 것일 가능성이 크다."

'코리아 디스카운트', 한국 제품이나 기업의 주식이 가치에 비해 덜 평가받는다면 이런 정치적 불확실성도 있지만 한국이 마케팅을 못 하고 있기 때문이기도 하다. 가령 스웨덴의 이케아 가구는 스웨덴 특유의 독특한 이미지, 건강하고 편리하고 창의적인 분위기를 풍긴다. 독일제 기계가 인기를 끄는 것은 제품 자체가 견고하고 정밀하지만 독일 사람이 풍기는 원칙주의자 이미지, 품질에 관한 한 절대 양보하지 않을 것 같은 이미지가 포함돼 있다. 한국인의 장점과 매력을 내세우면 '코리아 디스카운트'가 '코리아 프리미엄'이 될 수 있다는 것이다. 그는 한국이 자신을 선진국으로 여기지 못하는 것, 자기 민족이 가지고 있는 장점을 인식하고 바깥에 내세우지 않는 걸 답답해한다.

이런 식이다. '너네는 선진국이라는 유토피아가 따로 있는 걸로 생각하지. 하지만 너네를 크게 능가하는 선진국은 이제 지구상에 존재하지 않아. 그건 너네가 갖고 있는 선진국 신비주의 같은 거고 저개발국 정체성에서 아직 벗어나지 못했다는 뜻이야. 너무 빠르게 모든 게 바뀌었으니 적응이 안 되는 것도 이해할 수는 있지. 1953년에 한국은 GDP가 소말리아하고 비슷했는데 지금은 세계 10위의 경제대국이 되었어. 어떻게 이런 일이 일어날 수 있었던 거지? 너네는 분명 위대해질 수 있는 잠재력이 있는 민족이야. 1953년, 너네는 지하자원도 부족하고 먹고살기 힘들고 구호식량 타려고 줄을 서야 했지. 하지만 소득이 소말리아 수준이었다고 문화도 소말리아 수준이었을까? 절대 아니지. 너네는 수천 년 동안 내려온 학구열과 학문의 전통이 있어. 너네는 선진국 제품 베껴서 싸게 팔아 경제발전했다고 푸념하지. 남의 기술 베끼는 게 자랑거리는 아니지만 그건 미국도 해온 일이야. 그리고 전 세계 수많은 개발도상국들이 경쟁적으로 베껴 팔았는데 다 너네처럼 성공하진 않았어. 그건 뭐지? 잘 생각해봐. 너네 문화에, 너네 역사에 분명 특별한 뭔가가 있어.'

그는 우리 역사에서 지행합일(知行合一, 지식과 행동의 일치, 자연과 인간의 일치)의 선비, 검소하고 절제된 생활을 하고 책을 읽고 글 쓰기를 즐기던 유학자, 또는 관료와 학자와 문인과 예술가가 함께 모여 교류하던 '사랑방'을 거론하기도 한다.

그는 "한국이 한 세대 만에 개발도상국에서 선진국으로 이동함으로써 신흥국들의 성장 모델이 되었다"고 했고 그 '코리안 드림'을 이제 한국의 대중음악과 TV드라마와 영화, 이른바 '한류'가 받쳐준다고 했다. 만일 페스트라이쉬가 2020년에 이 책을 냈다면 BTS와 봉준호가 코리안 디스카운트를 코리안 프리미엄으로 바꿔 놓았다고 썼을지 모른다. '한국적'이라는 단어는 더 이상 전쟁도 유교도 아닌 세련되고 발랄하고 창의적인 어떤 매력을 상기시키게 되었다. BTS 신곡이나 봉준호 영화의 이미지가 한국산 휴대폰, 한국산 TV, 한국산 자동차의 '웰메이드' 인증마크를 한층 선명하게 만들어주고 있는 것이다.

7. 한국인,
어떤 탁월함

한국인들이 영화관에 가서 보는 영화는 절반 이상이 한국영화다. 세계 많은 나라들에서 '자국영화'가 멸종위기를 맞고 있는 '팍스 할리우드'의 시대에 이건 드문 경우다. 2019년 한국영화의 국내 시장점유율은 51%. 전 세계에서 자국영화의 시장점유율이 50% 넘는 나라는 미국 인도 중국 일본 한국 이렇게 5개국뿐이다. 미국 외엔 아시아 4개국이라는 게 특이점이다. 한때 예술영화의 성지이자 유럽영화의 자존심이었던 누벨바그의 프랑스, 네오리얼리즘의 이탈리아도 자국시장의 절반 이상을 할리우드영화에 내주는 수모를 겪고 있다. 이탈리아의 자국영화 시장점유율은 10%대를 오르내린다.

1988년 외화 수입이 자유화되고 할리우드 직배가 시작됐을 때 한국영화에 미래가 없어 보였다. 그때껏 한국영화산업은 체질적으로 병약해서 정부의 보호 정책 덕분에 근근이 목숨을 잇고 있다는 게 당시 충무로 영화인들의 믿음이었다. 국산영화 보호 정책은 여러 겹이었는데 우선, 모든 영화관이 1년에 146일은 한국영화를 의무상영해야 하는 스크린쿼터가 있었고, 외화는 수입이 제한돼 가령 영화 3편을 제작하거나 대종상 같은 영화상을 수상한 영화사에 외화 1편 수입권을 주는 식이었다. 그 결과 외화 한 방 터뜨리자고 국산영화를 날림제작하게 됐고, 한국영화는 병약해서 과보호했거나 과보호 때문에 병약해졌거나 간에 결과적으로 부실품목이 되었다. 1988년 〈위험한 정사〉〈인디아나 존스〉가 직배로 개봉했을 때 영화인들은 '직배저지투쟁위원회'를 결성했고 마치 제국주의 군대 앞의 식민지 의병들처럼 격렬하게 저항했다.

실제로 외화 수입 자유화와 할리우드 직배가 시작된 후 5년 동안 영화계는 쓰나미 만난 판자촌처럼 형체도 없이 무너졌다. 수입 외화로 제작비를 조달했던 영화사들의 생산라인이 가동을 멈췄다. 국산영화 시장점유율은 1993년에는 15%까지 떨어졌다. 이제 할리우드영화와 비디오의 국내배급을 하청받은 민첩한 배급업자들만 살아남을 것처럼 보였다. 하지만 한국영화가 존폐의 기로에 섰던 대재난의 영화계에 미증유의 새로운 직군이 출현했다. '영화 프로듀서' 또는 '영화 기획자'가 그들.

과거 영화사 사장들은 대개 극장업을 겸하며 자기 돈으로 영화를 찍는 부자들이었지만, 이들은 돈 없는 '아이디어맨'들로 대기업이나 창투사의 투자를 받아 제작을 진행했다. 이것은 완전히 새로운 제작 시스템이었는데, 영화산업 대재난의 와중에 제작 시스템의 해체와 재건이 진행된 것이다. 과거 "어이, 김 감독! 영화 하나 찍지"로 시작해 영화사 사장의 감(感)과 현금과 인맥의 울타리 안에서 굴러가던 영화 프로젝트들이 이들 충무로의 새로운 파워맨들 손에 넘겨지자 한국영화가 때깔이 확 달라졌다. 마치 열두 색조의 물감이 들어 있는 팔레트가 펼쳐진 것 같았다.

영화제작 시스템이 '선진화'하는 것과 영화문화의 인프라가 갖춰지는 과정은 동시다발이었다. 1995~1996년 사이 부산국제영화제가 시작되고 〈씨네21〉〈키노〉와 같은 영화전문지들이 창간되고 한국예술종합학교에 영상원이 문을 열었다. 무엇보다도, 표현의 영역을 확장하고 상상력의 자유를 쟁취하려는 영화인들의 캠페인이 성공, 영화 사전심의가 위헌판결을 받았고 필름에 대한 '가위질' 검열이 사라졌다. 1998년 강변역 테크노마트에 11개 관짜리 CGV강변11이 오픈하면서 멀티플렉스 시대가 열리고 영화 소비 패턴이 바뀌었다.

변화무쌍한 환경 속에서 문제작들이 생산되고 문제적 신인 감독들이 떴다. 1990년대 한국영화의 지각변동은 구세대 영화인들에게는 '홀로코스트'나 다름없었지만, 2000년 이후 칸영화제의 스타가 된 이창동 홍상수 김지운 박찬욱 김기덕 임상수 봉준호 등 영화감독들이 모두 이 시기에 데뷔작을 찍었다. 과격한 세대교체와 더불어 시작된 한국영화 르네상스는 '코리안 뉴웨이브'라 불렸고 더 이상 '뉴'하지 않은 그 '웨이브'는 20년이 지난 지금도 계속되고 있다.

1997년 김대중 대통령이 선거공약으로 '시장점유율 40% 되기 전엔 스크린쿼터를 철폐하지 않겠다' 했을 때 다들 40%는 워낙 비현실적인 기준이라 스크린쿼터를 절대 폐지하지 않겠다는 약속으로 받아들였다. 하지만 그의 재임 중에 시장점유율 50%를 돌파했다.

그러니까 보호 정책이 아니라 자유경쟁이 한국영화를 키운 것이다. 보호막이 날아가고 전쟁판이 됐을 때 한국의 영화인들은 놀라운 전투력으로 자력갱생했다. 위기를 기회로 만든 것인데, 그것이 아무나 할 수 있는 일은 아니다. 개방의 쓰나미에 영화산업이 씻겨 내려간 것이 대개의 나라들에서 일어난 일이다.

동아시아 3개국 한국 중국 일본 중에서 한국의 시장점유율 50%는 특별하다. 15억 인구의 중국 영화시장은 북미대륙보다 커졌다고 하지만 검열과 통제 아래 있는 중국영화들이 해외시장에서 환영받지 못하고 한때 패기만만했던 세계적 스타 장이무 감독조차 내수용으로 얌전히 순치돼버렸다. 또한 일본 경제의 좋았던 시절에 3대 제작사 도에이, 도호, 쇼치쿠와 함께 했던 일본영화의 세계적 명성은 1980년대 이후 내리막이고 이제는 국내용 애니메이션, 리메이크나 트렌디물에 주력하고 있다. 한국영화의 특별한 점은 세계적 확장성이다.

1994년 칸영화제에 갔을 때 그곳에서 한국 영화인은 옵저버였다. 간혹 비경쟁부문에 초대받는 한국영화가 있긴 했지만 대체로 한국 영화인들은 레드카펫의 소동을 멀찍이서 구경하거나 지하의 필름마켓에 쇼핑하러 다녔다. 할리우드영화 직배가 시작된 다음 영화사들은 유럽 예술영화나 건질까 하고 유럽의 3대 영화제를 기웃거렸다. 국제영화제는 '그들만의 잔치'였고 한국은 영화마켓의 소비자일 뿐이었다. 또는 디즈니의 하청으로 애니메이션 셀을 그리는 OEM 국가였다. 세계에 내놓을 우리 자신의 크리에이티브는 없다고 여겼었다.

그해에 칸에서 쿠엔틴 타란티노 감독의 〈펄프픽션〉이 그랑프리인 황금종려상을 받았다. 칸영화제가 그랑프리 대접을 하는 동아시아 나라는 일본과 중국이었다. 일본은 1954년에 기누가사 데이노스케, 1980년 구로사와 아키라, 1983년 이마무라 쇼헤이 감독이, 중국은 1993년 첸 카이거 감독의 〈패왕별희〉가 그랑프리를 받았다. 1988년 장이무의 〈붉은 수수밭〉이 베를린영화제 황금곰상을 수상한 이후 중국 제5세대 감독들이 각광받고 있었고 1994년 칸에서 그의 영화 〈인생〉이 심사위원대상을 받았다. 1994년 칸 경쟁부문은 한국 영화인들에게는 '천상의 놀이터'였다. 파리 샤를드골공항의 카트들은 삼성전자 로고가 붙어 있었는데, 약진하는 한국의 기운이 아직 칸에는 도착하지 않았었다.

2007년 다시 칸에 갔을 때는 분위기가 달라져 있었다. 이때는 이미 칸영화제에 한국영화의 지분이 생겨난 다음이었다. 2000년 임권택 감독의 〈춘향뎐〉이 경쟁부문에 처음 진출했고 일단 셔터가 올라가자 코리안 뉴웨이브 감독들이 뒤를 이었다. 한국영화가 칸의 출전 자격을 획득할 때 그 오프닝 티켓이 데뷔 40년의 노장 감독에게 주어졌으니 한국영화사가 명예의 전당에 초대된 것과도 같았다. 2007년은 경쟁부문에 한국영화가 무려 두 편, 이창동 〈밀양〉과 김기덕 〈숨〉이 초청됐고 〈밀양〉의 전도연이 여우주연상을 받았다. 주상영관인 팔레두페스티발대극장의 경쟁부문 시사회는 엔딩크레딧이 올라갈 때 5분간 기립박수의 에티켓이 있지만 그 대상이 한국영화였을 때 개인적으로 그것은 '국뽕이 차오르는 경험'이었다고 말할 수 있다.

그리고 마침내 2019년 칸에서 봉준호 감독의 〈기생충〉이 황금종려상을 받았다. 그것은 놀라운 일이었지만 2020년 아카데미만큼 충격적이지는 않았다. 칸영화제는 유럽이 헤게모니를 갖지만 세계영화의 플랫폼이고 이른바 대륙별 밸런스나 제3세계 '티오'도 있다. 하지만 아카데미는 세계시장을 향한 할리우드의 쇼케이스다. 〈기생충〉이 아카데미 6개 부문 후보가 된 것도 기절할 만한 뉴스였지만 국내에선 결국 외국어영화상 정도가 아니겠냐고 추측들을 했었다. 영어 외에 다른 언어로 된 영화가 작품상을 받은 일이 없었고 감독상은 2019년 멕시코 감독 알폰소 쿠아론의 스페인어 영화 〈로마〉가 처음이었다. 여하튼 〈기생충〉은 작품상 감독상 각본상 외국어영화상을 받았다. 약 6천 명의 아카데미 회원들에게 〈기생충〉은 그만큼 임팩트가 강했던 것이다.

샘 멘데스의 〈1917〉은 워낙 대작이고 걸작이라 작품상을 수상

해도 하나도 이상할 것 없었다. 하지만 아카데미 심사위원들에게 〈기생충〉은 이제껏 듣도 보도 못한 '물건'이었다. 계급이나 불평등 같은 이슈를 정면으로 다루겠다고 덤비는 건 할리우드 감독들이 일찍이 포기한 사업이고 영국의 켄 로치나 프랑스의 다르덴 형제 정도가 하는 일이다. 봉준호 감독은 켄 로치나 다르덴 형제의 주제를 할리우드 스타일로 완성했다.

권위 있고 유서 깊은 영국의 영화월간지 〈Sight&Sound〉는 2020년 3월호를 통째로 봉준호 편으로 꾸몄다. 편집장은 봉 감독을 게스트 에디터로 모시고 자신은 잠시 물러났다면서 90년 역사에서 처음인 이런 파격에 대해 에디토리얼에 이렇게 썼다. "지금 영국은 편협한 사회라는 느낌이고 미국도 같은 느낌일 거다. 이럴 때일수록 우리 자신을 열어 폭넓은 문화적 경험들을 접하고 다른 관점들을 발견하고 우리가 살면서 매일 겪는 희망, 분노, 투쟁, 성공에 전 지구적 공통점이 있음을 보여주는 이야기들을 만나는 일이 그 어느 때보다 중요하다."

세계영화의 중심부에서 발신되는 이런 신호들은 의미심장하다. 봉준호 감독은 골든글로브 외국어영화상을 받으면서 "자막이라는 1인치 장벽을 넘으면 여러분들은 훨씬 더 많은 영화를 즐길 수 있다"는 수상 멘트를 했는데, 미국과 유럽인들이 외국어 영화를 자막 대신 더빙판으로 보려 한다는 것, 그 게으름이 쌓이면 편협함이 된다.

1988년 할리우드의 직배를 한국 영화계는 문화적 식민침략으로 받아들였는데, 2020년 할리우드가 글로벌 마케팅의 쇼윈도인 아카데미 무대에 〈기생충〉을 세웠다. 2020년의 아카데미는, 전 세계를 평정한 할리우드가 자국중심주의, 또는 영미권 중심주의를 벗어나 명실공히 제국의 수도로 포지셔닝하겠다는 신호로 보인다. 세계시장의 헤게모니, 상업주의의 권능뿐 아니라 비평과 영화사적 권위도 유럽으로부터 인수인계받겠다는 뜻일 수도 있다. 여하튼 그 모든 것이 〈기생충〉으로부터 시작됐다. 멸종위기의 대재난 위에 재건한 한국영화로서는 대단한 반전이다.

8. 한국인의 '국뽕'은 무죄

만일 1950년에 북한 군대가 쳐내려왔다가 맥아더 상륙작전에 쫓겨 가고 국군이 다시 치밀고 올라가면서 성한 건물 하나 없이 쑥밭이 된 서울 광화문통에서 어떤 무당이 신기 올라 작두를 타면서 방언하기를 앞으로 꼭 70년 후에 우리 조선 사람 영화인하고 가수들이 아메리카에 가서 흑인 백인 다 제치고 챔피언 먹겠어, 그랬다면 저 무당이 신 내린 줄 알았더니 폭탄 터지는 소리에 종시 돌아버리고 말았구나, 했을 것이다.

전후 폐허에서 재건한 한국경제, 할리우드영화의 융단폭격에서 살아남은 한국영화의 입지전은 우리가 누구인지 돌아보게 한다. 그것은 정신에 관한, 기질에 관한 이야기이다. 울적하고 험난했던 시대를 통과한 사람들의 발랄함과 창의력에 관한 것이다.

한국영화의 뉴웨이브는 영화에 대한 가위질 심의가 없어지자마자 그게 어느 형편없던 시절 얘기냐는 식으로 대차게 밀려왔다. 그것은 뚜껑이 열리길 기다렸던 활화산 같았고 그 창의력은 구김살 없이 발랄했다. 정치적 억압과 사회적 모순이 되려 상상력에 자양분을 보탰다.

유럽과 미국에 68운동과 로큰롤이 풍미하던 10년 동안 군사정권 치하의 한국에서 김지하는 '풍자냐 자살이냐'는 절박성으로 시를 썼고 하길종 이장호나 송창식 한대수는 장발단속 도망 다니고 대마초로 징역살고 방송금지당하면서 영화를 만들고 통기타 치고 포크송을 불렀다. 좋은 교육과 정치라면 최고겠지만 나쁜 교육과 정치라도 개인을 온전히 망쳐놓지는 못한다.

한국이 3만 달러 선진국 중에서 유일하게 식민지 운영의 경험이 없는 나라라 한다. 세계시장에서 아무런 기득권이 없었다는 얘기다. 유럽 나라들은 2~300년 제국주의 시대의 식민지 착취로 쌓은 물적 토대가 있고 한때 세계 전체가 자기네 놀이터여서 어딜 가나 저들이 깔아놓은 언어와 문화와 비즈니스의 인프라가 있다. 영어가 세계공용어이고 달러가 기축통화이고 전 세계에 주둔군을 거느린 미국은 더 말할 나위가 없다. 글로벌 비즈니스가 그들에게 '땅 짚고 헤엄치기'였다면 한국의 기업들은 '맨땅에 헤딩하기'였다. 국가 브랜드를 등에 업지 않고 오직 자력으로 언어의 장벽, 인종의 장벽과 싸워야 했다. 세계시장의 마이너리티로 출발해 메이저가 된 것이다.

가령, 삼성은 과거 50년 포스트 식민 시대 경제전쟁에서 승리해 식민지와 분단으로 상처 입은 한국인의 자존심을 달래준다. 다만 삼성이 보여준 탈법, 초법적 태도들은 우리를 딜레마에 빠뜨린다. 우리 선수가 올림픽 금메달 땄으나 도핑 테스트에 걸렸으니 박수를 칠 것인가 말 것인가.

월드컵에서 올림픽에서 자국 대표팀에 열광하는 건 큰 나라나 작은 나라나 마찬가지고, 유럽에선 국가대표팀 축구에서 양국 응원단끼리 패싸움이 붙어 수십 명이 죽기도 하고, 월드컵에서 자책골을 넣은 남미 선수는 귀국해서 살해되기도 했다. 하지만 한국의 '국뽕'은 다른 선진국들에는 별로 없는 '증상', 특별한 국민감정이다.

한국인의 '국뽕'은 무엇인가.

첫째는 약소국 스트레스, 저개발국 시절의 열등감에서 오는 보상심리다. 19~20세기 제국주의 시대엔 이웃 강대국들에게 축구공처럼 걷어차이다 식민지가 됐고, '포스트 식민' 시대에도 미국 보수 정부의 네오콘 집단은 한국을 '보호국' 취급하며 외교권을 대리하려 들었다. 한국은 오직 초강대국들만을 이웃으로 갖고 있는 나라다. 그런 한국의 포지션을 '고래 사이에 낀 새우'라거나 '맹수들에 둘러싸인 토끼'라고도 한다. 그것은 한국이 부자가 되고 선진국 스펙을 두루 갖춘 다음에도 약소국 정체성을 버리지 못하는 이유, 이른바 '이웃 효과'다.

둘째는 한국인이 순도 높은 핏줄공동체라는 점. 한국이 '단일민족' 국가임은 자랑일 것도 부끄러울 것도 없는 사실 그 자체다.《신

한국론》(2005)의 저자 김영명은 한국이 세계적으로 드문 단일민족국가라면서 "동질성의 신화를 내세우는 일본도 한국인 중국인 등 외국인과 아이누, 오키나와 종족이 섞여 이민족 2~3%가 존재한다"고 했다. 한국인들이 '국민배우' '국민가수' '국민여동생' 같은 네이밍을 즐기는 데는 가족애에 버금가는 끈끈한 집단주의 정서가 깔려 있다. 한국 선수가 국제 무대에서 활약할 때 그의 국적과 태극마크는 '국위선양'을 하고 있지만 나와 공유하는 피부색, 머리 빛깔, 생김새는 어떤 '가문의 영광'을 구현하는 것이다. 수천 년에 걸쳐 피가 섞이고 또 섞이면서 민족 정체성이 묽어진 유럽이나 미국에서 '정부를 공유하는 국가공동체'의 개념이 민족공동체를 대체하고 있는 것과 아주 다르다.

'국뽕'에는 '국가주의 정책'의 흔적도 묻어 있다. '체력은 국력'이라는 캐치프레이즈 아래 올림픽 메달 레이스에 자존심을 걸던 오랜 습관이 무의식의 바다에 '국뽕' 장치를 깔아놓은 것이다.

한국인의 '국뽕'은 충분히 이유 있다. 이민족에 점령돼 치욕을 겪고 같은 민족이 갈라져 서로 총질했던 역사를 가진 우리에게는 위로가 필요하다. 광포한 역사의 난동이 남겨놓은 트라우마를 치유하는 힐링 샤워가 필요하다. 고단한 근육과 피로한 정서의 마사지가 필요한 것이다.

적당량의 '국뽕'은 영혼의 종합비타민제다. 국수주의라는 혐의는 적절치 않다. 유치하다거나 정신승리 아닐까 하는 자기검열도 당치 않다. 한국인의 애국심은 외국을 침략하는 데 쓰인 적 없다.

강대국의 민족주의와 국가주의는 자신을 망가뜨리고 이웃에게 해롭지만, 식민침략을 겪었고 탐욕스런 이웃들 사이에 끼어 있는 나라의 민족주의는 때때로 정신건강에 이롭다. 식민 통치자의 언어, 타자의 시선으로 스스로를 폄하하고 동족을 매도하는 매판 지식인이 활보하는 가운데선 더더욱 그렇다. '민족개조론'으로부터 '어글리 코리안' '한국병' '코리안 타임'을 거쳐 '반일종족주의'까지 우리 사회에 면면히 내려오는 자기비하의 내력이다.

우리 글로벌 기업들에 대해 '아류 제국주의'라 한다면 그 '비판'은 나이브하다는 '비판'을 면하기 어려울 것이다. 신자유주의는 이미 21세기 국제 사회의 규칙이 돼버렸다. 그것은 강대국과 약소국, 선진국과 후진국을 가리지 않고 과거 공산권 나라들까지도 무차별 포섭해버렸다. 이 규칙의 열외로 남은 지역은 아시아에서는 부탄과 북한 정도다. 적어도 1980년대 이후, IMF사태 이후에 그것은 한국 사회로선, 한국 기업으로선 선택의 문제가 아니라 적응의 문제가 되었다.

2004년, 대표적인 여행 사이트 론리플래닛(www.lonelyplanet.com)의 한국 소개글 중에 "한국이 여전히 존재하는 것은 기적이다(It's a miracle that South Korea still exists)"라는 문장이 우리 언론에서 논란이 됐고 네티즌들의 반발을 샀다. 한국을 비하하고 있다는 것이다. 결국 이후에 소개글이 바뀌었지만, 이 소동은 쉽게 상처받고 쉽게 깨지는 우리 자존감의 취약성을 드러냈다. "한국이 여전히 존재하는 것은 기적이다"에 이어지는 다음 문장이다. "중국은 서쪽에서 다가오고, 일본은 동쪽에서 찌르고. 이 나라가 수세기 동안 원치 않는 전쟁에 휘말려온 게 이상하지 않다. 그러나 주변국이 아무리 삼키려 했어도, 한국은 손상되지 않고 살아남았다(With China looming to its west and Japan nudging it from the east, it's no wonder the country has played unwilling host to centuries of war games. But no matter how many times its neighbours try to swallow it, South Korea manages to survive intact)."

비교적 정확한 서술이다. 실제로 한국이 고래 싸움에 새우 등 터지면서 살아남은 것, 침략을 물리치기도 침략에 굴복하기도 하고 '사대교린(事大交隣)'이라는 타협으로 자신을 방어하기도 하면서 살아남은 것, 그렇게 해서 독자적인 언어와 문화를 유지하면서 여기까지 온 것은 기적이다. 그 '기적'을 조롱으로 받아들일지 찬사로 받아들일지는 '기적'의 주인공들 마음이다.

식민지 시대와 저개발시대에 우리를 주눅 들게 한 '가스라이팅'의 독성은 해독에 시간이 걸린다. "공부를 잘하는 학생인데도 옆집에 공부를 더 잘하는 아이가 있으면 주눅 들고 집에서 구박받기 쉽다. 이른바 엄친아 현상인 셈이다. 강대국들을 이웃으로 둔 탓에 발생하는 이른바 '이웃 효과'가 한국인들의 정당한 자기평가를 방해하고 있다"고 강준만은 《미국사 산책》 17권의 맺음말에 썼다. 한국인은 자신들의 매력을 몰라서 손해 본다는 페스트라이쉬의 말은 한국인의 '자기애'가 아직 기준치 미달이라는 얘기다. 스스로에게 국뽕을 마음껏 허(許)하라.

9. 사회의 품격,
사회적 웰빙에 관하여

1996년 1인당 GDP 1만 달러가 됐을 때 '대망의 국민소득 1만 불 시대'에 진입했다고 떠들썩했다. 아시아권에선 일본, 대만에 이어 세 번째라 했다. 그다음, 외환위기 후유증 속에서 '우리는 언제 2만 달러가 되나, 선진국들이 1만 달러에서 2만 달러에 도달하는 데 평균 9년이었다던데' 하며 조바심치던 시기엔 '마의 1만 달러 덫'이 유행어가 됐다. 삼성 이건희 회장이 "국민소득 2만 달러 시대가 되면 의식주 문제가 다 해결되고 노사 문제나 집단의 이익을 위한 사회 혼란이 발생하지 않고 해결된다는 것이 선진국의 경험"이라며 '2만 달러 애드벌룬'을 띄워 올렸다.

마침내 2006년 2만 달러를 넘어섰다. 하지만 한국 사회의 풍경은 2만 달러 유토피아와는 거리가 있었다. 2만 달러가 의식주를 해결했을지 몰라도 노사 문제나 이해갈등은 다른 문제였다. 일정한 소득 수준이 되면 노사 문제가 없어진다는 것은 기업가의 판타지일 따름이고 더구나 무노조 경영 원칙을 갖고 있는 재벌 총수가 할 말은 아닌 것이다.

그리고 2018년 3만 달러가 됐다. 이제 한국이 인구 5천만 이상으로 GDP 3만 달러를 넘는 이른바 '30-50 클럽'의 7번째 국가가 됐다고 했다. 하지만 3만 달러가 되어도 사람들은 각박하고 피곤했다. 1만 달러 때보다 3배 행복해진 것도 아니었다. 이제 4만 달러가 돼도 달라질 건 없겠구나, 성장 시대의 정점에서 사람들은 경제성장이 우리를 행복하게 만들어줄 거라는 기대를 접게 됐다.

'이스털린 역설'이라는 게 있다. 미국 경제학자 리처드 이스털린이 1976년에 내놓은 이론으로 '소득이 일정 수준을 넘어 기본욕구가 충족되고 나면 소득이 증가해도 행복은 증가하지 않는다'는 것이다. 그가 1946년부터 30개국을 대상으로 조사한 결과 방글라데시 같은 가난한 나라 국민의 행복지수가 미국, 프랑스 같은 선진국의 행복지수보다 높았다 한다. 이 이론은 논란의 여지가 있다. 방글라데시 사람들과 프랑스 사람들이 이해하는 행복의 기준, 행복의 개념은 다를 것이다. 가령, 오렌지가 나는 나라와 없는 나라에서 오렌지에 대한 여론조사를 하는 것과 같다고 할까. 다만 명백한 사실은, 행복지수가 GDP 증가율을 따라가지 않는다는 점이다.

2만~3만 달러에 접어들었을 때는 '대망의 국민소득 1만 불 시대'와 같은 흥분은 없었다. 1만 달러에 아시아 외환위기, 2만 달러에 세계 금융위기가 뒤쫓아온 것이 국민소득 판타지를 무참히 깨버린 탓도 있다. 하지만 경제성장과 삶의 질, 소득 수준과 사회적 웰빙은 좀 다른 문제라는 생각을 모두가 하게 됐다. 수십 년간 한국 사회를 밀어 온 경제성장 지상주의의 모드 전환을 할 때가 온 것이다.

다시 태어난다면 한국에서 살겠습니까 ————————————

"1950~60년대의 가난하고 배고픈 사회가 지나고 풍요로운 사회에 들어섰지만, 무슨 이유에선지 모두가 무언가에 분노하는 사회가 됐다. (…) 왜 이렇게 되었을까?"《다시 태어난다면, 한국에서 살겠습니까 – 한강의 기적에서 헬조선까지, 잃어버린 사회의 품격을 찾아서》(2019)에서 사회학자 이재열은 그것을 '품격'으로 이야기한다.

"품격 없는 사회의 증상은 무엇일까? 사회적 합의가 쉽지 않고, 타인에 대한 공감력이 부족하며, 제도와 법령을 양산하지만 제대로 작동하지 않고, 공공의 이익보다는 개인이나 집단의 이익을 우선시하는 '공유지의 비극'이 만연하는 사회다. 그래서 갈등 사회, 분노 사회가 되는 것이다. (…) 품격 있는 사회란 개인과 공동체 간, 그리고 시스템과 생활 세계 간에 팽팽한 긴장관계를 유지하는 사회다. (…) 개인은 자유와 창의성을 최대로 발휘해 발전하지만 그것이 공동체적 지향과 통합성을 유지하는 범위를 넘어서지 않아야 사회의 품격이 유지되고 지속 가능해진다." 그리고 "품격 있는 사회여야 경제성장도, 민주주의도 제대로 된다."

그는 한국 사회를 '3불 사회'라 했다. 불신 불만 불안. 불신은 "과거의 경험, 즉 제도나 시스템을 믿을 수 없었다는 경험"에서 온다. 불만은 "그동안 지속적 경제성장으로 인해 사람들의 눈높이가 대단히 높아지다 보니 웬만한 성취에는 만족하지 못"해서다. 불안은 "앞으로 닥칠 미래, 특히 노후에 대한 준비가 안 되어 있기 때문"이다. 불신이 가장 강한 영역은 세금과 복지 관련이다. "세금이나 보험료가 공정하게 걷히고 공정하게 쓰이는지 (…) 사회적 불신은 규칙의 공정성과 투명성에 대한 불신일진대, 그 규칙이 모두에게 예외 없이 적용되지는 않는다"고 여기는 것이다.

불평등을 나타내는 지니계수는 한국이 0.27에서 0.35 사이로 "북유럽 복지국가보다는 못하지만 대부분의 유럽 국가들과 비교해서 특별히 심각하다고 하기 어려운 수준"이다. 하지만 불신 때문에 갈등은 심해지고 해결도 힘들어진다. "가장 심각한 것은 제도권에 대한 불신이다. (…) 입법, 사법, 행정이 운동 경기의 심판이라면 선수들이 심판을 못 믿는 것이다. 대신 가족과 친구를 믿는다. 이런 신뢰의 격차가 우리 사회의 갈등 해결을 어렵게 만드는 중요한 요인이다." 신뢰의 위기에 가장 책임이 있는 것도 정치지만 바로 그래서 문제해결에 가장 적극적으로 나서야 하는 쪽도 정치다.

우리의 불행은 당연하지 않습니다 ────────

《우리의 불행은 당연하지 않습니다 – 대한민국의 불편한 진실을 직시하다》(김누리, 2020) 역시 압축민주화와 압축성장 이후 한국인들의 정신적 환경을 점검한다. 우리를 '불행'하게 만드는 것을 저자는 대략, 파시즘 통치의 유산인 '내 안의 파시즘', 그리고 압축성장의 유산인 '내 안의 노예감독관' 두 가지로 설명한다. 또한 불행의 조건이 된 두 가지가 있다. 우리의 민주주의는 4.19와 5.18과 6월항쟁 등 일련의 혁명적 저항들로 얻어진 것이지만 미국과 유럽 사회를 뒤흔들었던 68혁명, 그 탈물질주의적인 가치혁명을 경험하지 않아서 '일상의 민주주의'에 도달하지 못했다는 것, 그리고 해방 후 한국 사회가 미 군정에서 인큐베이팅되면서 정당 정치부터 교육제도까지 유럽 모델이 아니라 미국 모델을 채택해 '작은 미국'이 됐다는 것이다.

그는 한국 민주주의가 충분히 성숙하지 못한 이유는 "민주주의자 없는 민주주의" 때문이라 했다. "광화문에 모여 목이 터져라 민주주의를 외친 사람이 집에 가서는 완전히 가부장적인 아버지요, 다음 날 학교에 가서는 아이들을 쥐 잡듯이 들볶는 권위주의적 교사요, 혹은 회사에 가서는 갑질을 일삼는 상사라면, 민주주의는 어디서 하지요? 이 나라에서는 '광장 민주주의'와 '일상 민주주의'가 괴리되어 있다는 것입니다. 우리가 아직 충분히 민주주의자가 되지 못한 거지요." 그는 "파시즘이 남긴 최악의 유산은 파시즘과 싸운 자들의 내면에 파시즘을 남기고 사라진다는 사실"이라는 베르

톨트 브레히트의 말을 인용하면서 "한국인 대다수는 '내 안의 파시즘'을 인식하지 못한다"고 했다.

이것이 파시즘의 그늘이라면 자본주의의 그늘은 '내 안의 노예감독관'이다. "자본이 주입한 논리에 따르며 끊임없이 자기를 착취하는 것입니다." 그는 한국 사회가 '자살 사회'가 된 것은 '자기착취'때문이라고 했다. "설마 내 안에 노예감독관을 심어놓았으랴, 하고 의심하는 분들은 한번 실험해보세요. 아주 간단합니다. 어느 햇살 좋은 날, 맛있는 커피도 마시고 멋진 음악도 들으면서 기분 좋은 추억을 떠올리며 행복감을 느끼려고 시도해보세요. 바로 그 순간, 내 안에서 이렇게 속삭일 것입니다. '너 지금 뭐 하니? 너 지금 이럴 때야? 다른 사람들은 뭐라도 열심히 하고 있을 텐데, 이러고 있어도 되겠어?'" 한국 사회 경쟁의 트랙은 과잉착취 교육에서 출발해 과잉착취 노동으로 넘어간다.

그는 산재사망, 공사장 사고를 '기업살인'이라며 이를 엄벌하지 않는 사회를 '야수 자본주의'에 먹혀버린 사회라고 비판한다. 이 모든 문제들은 한국 정치에 진보가 실종돼 있기 때문에 쉽게 해결되지 않는다는 것이 그의 지적. "한국은 지금 보수와 진보가 서로 경쟁하는 나라가 아닙니다. 이것은 한국의 기득권이 만들어낸 최악의 거짓말입니다. 해방 이후 한 번도 보수와 진보가 경쟁한 적이 없습니다. 지금 한국의 정치 지형은 '보수'와 '진보'가 경쟁하는 것이 아니라 '수구'와 '보수'가 손을 잡고 권력을 분점해온 구도입니다. 저는 이것을 '수구-보수 과두지배'라고 부릅니다."

흔히 '신뢰 사회'란 모르는 사람, 보이지 않는 제도를 얼마나 믿느냐가 기준이 된다. 가족이나 지인만 믿을 수 있다면 그것이 불신 사회다. 한국 사회도 어느 만큼은 신뢰 사회, 어느 만큼은 불신 사회다. 분명한 것은 불신 사회에서 신뢰 사회로 이동하는 중이라는 사실이다.

권위주의 통치 시기에 정치와 제도는 국민이 신뢰하고 말고의 문제를 넘어 있었다. 민주화란 '우리는 군부를 신뢰하지 않는다. 신뢰할 수 있는 정치를 우리가 선택하겠다'는 대중의 의사표시였다. 거기서부터 신뢰 문제는 원점에서 출발했다. 한국인들은 과거 1백 년 신뢰하는 정치와 제도를 가져본 적 없기 때문이다. 하지만 1990년대 이후 신뢰라는 것도 압축민주화의 속도로 압축적으로 쌓여왔다. 정책에 관한 정보들은 웹사이트에 공개돼 있고, 공정하지 못한 절차를 바로잡는 건 미디어뿐 아니라 시민단체, 민원창구 등 다양한 경로들이 있다.

'뇌물' 사건 뉴스가 드물어지고, 여전히 부정비리 사건이 터지지만 대체로 개인 비리지 총체적 부패는 아니다. 박근혜–최순실 게이트는 후진국형 부정부패의 전형이지만 대통령 개인의 특수한 환경에서 빚어진 터라 열외로 친다면, 과잉대출받은 기업들이 연쇄도산하고 뇌물을 챙긴 은행장과 정치인들이 줄줄이 감옥에 가던 IMF 무렵의 사건들은 후진국형 부정부패의 마지막이었다.

여전히 제도나 정치에 대한 불신이 큰 것은 사실이지만 그것은 정치와 언론의 '갈등 마케팅' 탓이 크다. 어떤 정치인들이 소명의식을 가지고 '열일'해도 미디어는 그들의 정쟁과 막말에 주목하고 대중은 정치인의 진정성을 믿지 못하는 것이다. 민주화 이후 사회가 훨씬 투명해지고 절차는 공정해졌지만, 그것이 여의도 정치에 투사될 때 왜곡된다.

한편, 세금에 대한 저항은 선진 복지국가 진입의 문턱인 것으로 보인다. 소득이 늘고 복지제도가 확장되면서 세금이 늘어나는 속도만큼 '브레이크 본능'이 작동하는 것이다.

실제로 한국 사회의 일상은 신뢰의 인프라 속에 굴러간다. 가령 우리처럼 신용카드를 아무데서나 쓸 수 있는 나라는 없다. 우리는 전자상거래가 안전하다고 믿지만 다른 나라들도 그렇지는 않다. 2015년 한국은행이 신용카드 사용률을 조사해 발표했는데, 8개 선진국 중에서 우리가 51%로 가장 높고 캐나다(41%), 미국(28%)이 그다음이었고 독일(7%), 프랑스(3%) 등 유럽은 대개 10% 이하였다.

2020년 봄 코로나 팬데믹 초기에 이동제한 등 재난경보가 발령되자 소비자들의 사재기로 슈퍼마켓의 생필품 매대가 비어버린 것이 세계 각국에서 벌어진 현상이었다. 대개는 휴지와 비누, 스파게티와 감자 같은 것들이 동나는데 미국은 총기와 총알들 매대가 비었다는 것, 하지만 한국은 매대가 꽉 차 있는 사진이 외신에 보도됐다.

1997년 아시아 외환위기가 왔을 때 인도네시아에서는 폭동이 일어나 중국인 상점들이 약탈당했지만, 한국인들은 텅 빈 국고를 채운다고 금붙이를 들고 은행으로 갔다. 재난 앞에서 사회적 합의를 이루고 명분 있는 일엔 의기투합하는 것이 한국 사람들이다. 쓰레기 분리수거가 한국처럼 잘 되는 나라는 많지 않다.

한국 사회는 혈연, 지연, 학연이 강력한 사회라 하고 '우리가 남이가' 하는 정치협잡의 내력도 유구하지만 일상에서 사람들의 생활감각은 훨씬 오픈돼 있다. 남들을 믿고 모르는 사람을 믿는 편이다. 거리에서 험한 꼴을 당할 거라는 두려움이 별로 없고, 커피숍에서 테이블 위에 노트북이나 가방을 두고 화장실을 다녀온다. 그것은 마드리드나 로마는 물론 뉴욕, 파리, 베를린에서도 상상할 수 없는 일이다. 택배 온 물건들이 현관이나 아파트 앞에 놓여 있고, 슈퍼 출입문 바깥에 화장지나 생수가 쌓여 있어도 누가 가져가지 않는다. 지하철이나 버스에서 소매치기가 거의 없어진 것이 만원 버스가 줄어든 것과도 관련은 있겠지만, 심하게 붐비는 출퇴근시간의 버스 지하철도 이제 그다지 위험하지는 않다.

자동차의 대중보급 시대였던 1980~1990년대엔 초보운전자들이 차도로 쏟아져 나오고 곳곳에서 거리분쟁들이 벌어졌지만 그로부터 한 세대가 지나자 크락숀 소리도 듣기 힘들어지고 창문 내리고 쌍욕하는 운전자도 보기 힘들어졌다. 웬만한 접촉 사고는 서로 명함 주고받고 보험사에 연락하고 헤어진다. 이면도로에서는 차가 우선이었고 경적으로 보행자들을 놀래켰지만, 지금은 대체로 자동차가 행인을 비켜가고 기다려준다.

한국인이 무뚝뚝해 보이는 건 문화의 문제다. 서양 사람들이 낯선 사람과 굿모닝, 헬로, 하이, 인사하는 건 타인에게 긴장을 풀고 적대감을 버리게 만드는 좋은 관습이지만, 어쨌든 우리는 낯선 사람을 낯설어하는 문화다. '속정'을 트는 진입로가 좀 길지만 서로 정이 통하고 나면 음식점 카운터 앞에서 서로 지불하겠다고 싸우는 게 한국 특유의 문화다.

우리 사회 언어문화에서 가장 낮은 클래스가 미디어 댓글이다. 실제로 한국 사회에 사는 사람들은 그렇게 상스럽지 않다. 사람들이 사적인 관계에서는 거의 쓰지 않는 욕설과 막말을 공적인 미디어 공간에서 쉽게 쓴다는 것은 '거꾸로 선 상식'이다. 정치 양극화와 미디어 과포화의 부작용인데, 공권력에 의해 더 나빠졌다는 것이 어이없는 일이다. 이명박 박근혜 시기의 국정원, 기무사, 경찰과 민간인 '알바' 집단의 직업적 댓글이 미디어 세계를 혐오와 증오의 정치편집증으로 오염시켜놓은 것은 언어와 문화를 악성 바이러스에 감염시키는 행위, 한국의 실정법이 처벌하는 수준 이상의 사악한 범죄다. 더구나, 국민이 낸 세금으로 신뢰 사회를 파괴하는 공작을 했다는 것.

불신 사회, 혐오 사회는 정치와 미디어에 투사되는 일그러진 자화상이다. 정치와 미디어가 달구어진 프라이팬처럼 이슈들을 튀겨내면 갈등과 불신의 파편들이 튕겨 나가 일상생활 속에 쌓인 '신뢰 자본'을 잠식한다. 그 왜곡된 이미지를 우리는 우리 자신이라 여기고 있다.

"마광수, 그도 한국이야."

한 사회의 품격은 결국 다원주의의 문제다. 다양성의 공존, 차이에 대한 이해, 다른 의견에 대한 존중, 그 '관용'의 정도가 민주주의의 수준을 말해준다. 그것은 개인이 누리는 인권과 자유의 척도이면서 동시에 사회갈등 소지를 줄여주는 일종의 '매연 저감장치'다.

소설가이자 시인이었던 연세대 국문과 교수 마광수(1951~2017)는 1992년 10월 강의실에서 수업 중에 체포되었다. 그의 소설 《즐거운 사라》(1991)가 형법 '음란문서 제조 및 반포' 조항에 걸려 출판사 사장과 함께 구속됐다. 그는 두 달 만에 '징역 8월 집행유예 2년'으로 석방됐지만 학교에서는 직위해제됐고 1995년 대법원이 원심을 확정하면서 해직됐다. 1998년 사면과 복권이 이루어져 복직했지만 2000년 교수 재임용 심사에서 논문 실적 등 문제로 탈락했다. 국문과 동료 교수들이 그를 거부한 것이다. 그는 우울증으로 정신과병원에 입원했고 2002년 다시 학교로 돌아왔지만 한 학기 만에 우울증으로 다시 휴직했다. 2004년 다시 복직했고 2006년 시집 《야하디 얄라숑》을 낸 다음 개인 홈페이지에 음란물을 게시한 혐의로 불구속 입건됐고 학교에서는 전공 강의에서 배제됐다.

그는 2016년 정년퇴임했고 다음 해 스스로 목숨을 끊었다.

국문학자로서 그는 한국문학의 엄숙주의와 교양주의, 계몽주의를 비판했고 '문학은 창조적 일탈'이라는 문학관으로 시와 소설을 썼다. 《즐거운 사라》는 나이트클럽의 댄서, 청담동 비밀요정의 호스티스로 나가는 미대 3학년 여학생이 자유로운 성생활을 즐기는 얘기. 사라가 다채로운 남성편력 끝에 사랑에 빠지게 되는 한지섭이라는 교수는 외모나 성격, 동부이촌동에 산다거나 모두 그대로 마광수 자신이다.《즐거운 사라》를 비난한 쪽에서 주로 문제 삼은 것이, 교수와 학생이 관계를 갖는 대목이었다.

그가 구속됐을 때 6개 유림단체, 10개 종교단체가 이를 환영하는 한편 문학인 출판인 300여 명이 항의성명을 발표했다. 1심 판결문은 "소설《즐거운 사라》는 온갖 변태적인 성행위와 불륜관계가 작품의 중추를 이루고 있어 문학작품으로서의 예술성을 잃었을 뿐 아니라, 각종 성범죄를 유발하는 등 사회적 폐해도 적잖다"고 했다.

당시는 노태우 정권이었고 국무총리 현승종이 법무부장관에게 '문제 많은 교수'에 대해 언급하면서 바로 검찰 특수부에 지시가 떨어졌던 것으로 알려졌다. 강의 도중 학생들이 보는 앞에서 교수를 체포한 건 야비한 '처벌시위'였고 공권력의 '힘자랑'이었다. 문인 출판인들이 마광수와 출판사 대표의 구속에 항의했던 건 그들이 모두《즐거운 사라》를 훌륭한 작품이라 생각해서는 아니었다.

1950년대 프랑스 식민지였던 알제리의 독립전쟁 때 철학자 사르트르는 프랑스 정부의 식민 정책을 강하게 비난했고 알제리 민족해방전선에 보내는 군자금의 전달을 맡기도 했다. "프랑스 경찰의 감시를 피해서 그의 책임 아래 국외로 빼돌린 자금은 알제리인들의 무기 구입에 필요한 돈이기도 했다. 그러므로 그의 행위는 문자 그대로 반역행위였다. 당연히 사르트르를 법적으로 제재해야 한다는 소리가 드골(대통령) 측근들의 입에서도 나왔다. 이에 대해 드골은 이렇게 간단히 대꾸했다. '그냥 놔두게. 그도 프랑스야!'" 프랑스 사회의 관용, '똘레랑스(tolerance)'를 주로 얘기한《쎄느강은 좌우를 나누고 한강은 남북을 가른다》(홍세화, 2015)의 한 대목이다.

전직 대통령 둘이 감옥에 갔다는 것 자체가 나라의 품격을 떨어뜨리는 건 아니다. 대통령이 감옥에 갈 만한 부정부패를 저질렀다는 게 국격을 떨어뜨리는 일이다. 그러나 소설이 너무 야해서 작가가 감옥에 간다는 건 좀 다른 일이다. 한국 사회의 품격을 떨어뜨리는 게 그의 소설인지 그를 감옥에 보낸 사람들인지는 생각해봐야 할 문제다.

2009년, 마광수는 블로그에 '빅토르 위고의《레 미제라블》에 대하여'라는 글을 올렸다. 장발장은 빵 한 덩이를 훔쳐 19년 동안 억울한 옥살이를 하고 어쩌다 밟은 동전 때문에 재범이 되어 종신형을 피하기 위해 평생 숨어 살게 된다. 그는 신부의 은촛대를 훔쳤다가 용서받고는 세상에 대한 분노와 사람에 대한 증오를 버리고 원수를 사랑하는 기독교적 인간으로 거듭난다.

마광수는 장발장의 이런 변신이 어색하다고 했다. "그런 갑작스런 개심(改心)이 가능할까. 19년 동안이나 감옥에서 고생하며 다져진 적개심이 어느 날 갑자기 풀려버릴 수 있을까." 그다음, 장발장은 평생 자신을 추적하며 괴롭혀온 자베르 경감에게 복수할 기회가 왔을 때 그를 살려주고 자베르는 참회의 눈물을 흘리며 자살을 한다. 그는 이런 참회도 참으로 어색하다고 했다. "실제로는 자베르 같은 사람들이 전혀 반성의 빛을 보이지 않고 죽을 때까지 법과 권력의 충견(忠犬) 노릇을 하며 부와 기득권을 챙기는 게 보통이기 때문이다."

"나는《즐거운 사라》사건으로 어이없게 검사한테 신문받고 판사한테 재판받고 옥살이까지 한 후, 법을 다루는 사람들을 하나도 신뢰하지 않게 되었다. 법을 다루는 사람들이 저지르는 악과 부정은 도대체 누가 심판해주나 하는 의문이 생김과 동시에 '법대로 하자'는 말을 정의의 목소리라도 되는 듯 뇌까려대는 정치가나 법조인들이 얄미워지기까지 했다. (…) 빅토르 위고가 만약 감옥살이를 해봤다면 그토록 소박한 이상주의나 휴머니즘에 빠져들지는 않았을 것이다. 위고는 오랫동안 정치적 망명을 한 적은 있지만 감옥살이는 한 번도 해보지 않았다."

10. 2020,
미래는 어디서 오는가

한국사에 '68혁명'은 없었지만 탈물질주의의 혁명은 1968년으로부터 한 세대를 뛰어넘고서야 사람들의 삶 속에서 조용히 진행되기 시작했다. 사회의 진화라는 것도 단계가 있고 한 번에 두 계단을 뛰어오를 수는 없다. 탈물질주의의 욕망은 물질적인 욕망의 다음에 올 것이다. 절대빈곤과 무장공비의 시대에 머리에 꽃을 꽂고 마리화나를 필 수는 없다.

3만 불 사회의 '허당'을 짚어보고는 위장의 허기보다 내면의 공허함을 채울 음식이 필요하다고 느끼는 사람들, 도저히 뉴스를 보고만 있을 수 없을 때 광장에도 나가지만 민주주의 열망도 거리두기가 필요하다고 생각하는 사람들이 자기 인생의 독자적인 강령을 채택한 다음 소박한 공간을 열고 작은 깃발을 내걸 때, 사회의 품격은 바로 이곳에서 시작하는 것일 수도 있다. 이웃이 있고 사색이 있고 생기가 있는 공간을 여는 사람들. SNS에서 그런 '타인의 삶'을 만날 때 거기에 '미디어 유토피아'가 있다.

한 페이스북 친구의 포스팅. "내 친구 박정미가 살고 있는 순창에서 매달 보따리가 온다. 매달 나오는 농산물과 밭지기가 잘 고른 책 한 권과 함께. 예쁘게 화려하진 않지만 단정하게 그래서 맵씨 있게 종이상자에 잘 담겨온다. 받을 때마다 반가워 얼른 열어보고 싶은 맘에 인증샷도 잊고 보따리 먼저 풀기 바쁘다. 꽃잎차도 있고 밤도 있고 쌀도 있었고 이번엔 내가 좋아하는 감이 들었다."

월 회비 3만 원 3개월 치를 냈더니 내게도 보따리가 왔다. 첫 달은 조청 한 병과 책《평화로 가는 사진여행》이, 그다음 달은 청주 한 병과 쌀과자와 책《100년 전 우리가 먹은 음식》이 왔다. 함께 온 카드에 청주를 만든 '비틀양조장'에 관한 설명이 있다.

'책방밭' 보따리엔 자기가 농사지은 것도 있지만 이웃 것을 팔아주기도 한다. 서울서 광고디자인 일을 하다가 4년 전 결혼해서 남편과 함께 순창으로 내려간 그는 책방과 카페를 열어놓고 동네 할머니들하고 그림 공부도 한다고 했다. 자신의 고향도, 남편의 고향도 아니고 여행하다 마을 사람들에 끌려서 정착했다 한다.

소설《세 여자》의 북토크를 초대받아 수성계곡의 한 인테리어사무실에 간 적 있다. 빌라 3층의 가정집을 개조해 사무실로 쓰고 있었는데 주인은 건축가 조혜령 씨. 주인도 여성이고 거실의 기다란 탁자 주변에 모인 10명 남짓의 참석자들도 모두 여성이다. 각기 다양한 직업을 갖고 있는데 대체로 소규모의 자기 사업을 운영하고 있었다. 주인 조 씨가 하루 정도 공들였을 거 같은 연잎밥 도시락의 저녁식사가 끝난 다음 책 이야기는 와인과 후식, 차와 함께 진행됐다. 북토크는 먹고 마시고 웃어가며 3시간의 폭풍수다였는데 20세기 역사와 지금의 현실,《세 여자》의 등장인물들과 참석자 개인사들, 공과 사의 영역을 넘나들었다. 이 모임은 매달 또는 분기에 한 번씩 10여 년 계속돼왔는데 대개는 책 이야기지만 화가를 모시고 그림 얘기를 할 때도 있고 여행이 주제가 되기도 한다.

이날의 북토크는《토지》에서 평사리 아낙들의 수의 짓는 저녁 모임을 생각나게 했다. 그 시절 '동네공동체'의 골방은 사라졌지만 현대의 도시 공간에 '취향공동체'의 살롱이 생겨난 것이다. '좋은 걸 함께 나눈다'는 것이 호스트인 조혜령 씨의 일관된 입장인데, 모임의 10년 넘은 고정 멤버로 역시 건축가인 L씨는 "기 빨리는 업무현장에 있다가 여기서 기를 충전한다. 사교도 비즈니스도 아니고 자유롭게 편안하게 만나니까 위로를 많이 받고 나이 들어도 같이 성장한다는 느낌이 있다"고 했다. 조 씨의 아버지는 문학평론가였는데 "어렸을 때 서재에서 문인들이 모여 밤늦도록 뭔가 이야기하고 갑론을박하던 모습에 대한 그리움이 있다"고 했다.

정치학자 김영민은《공부란 무엇인가》(2020)에서 "호기심에서 출발한 지식탐구를 통해 어제의 나보다 나아진 나를 체험할 것을 기대한다. 공부를 통해 무지했던 과거의 나로부터 도망치는 재미를 기대한다. 남보다 나아지는 것은 그다지 재미있지 않다. 어차피 남이 아닌가"라고 했다.

남과 비교하지 않고 자기 기준을 수립하는, 그 생각의 힘은 어디서 올까. '책 속에 길이 있다'는 말은 디지털 기기들 틈에서 책이 축출돼가는 지금 사회에선 절박한 캐치프레이즈로 들린다. 초중고 12년이 대학입시 준비 과정이고 대학 4년은 취직 준비 기간이라면, 거기엔 사색이라거나 교양이라거나 하는 것이 낄 자리가 없다. 그래서 대학 진학률은 높지만 문해력은 떨어지는, 학교교재를 덮은 이후엔 더 이상 책을 읽지 않는, 정보는 많지만 지식은 없는 사회가 된다. 하지만 오랜 공부의 전통과 지식의 역사를 가진 한국인들이 이런 풍토에 욕구불만을 느끼는 건 당연하다. 책읽기모임을 비즈니스 모델로 만든 '트레바리'가 성공적인 스타트업으로 뜬 것도 그런 갈증을 반영한다. 지식을 나눠 갖는 독서모임은 중산층문화의 한 패턴인데, 거리마다의 24시간 편의점이나 커피숍들처럼 사회관계망 곳곳에 보이지 않는 '영혼의 근린생활시설'로 분포해 있다.

개그우먼이자 방송 기획자인 송은이는 콘텐츠제작사인 '콘텐츠랩 비보'와 연예기획사 '미디어랩 시소'를 운영하고 있다. 그는 남자 개그맨들이 리얼리티쇼로 옮겨가고 TV코미디가 사양길에 접어들면서 고정 프로그램이 없어지자 2015년 '송은이 김숙의 비밀보장'이라는 팟캐스트로 독자 노선을 개척했다. 고민상담 프로그램인 이 토크쇼가 히트치면서 '콘텐츠랩 비보'라는 이름의 콘텐츠제작사로 발전했고 TV방송 바깥에 대안 미디어의 가능성이 열렸다. 거대방송사들의 울타리 바깥에서 송은이는 동료 후배 코미디언들과 협업하면서 그들에게 놀이터이자 일터를 열어주었다.

2020년 12월 시작된 KBS2 채널 〈비움과 채움, 북유럽〉은 책을 주제로 한 코믹 토크쇼인데, 출연자들에게 책을 기증받아 필요한 곳에 도서관을 만들어준다. 도서관은, 글을 몰라서가 아니라 책을 읽지 않아서 문맹이 된 한국의 성인들을 위한 최적의 놀이터다. '북폐소생 프로젝트'라는 별명처럼 거의 죽게 생긴 책에 호흡을 불어넣어주겠다는 이 프로그램의 제목 '북(book)+유(you,有)+럽(love)'은 하필 도서관의 천국 북유럽이다.

송은이는 MBC 프로그램 '다큐플렉스-은이네 회사'에서 콘텐츠를 기획할 때 중요하게 여기는 것으로 재미와 무해함을 꼽았다. "어떻게 해야 많은 분들이 좋아하시고 구독자가 느는지 안다. 하지만 남들이 다 가는 길을 가면 그건 좀 재미없는 일이고, 사람들도 우리를 인정하지 않는다. 다른 걸 하니까 우리를 인정해주시는 거다."

품격 있는 사회는 이런 사람들이 만들어가고 있다.

11. P. S.
핀란드 이야기

자이리톨과 노키아의 나라. 한때 세계 휴대폰의 최강자였던 노키아는 스마트폰시장 1위를 삼성에게 내주고 휴대폰부문이 마이크로소프트에 넘어갔지만, 핀란드 자작나무에서 추출한 자이리톨은 여전히 설탕을 대체하는 '당분의 새로운 대안'으로 사랑받고 있다.

인구 550만으로 우리나라의 10분의 1이고 면적은 우리나라의 3배다. EU에서 인구밀도가 가장 낮은 나라. 1인당 GDP는 4만 9천 달러(2020년)지만 그곳의 비싼 물가를 생각하면 구매력 기준으론 우리와 엇비슷하다.

핀란드는 무려 7백 년 동안 이웃나라의 지배를 당했다. 6백 년 동안 스웨덴의 식민지였고 마지막 1백년은 러시아의 자치령이었다. 러시아 자치령 시기였던 1906년 유럽 최초로 보통선거를 실시했으니, 짧은 기간이었지만 극단적인 인권유린을 당하고 전쟁에 강제동원됐던 우리와는 식민지 경험이 좀 다르다.

1950년대의 가난했던 농업국가에서 고도성장을 한 것은 한국과 같다. 하지만 핀란드는 '인간의 얼굴을 한 최선의 자본주의'라는 '노르딕 모델'의 복지국가가 되었고, 〈2020 UN 세계행복보고서〉에서 3년째 '행복지수' 1위를 지키고 있다. 물론 '행복지수' 1위가 이 사회가 천국이라는 증거는 아니다. 이 통계는 기대수명, 1인당 GDP, 관용, 부정부패, 사회적 지원, 사회적 자유 등 여섯 항목의 설문조사로 작성되고 그 사회가 가진 삶의 조건과 문화의 수준을 드러낸다.

그러나 높은 자살률은 핀란드인들의 삶도 그리 단순치 않다는 걸 말해준다. 날씨와 일조량, 긴 겨울은 행복보고서 통계에는 없는 항목이다. 핀란드 사람들은 어쩌면, 겨울이 길며 한겨울엔 고작 6시간 해가 떠 있고 여름엔 쨍하고 희멀건 해가 밤에도 떠 있는 북유럽의 우울한 날씨를 사회 시스템으로 방어하고 있는 건지 모른다. 행복지수가 아주 높고 자살률도 꽤 높은 건 스웨덴, 노르웨이, 덴마크, 아이슬란드 등 다른 노르딕 국가들도 비슷하다.

핀란드 사회가 우울한 날씨와 싸울 때 가장 강력한 무기는 책, 다시 말해 도서관이다. 마지막으로 한 번 더 OECD 기준을 언급하자면, 핀란드는 인구 대비 도서관 수 1위, 국민 1인당 도서관 장서 1위, 공공도서관 이용률 1위다. 그 중심에 헬싱키중앙도서관 '오디(Oodi)'가 있다.

제국이 아니라 식민지였던 핀란드의 수도 헬싱키에는 모든 유럽의 수도가 자랑하는 웅장한 왕궁이 없고 이집트 미라를 가져다 놓은 박물관도 없다. 헬싱키에서 외국인들의 눈을 번쩍 뜨이게 하는 것은 왕궁이 아니라 도서관 '오디'다. 2018년 독립 100주년에 개관한 오디는 헬싱키 도심 칸살라스키광장의 절반을 깔고 앉은 거대하고 아름다운 건물로, 멀리서 보면 빙하 앞에 떠 있는 배 모양이다. 이곳은 도서관이면서 그 이상, 그러니까 전혀 새로운 개념의 도서관이다. 1층에는 영화관, 다목적홀, 카페와 레스토랑이 있고 2층에는 재봉틀, 3D 프린터, 요리시설, 녹음장비 등이 갖춰진 창작 공간들과 VR게임룸 같은 오락실이 있다. 3층으로 올라가면 이곳이 서가와 책이 있는 진짜 도서관이다.

하지만 3층 도서관도 공간 구성이 도서관에 대한 상상의 한계를 넘어선다. 어린이 공간은 누워 뒹굴 수 있는 넓은 바닥에 양탄자가 깔려 있고 쿠션들과 나지막한 서가들이 있고 한쪽에선 보드게임도 하고 영화도 본다. 오디에는 10만 권의 도서가 있는데 서가들 중엔 성소수자를 위한 책들을 모아놓은 '무지개 선반'이 있다. 흔히 도서관은 창문이 작아야 집중이 잘 된다고 하지만 이곳은 네 개의 벽면이 거의 모두 유리로 돼 있다. 천장에도 채광창이 뚫려 있다. 개방감도 있겠지만 무엇보다 일조량을 최대한 누리는 설계다. 3층 중앙에 카페가 있다는 것도 뜻밖인데, 뭔가를 먹거나 마시면서 책을 읽을 수 있는 구역을 만들어둔 것이다. 오디에서 또 하나 흥미로운 장소는 남녀 구분이 없는 화장실.

오디는 도서관이라는 이름의 복합문화 공간이지만 1층에서부터 계단이나 에스컬레이터로 올라가면서 예술과 생활문화의 공간들을 거쳐 마침내 3층, 가장 높은 곳, 가장 넓고 탁 트인 공간에 책이 있다는 사실이 마치 그 모든 것들 중에 가장 중요한 것은 바로 책이라 말하고 있는 듯하다. 처음 건축공모에 당선된 설계안에는 1층에 사우나도 있었다 한다. 핀란드가 국민 550만 명에 사우나가 300만 개인 '사우나의 나라'인 걸 생각하면 이상한 일도 아니다.

〈오디, 헬싱키중앙도서관(Oodi, Helsinki Central Library)〉의 팸플릿 첫 장을 열면 이런 안내문이 나온다.

"헬싱키중앙도서관 오디는 모두에게 열려 있는, 헬싱키 중심부에 위치한 현대식(modern) 도서관입니다. 이곳에서 책을 빌려가고 잡지를 읽고 점심을 즐기고 일을 하고 놀고 영화 보고 모임을 하고 이벤트를 벌이고 와인 한잔을 즐기고 작곡을 하고 바느질하고 아이들과 놀고 보드게임을 하시면 됩니다. 오디는 이 모든 것, 그리고 그 이상입니다. (…) 오디는 표현의 자유, 교육, 평등 그리고 개방성 같은 핀란드 사회의 가장 중요한 가치를 실현하는 데 기여합니다."

오디를 'modern' 도서관이라 할 때 헬싱키 시내의 또 다른 '도서관 명소'인 핀란드국립도서관은 'classic' 도서관이다. 국립도서관은 1640년 수도 투르크에서 핀란드대학도서관으로 출발했다가 수도가 헬싱키로 옮겨오면서 1840년 지금의 고풍스럽고 웅대한 건물을 신축해 이전했다. 역사가 4세기에 이르는데, 핀란드 국민의 80%가 국립도서관 회원증을 갖고 있다.

헬싱키시에만 37개의 공공도서관이 있는데 작은 도서관들은 마을 커뮤니티센터 역할도 한다. 시벨리우스공원 옆에 주민센터가 운영하는 2층짜리 마을도서관에선 할머니들이 소파에 앉아 커피 마시며 신문을 보고 있고 놀이터처럼 꾸며진 어린이 열람실에선 아이들이 갖가지 자세로 책을 읽는다.

핀란드는 작고 조용한 나라다. 흔히 '강소국'으로 불리는 이 나라는 상상력과 창의력, 개방성을 내세우는데 헬싱키 어딜 가나 그게 느껴진다. 아난딸로예술센터는 헬싱키의 모든 초등학생들이 매주 2시간씩 5주 동안 여기서 예술가들과 수업을 하는데, 우리나라 예술교육 관계자들과 공무원들이 단골로 견학 가는 곳이다. 핀란드가 예술교육을 중요하게 여기는 것은 그것이 '실패하지 않는 교육', 그러니까 아이들 각자의 느낌과 표현은 있지만 평가나 성적은 없는 수업이기 때문이다. 뒤처지는 것도 낙오되는 것도 없다. 핀란드는 '경쟁은 교육에 해롭다'는 원칙 아래 학교에서 시험을 없애고 과목도 없앴다. 그러나 국제수학능력평가(PISA)에서 늘 상위권이다.

인구가 적으니 영화산업이 시들해서 아키 카우리스마키 외에 알 만한 감독이 없고 자국 영화 메뉴가 빈약한 것이 좀 심심해 보이지만, 핀란드 사회의 평화는 우리의 벤치마킹 대상이 될 만하다. 무엇보다 도시 속의 천국 '오디'는 훔쳐오고 싶은 공간이다.

책을 마치며

이 책을 쓰는 작업은 한국 사회를 60년 동안 살아온 내 자신의 상식을 재구성하는 일이었다. 기자로 작가로 공직자로 살아오면서 내가 가지고 있던 이 사회에 대한 생각을 되짚어보며 우리 사회가 지닌 갈등의 코드들을 점검해보았다. 한국 사회의 상식, 그 생각의 지도를 그리는 작업은 혼자 할 수 있는 일이 아니었다.

지식과 문장을 빌려주신 많은 분들이 있다. 인용한 순서대로.

장하준, 주진형, 정대영, 박해천, 조은, 토마 피케티, 이정우, 정태인, 이원재, 앤서니 기든스, 김원장, 장 보드리야르, 이정전, 곽승준, 강준만(이상 1장) 배명복, 박상현, 리처드 니스벳, 리 로스, 이동원, 박옥희, 김영민, 정성일, 대니얼 시버그, 캐서린 프라이스, 이상협, N.할라즈(이상 2장) 유종호, 에두아르트 푹스, 박권일, 박성민, 손병권, 권석천, 금태섭, 최강욱, 시오노 나나미, 에리히 프롬, 에밀 뒤르 켐, 올더스 헉슬리, 이재열, 앤서니 기든스, 캐롤린 엠케, 한나 아렌트, 강준만(이상 3장) 김소연, 이광빈, 박원재, 이상엽, 하인리히 뵐, 박성숙, 임혁백, 에리히 프롬, 김상국, 이은정, 전복희, 최윤영, 구순이, 이우재(이상 4장), 에릭 홉스봄, 이영희, 정해구, 조기숙, 심보선, 박찬수, 박노자, 김영명, 조성복, 박길성, 강준만, 김진호, 김용옥, 여운형, 이정식, 리처드 도킨스, 표트르 크로포트킨, 이동원, 박옥희, 이영희(이상 5장), 루스 베네딕트, 이어령, 요시미 순야, 브래드 글로서먼, 김성훈, 서경식, 아오키 오사무, 한상권, 이영재, 김윤식, 곽병찬, 이덕일, 김삼웅, 임종인, 장화식(6장) 박경리, 이숲, 신경림, 김태형, 김희삼, 이재열, 슈테판 츠바이크, 데이비드 스미스, 김산, 구순이, 김순임, 서의옥, 김희윤, 한가람, 박윤진, 안나 카메네츠, 데이비드 윌럿, 김웅준, 조성형, 홍석재, 임홍택, 김누리, 리처드 니스벳, 리 로스, 이딜 담라 빙골, 임마누엘 페스트라이쉬, 봉준호, 김영명, 강준만, 이재열, 김누리, 마광수, 오진향, 박정미, 조혜령, 김영민, 송은이(이상 7장)

내게 인상적이었던 세 권의 책이 있다. 당대 사회의 혼돈을 규명한 책들이다.

《1929, 미국대공황》(Only Yesterday, F.L. 알렌, 1931)

《자유로부터의 도피》(Escape from Freedom, 에리히 프롬, 1941)

《어제의 세계》(Die Welt von Gestern, 슈테판 츠바이크, 1942)

《1929, 미국대공황》은 어수선한 기억으로 엉켜 있는 어제의 일들을 지나간 역사의 페이지들처럼 명료하게 저널리즘의 언어로 기록하고 있다. 《자유로부터의 도피》는 나치 광풍이라는 집단적 공황장애를 겪고 있는 한 시대 대중에 대한 정신분석 리포트다. 한 개인이 이상심리에 도달하게 된 내력을 들여다보듯, 1천 년에 걸쳐 각각의 시대가 개인의 인격과 성질을 어떻게 바꿔놓았으며 어떻게 여기까지 왔는지를 규명한다. 《어제의 세계》는 긴 시간에 걸쳐 축조되고 다듬어진 지성의 세계가 한순간 야만의 난장이 돼버리는 한복판에서 겪는 참담함, 너덜너덜해진 육신을 스스로 종료시킨 한 작가의 절망에 대한 서늘한 보고서다.

우리가 허우적대는 이 당대의 혼돈을 규명하는 책을 쓸 수 있으면 좋겠다고 오래 전부터 생각은 해왔지만 그것은 내 능력 밖이었다. 하지만 2019년 봄 후배이자 친구 하나가 거칠게 작동하는 한국 사회 갈등의 톱니바퀴에 끼어 만신창이가 되는 것을 보면서 우리가 왜 이렇게 피곤하게 사나, 왜 서로를 이렇게 힘들게 하나, 스스로에 질문하게 되었다. 그것이 이 책을 쓰게 만들었다. 왜 우리는 그 많은 것을 얻고도 가장 중요한 것을 잃었나. 왜 우리는 물질의 풍요를 얻고 마음의 평화를 잃었나.

그것을 내 방식으로 이야기해보았다. 주제에 접근하는 평평하고 손쉬운 구성, 일종의 모자이크 형식을 택했는데, 이기호 소설 《누구에게나 친절한 교회오빠 강민호》가 그런 발상의 전환을 가능하게 해주었다. 느닷없이 이 책을 베를린으로 보내준 심윤경에게 감사한다.

2019년 10월부터 2020년 4월까지, 베를린자유대학 한국학과의 방문학자로 베를린에 머물렀던 시간은 한국 사회를 거리 두고 바라보는데 결정적인 도움을 주었다. 자유대학에서 만나 많은 대화를 나눴던 김은미 이상엽 최윤영 현윤호 등 동료 방문학자들, 헨드릭 요하네만 등 박사과정 학생들, 정진헌 이광빈 박원재 정순영 채혜원 장남주 장희경 김혜영 이현 오진경 조성형 양혜규 등 체류자들, 그리고 무엇보다 파독 간호사로 베를린에 오신 최영숙 김순임 서의옥 구순이 선생님과 나눈 이야기들, 산책길들을 잊을 수가 없다. 베를린으로 초청해준 자유대학 한국학과장 이은정 교수께 감사한다.

원고를 읽고 의견을 준 최초의 독자들인 박영숙 이호남 정진기 이진숙, 그리고 30대 친구들 황인경 이승주 서승희에게 감사한다. 베를린에서 돌아와 책을 쓰는 1년 동안 원고를 실시간으로 읽고 논평해준 친구 서영애와 남편 박태웅은 지치지 않고 작업을 끝마칠 수 있게 해주었다. 이 원고를 책으로 만들어준 한빛비즈에 감사한다.

조선희

2021년 6월